경성의 모던걸

소비 · 노동 · 젠더로 본 식민지 근대

경성의 모던걸
소비 · 노동 · 젠더로 본 식민지 근대

지은이　서지영
발행　고갑희
주간　임옥희
편집 · 제작　사미숙
펴낸곳　여이연

주소 서울 종로구 명륜4가 12-3 대일빌딩 5층
전화 (02) 763-2825
팩스 (02) 764-2825
등록 1998년 4월 24일(제22-1307호)
홈페이지 http://www.gofeminist.org
전자우편 alterity@gofeminist.org

초판 1쇄 인쇄　2013년 7월 23일
초판 2쇄 발행　2015년 1월 23일

값 20,000원
ISBN 978-89-91729-26-1　93300
잘못된 책은 바꿔 드립니다.

경성의 모던걸

소비·노동·젠더로 본 식민지 근대

서지영 지음

도서출판 **여이연**

차례

들어가며: 여성을 통한, 도시에 대한 물음들 ● 7

I. 근대 도시와 여성 ● 11
  1. 모더니티, 스펙터클, 여성 ● 12
  2. 식민지 도시 경성과 산책 ● 18
  3. 도시로 나온 여성 산책자들(flâneuses) ● 39

II. 1920-30년대 대중매체와 '모던걸' 표상 ● 65
  1. '모던걸' 표상 속의 여성들:
    '어떤 여학생'·'모던-껄'·'기생'·'카페여급' ● 66
  2. '모던걸', 모방과 균열의 흔적 ● 71
  3. '스펙터클'로서의 '모던걸'과 젠더화된 응시 ● 79
  4. '에로·그로·넌센스'와 '모던걸'의 이질혼성성 ● 86

III. 근대의 전방에 선 여성들 ● 93
  1. 여학생과 '불량소녀' ● 94
  2. 여성은 무엇을 원하는가?: 소비하는 여성들 ● 108
  3. 모더니티의 판매자: 백화점 '숍껄' ● 122
  4. '모던걸'의 경계선: 기생과 카페여급 ● 130
  5. 스타일과 취미: 근대의 아비투스와 젠더 ● 157

Ⅳ. 여성 노동의 장(場)으로서의 근대 도시 공간 ◦ 171
  1. '직업부인'과 도시 공간 ◦ 172
  2. 도시공간과 친밀성의 상품화 ◦ 186
    1) 요리점과 기생: 직역(職域)에서 노동으로 ◦ 187
    2) 카페와 여급 ◦ 196
    3) 근대 가정과 '식모'/'유모' ◦ 206
  3. 여공의 눈으로 본 도시 풍경 ◦ 219

Ⅴ. 국경을 넘는 여성들: 노동자 또는 상품으로서의 식민지 여성 ◦ 237
  1. 일본 '내지(內地)' 조선 요리점과 조선 기생 ◦ 243
  2. 일본 '내지(內地)' 카페와 조선 여급 ◦ 251
  3. 일본 공장으로 간 조선인 여공들 ◦ 259

나오며: 교란과 협상, 일탈과 전복 – 도시에서 여성의 존재방식 ◦ 277

후주 ◦ 281
사진 및 그림자료 ◦ 316
참고문헌 ◦ 319

이 저서는 2008년도 정부 재원(교육부)으로 한국연구재단의 지원을 받아 연구되었음. (NRF-2008-812-A00004)

들어가며:
여성을 통한, 도시에 대한 물음들

　여성들이 집 밖을 나와 거리를 활보하게 된 것은 불과 100여 년 전의 일이었다. 『예기(禮記)』의 「내칙(內則)」에 "여자는 열 살이 되면 규문 밖을 나가서는 안 된다. 밖에 나갈 일이 있으면 반드시 얼굴을 가려야 한다."라는 구절이 있다. 500년의 오랜 유교적 습속은 여성들을 '규방'이라는 집 안의 은밀한 공간에 머물도록 규제하였다. 주로 양반층 여성들을 대상으로 엄격하게 적용된 규범이었지만, 여성의 신체의 부자유, 공간 이동에 대한 제한은 계층을 초월하여 여성 전반에 확산된 젠더 규율이었다.

　20세기 초 근대의 포문이 열리면서 공적 공간에 여성들이 등장하기 시작하였다. 서유럽에 기원을 둔 문명 개화담론과 근대 국민국가 이념이 조선으로 유입되면서 근대적 교육의 수혜자로서 여학생이 부상하고 근대적 형태의 직업부인과 여성 노동자층이 탄생하였다. 이들은 규방과 가족의 틀을 벗어난 여성들의 새로운 삶의 양식을 꿈꾸기 시작하였다. 도시를 배경으로 양산된 식자층 여성뿐 아니라, 농촌 지역의 기층민 여성들도 고향을 떠나 도시로 이동하여 근대의 시민이 되고자 하였다. 전통과의 정면충돌이 불가피했던 서구적 근대의 이식, 일본의 제국주의 침탈과 맞물린 타율적인 근대화 과정에서 물질적·문화적·인식론적 시차(時差)를 경험한 한국은 삶의 각 층위에서 근대의 다면적인 얼굴을 만들어내었다. 그 식민지 근대의 급격한 소용돌이 가운데, 이전 시대와는 다른 극적인 삶의 변화를 체험한 여성들이 자리하고 있었다.

　근대는 도시의 형성과 더불어 삶의 형식을 획기적으로 바꾸어갔다. 식민지 한국에 등장한 도시들은 비록 근대적 외관을 갖추었지만 결핍과 불균형으로 이루어진 식민지 도시의 전형들이었다. 하지만 현란한 스펙터클과 더불어, 개조와 문명의 이름으로 들이닥친 근대는 식민지 도시의 침울한 경관을 관통하여 여성들의 공간, 규방에까지 이르렀다. 전통적인 여성의 부덕과는 다른 패러다임의 서구적 근대 교육을 받은 신여성 집단, 일자리를 찾아 도시 공간으로 나온 기층계급의 여성 등, 근대의 직접적인 세례를 받은 여성들은 전체 여성인구의 일부에 지나지 않았다. 하지만 소수의 여성들을 통해 경험된 근대의 파장은 충격적인 것이었으며 이는 이후에 펼쳐질 여성의 삶의 변화의 근간을 마련하게 된다. 근대의 혁신적 이상이 양산한 여성들의 해방과 자유의 내러티브는 강고한 인습의 현실과 부딪치면서 갖가지 모순과 좌절의 굴곡을 겪게 된다. 하지만 오랜 가부장제의 전통 속에서 상대적으로 자유로움과 권력을 구가했던 남성과 비교할 때, 여성들에게 근대는 삶의 시나리오를 전면적으로 새롭게 쓰게 한 역사적인 장이었다.

발터 벤야민은 19세기 유럽의 도시 파리에서 거리, 아케이드, 백화점, 만국박람회, 조명, 패션, 매춘부, 산책자, 부랑자, 권태 등 근대의 징후들을 발견하였다. 자연, 전원 풍경을 대체한 도시 거리의 파노라마에서 가장 각광받는 것은 상품이었으며, 도시는 일순간 거대한 상품의 시장으로 전이된다. 근대 도시가 만들어내는 상품들, 환영과 이미지들, 매혹과 헛된 미망 가운데 여성이 있었다. 그 속에서 여성은 환영과 미망 그 자체이자 스스로 상품이기도 하였다. 하지만 동시에, 그들은 이미지와 상품을 소비하는 주체이기도 하였다. 이 책은 도시의 파편적 이미지들을 통해 자본주의가 뿌리내리는 시대의 심층을 포착하고자 한 벤야민의 시선을 한국의 역사 속으로 소환하여, 20세기 초 식민지 도시 경성의 근대적 풍경들을 탐색하고자 한다. 특히, 벤야민이 각별히 주목하지 않았던, 그리고 아직 도시에서 뚜렷이 사회적 존재로서 가시화되지 않았고 충분히 설명되지 않았던 여성의 자리를 복원하고자 한다.

　이 책은 '도시 공간과 '여성'이라는 두 키워드의 결합을 통해 다음과 같은 두 가지 질문을 제기한다. 첫 번째는 도시를 통해, 여성의 삶은 어떤 다른 이야기들을 양산하였는가 라는 물음이다. 이는 도시 공간에 내재한 모더니티가 궁극적으로 여성 정체성에 어떤 영향을 끼쳤는가 하는 질문과 맞물린다. 두 번째는 여성을 통해, 도시는 어떻게 다르게 접근될 수 있을까 이다. 이는 젠더를 통해 한국의 식민지 근대가 어떻게 다르게 기술될 수 있을까 라는 질문으로 이어진다. 롤랑 바르트는 『S/Z』에서 "다시 읽기에 실패하는 사람들은 어디에서나 같은 이야기를 읽을 수밖에 없다"고 하였다. 시대를 다르게 본다는 것은 그 시대를 살아간 복수의 주체들에 대한 새로운 읽기에서 가능하며, 침묵하거나 배제되었던 복수의 시선들을 역사 속으로 되돌리는 작업 속에서 온전한 의미를 획득할 것이다.

　식민지 도시 경성에서 '여성'은 계급과 젠더, 인종(에스니스티)과 식민주의가 다층적으로 얽혀있는 사회 정치적 기호이기도 하다. 이들에 대한 탐색은 호미 바바(Homi Bhabha)가 『문화의 위치 *The Location of Culture*』에서 식민지적 주체의 특징으로 언급한 바, "양피지 사본(palimpsest)에 겹쳐 쓰인 타자성"의 흔적을 찾아가는 한 과정에 다름 아니다. 20세기 초, 근대적 자기 인식의 역동적인 주체인 동시에 '제3세계' 서발턴이었고, 유교의 습속에 기반 한 가부장제 내의 성적 타자이면서 식민지 원주민 여성(colonized woman)이었던 그들의 존재양식을 살피는 작업은 궁극적으로 젠더를 통해 식민지 조선의 근대를 새롭게 바라보는 역사 기술의 한 시도가 될 것이다.

　어려운 출판 환경 속에서도 부족한 원고의 출판을 기꺼이 맡아준 도서출판 <여이연>과, 열정어린 조언과 수고를 아끼지 않으신 사미숙 편집장님께 깊은 감사를 드린다. 동시대 한국 사회에서 '여성'이라는 아젠다에 대해 오랜 시간 함께 고민하며 생각을 나누어 온 <여성문화이론연구소> 회원들,

한국의 모더니티 연구 나아가 한국의 역사에서 여성의 위치에 대해 사유하고, 역사적 주체로서 여성에 대해 질문해 온 젠더 연구자들, 그리고 학문의 영역 너머 삶 속에서 여성의 존재양식에 대해 성찰하고 유쾌한 혁신을 꿈꾸는 모든 이들과 함께, 이 책의 작은 성과나마 나누고 싶다. 또한 일본 자료조사의 기회를 제공해 준, 캐나다 브리티시 콜롬비아 대학(The University of British Colombia) 아시아학부와 일본 가나가와 대학 비문자자료연구소(日本 神奈川大学 非文字資料研究 センター)에 감사의 마음을 전하고자 한다. 마지막으로 이 책의 출간을 기뻐하고 한결같이 응원해주는 사랑하는 가족들에게 이 책을 바친다.

2013년 7월 캐나다 밴쿠버에서
서지영

I. 근대 도시와 여성

01
모더니티, 스펙터클, 여성

근대는 도시를 관찰하는 자들의 시선 속에서 실체화되기 시작하였다. 19세기 영국의 소설가 헨리 제임스는 1876년에 방문한 런던에 대해 "거대한 어둠 속에 있는 비인간적인 블랙홀"이자, 자유와 상상력 넘치는, 움직임의 파노라마, 미로와 같은 비밀들과 신비로 넘치는 측정 불가능한 원주(circumference)"[1]라 묘사하였다. 이방인들과 비밀로 가득 찬 19세기 유럽, 파리나 런던, 베를린과 같은 도시는 자본주의의 풍경이 세계 속으로 유입되는 근대의 최전방이었다. 그곳에서 도시의 관찰자들이 느낀 불안과 자유, 이질감과 흥분의 양가적 감정들 이면에는 도시를 탄생시킨 사회경제적 조건뿐 아니라, 근대를 구성하는 새로운 인식론적 패러다임이 자리하고 있었다.

도시에 거주하는 특권 중의 하나는 '응시(gaze)'에 있었다. 근대성과 시각성 사이의 연계성을 문제시한 조나단 크래리는 인간의 '지각' 가운데 '시각'이 19세기에 이르러 관념적 개념이 아닌, '관찰자라는 프레임 속에서 역사적으로 물질화되고 가시화되었다고 보았다. 이러한 시각의 부상과 그것의 효과는 '관찰하는 주체'라는 새로운 주체성을 탄생시킨다. 시각을 촉각과 같은 다른 감각으로부터 분리시키는 19세기 인간 육체에 대한 산업적 재배치 속에서 시각의 자율화는 자본주의적 '스펙터클의 소비라는 임무를 수행하는 관찰자를 구성하는 역사적 조건이 된다.[2] 이러한 19세기 근대성을 구축하는 '관찰하는 주체'는 발터 벤야민에 의해 도시의 '산책자로 육화되면서 그 사회적, 미학적 존재성을 얻는다. 벤야민에게 있어 지각이 드러나는 양식은 '산책자', 즉 환영과도 같은 상품 이미지들이 끊임없이 유통되는 도시의 풍경을 바라보고 소비하는 관찰자를 통해서였다.

발터 벤야민이 19세기 말, 파리에 매혹되었던 보들레르의 도시 체험을 기반으로 고안한 '산책자' 개념은 이후 근대를 탐색하는 문화 비평의 키워드로 자리잡게 된다. '산책자'는 도시의 스펙터클을 시각적으로 체험하는 주체, 시선의 주체로서의 '보는 자(gazer)'이며, 이는 근대의 자율적 이성, 미적 주체로서의 근대적 예술가의 탄생으로 이어진다. 도시의 산책자들에게는 '보는 방법의 원칙들'이 있었는데, '보는 방법'이란 '살아있는 풍경들을 보고 즐기는 능력'을 의미하였다.3) 벤야민이 포착한 산책자는 부르주아와 프롤레타리아 혹은 그 경계의 거주자들을 포함하는 모호한 범주이다.

> 산책자는 여전히 문턱 위에, 대도시뿐만 아니라 부르주아 계급의 문턱 위에 서 있다. 아직 어느 쪽도 완전히 그를 수중에 넣지는 못하고 있다. 그는 어느 쪽에도 안주하지 못한다. 그는 군중 속에서 피신처를 찾는다.4)

'산책자'는 도시를 구성하는 스펙타클의 일부이자 그것의 구경꾼, 도시의 소비자이기도 했던 '군중'과 짝을 이루었다. 만화경(kaleidoscope)처럼 펼쳐지는 메트로폴리스를 가득 메웠던 '군중' 역시 어떤 계급에도 속하지 않는, 도시에 거주하는 새로운 유형의 존재양식을 의미한다. 보들레르가 19세기 대도시 파리에서 경험한 군중은 특정 계급이나 특정한 동일성을 지닌 집단이 아니라, '행인들' 즉 지역과 계층, 이념과 물적 토대가 다른 무정형의 이질적인 개인들이었다(발터 벤야민, 2005, 130면). 보들레르의 도시 체험속에서 관찰자는 이러한 군중과의 접촉에 충격을 받고 매혹되면서 군중의 일부가 된다.

그런데, 도시에 대한 시각은 항상, "마치 혼자인 것처럼 거리를 걷는 남성의 것"이었다.5) 이는 시각의 중립성, 관찰의 객관성에 대한 젠더적 질문을 제기한다. 원천적으로 하나의 물체에 대한 순수한 시각적 접근은 존재하지 않는다. 시각은 언제나 다른 물체들, 욕망들, 벡터들과 인접하고 중첩되는 다중의 것이다(조나단 크래리, 2001, 39-40면). '시각'이 '어떤 신체적인 작용으로서의 시선'이라면, '시각성'은 '어떤 사회적 사실로서의 시선'6)이라 할 때, 도시에서 관찰의 주체가 가지는 '시선'은 유일하고 절대적인 시선이 아니라, 계급, 인종, 젠더와 같은 사회적 조건 속에 구성된 '시각성'의 한 형태임을 인지할 필요가 있다. 근대 초기 도시 탐험을 둘러싼 사실과 판타지, 관찰의 시선은 19세기 유럽 부르주아 남성의 주체성과 깊이 연루된다. 이는 안정적이고 일관되며 자기절제와 자기 훈육의 에토스를 가진 자율적 남성, 이성을 통해 능력을 발휘하는 특권화된 남성 주체를 전제로 한다.

하지만, "어둡고, 강력하고, 유혹적인 미로와 같은 메트로폴리스"에서 부르주아 남성만이 도시의 유일한 탐험자이자 해석자는 아니었다(주디스 R. 월코위츠, 1992, p. 17). 여성들은 학교, 교회, 백화점, 음악홀, 극장, 공원, 공공교통시설(전차·역), 박물관, 도서관 등 근대가 설비한 공적 공간을 점유한 '또 다른' 도시 거주자들이었다. 근대 도시 거리를 메운 '군중'이라는 추상적이고 무정형적인 집단에서 여성은 간과될 수 없는 비중을 차지하였다. 리타 펠스키는 19세기에 근대를 대표했던 많은 핵심 상징들 - 공적 영역, 군중 속의 인간, 이방인, 댄디, 산책자 등 - 이 근대가 낳은 성별적 (gendered) 메타포들이라 지적하였다. 19세기 거대도시에서 거리를 어슬렁거리는 여성은 누구나 창녀로 여겨지기 십상이었으며, (남성) 산책자에 상응하는 진정한 여성은 없었다고 단언한 바 있다.7) 하지만, '군중'과 '산책자'의 익명적, 성별화된 개념 속에서 침묵하거나 남성 산책자의 응시의 대상으로 재현되었던 여성들 또한 근대 도시의 공적 공간으로 나온 또 다른 시선의 담지자였다. 도시의 모더니티를 구성하고 소비한 응시의 주체로서 여성을 소환할 때, 도시는 어떻게 다르게 기술될 수 있을까?

　근대 도시의 출현은 19세기 서유럽에서 기원하지만, 도시의 스펙타클은 서구에서만 볼 수 있는 풍경은 아니었다. 20세기 초, 일본 제국주의에 점령되었던 식민지 조선은 유교적 관행과 습속이 일상 곳곳에 깊이 뿌리내려 있었지만, 서서히 근대 도시의 윤곽을 드러내기 시작하였다. 1920-30년대 식민지 도시 경성은 봉건이라는 이름으로 배타시 되었던 전근대의 유물과 습속이 일본을 경유해 들어온 서구의 기호들과 혼재하는 공간이었다. 궁핍한 식민지 현실과 근대에 대한 환상이 교차했던 경성 거리 역시 익명의 이질적 군중들로 들끓는 근대 도시 거리의 모양새를 형성하고 있었다.8) 자동차와 버스, 전차, 짐마차, 소구루마, 인력거 등이 오갔으며, 전통주의자와 근대주의자, 상류계층과 빈민계층, 남녀노소가 몰려들었다. 1920년대 경성의 종로의 군중은 인텔리 셀러리맨, 단발랑 모던보이, 협잡군, 부랑자, 아편장이와 형사, 학교로 가기 위해 전차를 기다리는 여학생과 인력거를 타고 요리점으로 가는 기생, 여학생 복장을 하고 자동차를 타는 은군자(밀매음여성) 등으로 뒤엉켜 있었다(일기자, 1929, 61면).

　식민지 시기 일상 풍속의 세밀한 관찰자였던 소설가 김남천은「현대여성미」(『인문평론』1940. 1)라는 글에서 1930년 말 어느 오후, 경성 종로 거리를 오가는 여성들의 모습을 포착한 바 있다. "양장 두루마기에 은호(銀狐)의 스카프"를 두르고 인력거를 타고 요리점으로 가는" 기생, "스와가식의 외투에 알룽달룽한 조셋드의 목도리"와 "입술의 붉은 루즈와 전발(電髮)"을 한 여급, "간편한 스목크로 화해버린 셔츠와 두터운 멜롱으로 깡총하게 겉갑줄을 두른 가방"을 건, 총독부, 체신국, 보험과, 경무국, 전화국 등에서 일하는 젊은 직업여성들, "애프터 눈의 푸아코트를 입고 장식이 붙은 크레르데싱의 부인모"를 쓰고, "부민관에서 공연하는 무용이나 음악, 아니 어느 영화관 아트렉션에 나올 것 같은" 모습으로 "반도호텔의 포치에서 차에 오르는", "모피 속에 대추씨만큼 한 얼굴을 차 묻은 오만스러운 부인"이 바로 그들이다(83-84면). 조선에서 구현되고 있는 이러한 최신 유행 복식과 장신구, 화장품, 헤어스타일은 식민지 도시 경성을 낯선 서구식 상표와 불명료한 명명들로 가득한 이질적인 공간으로 만든다. 김남천에 의해 포착된 도시 거리의 여성들은 근대 도시 거리를 메운 '군중'이라는 무정형적인 집단의 일부이자, 소비대중의 모습으로 도시에 나온 여성 산책자들이기도 하였다.

근대 도시에서 섹슈얼리티는 위협적인, 모호성과 무질서의 한 원천이었다. 속박되지 않는 성적 경험을 제공하는 도시는 가장 두려워하면서도 가장 욕망되는 '금지'를 가능한 것으로 만들었다.9) 여성이 공적 공간에 있다는 것은 비도덕적인 영역으로 들어가는 것과 같았다. 도시의 남성들에게 너무나 자극적인 그들의 존재는 정숙함을 잃게 되거나, 성적으로 훼손될 수 있는 위험에 쉽게 노출되었다(주디스 R. 월코위츠, 1992, p. 15). 산업화된 삶의 방식은 끊임없이 여성들을 도시로 이끌었으며, 도시의 비밀스러운 미로는 여성의 몸을 겨냥하고 끊임없이 매/매춘을 양산하였다. 근대 초기 도시에서 여성으로 존재하는 것, 즉 가족 또는 친척의 일원이 아니라 도시에서 개인으로 존재하는 것은 '매춘부(public woman)'가 되는 것과 다르지 않았던 것이다(엘리자베스 윌슨, 1991, p. 8). 소비주의와 에로틱한 환상이 압도하는 도시공간에서 유흥산업은 근대 가부장제 주변부에서 또 다른 제국을 구축하였으며, 도시의 욕망을 매개하였던 코티잔(첩), 접대부, 매춘부 등은 도시가 양산하고 향유했던 실질적인 대상들이었다.

도시에서 여성은 온전한 자유를 부여받지 못했다는 면에서 완전한 도시민은 아니었다고 볼 수 있다. 하지만 도시는 여성들에게 위험한 장소인 동시에 해방의 장소이기도 하였다(엘리자베스 윌슨, 1991, p. 7).10) 식민지 당대 경성 거리를 활보한 여학생, 백화점과 호텔을 드나드는 유한부인들,

서구적 외양을 한 신종직업부인 모던걸, 도시의 여성 노동군이었던 여공, 기생, 카페여급 등은 20세기 초 한국, 도시 공간에 출현한 여성의 구체적 형상들이다. 여성들은 자본주의 메커니즘이 야기하는 도시의 모순과 협상하면서 도시의 틈새에서 생존하고 번성해 왔다. 두려움과 쾌락이 경합하는 도시공간에서 여성들의 존재는 식민지 근대 한국의 모더니티를 드러내는 또 다른 역사적 지표이다. 무질서와 위험, 잠재적인 전복성을 내포하는 동시에, 식민지라는 조건이 포개지는 근대 초기 한국의 도시 공간에서 여성들은 어떠한 방식으로 자신의 삶을 구축하고 당대 역사와 관계 맺었을까. 도시와 여성이 만나는 지점에서 양산된 다양한 서사들은 한국의 근대를 어떻게 기억하고 있을까.

02
식민지 도시 경성과 산책

그러나 확실히 기호화되는 물건보다 기호 자체가, 원본보다 복사본이, 현실보다 환상이, 본질보다 외관이 더욱 선호되는 오늘날의 시대에는…오직 환상만이 신성한 것이고 진실은 세속적인 것이다.

-포이에르 바하, 『기독교의 본질』 2판 서문; 기 드보르, 『스펙타클의 사회』

경성이라는 도시

20세기 초, 500년 조선 왕조의 수도이자 성벽도시로서 오랜 전통을 지니고 있었던 경성은 일본 제국주의의 침탈 아래 구조적 변화를 겪게 된다. 1910년(한일병합) 조선총독부령 제357조가 발포된 후 '한성부'의 공식적 명칭은 '경성부'로 바뀌고, 대한제국은 식민지 '조선'으로 개칭된다.11) 1914년 3월에, 경기도 고시(告示) 제7호에 의해 경성의 지명이 무교정(무교동), 명치정(명동), 장곡천정(소공동)과 같이 '동(洞)'에서 '정(町)'이라는 일본식 단위로 변경된다.12) 1920년대 이후 30년대 초반까지 경성에는 옛 건물이 헐리면서 많은 근대적 양식의 건축물이 들어서게 되는데, 각종 공공건물들과 철도의 연장에 따른 정거장의 신축, 은행, 회사, 학교, 공장 등의 설립으로 경성은 근대 도시의 외관을 갖추게 된다.13) 1933년에 쓰인 젠쇼 에이스케(善生永助)의 조선에 대한 보고서는 근대적 도시 인프라가 경성에 구축되면서 일차적으로 도시 인구가 현저하게 증가하는 지점을 포착하고 있다.

  병합이래로 제반의 도읍 설비가 차제에 완비되어 오히려 정치의 개혁(改革), 산업의 진흥(振興), 교통의 발달, 교육의 진보(進步), 위생의 개선, 생활의 향상,

> 사회의 개량 등 옛날에 비하여 종래의 조선의 인구증가율이 놀라울 정도이다. 이 중에서 인구의 도시 집중 추세는 상당히 현저하여 크고 작은 도읍의 팽창발전이 이루어지고 있다. 다이쇼 14년(1925년) 말부터 조선의 현재 인구 총수를 보면 1,915,526명에서 쇼와 5년(1930년) 말에는 2,256,563명으로 증가되었다. 5개년 간 총 1,240,137인이 증가되었다. 실로 일 년에 평균 248,207명이 증가한 것이다.14)

그런데, 이러한 경성의 도시화는 지배자(일본인)/피지배자(조선인)의 거주 공간의 이분화를 바탕으로 하는 식민지 도시 건설의 기획 속에서 이루어진 것이었다.

1896년 개항 이후부터 추진된 일본 거류민의 이동은 점차 증가하게 되는데, 경성에는 인종에 따른 거주 공간의 구획화가 가시화된다.

> 새롭게 내지인 또는 외지인의 집단 시가가 생겨, 토착인과 새롭게 들어온 사람의 시가가 일정한 구역(區域)을 형성하는 경우가 많다. 이것을 경성(京城)에서 보면, 번화한 상가를 경계로 남부는 내지인의 도시, 북부는 조선인의 도시라는 호칭을 얻고, 서소문부근은 지나인의 마을, 정동 및 죽첨(竹添) 부근의 일부는 서양인의 마을로 볼 수 있다.15)

식민지 개발을 위한 총독부의 조직적인 이민 정책이 일차적으로 작동하였지만, 일본과 거리적으로 가깝고 자연조건, 문화, 사회구조 등에서 동질성이 강하였던 이유로 인해 많은 일본인들이 식민지 조선으로 이주하였으며 도시인구 가운데 일본인이 높은 비중을 차지하게 된다.16) 1934년 당시 일본인의 도시 점유율은 평균 13-28%를 유지하게 된다.17) 이러한 일본 '내지인'들의 이주 과정에서 청계천을 기점으로 이남 지역인 '남촌'은 일본인 거류지가 되고, 이북지역인 북촌은 조선인 중심의 공간으로 차별화된 개발이 추진된다.18)

그림 1. 조선 내 일본인 가옥

그림 2. 조선 내 일본 관공서

　20세기 초, 경성과 같은 식민지 도시는 서유럽에서 기원하는 근대 도시의 보편적 경험으로 설명되지 않는 특수한 역사적 공간성을 가진다. 거기에는 아시아적 전통과 서구적 근대의 충돌과 더불어, 식민자와 피식민자 사이의 비대칭적 권력관계가 접합되는 중층적 갈등이 자리하고 있었다. 『동아일보』(1928. 10. 4)에 실린 「변태적 근대 도시(變態的 近代 都市)로서의 경성(京城)」이라는 글은 1928년 당시 경성이 인구 34만에 이르고, 공업인구 36%, 상업인구 30%에 달하는 등 점차 상공업화하는 근대적 도시의 특징을 보이지만, 일본인이 전 회사 자본금의 80%를 점하고 조선은 '한갓 공업원료의 공급자'와 '제조 상품의 시장'으로 존재하는 '변태적 발전'을 보인다고 기술하고 있다. 이러한 식민지 도시 경성의 자본주의화는 거류민들 간의 인종적, 계급적 격차를 더욱 심화시키게 된다. 1930년대 전후, 경성부에서 10만 명에 이르는 극빈자계급, 100만에 가까운 조선의 실업자 수, 북부 경성의 '빈민촌화' 등에 관한 기사들은 당시 식민지 도시 경성의 불균형한 개발과 조선인의 빈곤을 시사한다.19)

경성의 이중구조는 단순히 거주지 구분뿐 아니라 기간시설 및 상권이나 오락시설, 유곽의 배치 및 운영 시스템 등 생활 전반으로 확대된다. 도시적 사회자본의 대표라 할 수 있는 상하수도, 가스 보급률이나 버스의 배차 시간20)과 같은 일상적 편의 시설의 차이뿐 아니라, 동일한 조건 속에서 일하는 일본인과 조선인의 차별화된 임금격차로 인해 삶 속의 원천적 차별이 양산된다. 또한 식민지 본국에서 남촌으로 직접 유입되는 자본의 규모의 차이로 인해, 북촌의 상업은 영세함을 면치 못한다.21) 이러한 경성 내 남촌/북촌의 차별구도는 조선 내 일본인과 조선인의 삶 속의 질적 위계를 가져오게 되는데, 식민지 지배의 심화에 따라 그 격차는 점차 더 커지게 된다.22)

하지만 1920-30년대 경성의 도시화는 식민자/피식민자의 비대칭적 구도와 도시 구성원들의 계급적 간극을 넘어 다기한 근대적 욕망의 벡터를 작동시킨다. 기 드보르가 지적한 바, 스펙터클을 가진 사회는 단지 그 사회의 경제적 헤게모니에만 의존해서 저개발지역들을 지배하는 것은 아니었다. 그 사회는 저개발지역들을 스펙터클의 사회로서 지배하며, 심지어 물질적 토대가 아직 없는 곳에서조차, 현대사회는 스펙터클을 수단으로 이미 각 대륙의 사회적 표면을 침투하였다.23) 당시 남촌 진고개는 최첨단 근대 문물이 들어오는 입구로서 거부할 수 없는 유혹의 공간으로 피식민지인들을 매료시켰으며, 민족의 거리 종로는 조선인의 울분과 저항의 공간이었던 동시에 남촌, 나아가 식민지 본국의 메트로폴리스를 동경하고 모방하는 식민지 도시의 이중적 욕망을 엿보인다.24) 1920-30년대에 경성은 식민지의 사회·정치적 긴장구도를 가로질러 소비와 향락의 일상 공간을 확산시킨다. 미국, 일본영화를 상영하는 극장, 째즈가 흘러나오는 카페, 서구적 스타일의 문화적 기호로 장식된 다방, 물질에 대한 소비욕구를 부추기는 백화점 등을 중심으로 식민지 조선의 도시 거주민들은 근대의 코스모폴리탄적 감각을 체득하기 시작한다.

> 여러 가지 축복받지 못한 조건으로 인하여 부득이 시대진전의 수준에서 밀려 나올 수밖에 없었던 봉건적 도시인 경성도 차츰차츰 첨예한 근대도시의 면모를 갖추기 시작한다. 서울의 복판 이곳저곳에 뛰어난 근대적 '데파트멘트'의 출현은 1931년도의 대경성의 주름잡힌 얼굴 위에 가장하고 나타난 '근대'의 '메이크 업'이 아니고 무엇일까.[25]

아직도 도시 곳곳에 전근대 조선의 잔상들이 자리하고 있었지만, 경성의 도심지는 서구 근대의 외형을 숨 가쁘게 쫓아가고 있었다.

> '떼파-트멘트 스토어'는 조선의 도시에도 생겨났다. 찬란한 '일루미네숀'[전기 장치로 명멸하는 광고탑]과 '쇼-윈도'[진열창], '에레-쎄-터'[승강기], '에스카레이터'[자동계단]와 마네킹[광고인물] 그리고 옥상정원! 이런 것들이 사람의 이목을 유혹하고 있는 근래의 요귀인 "떼파-트멘트 스토어는 근대의 특산물이요 상업 경쟁장의 총사(總師)이다. 그것은 이른바 '아메리카니즘'(미국주의)과 에로티시즘(肉香主義)과 그로테스크(奇怪主義)가 교류하는 근대문명의 삼각주인 것이다.[26]

근대 도시의 외관을 연출하는 각종 기계장치들, 일루미네이션과 엘리베이터, 쇼윈도우, 마네킹 등은 하나의 사슬처럼 연계된 채 경성 시내의 스펙터클을 구성하였으며 이는 '요귀'처럼 사람들을 현혹시킨다고 기술된다. 이러한 근대적 유흥 공간을 중심으로 경성에 뿌리내린 도시소비문화는 지식인들의 비판과 우려의 시선을 받았지만, 1930년대에 이르러 남촌과 북촌의 경계를 가로지르면서 일상 속으로 침투한다.

식민지 도시 경성의 욕망과 허구

근대의 이미지와 기호들로 외관을 장식했던 1920-30년대 경성은 그 이면에 식민지 도시의 허약한 토대를 쉽게 노출한다.

> 대경성(大京城)의 종로(鍾路) 네거리- 나는 언제 보와도 오직 쓸쓸할 뿐이다. 이것이 종로(鍾路) 네거리로고나. 조선(朝鮮)의 수부(首府), 대경성(大京城), 인구가 35만이나 살고 잇는 곳인가 하고 생각하면, 더 쓸쓸하다. 자 나는 종로(鍾路)네거리에 잠간동안 서 가지고 이곳을 지나가는 사람들의 행동을 살펴보리라 … 3년 동안이나 쓴 듯한 맥고모자 때가 조르르 흐르고, 드문드문히 기인 생양목주의(生洋木周衣) 땅까지 찰찰 끌리는 옹구바지에 겨우 보일까 말까하는 고무구쓰가 거지반 뒤꿈치가 내일이면 구멍이 날 것 같다. 얼굴은 영양부족(營養不足)으로 창백하다. 종각(鍾閣) 옆에 몇 시간 섰다 앉았다 하다가 서스쪽으로 천천히 발길을 옮긴다. 얼른 보와서 중산계급(中産階級)의 몰락(沒落)인 듯 싶다. 이런 무리가 꼬리를 물었다.27)

1920년대 후반 인구 35만에 육박했던 경성은 '대경성(大京城)'이라는 칭호에 걸맞지 않게, 오가는 가난한 시민들의 모양새는 초라하기 그지없고, 낡은 맥고모자에 다 해진 고무 구쓰(구두)를 신은 룸펜 인텔리들이 할 일 없이 거리를 배회하였다. 당시 신교육을 받고 사회 발전의 중추 역할을 해야 할 인텔리계층들이 만성 실업자의 얼굴로 거리를 헤매는 모습을 보고 위 글의 필자는 '중산계급의 몰락'이라 칭하고 있다. 하지만 이는 중산층 계급의 몰락이라기보다는 당시 중산층 계급의 사회적 토대의 부재에서 기인한 현상이라고 보는 것이 타당할 것이다.

문화촌이라면 소위 문화생활을 하는 사람들, 문화생활이라면 송판(松板)쪽을 붙여 놓았더래도 집은 신식 양옥으로 지어 놓고 피아노에 맞추어 흐르는 독창 소리가 아니면 류성기관의 째즈밴드 소리쯤은 들려 나와야 하고 지붕 위에는 라디오 안테나가 가로 걸쳐 있어야 할 것은 물론이니와 하루에 한 번씩은 값싼 것일망정 양요리 접시나 부셔야 왈 문화생활이라고들 한다. 그러나 한 칸 셋방이 어렵고 한 그릇 콩나물죽이 어려운 형편에 있는 조선 사람이 더구나 찌들리고 쪼들리는 서울 사람이(편벽된 의미의) 문화생활을 하고 있는 사람이 누구일 것이냐. 장안이 넓고 인간이 많다 해도 이러한 여유락락한 문화생활을 하고 있는 사람은 앉아서라도 손꼽을 수가 있다. 따라서 그들만이 모여서 사는 소위 문화촌이란 문화촌을 찾아 내이기도 어렵다 … 그러면 조선 사람 많이 모여서 문화생활을 하고 있는 소위 문화촌은 어디냐. 동소문(東小門) 안 근방을 칠가. 그러나 … 동소문(東小門) 안 근방을 문화촌이라기에는 얼른 보아서 너무 쓸쓸하다.[28]

1927년에 쓰인 위 글은 당시 경성의 '문화촌'을 소개하고, 소위 '문화생활'이 어떤 것인지에 대해 기술하고 있다. 즉, 신식 양옥에다 피아노, 유성기관의 재즈음악을 즐기고, 라디오가 설비되고, 하루에 한번 양요리를 먹어야 문화 생활을 하는 것이라 정의한다. 서양식 라이프스타일을 즐기는 식자층 샐러 리맨 가정을 이상적 문화인의 삶이라 보는 위 글은 당시 조선에 형성된 '중산층'에 대한 문화적 상상을 엿보인다. 그런데, 당시 조선에 유입된 '문화'라는 명명은 또 다른 역사적 의미망을 지니고 있었다. '문화'라는 용어는 일본 다이쇼 말기에 풍미했던 유행어로서 사상적으로 1차 대전 이후 전쟁의 야만과 공포로부터 벗어나기 위해 '문화', '평화'를 외친 독일 서남학파의 문화 철학의 영향과 경제적으로 전승국으로서 일본이 취했던 경제적 호황기의 산물이었다.[29] 벼락부자가 되었던 당시 일본 사회의 생활 곳곳에 침투한 '문화'는 '문화주택', '문화곤로'와 같은 주방도구, 기저귀 커버에까지 적용되었다.[30] 이러한 다이쇼 말기 일본 사회의 특수한 산물로 대두한 '문화'

라는 용어는 조선으로 유입되면서 그 배경이 되는 일본 제국주의의 역사적 맥락은 탈각된다. 물질적 윤택함을 바탕으로 양산된 일본의 '문화'와 달리, 식민지 조선에서의 문화는 물질적 토대가 미약한 가상적 개념에 가까웠다. 위 글에서 필자는 "한 칸 셋방이 어렵고 한 그릇 콩나물죽이 어려운 형편에 있는 조선 사람이 더구나 찌들리고 쪼들리는 서울 사람이 (편벽된 의미의) 문화생활을 하고 있는 사람이 누구일 것이냐'고 질문하며, '문화촌' 자체를 찾기가 어렵다고 토로하고 있다. 경성의 대표적 '문화촌'으로서 '동소문(東小門) 안 근방'[현 혜화동 부근]을 들고 있지만 그 풍경이 너무 쓸쓸하다고 하면서 중산층 문화의 허구성을 지적하고 있다.

실제로, 당시 경성에는 안정된 일자리를 갖지 못한 채 떠도는 잡업층과 일정한 거주 지역 없이 도시 주변부에 토막을 짓고 사는 빈민층이 비율적으로 훨씬 더 우세하였다.31)

> 경성은 도로의 개통, 시가의 즐비, 건축의 굉대(宏大) 그러한 모든 시설이 완비하고 외면이 변화한 반면에는 참으로 형언할 수 없는 빈민굴이 있는 것을 알아야 할 것이라고 지금 조선에 있어서 어느 지방에 빈민굴이 없는 곳이 없지만은 서울의 빈민처럼 참혹한 현상은 없을 것이다. 진고개와 종로 같은 번화지를 보는 동시에 신당리 공덕리 같은 빈민굴을 보아 어찌 하면 저런 사람들도 잘 살게 할까 하는 생각을 가지게 하고 또 다른 시설보다도 조선인의 일반 교육시설을 잘 살펴서 교육의 필요를 확신하는 동시에 자제를 많이 학교에 보내서 유위인물(有爲人物)을 많이 양성하도록 하는 것이 좋은가 한다.32)

식민지 도시 경성은 비대칭적 권력들이 경합하는 사회적 공간이었다. 서구 근대와 전통을 위계적으로 구별하는 도시와 시골의 격차, 식민자와 피식민자의 간극을 드러내는 남촌 진고개와 북촌 종로 사이의 격차, 중산층의 욕망을 대변하는 도시 번화가와 빈민들이 모여 사는 신당리나 공덕리 사이의 계급적 격차는 경성이라는 도시 공간을 구성하는 실질적 조건들이었다.

"근대화는 자본주의로 하여금 정착된 것을 뿌리 뽑아 몰아내고, 유통을 방해하는 것을 제거하거나 말살하며, 유일한 것을 교환가능토록 만드는 하나의 과정"이었다(조나단 크래리, 2001, 25면). 하지만, 경성의 낯선 도시 풍경을 관찰한 소설가 이태준의 시선을 따라가 보면, "낙백(落魄)한 유자(儒者), 누항(陋巷)에 침면(沈面)한 퇴기, 불우한 소학교원이나 혹은 유랑하는 농민, 어리석은 신문배달부, 생에 희망을 잃은 노인"[33]들과 만나게 된다. 이들은 도시 주변부에서 여전히 사라지지 않은 채 머물고 있는 토착문화의 흔적, 도시의 중심적 권력에 입성하지 못하는 무수한 타자들, 피식민지인 내부의 주변적 존재들을 상기시킨다.

푸코는 『감시와 처벌』에서 근대 도시의 '스펙터클' 이면에 자리하는 감시의 메커니즘을 읽어내고 학교, 공장, 감옥, 병원 등의 전체주의적 '판옵티콘(감시 체계)' 안에 존재하는 근대인의 조건을 제기한 바 있다.[34] 수백 년을 지탱해왔던 유교적 습속과 토착문화, 빈곤한 물적 토대, 식민 권력의 통제와 감시 속에서 있었던 식민지 조선의 근대 도시 경험은 서구적 근대의 시선으로 온전히 드러나지 않는 혼성성을 엿보인다. 식민지 도시 경성의 이중 공간은 '지배와 저항'이라는 식민지 권력관계의 비대칭적 스펙트럼 속에서 다양한 저항과 불복종의 전략과 전술이 혼성과 모방을 통해 다중적인 의미기호들로 표출되는 복합적 권력 갈등의 장'으로 재해석될 수 있다.[35] 하지만 여기서 혼성모방적 의미기호들을 양산한 피식민자의 주체성(subjectivity)에 대해서 다시 질문을 제기할 만하다. 과연 피식민 주체는 누구를 지칭하는가? 그들의 전략과 전술 또한 단일한 층위로 설명될 수 있는가? 식민지 도시 경성에 거주했던 피식민 주체들의 행위성과 의식의 층위를 입체적으로 드러내기 위해서는 식민지 조선의 근대를 구성한 민족, 계급,

젠더의 다면적 고리들이 검토될 필요가 있다.

식민지 도시의 산책자들

도시 거리를 배회하는 산책 행위는 근대 도시 거주자들의 특권이었다. 1920-30년대 경성에서도 산책은 도시인의 취미로 부각되기 시작한다. 북촌 종로 지역에서 시작되는 산책은 일본인 거리 남촌 본정, 진고개로 넘어가는 이동 경로를 특징적으로 보여준다. 미쓰코시(三越), 조지야(丁子屋), 미나까이(三中井), 히라다(平田) 등의 호화로운 일본 백화점들36)이 진을 치고, 을지로, 남대문로 일대에 동양척식주식회사, 조선식산은행, 조선은행 등 일제 경제침탈의 전진기지로서 식민지 금융기관들이 자리잡았던 진고개는 경성의 산보 행위의 종착지였다(장규식, 2004, 66면).

> 진고개라는 이름은 본정으로 변하고, 소슬대문 줄행랑이 변하여 이층집 삼층집으로 변작이 되며, 따라 청사초롱 재명등은 천백촉의 전등으로 바뀌고, 그야말로 불야성의 별천지로 변하여 버렸다. 지금 그곳을 들어서면, 조선을 떠나 일본을 여행이나 온 느낌이 있다. 진고개! 진고개!! 판국이 기울어지자 이름까지 바뀌인 진고개는 지금은 조선의 상권(商權)을 독차지한 곳이다. 육층으로 하늘을 찌를 뜻이 솟아있는 삼중정(三中井)의 대상점, 조선 사람의 손님을 끌어들이기로 제일인 대백화점인 평전상점(平田商店), 대자본(大資本)을 가지고 조선 전도 상계를 풍비하려는 삼월왕국(三越王國)의 적은 집인 삼월오복점을 비롯하여 좌우로 총총히 들어선 일본인의 상점, 들어서 보면 휘황찬란하고 으리으리하며 풍성풍성한 품이 실로 조선 사람들이 몇백년을 두고 만들어 놓았다는 북촌 일대에 비하여 얼마나 장한지 견주어 말할 바 못된다. 더군다나 조선은행(朝鮮銀行) 앞에서부터 경성우편국(京城郵便局)을 옆에 끼고 이 진고개를 들여다보고 갈 때에는 좌우로 즐비하게 늘어선 상점은 어느 곳을 물론하고 활기가 있고 풍성풍성하며 진열창(陳列窓)에는 모다 값진 물건과 찬란한 물품이 사람의 눈을 현혹하며 발길을 끌지 않는 것이 없다(정수일, 1929, 46면).

한번 진고개를 구경한 사람은 거기에 홀리어 평생소원이 "진고개 가서 그 좋은 물건이나 맛 좋은 것을 사 보았으면 죽어도 한이 없겠다"는 소리가 흘러나왔다. '조선의 살림이 죽어가고 조선의 피를 서서히 빨아먹는 곳이 바로 무서운 진고개'라는 우려가 있었지만, 서울구경한 시골사람들이 진고개를 방문한 사실 자체가 크나큰 자랑거리가 되었다.

1920년대 일본에서 동경의 '긴자'[銀座 - 東京 中央區 南西部]는 모든 이들이 계급을 떠나서 평등하게 산보를 즐길 수 있는 공간으로 표상되었다.[37] 영화배우가 되어서 긴자 거리를 산보하는 것은 일본 시골 소녀의 필생의 소원이었으며, 문학청년은 긴자에 위치한 카페 <타이가>의 '복스'에 앉아 공상에 빠졌다. "긴자! 긴자! 긴자! 남자도 긴자, 여자도 긴자, 밤에도 긴자, 낮에도 긴자. 긴자는 일본이다", "스피드, 스포츠, 에로시대. 일본은 모두 산보한다"와 같은 문구를 만들어낸 긴자 거리는 근대 일본의 도시문화를 대변하는 상징적 공간으로 자리하였다.[38] 당시 경성의 '긴자'에 비유되었던 '혼마치(本町)'는 일본인이든 조선인이든 "일본을 여행이나 온 느낌"을 주는 경성 안의 일본이었다.

그림 3. 경성 혼마치(좌)와 미쓰코시 백화점(우)

동경 긴자 거리의 산책자를 의미하는 '긴부라'에 빗대어 경성의 혼마치(本町, 지금의 충무로) 부근을 배회하는 이들을 '혼부라'라 명명하였는데, 이는 경성의 근대 체험이 식민지 '모국'과 긴밀히 연계되는 지점을 시사한다.39) 식민지 도시 경성에서 진고개 부근의 책사, 카페, 활동사진관을 기웃거리며 도회적 감각을 즐기는 '혼부라'는 민족, 성별, 학력, 직업, 이념의 경계를 넘어서는 도시민의 '하이칼라적' 취미로 여겨졌다.40)

> 여기자, 김규정. 에스끼모껼, 코가 높다. 실업학교를 마치고, 물건파는 실습을 하더니 문필생활로 길을 밟고 있다. 막쓰학도 지금 스무살, 한창 나이라 그런지 늦도록 '혼부라'를 하는 것도 더러 본 사람이 있고, 사진을 빼앗겨본 젊은이도 있다든가.41)

여기자이자 마르크시즘을 공부하는 '막스걸' 김기정이라는 여성을 소개하는 한 잡지기사에서 '혼부라를 한다'는 용어는 당시 젊은이들 사이에 진고개 산책이 일상 속의 유행이었음을 시사한다.

하지만 당시 경성의 '혼부라'를 바라보는 시선은 복합적이었다. 일본 전통의복 유카다를 입고 진고개(본정) 거리를 산책하는 국적불명의 '혼부라'는 식민지 지식인의 눈에 비판적으로 포착될 수밖에 없었다.42) 1920년대 후반에서 30년대 사회주의 지식인 남성들의 담론 속에서 '혼부라'는 진고개의 다방, 빙수집, 우동집, 카페를 전전하며 소비 행위와 유희를 즐기는 남녀 군상, 즉 유한계급의 남성과 이들의 권력에 기생하는 정체모를 여성들이 추구하는 표피적이고 변태적인 근대문화의 양태로 기술된다. 이는 1920-30년대 대중매체에서 '모뽀'(모던보이)·'모껼'(모던걸)에 대한 부정적인 표상과 긴밀히 연계된다.

소위 「혼부라」당의 음모가 1930년의 녀름에는 더욱 노골화하야 진고개 찻집,

빙수집, 우동집, 카페-의 파두수룸한 전등아래에 백의(白衣) 껄이 사나이와 사나이의 날개에 가리워 전기류성기 소리에 맞추어 눈썹을 치올렸다 내렸다 하며 새소리 같이 바르르 떠는 노래소래로군. 노래를 한다. 칼피스, 파피스도 좋거니와 잠 오지 않게 하는 커피에도 「아이스커피」를 두 사람이 하나만 정하여 다가는 두 남녀가 대가리를 부비대고 보리줄기로 쪽쪽 빨아먹는다. 사랑의 아이스커피- 이 집에서 아이스커피- 저집에서 아이스커피- 그래도 모자라서 일인들 뻰으로 혀끝을 빳빳이 펴서 「아다시! 아이스고히가, 다이스키, 다이스키요!」 「와시모네?」 혼부라당 백의껄이 아니라, 제 밑천 드리고 다니는 마네킹 껄이 이것이라면, 머릿속을 텅 비워도 자존심 많으신 그들은 팔짝 노할게로군[43]

위 기사에서 '혼부라당'은 1930년 경, 진고개의 다방, 빙수집, 우동집, 카페를 전전하며 소비 행위와 유희를 즐기는 남녀군상을 지칭한다. 이들은 조선 최초의 카페로 진고개(본정 2정 - 충무로 2가)에 자리 잡은 일본의 카페 <아카다마(赤玉)> 경성 지점에서 일본산 맥주 '나마 삐루'를 마시고 골프장에 들러 일본인 및 유지인사들과 어울려 골프를 치는 조선 '모뽀', '모껄'들이다.

    종로네거리. 훤츨하고 쓸쓸하기는 하지만 안동네거리에서 창덕궁 앞으로 뚫린 새길은 갓 다듬은 길에 햇볕만 환해서 시골정거장마당 같이 맑고 깨끗하다. 그 깨끗한 길로 나비가 한 마리 너울너울 춤추면서 … 아니 아니 나비였으면 좋겠는데 벌(蜂)만큼도 못생긴 나비 아닌 나비가 제멋에 지쳐서 미친 춤을 추며 간다. 톱니 같이 삐죽삐죽한 맥고모를 한편 귀에 기울여 걸고 상아 손잡이 단장은 팔뚝에 걸고 하얀 분물을 모가지에 까지 바르고 새빨간 목도리 조끼같은 짧은 저고리에 나팔바지 이만하면 내가 새 세기초(世紀初)의 모던 뽀이랍시고 어깨하고 단장으로 걸어간다(쌍S생, 1929, 75면).

'모던 뽀이'들, 즉 맥고 모자 당시에 새롭게 등장한 세련된 신식 문물을 상징하는 남성 장신구로서 밀짚으로 만든 엮어 여름 모자-필재)와 구두 끝에 패를 써 붙인 도령님들이 단장(短杖)을 들고 산책하는 종착지는 '절간', '한강', '카프'에 '극장', '여학생 하숙'집이라 폄하된다. 이렇게 경성의 도시 산책에 대한 부정적 기술 속에는 식민자의 문화를 동경하고 모방하는 피식민지의 열등성에 대한 힐난, 도시 부르주아 계급의 자본주의적 소비문화의 탐닉을 비판하는 계급적 시선 등이 뒤엉켜 있다.

하지만 이러한 '혼부라' 속에는 산책 행위에 대한 자의식과 더불어, 도시 풍경에 대한 비판적 거리감과 미학적 감수성을 표출했던 일군의 남성 산책자들이 자리하고 있었다. 이들은 외형적으로만 근대의 스타일을 추구하는 경멸적인 '모뽀'가 아닌, 정신적·사상적 측면에서 근대를 탐색한 인텔리겐챠 모던보이들이었다.44) 박태원, 이상(李箱)을 포함하여 식민지 경성의 도시 풍경에 매혹되고 또 절망했던 1930년대 모더니스트 작가들이 당대 남성 산책자의 전형들이라 할 수 있다.

종로·혼마치·긴자 : 식민지 도시 산책의 정치학

박태원의 작품, 「적멸」(『동아일보』 1930. 2. 5 - 3. 1)에서 주인공 '나'는 소설가로서 원고지와 씨름하다가 "현재의 나에게 절대로 필요한 것은 좋은 자극이다. 알맞은 엽기취미다. 나는 광교로 나서자" 하며 종로 네거리로 나가 군중의 일부가 되어 도시를 거닌다.

> 거리는 복작거렸다. 나의 조그마한 예술의 세계가 설혹 나를 경원하더라도, 나는 넉넉히 현실의 이 거리와 친할 수 있지 않은가. 나는 아무 주저 없이 야시장 군중 속에 몸을 내어 던졌다. 수백명 수천명 또 수백명 수천명 … 앞으로 뒤로 밀리는 장안 사람의 물결은 소화 사년도 조선 총독부 주최의 조선박람회 구경온 시골 마나님, 갓 쓴 이들을 한데 휩쓸어 이곳저곳에서 물결치고 있다. 오래간만에 나온 까닭일까. 나는 그들을 - 이 무리들을, 이 무리들의 갈

곳 몰라 하는 발길을, 이 무리들의 부질없는 시간소비를 - 결코 멸시하지 않았다. 아니 도리어 많은 군중 속에 내 몸을 내어 던지는 데서 깨닫는 비할 데 없이 크나큰 기쁨을 맛보고 있는 내 자신을 나는 발견하였다(박태원, 「적멸」, 1987, 185-186면).

주인공은 보들레르가 파리에서 경험했던 것과 같이 거리의 군중에 몸을 던져 군중의 일부가 되는 것에 큰 기쁨을 느끼고 있는 자신을 발견한다. 도시 거리에 매혹된 주인공은 소설가로서의 관찰자의 위치와 야시장, 박람회 등 도시의 환등상에 혼을 빼앗기는 구경꾼 사이의 모호한 경계를 오간다. 벤야민이 말하는 19세기 파리의 산책자는 "사적생활을 즐기는 한량(privatier)"으로서 "생업종사자와 무위도식자의 중간적 유형"이었다(발터 벤야민, 1983, 140면). 이들 거리산보자의 주된 목적은 무정형의 도시 군중에게 어떤 영혼을 부여해주는 일이었으며, 비록 도시 거리에서 환멸과 쓰라림을 경험하게 되지만, 산책자 스스로 도시거리와 군중 속으로 몸을 던진다. 보들레르는 자신의 생애를 형성해 온 모든 경험들 가운데 군중에 의해 떠밀리는 경험을 결정적이고 독특한 것으로 부각시켰는데, 그는 비록 대도시 군중이 끌어당기는 힘에 굴복하기도 하지만 그들로부터 스스로를 분리시키는 양면성을 보이기도 한다(발터 벤야민, 1983, 130-164면).

이러한 군중의 일부가 되면서 한편으로 관찰자적 거리를 유지하기도 하는 산책자의 모습은 박태원의 소설, 「소설가 구보씨의 일일」에서 유사하게 드러난다. 위 작품은 직업도 없고 아내도 없는 룸펜 지식인 소설가 구보가 경성 시가지를 산책하는 여정(종로네거리 - 화신백화점 - 동대문 - 경성운동장 - 조선은행 - 장곡천정 - 경성역)을 보여준다.

구보는 고독을 느끼고, 사람들 있는 곳으로 약동하는 무리들의 있는 곳으로, 가고 싶다 생각한다. 그는 눈앞에 경성역을 본다. 그곳에는 마땅히 인생이 있을

게다. 이 낡은 서울의 호흡과 또 감정이 있을 게다. 도회의 소설가는 모름지기 이 도회의 항구와 친하여야 한다. 다만 구보는 고독을 삼등 대합실 군중 속에 피할 수 있었으면 그만이다. 그러나 오히려 고독을 그곳에 있었다. 인간 본래의 온정을 찾을 수 없었다(박태원, 1987, 187면).

군중으로부터 분리되어 극심한 고독을 느끼는 구보는 식민지 도시의 암울하고 쓸쓸한 현실과 아울러, 근대 문명의 익명성과 비인간성에 직면한다. 거리에서 만나는 다양한 군상들을 통해 연민과 슬픔을 느끼고 격심한 피로감에 도달하지만, 관찰자로서 구보가 끝까지 잃지 않는 대상에 대한 거리감은 식민지 도시의 궁핍과 비애에 함몰당하지 않으려는 자의식을 유지시키게 한다.

한편, 1930년대 식민지 조선에서 마르크시스트 문학가로서의 자기 정체성을 고민하였던 이효석 소설의 경우, 도시 거리는 시적인 감성과 이념적 순수성으로 극복되지 않는 인간 존재의 고통과 모순을 대변하는 '산문'의 공간으로 표상된다.

> 거리는 왜 이리도 어지러운가. 사람의 거리란 일종의 지옥 아닌 수라장이다. 쓰레기통 속 같은 거리, 개천 속 같은 거리, 개신개신하는 게으른 주부가 채 치우지 못한 방 속과도 거리는 흡사하다. 영원한 부정리. 끝없는 카오스... 어지러운 거리를 어지러운 사랑을 맞으러 걸어가는 자신의 꼴에 문오는 문득 운명적 인간의 꼴을 본 듯 느꼈다. 거리에는 온전히 산문의 독기만이 있다."[45]

산책자로서 이효석의 시선은 박태원에 비해 보다 관념적이고 문학적이다. 그가 도시 거리에서 느낀 어지러움, 혼란, 혐오감 속에는 사변적이고 시적인 감수성이 짙게 드리워져 있지만, 화려한 스펙터클 뒤에 가려져 있는 근대 도시의 어두움, 근대인이 봉착한 인식론적 모순, 사회주의 혁명을 꿈꿀 수밖에 없는 지옥과 같은 자본주의적 부조리에 대한 통찰이 깔려있다.

경성의 도시 산책자, 모던보이들은 제국 도시 동경(東京)을 경유하여 식민지 경성에 이른 근대의 풍경을 관찰하고 기록한 역사적 주체들이었다. 그런데, 이들이 산책행위를 통해 제기하는 보다 더 심층적인 이슈는 식민자의 사회적·문화적 권력으로부터 자유로울 수 없는 피식민지의 변방성에 대한 인식이었다. 식민지 '모국'의 도시 문화와 라이프스타일이 이식되고 모방되었던 진고개는 일차적으로 피식민 지식인들의 동경 체험과 긴밀히 연계되며, 제국의 메트로폴리스와 식민지 도시 경성 사이의 물리적, 문화적, 정치적 위계는 피식민 주체들이 끝까지 극복할 수 없는 실존적 조건이었다. 이들의 산책 체험은 이러한 공간에 중층적으로 새겨진 권력의 언어들을 가로지르는 것이었다.

당대 조선의 모더니스트 문인들의 동경 체험 속에서 '긴자 - 혼마차'(남촌) - '종로'는 민족적(인종적) 긴장이 흐릿해지는 경계의 공간이었다.46) 박태원의 작품 「반년 간」(『동아일보』 1933. 6. 15 - 8. 20)은 동경 거리를 바라보는 조선인 유학생 철수의 시선을 담고 있다.

> 지하도 안은 백주와 같이 환하였다. 그 속이 터지게 군중들은 넘쳐흘렀다. 두 사람의 뒤에서 뒤를 이어 사람들은 경쟁이나 하듯이 빠른 걸음걸이로 두 사람의 옆으로 사이로 앞서 빠져나갔다. 하루 18만 명의 승객을 삼키고 토하고 하는 이 일본 일이라는 지하도는 아침부터 밤중까지 끊임없이 복작대는 것. 모두들 가장 시간을 아끼는 듯이, 가장 볼일이 바쁜 듯이 그들은 이 지하도로 달음질치듯이 쫓기는 듯이 나갔다... 준호의 번쩍 쳐들은 단장 끝에 현대인의 말초신경 같이 가늘게 경련하는 네온사인을 보았다... 가구라자까 쪽. 서울의 본정통을 높게 고개지게 만들어놓을 때, 그것은 응당이 '가구라자까'를 방불케 하리라. 그러나 물론 이 곳은 서울의 본정통보다 좀 더 번화하였다.47)

이 작품의 주인공 철수는 일본의 카페에서 일하고 있는 조선인 여급 미사꼬와 만나 긴자로 가서 산보를 하고 극장 구경도 가고 댄스홀도 간다. 이후, 미사꼬는 긴자의 스기야마시 옆에 <살롱 하부>라는 카페로 일터를 옮겨 제국의 향락산업의 일부가 된다. 이러한 당대 일본 유학생들의 동경에서의 도시 체험은 경성으로 돌아온 이후의 삶 속에 그대로 이어진다.

　동경 긴자거리를 거닐었던 식민지 지식인 남성들의 근대 체험은 박태원의 소설 곳곳에 녹아있다. 그의 작품「소설가 구보씨의 일일」에서 구보는 종로 거리를 헤매다가 문득 동경의 긴자거리를 떠올리고 그곳을 그리워한다.48)

　근대 도시에 매혹되었던 조선의 산책자들에게 동경 '긴자'는 최첨단 근대 체험의 본원지로 자리한다. 하지만 이와 동시에 이들은 제국의 메트로폴리스에서 철저하게 소외되는 식민지 지식인의 주변적 현실을 뼈아프게 자각한다. 박태원의「사흘 굶은 봄ㅅ달」은 '보잘 것 없는 룸펜'으로 동경 거리를 헤매는 식민지 청년의 비애를 그리고 있다. 일자리를 구하지 못한 채, 이틀을 굶은 춘삼의 비참한 처지는 '사꾸라'가 한창인 제국의 봄과 환락의 공간 아사쿠사 공원과 대비되면서, 피식민자 조선 지식인의 '긴부라' 체험의 실상을 적나라하게 보여주고 있다(박태원, 1987, 40-47면).49)

낮의 긴자, 산책의 종착점

　박태원과 더불어 경성의 또 다른 '혼부라'였던 이상(李箱)은 가난한 식민지 조선의 모더니스트의 의식의 행로와 주변부적 운명을 보다 더 극적으로 보여준다. 스스로를 "19세기와 20세기 틈바구니에 끼어 졸도하려 드는 무뢰한"으로 고백하였던 이상(李箱)은 종로와 진고개를 오간 모던보이의 삶을 거쳐 동경(東京)으로의 이동을 감행한다. 삶의 빈고(貧苦)보다 더 견디기 힘든 정신적 결핍, 전통과 근대의 충돌, 식민지의 변방성이 야기하는 출구 없는 인식론적 고투를 넘어서기 위해 최후의 보루로 동경(東京)행을 선택하지만, 이상(李箱)은 그토록 꿈꾸었던 동경에서 근대의 허구에 직면한다.

내가 생각하던 마루노치 빌딩(속칭 마루비루 - 일본 도쿄에 있는 신문사, 백화점 등이 들어찬 대형빌딩)은 적어도 이 '마루비루'의 네 갑절은 되는 굉장한 것이었다. 뉴욕 브로드웨이에 가서도 나는 똑같은 환멸을 당할는지. 어쨌든 '이 도시는 몹시 가솔린내가 나는 구나가 동경의 첫인상이다. 우리같이 폐가 칠칠치 못한 인간은 우선 이 도시에 살 자격이 없다. 입을 다물어도 벌려도 척 가솔린 내가 침투되어 버렸으니 무슨 음식이고 간에 얼마간의 가솔린 맛을 면할 수 없다. 그러면 동경 시민의 체취는 자동차와 비슷해 가리로다...50)

동경에 도착하자마자 이상(李箱)은 동경의 가솔린 냄새에 질식한다. 폐병으로 인해 다 허물어진 자신의 폐로 근대의 오염된 공기를 더 이상 감당하지 못할 지경에 이르렀던 이상(李箱)은 스스로 도시인이 될 자격이 없음을 확인한다. 또한 자신이 상상했던 동경 마루비루와 달리, 훨씬 초라한 실제 동경 마루비루의 모습을 보고 크게 실망하게 된다. 가세의 몰락으로 "신당리 버터고개 밑 오동나뭇골 빈민굴에 송장이 다 되신 할머님과 자유로 기동도 못하시는 아버지와 오십 평생을 고생으로 늙어 쭈그러진 어머니"를 고향에 두고 떠나 온 이상(李箱)에게 동경은 한갓 비정하고도 '치사스런' 도시에 지나지 않는다(李箱, 2002, 356-357면). 동경에서 이상(李箱)은 자신이 품어왔던 근대의 환상이 여지없이 깨지는 체험에 직면한다. 그는 사람들을 현혹시키는 도시 밤거리의 마술과도 같은 빛이 사라진, 황량한 긴자의 대낮, 뒷골목과 정면으로 마주한다.

> 긴자는 한 개 그냥 허영독본이다. 여기를 걷지 않으면 투표권을 잃어버리는 것 같다. 여자들이 새 구두를 사면 자동차를 타기 전에 먼저 긴자의 보도를 디디고 와야 한다. 낮의 긴자는 밤의 긴자를 위한 해골이기 때문에 적잖이 추하다. '살롱 하루' 굽이치는 네온사인을 구성하는 부지깽이 같은 철골들의 얼크러진 모양은 밤새고 난 여급의 퍼머넌트 웨이브처럼 남루하다. 그러나 경시청에서 '길바닥에 침을 뱉지 말라'고 광고판을 써 늘어놓았으므로 나는

침을 뱉을 수는 없다(李箱, 「동경(東京)」, 2002, 287면).

긴자거리를 걷지 않으면 도시민의 투표권을 잃어버리는 것과 같다고 상상해 온 이상(李箱)은 근대의 상징이었던 동경 긴자거리가 한낱 '허영독본'에 지나지 않음을 절감한다. 환락과 흥분으로 가득 찬 밤의 긴자와 달리, 낮의 긴자는 해골과 같이 추한 몰골을 드러낼 뿐이었다. 부지깽이 같은 카페의 꺼진 네온사인의 철골이 마치 밤을 새고 난 여급의 퍼머넌트 웨이브처럼 남루한 모습을 보면서 이상(李箱)은 근대의 환멸에 침을 뱉고 싶은 심정을 느낀다. 그토록 절실히 근대의 감각을 열망했던 이상(李箱)은 결국 동경에 비해 한없이 뒤떨어진 경성이 열등한 식민지 도시라기보다는 오히려 '인심 좋고 살기 좋은 한적한 농촌'이라는 역설적인 결론에 이른다(李箱, 2002, 371면). 경성의 산책자 이상(李箱)이 진고개를 거쳐 실제 동경의 긴자에서 쓸쓸하게 직시한 근대의 허구는 식민지 조선의 지식인이 다다른 근대 인식의 임계점이 아니었을까.[51]

박태원, 이상, 이효석 등의 작품 속에서 당대 풍속을 기록했던 서술자들은 1920-30년대 경성에 유입된 자본주의적 근대의 풍경을 관찰하고 소비했던 도시 산책자이자, 자율적 이성과 미적 인식을 바탕으로 탄생한 개인으로서의 근대적 작가[52]의 형상과 중첩된다. 도시 체험 과정에서 식민지의 변방성을 직시하였던 이들은 식민지 근대의 균열에 노출된 피식민 주체의 역사적 경험을 기록하고 있다. 그런데, 근대적 보편 주체로서 스스로를 위치시켰던 이들의 시선은 부르주아 지식인 남성들의 젠더화된 시선이기도 하였음을 상기할 필요가 있다. 모던보이들의 산책 속에서 여성은 도시 풍경의 구경거리 또는 남성 욕망의 대상으로 머무는 경우가 허다하였다. 19세기 파리 거리에서 근대의 환멸에 절망했던 보들레르가 유일하게 (성적) 교응을 나눈 여성이 매춘부였지만, 보들레르는 매춘부에 대한 시를 매춘부의 입장에서 한 번도 쓴 적이 없었다(발터 벤야민, 2005, 823면). 박태원이 1930년대 경성거리에서 또는 카페에서 만났던 여성들, 이상(李箱)이 교유하고 그의 소설 속에 형상화했던 모던걸·기생 등을 도시 산책의 또 다른 행위자로 소환할 때, 그들의 눈에 비쳐진 도시는 어떠한 모습이었을까.

03
도시로 나온 여성 산책자들

'여성 산책자'라는 개념

여성과 도시 산책을 관련시킬 때 거리를 걷는 여성, 즉 'street walker'는 역사적으로 '매춘부'를 의미하였다. 이러한 'street walker'의 어원으로부터 자유로울 수 없었던 문학적 모더니스트, 남성(중심적) 지리학자, 일련의 서구 페미니스트들은 19세기말 - 20세기 초, 남성 산책자에 상응하는 여성 산책자가 과연 존재하는지에 대해 의혹을 거둘 수 없었다. 하지만 근대 도시에 새롭게 펼쳐진 풍경들 속에는 산책자/예술가/비평가라는 중립적인 얼굴을 한 남성주체의 시선에 의해 포획되지 않는 무수한 빈틈들이 자리한다. 데보라 파슨즈(Deborah L. Parsons)는 이미 19세기에 '경험적 관찰자로서의 여성들이 사회 속에 널리 유입되었음에도 '사회적 현상과 모더니스트 예술가를 위한 은유로서의 도시 관찰자'는 늘 남성 인물이어 왔다고 지적하고 '여성 산책자(flâneuse)'라는 개념을 제시하였다. 파슨즈(Parsons)는 남성 지리학자가 견지하는 도시에 대한 '전지전능한 관점과 배타성, 벤야민의 도시지리학에서 도시를 전체성 속에서 파악하고자 하는 강박적 시도와 판타지를 관통하는 초현실주의적 기획이 지니는 추상성과 모호성 등을 지적한 후, 남성 산책자와 달리 여성 산책자는 '사회적 실제성을 기반으로 피와 심장이 도는 도시의 리듬을 산출하는 관찰자로서의 개인'을 의미한다고 주장하였다. 이때 여성 산책자는 단순한 거리의 행인(passante)이나 근대적 상품의 소비자만을 지칭하는 것이 아니라, 도시 공간 속에서 자기 인식을 확보하는 시선의 담지자를 의미한다. 도시의 공적 공간에서 산책자 또는 관찰자로 등장한 여성들은 이전 시기부터 공적 공간의 시선을 지배해 왔던 남성들에 비해 더 큰 해방을 경험하게 되는데, 이는 근대 도시의 산책 체험이 성별에 의해 다른 의미망을 구성하는 지점을 제기한다. 비록 당대 여성 일반의 경험은 아니었으며 여성들의 도시 산책이 다층적이고도 모순된 결과를 가져왔을지라도, 도시 공간에 가시화된 여성들의 위치와 행위성, 욕망의 지향성 등은 중요한 논쟁점들을 제기한다.

벤야민의 '산책자'는 댄디, 넝마주이와 거지, 매춘부가 혼재하는 도시 군중의 일부가 되거나, 상품의 '악마성'을 직시하면서도 상품에 매혹되는 물신주의적 '소비자'의 형태를 띠는 등 유동적인 위치에 놓인다. 도시 거리에서 산책자, 군중, 소비자 사이의 경계는 뚜렷하지 않지만, 벤야민은 '산책자'와 '구경꾼'의 미묘한 차이에 대해 이야기한 바 있다. 순수한 산책자는 자신의 '개성'을 확보하는 반면, 구경꾼은 외부세계에 열광하고 도취되면서 자신의 개성이 흡수되어 사라지고 비인격적 존재, 군중에 머무르는 것이라 하였다(발터 벤야민, 2005, 988면). 여성 산책자의 경우에도 단순한 구경꾼에 머물지 않고 산책의 체험을 글쓰기 행위를 통해 드러내었던 신여성 집단이 있었다. 19-20세기 초에 근대적 교육의 수혜를 받고 서구의 문화적 세례를 직접적으로 받은 신여성 집단은 응시의 주체이자, '예술가 - 관찰자로서의 여성 산책자를 양산하는 토대가 된다. 파슨즈는 20세기 초 세계 각국에서 파리로 몰려든 신여성 작가, 기자, 예술가(버지니아 울프, 도로시 리차드슨, 아나이스 닌, 자넷 플래너)를 통해 여성 산책자의 모형을 제시하였다(데보라 파슨즈Deborah L. Parsons, 2000, pp. 82-220). 1920-30년대 조선의 경우, 예술가(작가)로서의 여성 산책자로 여성 서양화가이자 신여성 문사였던 나혜석(1896-1948)을 간과할 수 없다. 경성의 문화, 예술, 유행의 변화에 민감한 관찰자였던 나혜석은 군중에 매혹되기보다는 군중으로부터 스스로를 분리시켜 자기 개성을 확립하는 시선의 주체로서의 여성 산책자의 모습을 보인다. 한편, 1930년대 거리의 산책자로 나선 중산층 여성들의 도시 체험에 주목하여 당대 사회 여성들의 내면 풍경을 문학의 형식으로 기록한 기자이자 소설가 이선희(1911-?)가 있다.

신여성 문사들이 예술가 - 관찰자로서의 산책자에 상응한다면, 벤야민이 산책자의 발길이 향하는 '최후의 행선지'는 백화점이라 언명한 바(발터 벤야민, 2005, 1028면), 근대의 문물에 매혹되어 물건을 소비하며 도시를 배회한 수많은 익명의 여성들은 여성 산책자의 또 다른 축이라 할 수 있다. 소비대중으로 거리에 나온 이들에게 산책자의 지위를 부여하는 것은 논란이 되어왔다. 하지만 안느 프리드버그(Anne Friedberg)는 남성 산책자의 '최후의 종착지'가 '백화점'이었다면, 여성 산책자에게 백화점은 '첫 번째 행선지'였다는 점에 주목하여 여성들의 소비행위를 도시 산책의 중요한 항목으로 간주하였다. 19세기 후반 공적 공간으로 나온 여성들에게 쇼핑은 박물관, 전시회, 여행, 영화 관람 등의 도시 순회 행위에서와 마찬가지로, '움직이는 시선(mobilized gaze)'의 산물이었으며, '보는 자'와 '구매하는 자' 사이의 관계에 의존하는 소비문화의 욕망이 원천적으로 여성의 응시 행위를 통해 조직되고 산출된다고 보았던 것이다.[53] 지금까지 여성의 소비행위 자체를 부정적으로 바라보는 남성관찰자의 시선 속에 이들은 성애화된 또는 병리화된 언어로 기술되거나, 위협적 존재, 분류 불가능한 존재로 폐기되어 왔다. 이러한 시선은 20세기 초 식민지 조선에서도 유사하게 드러난다. 소비대중으로 포착되는 여성들에 대한 혐오와 부정적 재현 속에는 소비와 여성이 관계 맺는 행태에 대한 반감과 더불어, 자본에 침식되어가는 도시, 나아가 식민지의 일상에 스며드는 자본주의적 근대 자체에 대한 지식인 남성들(민족주의, 모더니스트, 사회주의자)의 두려움과 불안이 투사되어 있다. 하지만 상품과 여성 구매자 사이에 작동되는 응시의 역학은 '소비 대중으로서의 여성 산책자를 제시할 뿐 아니라 '소비 시민(citizen of consumer society)'으

로서의 근대적 자아 정체성의 창출에 개입한다는 면에서 주목을 요한다.54)

한편, 근대 도시공간에서 여성은 풍경의 관찰자로서 거리를 나서거나 '군중'의 일부이기도 하였지만, 스스로 '상품'이 되기도 하는 모호하고도 불안정한 위치에 놓이게 된다. 여성 산책자들은 스스로가 응시(욕망)의 주체인 동시에, 도시 안 권력 체계(가부장제, 자본주의)의 응시(욕망)의 대상이기도 하였다. 벤야민은 "대도시적 삶을 규정하는 특성은 상품에 대한 욕망이자, 그것과 동시에 일어나는 욕망의 상품화"이며, 여성의 몸을 매개로 구현되는 '상품 물신성'을 도시 문화의 핵심으로 보았다. 여기서 '상품물신성'은 비유기체에 투사된 에로틱, 왜곡된 성적 욕망으로 정의된다. 근대자본주의는 성적인 것을 상품화하고 상품을 성애화하며, 여성육체를 상품화하는 '매춘부'는 근대성의 총화를 체현하는 상징이 된다.55)

'여성 산책자'의 이론적·역사적 구성을 위해서는 근대 자본주의의 풍경 속에 재현된 여성들을 투시할 수 있는 새로운 해석 틀을 필요로 한다. 특히, 남성적 시선 속에서 욕망의 대상으로 전유되어 왔던 여성의 몸에 응시의 권한을 부여하는 것은 도시와 젠더에 대한 이전과는 다른 통찰을 요구한다. 근대적 남성 주체들이 지녔던 관찰과 시선의 특권은 자율적이고 합리적인 정신과 이성의 영역이었으며, 여성의 몸은 그 반대편에 자리하는 의존적이고 불완전한 육체와 감성의 영역에 배치되어 왔다. 소비와 섹슈얼리티가 동전의 양면처럼 결합되어 있는 도시적 욕망에 깊이 연루되어 있는 '여성 산책자'의 행위성은 분명 논란을 야기한다. 하지만 '여성 산책자'의 존재양식은 시선과 욕망을 둘러싼 도시의 젠더 정치학의 비대칭적 권력관계를 해체하는 데 있어 핵심적인 단서들을 제공한다.

서구 메트로폴리스의 중심으로 가다: 나혜석의 '파리' 산책

20세기 초에 근대적 교육의 수혜자가 되면서 집밖으로의 공식적 외출을 허용 받았던 신여성 집단은 비판적 자의식과 심미적 안목으로 도시 체험을 기록했던 여성 산책자를 양산하는 토대가 된다. 근대 조선의 1세대 신여성 문사이자 최초의 서양화가였던 나혜석(1896-1948)은 도시의 관찰자이자 미적 주체로서의 남성 문인 산책자에 상응하는 여성 산책자의 한 사례라 할 수 있다. 나혜석은 도시의 문화, 예술, 유행의 변화에 민감한 관찰자였으며 벤야민적 의미에서 군중에 매혹되기보다는 군중으로부터 스스로를 분리시켜 자기 개성을 확립하는 시선의 주체였다.56) 자각한 신여성으로서, 삶 자체가 새로운 정체성 기획의 과정이었던 나혜석에게 있어서 도시는 감각과 사유의 변화를 끊임없이 이끌어내는 영감과 통찰의 '장소'였다.

그림 4. 나혜석

도시에 산다는 것은 그 도시가 품고 있는 세계관을 흡수하는 것을 의미하였다. 경성뿐 아니라 국경을 넘어 세계 각국을 여행했던 나혜석에게 각 도시들은 근대적 자아를 구성해 가는 과정에서 결정적인 계기를 부여하게 된다.57) 1910년대 일본 유학시절(1913-1918)의 '동경'은 나혜석에게 '여성'이기 이전에 보편적 '인간'으로서의 자아 개념을 확립하게 한 공간이었다.58) 동경 유학 초기『학지광』(1914. 12)에 실린「이상적 부인」은 당대 신여성에게 부여된 근대적 '양처현모' 사상과 충돌했던 '개체'로서의 자아에 대한 나혜석의 확고한 의식을 보여준다. 제국의 도시에서 나혜석은 피식민지 여성 지식인으로서의 주변부적 정체성에 좌절하기보다는 근대의 중심을 향해 보다 더 적극적으로 나아가는 코스모폴리탄적 지향성을 엿보인다. 이는 1세대 신여성으로서 사회 개조에 대한 강한 책임의식을 가졌던 계몽주의 지식인의 입지와 연관된다. 하지만, 나혜석은 서구 근대에 맹목적이기보다는 일본을 통해 동양의 입장에서 서구 근대의 가치를 수용하는 방법론적 전범을 모색하면서 서구에 대응하는 동양(조선)적 정체성을 지속적으로 사유한 흔적을 드러낸다.59)

> 일본은 남의 문화를 수용하되 일본화하는 것이오. 일본사람은 외적 자극 받아 가지고 내적 조직을 만드는 것이오. 우리도 배우는 학문을 내 소유로 만들어야겠소. 조선화시킬 욕심을 가져야겠소.60)

근대를 향해 열려있었던 그녀의 시선에는 일본 또는 서양이라는 대타자에 대응하는 조선적 자의식이 중심축을 형성하고 있었다. 그런데 1920년대까지 나혜석의 사유 속에 유지되었던 조선인(동양인)으로서의 자의식에 기반한 서구와 조선(동양) 사이의 비판적 거리감은 1920년대 말 구미 만유라는 여행 체험 속에서 흔들리게 된다.61)

 나혜석의 파리에 대한 기록들은 서구적 근대의 진원지, 파리에서 직접 이루어진 조선 여성의 도시 산책을 형상화하고 있다는 점에서 특별하다. 20세기 초, 전 세계로부터 수많은 산책자들이 몰려들었던 파리에서 동양의 여성 나혜석은 근대를 구성하는 '중심'의 정체성과 마주친다.62) 유럽을 여행하면서 '파리'에서 8개월 이상을 체류하던 나혜석은 서구 근대 도시를 대표하는 파리의 매력에 온전히 빠져들게 된다.

> 구미 만유기 1년 8개월간의 나의 생활은 이러하였다. 단발을 하고 양복을 입고, 빵이나 차를 먹고 침대에서 자고 스케치 박스를 들고 연구소를 다니고, 책상에서 프랑스말 단지를 외우고, 때로는 사랑의 꿈도 꾸어 보고 장차 그림 대가가 될 공상도 해보았다. 흥 나면 춤도 추어보고 시간 있으면 연극장에도 갔다. 왕 전하와 각국 대신의 연회석상에도 참가해보고, 혁명가도 찾아보고, 여자 참정론자도 만나보았다. 프랑스 가정의 가족도 되어 보았다. 그 기분은 여성이요, 학생이요, 처녀로서이었다. 실상 조선여성으로서는 누리지 못할 경제상으로나 기분상 아무 장애되는 일이 하나도 없었다. 태평양을 건너는 뱃속에서조차 매우 유쾌히 지냈다.63)

파리 생활에 매혹된 나혜석은 조선적 정체성을 벗어던지고 '파리지엔'으로 변신한다. '조선여성으로서는 누리지 못할, 경제상으로나 기분 상 아무 장애되는 일이 하나도 없었'던 나혜석은 이국의 도시에서 완벽한 '코스모폴리탄' 여성 산책자로 생활한다. 나혜석이 파리에서 구가한 일시적 자유와 해방감, 유쾌함 속에는 근대적 개인 또는 예술가로서의 자기 정체성이 바탕이 되고 있었다. 나혜석은 파리의 군중들 속에 일부가 되어 파리 시가, 예술의 거리 몽마르뜨르, 극장, 활동사진관, 파리의 미술관, 박물관 견학을 통해 서구 예술과 파리 문화의 진수를 맛본다.64) 또한, 시내 카페와 댄싱 홀을 구경하고, '마가쟁 루브르', '갈리 라파예트', '오프렝땅', '봉 마르쉐' 등의 유명 백화점을 배회하면서 '동적'이고 '사교적'이며, '경쾌 기민'한 파리인들을 면밀하게 관찰한다.65)

> 파리의 시가 설비, 공원 설비, 모든 것이 미술적인 것은 물론이요, 연극, 활동사진, 어느 것 하나 미술품 아닌 것이 없다. 더욱이 화가에게 새 기분을 돕게 하는 것은 댄스홀이다. 몽파르나스는 하가의 거리인 만치 값싸고 질소한 댄스

홀이 많다. 바라크 속에 토인종의 악대가 제 흥껏 어깨춤을 추어가며 날라리를 불고, 쨍과리를 뚜드리면 거기 맞춰서 남녀가 서로 끼고 으쓱으쓱 춤추다가 약 10분간씩 불이 꺼진다. 화가들은 이와 같이 마시고 흥껏 웃고 춤추어 하룻밤을 지내고 익일은 후련한 새 기분으로 화면에 접하게 된다. 연극, 오페라, 활동사진을 가보면 어느 것 하나라도 미의 채굴자 아닌 것이 없어 모두 참고하게 된다. 화가가 있어야만 할 파리요, 파리는 화가를 불러온다. 화가뿐 아니라, 빈자거나 부자거나 유쾌하게 놀 수 있고 나이가 먹었거나 말거나 어린이같이 노는 파리를 뉘 아니 그리워하리요.66)

'어느 것 하나라도 미의 채굴자 아닌 것이 없'는 것으로 보이는 파리에서 나혜석은 파리가 표방하는 근대의 이상적 가치들만을 추출한다. 개성을 표현하고 취미와 쾌락을 누릴 권리를 부여하는 파리의 자유를 만끽하고, 예술적 흥취가 가득한 도시의 건축, 연극이나 영화 등에서 선진적 문화 감각의 최대치를 체험하면서 나혜석은 자율적 이성을 가진 근대적 예술가로서의 자의식을 고양시킨다.

그림 5. 나혜석 자화상

프랑스의 한 중산층 가정에 묵으면서 근대 '일부일부주의(一夫一婦主義)'와 이상적 가정부인의 모델을 발견한 나혜석은 제3세계 지식인 여성으로서 조선(동양) 여성들이 도달해야 할 미래를 확인하게 된다. 가정 안에서 중심적 위치에 있으면서 사회적 활동도 겸비했던 프랑스 부인의 모습은 나혜석이 꿈꾸던 이상적 입상이었던 것이다. 나혜석의 파리체험은 서구적 근대의 가치를 보편적인 것으로 인식하고, 스스로를 세계 시민으로 위치시키는 과정으로 수렴된다.67)

파리에서 나혜석의 '코스모폴리탄'적 감각 속에는 근대적 개인, 예술가, 중산층 부르주아 계급의 감각 외에 젠더적 정체성이 강력하게 작동하고 있었다. 나혜석의 파리체험은 유교 가부장제 규범에 묶여 있는 동양의 여성이었기에 더욱 극적인 효과를 양산하게 된다. 실제로 1920년대 유럽을 여행했던 유학생 박승철, 의학박사 정석태, 사회주의 정치가 허헌 등 조선의 몇몇 남성 지식인과 비교할 때, 이들은 나혜석만큼 파리인의 정체성에 깊숙이 조응하고 긴밀하게 반응하는 글은 남기지 않았다.68) 파리에서 나혜석의 적극적 자기구성은 나혜석 개인의 특별한 현상이라기보다는 20세기 초 메트로폴리스 파리를 찾았던 많은 여성 산책자들에서 드러나는 일종의 젠더적 현상이었다. 가령, 1920-30년대 당시 외국(미국)으로부터 파리로 망명한 여성 예술가, 작가들은 자신들의 조건을 활용하여 개인적, 창조적 정체성들을 구성하며 인식론적 재영토화를 추진하였는데, 흥미로운 것은 남성 작가들이 그들의 미국적 정체성을 보유하는 반면, 많은 수의 여성작가들은 자신들의 존재를 정의하는 '장소'로서 모국의 도시 뉴욕보다는 파리를 더 동일시했다는 점이다. 1920년대 파리는 여성들로 하여금 전통적 성적 위계를 넘어 보편 주체로 나아가게 한 열린 공간이었다. 나혜석을 포함한 파리의 여성 산책자들은 사회적, 정서적, 창조적 에너지들을 고양시키고 정신적 영양분을 섭취하였으며, 파리를 자신들의 '제2의 고향'으로 묘사하기도 하었다(데보라 파슨즈, 2000, pp. 150-151).

　파리를 떠나면서, "파리 인심은 자유 평등 박애가 충분하여 누구든지 유쾌히 살 수 있으며 이곳을 떠날 때는 마치 애인 앞을 떠나는 것 같다."고 했던 나혜석의 진술은 파리에서의 시간들이 모국에서의 개인적, 사회적(국가적) 정체감으로부터 이탈하여, 무국적 자유인의 해방적 감각에 도취되었던 '현실 밖의 시간들'이었음을 드러낸다.[69] "나를 죽인 곳은 파리다. 나를 정말 여성으로 만들어 준 곳도 파리다."[70]라는 역설적 고백을 하게 했던 파리는 세계 시민이 된 나혜석에게 관습적으로 허용되지 않은 사랑의 체험을 하게 만들고 이는 이후의 삶에 치명적인 오점으로 작용하게 된다.[71] 나혜석의 여행의 기록들에는 파리에서의 예술과 문화적 자산들, 다양한 체험을 소화하여 조선사회의 미래를 위한 생산적 원동력으로 삼고자 했던 적극적인 의지와 갈망이 곳곳에 배어 있다. 하지만 개인으로서, 예술가로서, 여성으로 다시 태어나게 한 파리는 조선의 신여성 나혜석이 잠시 머물렀던 여행지에 불과했다.

　파리에서 서구 근대를 시선의 준거 틀로 확고하게 구축한 나혜석은 유럽을 떠나 미국을 거쳐 일본에 도착하면서 서양과 동양의 문화적 차이를 급격하게 인지하게 된다. 나혜석의 서구 메트로폴리스 산책은 '구미보다 2, 3세기 뒤진 조선 농촌'과 근대의 이상향, '자유, 평등, 박애의 세상, 파리' 사이의 간극을 뚜렷하게 확인하는 계기가 된다.

> 요코하마에 도착되는 때부터, 가옥은 나뭇간 같고, 길은 시구렁 같고 사람들의 얼굴은 노랗고 등은 새우등 같이 꼬부라져 있다. 조선 오니 길에 먼지가 뒤집어 씌우는 것이 자못 불쾌하였고, 송이버섯 같은 납작한 집 속에서 울려 나오는 다듬이 소리는 처량하였고, 흰 옷을 입고 시름없이 걸어가는 사람은 불쌍하였다. 이와 같이 활짝 피었던 꽃이 바람에 떨어지듯 푸근하고 늘씬하던 기분은 전후좌우로 바싹바싹 오그라들기를 시작하였다.[72]

나혜석이 목격한 파리의 풍경은 "아직 깨지 아니한 꿈"이었으며, "그 꿈 속에서 깨어보려고 허덕이는"[73] 귀국 이후의 삶은 조선 사회와 극심한 불화를 겪는다.

모든 것이 혁명적이고 진기하며 창조적으로 느껴졌던 파리는 젠더 의식에 입각한 개성의 발현, 예술가적 정체성을 추구했던 나혜석에게 진정한 '보편'을 구축하는 장소였지만,[74] 그것은 근대적 가치들이 전근대적 규범과 습속과 충돌했던 식민지 조선의 '특수'한 조건과 괴리되는 '상상적' 보편에 가까웠다고 볼 수 있다. 식민지 여성의 조건을 이탈하여 서구 메트로폴리탄 산책자가 되기를 꿈꾸었던 나혜석의 오류는 나혜석 개인의 특성이나 관습적인 젠더 잣대로 단죄되기보다는 서양과 조선 사이의 시공간적 낙차라는 시대적 오류에 보다 긴밀히 연루되어 있음을 인지할 필요가 있다. 서구 근대에의 경도 속에서도 나혜석은 조선인으로서의 자기정체성에 대한 끈을 놓지 않았다.

> 평면과 입체를 통하여 용기화(用器畵)에 나타나는 무수한 선이 보이는 것같이 눈을 감고 있으려면 서양에 있을 때는 서양의 입체만 보이고 조선의 평면이 보였던 것이 조선 오니 조선의 입체가 보이고 서양의 평면이 보인다. 평면과 입체가 합하여 한 물체가 된 것같이 평면, 즉 외면과 입체, 즉 내부가 합하여 일 사회가 성립된 것이니 어느 것을 따로따로 떼어볼 수가 없다. 잠깐잠깐 들리는 객(客)에게는 내부를 알 여가가 없고, 또 얼른 보이지도 아니하고 한이 없는 것이었다. 그러므로 나는 그 외면에 나타난 몇 가지를 취해가지고 왔을 뿐이다.[75]

서양과 조선이라는 공간을 교차하면서 서양의 입체와 조선의 평면을 인식하고, 조선에 다시 돌아와 조선의 입체와 서양의 평면을 재인식하게 되는 변증법적이고 종합적인 사유단계는 분명 나혜석의 사고가 지니는 열린 지평을 시사한다.[76]

1930년대 조선에서 '파리지안'의 정체성을 가진다는 것은 나혜석 개인의 계급적 한계 또는 인식론적 오류로 간주되었다. 하지만 나혜석의 파리 산책은 젠더적 불균형과 여성들의 결핍에 속수무책이었던 식민지 조선의 조건을 가시화하는 극적인 사건이었다. 여성들의 도시에의 매혹과 해방의 열망은 그들이 상상한 근대와, 젠더 억압의 기제들이 완강하게 작동했던 식민지 조선의 변방성 사이를 제대로 조율하지 못한 전략적 오류 속에서 좌절을 겪었다. 그러나 이러한 실패는 도시 속에서 다른 방식으로 환상을 소비하고 자신에게 더 절실한 결핍에 긴밀히 반응했던 여성 산책자의 치열한 투쟁의 산물이기도 하였다.

도시의 틈새(in-betweenness)를 바라보는 여성 산책자, 이선희

1920-30년대 『개벽』, 『신여성』, 『조선일보』 기자이자 소설가였던 이선희(1911-?)는 1930년대 경성에 등장한 여성 산책자의 형상을 보여주는 많은 글들을 남겼다. 『별건곤』(1934. 1)에 실린 이선희의 만문(漫文), 「다당여인(茶黨女人)」은 1930년대 중반 겨울밤 경성 거리를 배회하고 다니는 여성 산책자를 주인공으로 하고 있다.

> 떼파트 쇼-윈도의 황홀한 색채가 나를 유혹하고 울트라 모-던니즘을 숭배하는 젊은 남녀의 야릇한 차림새가 내 호기심을 끈다. 거리로 나가거라. 입술을 빨갛게 물들이고 눈썹을 가늘게 그리고 윙크를 사방으로 보내며 레뷰-식으로 깡충깡충 걸어라. 단연이 값싼 모-더니즘의 여왕이 될테니. 나는 이것이 좋은지 나쁜지 모른다. 하기는 아마 조선의 여성이 다 이 모양이 되어서는 안 될 것이다. 그러나 내 눈은 변(變)으로 아름다운 것을 구하고 내 가슴은 허영과 향락으로 차 있지 않은가. 나는 도회의 딸이다. 아스팔트의 딸이다. 티-룸 이것의 탄생은 퍽이나 유쾌한 일이다. 활동사진에도 싫증이 난 내게 유일한 사교장(社交場)이다. 일전 어떤 잡지에 차ㅅ집이 너무 많아서 차만 마시면 사느냐고 하기는

했지만, 장곡천정(長谷川町)으로 가다가 「낙랑(樂浪) 파-라」 이집을 내가 제일
좋아 한다. 쏙 드러서면 그 화려하고 경쾌한 맛이라니...77)

위 글에서 다소 희화된 문체로 묘사되는 여성은 '떼파트(백화점)' 쇼윈도와
'울트라 모-더니즘을 숭배하는 젊은 남녀의 야릇한 차림새'에 매혹된다. 스
스로를 '도회의 딸', '아스팔트의 딸'로 지칭하는 이 여성은 1920년대 중반
이후 대중 매체 속에 재현되는 '모던걸' 이미지와 겹쳐진다. 인텔리 출신으
로 추정되는 이 여성은 도시의 스펙터클을 향유하는 시선의 주체로서의
여성 산책자의 형상을 제시한다. 활동사진관에 싫증을 느낀 그녀는 도시를
배회하다가 우연히 장곡천정(長谷川町-소공동)에 있는 다방 「낙랑(樂浪) 파
-라」에서 '화려하고 경쾌한 맛'으로 '현대인의 미감'을 충족시키는 도회의
사교장을 발견하고 경탄한다. 서울을 파리와 같이 생각하게 만들고, 세계
제일의 사교장으로 착각하게 만드는 다방 「낙랑 파-라」에 들어서면서 '화
미(華美)와 향락욕(享樂慾)의 절정'에 이르는 이 여성은 다방에서 제공하는
커피, 레코드 음악, 다방의 벽에 걸려 있는 '반나체의 여인초상화', 서양
배우의 「프로마이드」, 마치 활동사진에 나오는 것 같은 '서양 뽀이'의 차림
새를 한 보이에 매료된다. 다방에서 얻는 서구적 문화 취미는 이십 전 내지
오십 전의 돈을 지불해도 결코 아깝지 않은 재미와 쾌감을 제공한다.

여성의 도시 산책을 다소 풍자적인 어조로 기술하는 위 글에서 이선희는
당대 모던보이, 모던걸의 도시 취미의 향유가 식민지 조선의 빈궁한 현실로
부터 도피한 일종의 문화적, 지적 허영의 산물이라 일갈한다. 다방 「낙랑
파-라」에 몇 시간 동안 홀로 앉아 있다가 음악에 심취해 있는 한 남자를
보고 작가는 그가 처해있을 환경, '조고만 셋방에 늙으신 어머님 어린애들',
'그리 탐탁지 안은 고생주머니 아내', '김치 냄새가 후더분한 신선치 못한
방안의 공기', '야릇하게 불유쾌한 냄새가 코를 지르는 방 안의 화로에서
보글보글 끓고 있는 된장찌개' 등을 상상한다. 이는 1920년대 중반에서 1930

년대 중반, 대중 매체에서 조선의 현실과 모더니즘적 감각 사이의 간극을 문제 삼았던 남성 지식인들의 시각과도 일정 정도 맥을 같이 한다. 하지만 이선희의 글들이 단순히 모던걸의 경박과 피상성을 비판하는 데 그친 것만은 아니었다. 그녀의 단편소설 「가등(街燈)」(『중앙』1934. 12)은 1920-30년대 경성의 또 다른 '혼부라였던 중산층 지식인 여성이 종로와 본정 거리를 무목적으로 배회하는 행위를 통해 도시를 바라보는, 또는 도시에 거주하는 여성 산책자의 내면으로 보다 깊이 들어가고 있기 때문이다.

이선희의 소설 「가등(街燈)」은 여성의 도시 산책 행위를 통해 식민지의 가난한 현실과 괴리되는 도시 거리의 허상과 더불어, 당대 사회의 젠더 규범과 충돌하는 여성의 존재론적 소외를 드러내는 작품이다. 소설의 앞부분에서 도시의 중산층 미혼 여성인 명희는 오랫동안 만나온 연인과의 관계에서 한계를 느끼면서 자신을 돌아보는 계기를 가진다. 연인으로부터 만나자는 편지를 받지만, 그와의 약속을 어기고 홀로 종로와 본정 거리를 방황하면서 명희는 도시의 풍경을 이전과는 전혀 다른 시각으로 보게 된다.

> 오늘도 종로엔 부연 햇빛이 흐르고 김이 빠진 소매상엔 값싼 솜실 속옷들이 너저분하게 걸려있다. 명희는 지금 종로를 지난다. 어떤 때는 이 거리가 화려의 극치를 이루고 모든 환락의 본원지인 것처럼 과장되어 보일 때가 있다. 그러한 때 그 가운데로 지리맹치마를 휘날리며 지나가는 계집아이는 몹시 유쾌했었다. 그러나 오늘은 사물 그대로 보이는 판이 쓸쓸하고 가난하고 보잘 것 없는 이 거리가 무슨 생물과 같이 측은하게 보였다. 격에 맞지도 않는 단 하나인 백화점 안엔 함부로 문화고급품을 늘어놓고 선량한 사람들의 눈동자를 유혹하는 그 속을 뻔-히 들여다보나 아무러한 흥미도 생기지 않는다.[78]

목적 없이 종로 거리를 배회하는 명희는 도시 풍경을 객관화시켜 투시하는 관찰자의 면모를 엿보인다. '환락의 본원지'로서의 종로와 조선의 현실에서 볼 때 격에 맞지 않은 단 하나의 백화점(화신)이 "함부로 문화 고급품을 느려놓고 선량한 사람들의 눈동자를 유혹하는" 모습을 비판적으로 바라본다. 사랑에 대한 환상이 깨어져가는 경험과 더불어, 명희는 "쓸쓸하고 가난하고 보잘 것 없는" 경성 거리의 실상에 눈뜨고 내면의 공허에 직면한다. 거리 백화점을 순례하면서, 명희는 "신경의 가락가락이 끊어지도록 즐거운 일을 가지거나 그렇지 않으면 목숨으로야 바꿀 수 있는 값있는 일을 하거나, 어느 하나이라도 내가 만족할 수 있는 일이 있었으면 좋겠다."(5면)라며 자신의 존재 이유에 대해 질문하기도 한다. 명희의 발길과 시선은 도시 거리의 최종 행선지인 '백화점'에 이르고, 그녀는 백화점 안 군중의 일부가 되어 배회한다.

> 가끔 백화점 순례에 충실한 명희는 발을 옮겨 본정을 돌아, 어느 백화점 기-다란 층계를 밟는다. 그는 어쩐지 '엘레베타'에 몸을 싣는 것은 거의 바보에 가까운 것이라 하야 언제든지 이것을 피한다. 마침 일요일 오후라 사람의 덩어리가 이곳저곳에 밀린다. 사람이 유난히 많이 모여 떠들썩하는 곳에 가면 또 유난히 고독을 느끼는 명희는 오늘은 거의 견딜 수 없으리만치 외롭다. 두리번 두리번 살핀다. 미끈하고 훌륭한 남자의 모양이 자기 시야에 들어올 때마다 명희는 그가 아닌가 하고 힐끗 쳐다보았다. '그리고 가 볼가.' 그러나 벌서 여섯시나 되었으니 너무 늦었다. 행여나 이 안에 들어왔다가 나를 불러 주었으면 완전히 즐거울 것이다. 몹시 야릇한 심사를 안고 사층 화장실에 들어가니 젊은 사람 서넛이 화장을 고치느라고 자못 망아상태다. 가늘고 긴 눈썹이 없어지고 약간 검고 굵은 눈썹이 지금의 유행이라는 것을 그는 보았다. 실로 그 관찰 시간은 단 삼십초!(6면).

지나가는 '미끈하고 훌륭한' 외모의 남성에 눈길을 던지거나, 백화점에 들른 여성들 사이에 '가늘고 긴 눈썹이 없어지고 약간 검고 굵은 눈썹'이 유행하는 현상을 관찰하는 등, 도시 풍경의 표면을 훑는 무신경한 시선 속에서 명희는 '견딜 수 없는 외로움'을 느낀다. 이러한 군중 속의 명희의 고독은 일차적으로 연인에 대한 실망과 관계의 파산이 가져오는 좌절, 그로 인한 극도의 상실감에서 비롯된다. 그러한 사랑의 파탄 이면에 남녀 관계를 규정하는 관습적 시각에 대한 거부감과 연인으로부터 이해받지 못하는 고립감이 자리하고 있다.

그림 6. 1920년대 명치정 풍경

본정 거리를 배회하다가 명희는 우연히 자신의 연인과 맞닥뜨리게 된다. 약속을 어기고 어디를 갔느냐는 질문에 명희가 본정에 혼자 다녀왔다고 하자, 남자는 다음과 같이 응대한다.

> 본정에요? 흥 우리 같은 위인이 가끔 걸어다니는 곳인 줄 알았더니 어느새 명희씨도 그런 재주를 배우셨군요. 하긴 언제나 그 골목에 들어서기만 하면 여러분의 영양을 만나 뵙는데, 그분들이 다 꼭 볼 일이 있어서 오는 것은 아니겠지요(6면).

이러한 남자의 반응에는 명희의 돌발적인 약속 위반에 대한 불쾌감뿐 아니라, 여성들의 '혼부라' 행위 자체에 대한 비웃음과 냉소가 깔려있다. 둘의 대화에서 명희의 연인은 끊임없이 명희의 생각과 행동 양식에 대해 비판적이고 부정적인 태도를 취한다. 남자의 눈에 명희는 사치와 유행에 눈이 먼, '오류에 빠진 모던걸'로 포착되며, 그녀의 산책은 한낱 생산성 없는 '근대가(近代街)의 방황'으로 폄하된다. 자신의 도시 산책 행위가 연인으로부터 조롱의 대상이 됨을 인지하면서 명희는 격심한 소통의 단절을 느낀다. 또한, "밥벌이 외에 이 시대에 무슨 의미 있는 일을 할 수 있을까"라고 명희는 질문하지만, 남자는 그녀에게 "흰 새와 같이 아름답고 종달이 같이 노래" 부르는 여성의 모습을 가지기를 요구한다.[79]

남자와 헤어진 직후, 영원히 그를 떠날 것을 결심한 명희는 "그냥 집으로 돌아갈 생각"도 없이, "사람도 없는 거리를 방향도 없이" 무작정 걷는다. 서사의 결말부에서 그녀의 목적 없이 배회하는 산책 행위는 연인과의 관계의 파국으로 인한 절망과 더불어 가부장적 관습과 불화하는 여성의 존재 방식과 연관된다. 이선희의 「가등(街燈)」은 상품의 소비와 도회적 감각의 향유를 일상에서 추구했던 1920-30년대 경성의 중산층 인텔리 여성의 의식의 흐름을 조명하는 작품이다. 명희의 자의식은 당대 소수의 중산층 여성들만이 누릴 수 있었던 계급적 감각과 체험으로 특수화될 여지가 있다. 하지만 명희의 방황과 고독은 젠더적 불협화음이 야기한 여성의 소외를 도시 산책 행위를 통해 의미화한 작품으로서 여성 산책의 미학적 한 형식을 제기한다.

경성의 소비 대중으로서 여성 산책자

경성의 도시 산책자인 모던보이들은 서유럽에서 발현되어 제국의 도시 동경(東京)을 우회하여 조선에 이른, 식민지 근대를 투시한 관찰자들이었다. 하지만 그들이 재구성한 근대 풍경 속에는 보편 자아로서 또는 심미적 주체로서의 남성 산책자들이 미처 자각하지 못한 젠더적 응시가 포착된다.

> 전차는 한길 한복판을 가장 게으르게 굴러갔다. 결코 화안하지 못한 이 거리, 가로수 아래, 한두 명의 부녀들이 서고, 혹은 앉아있었다. 그들은, 물론, 거리에 봄을 파는 종류의 여자들은 아니었을께다. 그래도 이, 밤들면 언제든 쓸쓸하고 또 어두운 거리 우에 그것은 몹시 음울하고도 또 고혹적의 존재였다. 그렇게도 갑자기 부란(腐爛)된 성욕을, 구보는 이 거리 위에서 느낀다(박태원, 1987, 210면).

박태원의 위 작품 「소설가 구보씨의 일일」(1934)에서 구보가 종로 거리의 밀려오는 군중들 속 익명의 여성에게 성욕을 느끼는 장면은 보들레르가 「지나는 여인에게」라는 시에서 파리 거리, 혼잡한 군중 속에서 신비스런 베일 속에 싸인 채 멀어져가는 미지의 여인에게 황홀감과 갑작스런 성적 충동을 느끼는 것을 연상시킨다(발터 벤야민, 1983. 134-135면). 이들은 모두 도시 풍경 속에서 지나가는 여성들을 욕망의 대상으로 탐닉하는 남성적 시선을 보여준다.

> 구보는 종로 네거리에 서서, 그곳에 황혼과 또 황혼을 타서 거리로 나온 계집의 무리들을 본다. 노는 계집들은 오늘도 무지(無智)를 싸고, 거리에 나왔다. 이제 곧 밤은 올께요. 그리고 밤은 분명히 그들의 것이었다. 그것에 무수한 화려한 또는 화려하지 못한 다리를 보며, 그들의 걸음걸이를 가장 위태로웁다 생각한다. 그들은 모두가 숙녀화에 익숙하지 못한 것은 아니다. 그러나 그러함에도 불구하고 그들은 모두들 가장 서투르고, 부자연한 걸음걸이를 갖는다. 그것은 역시, '위태로운 것'이라고밖에 말할 수 없는 것임에 틀림없었다(박태원, 1987, 199면).

위 작품에서 남성 산책자의 시선을 통해 본 거리의 여성들의 모습은 '위태롭고', '서투르고 부자연한 걸음걸이'를 가진 존재로 재현된다. 이러한 여성들은 공적 공간 속에서의 위치가 불안정할 뿐 아니라 원천적으로 자율성이 결핍된 존재로 표상된다. 또한, 구보의 눈에 파악되는 '노는 계집의 무리들'이 발현하는 '위태로움'은 스스로를 도시의 각종 위험에 노출시키거나 남성들의 욕망을 자극하는 교란의 기호이다. 이는 낮은 계급과 성적 무질서의 상징인 '매춘부'에게만 한정되는 것이 아니라, 산책을 위해 또는 노동을 위해 도시 거리로 나온 여성 전반에 해당되는 것이었다(주디스 R 월코위츠, 1992, p. 21).

하지만 1920-30년대 식민지 도시 경성에서는 도시의 스펙터클을 향유하는 여성들의 산책이 새로운 문화적 취미로 일상 속에 확산된다. 경성 거리를 배회한 군중의 한 축을 형성했던 다양한 계층의 여성들은 도시 거리의 산보 자체를 즐기고, 종로와 본정 거리의 다방과 활동사진관, 백화점을 드나들면서 도회적 유행 감각을 체득하였다. 당시 도시 풍속의 관찰자이자 '모던'에 대한 신랄한 풍자가였던 이서구는 도시거리로 쏟아져 나온 처녀들의 걸음걸이를 경탄에 찬 눈으로 바라본다.

> 제일 눈에 띠는 것은 처녀들의 보조이다. 한 마디로 표현하라면, "계집애들 걸음걸이가 여간 멋지지 않다"는 것이다. 둘째는 눈이다. 눈을 여러 가지로 움직여가지고 보조(步調)와 맞춰서 그 기분을 내는 기능(技能)이다. 종로 네거리에 나서서 십칠팔세(十七八歲)의 꽃같은 붉은 당기를 보라 얼마나 그 걸음걸이에 혁명이 일어났는가. 전일의 처녀들은 무릎아래로만 걸었다. 그러나 지금의 처녀들은 넓적다리에서부터 전진을 한다. 그러함으로 걸음마다 멋진 '타입'이 표현된다. 터벅터벅 활보를 할 때마다 그의 상반부는 눈으로써 생동하는 의식을 나타내나니 그들의 동자(瞳子)는 언제든지 무엇을 그리는 듯 또는 세상을 초개 같이 보는 두가지 중의 한가지 빛을 나타낼 때가 많다. 그러함으로 그들의 걸음걸이에 마음이 쏠려 시선을 기울였든 사람은 다시 그의 동자에 넋을 잃고야 말 것이다. 어쨌든 처녀들의 걸음걸이는 정말 멋들어졌다. 이것도 모두가 째즈 시대가 낳아놓은 새 장난의 한가지이니, 막는다는 것도 실없는

일이요 막는 재주도 없을 것이다.80)

거리의 젊은 여성들의 활보는 그 자체로 멋질 뿐 아니라, 그들의 눈은 '생동하는 의식'을 나타내면서, '무엇을 그리는 듯' 하거나, '세상을 초개 같이' 보는 눈빛을 지니고 있어 지나가는 이들의 넋을 잃게 하며, 그들의 무리를 막는다는 것도 실없는 일이요 막을 재주도 없다고 기술한다.

당시 신여성군에 있어 '산보'는 하나의 라이프스타일로 정착된 듯하지만, 이를 바라보는 사회의 시선은 매우 냉소적이었다. 1930년대에 이르러 여성들의 도시 산책은 새로운 감각과 취미의 발견을 통한 개인적 정체성의 형성이나 특정 계층의 문화적 지표로 긍정되기보다는 유한계급의 퇴폐적 행태로 재현되는 것이 지배적이었다. 침선, 식사, 세탁 등 가정 내 여성의 의무를 이행하지 않는 신여성의 '산보'를 '화장', '잡담' 등과 함께 허영적이고 불필요한 행위로 분류하는 시선은 여성들의 도시 산책이 가정 안에서 요구되는 전통적인 여성 규범을 이탈하는 위반적 행위로 인식되었음을 보여준다.81) 이때 도시 공간은 전통적으로 여성들이 거주해왔던 가정이라는 사적 공간의 질서를 흩뜨리는 위협적 공간을 의미하게 된다.

그림 7. 영화 「미몽」(1936) 스틸 컷

양주남 감독의 영화 「미몽」(1936)은 '신여성'에 대한 재현이 점차 부정적으로 바뀌어가는 1920년대 중반 이후, 여성의 도시 산책이 관습적인 젠더 섹슈얼리티 규범을 위반하는 여성을 양산하는 계기가 되는 과정을 흥미롭게 포착하고 있다.

영화 「미몽」(1936)의 여주인공 애순은 1930년대 신여성의 한 형상이자 당대 경성의 여성산책자의 존재양식을 가늠할 수 있는 인물이다. 「미몽」의 첫 장면에서 남편과 애순의 대화는 의미심장하다. **"어딜 가?" "데파트에**

가요." "뭘 또 사기에 데파트에 간단 말이요?" "또 사다니요. 주제가 사나워서 나갈 수가 있어야죠. 그래서 양복 사러 가요." "요전에 산거 있지 않소?" "그걸 지금 어떻게 입습니까?" 애순의 외출이 백화점을 향하는 것임을 말해주는 위 대복은 이후 애순의 본격적인 도시 탐험으로 확장되는 시발점이다. 남편과의 다툼 끝에 '새장의 새가 되기를 거부하며 집을 나오는 지점에서 도시 거리는 단순한 물리적 공간이 아니라, 여성이 가정부인으로서 어머니로서의 의무, 가부장적 규범을 이탈하는 위반의 공간으로 의미화된다. 애순은 동네 거리 - 데파트(백화점) - 카페 - 호텔 - 무용공연장 - 서울역으로 이어지는 여성 산책자의 궤적을 보여주면서, 도시 산책 이면에 잠복해 있는 여성의 욕망의 지형을 드러낸다.

애순의 소비 행위는 이미 생필품 구입의 차원을 넘어서, 유행의 흐름에 편승하고 상품 자체에 탐닉하는 양상을 엿보인다. 애순은 백화점 진열대에 걸린 상품들을 급박하게 뒤지면서 '더 새로운 것', '더 비싼 것'을 들뜬 마음으로 고르고, 구매를 통해 만족과 희열을 느낀다. 이러한 여성들의 쇼핑에의 열정과 흥분은 일종의 성적 관능과 긴밀하게 연계된다.[82] 백화점은 근대의 물품들을 유통시키는 공간이면서, 여성들의 억압된 섹슈얼리티를 자극하는 도발적 공간으로 표상되기도 한다. 백화점에서 마치 성애의 대상인듯 상품에 현혹되는 여성산책자의 응시는 그 여성을 성적 대상으로 바라보는 남성의 응시와 연계되고, 소비의 욕망과 성적 욕망은 뫼비우스의 띠처럼 얽혀든다. 상품(물질)에의 욕구와 성적 욕망의 친연성은 「미몽」에서도 확인된다. 데파트에서 30원 상당의 양복을 사는 애순은 그녀의 욕망을 엿본 낯선 남자의 표적이 되는데, 남자의 계략에 의해 카페에서 함께 맥주를 마시게 된 이들은 연인 사이가 되고 급기야 호텔에서 동거를 하기에 이른다. 애순의 과도한 소비욕망은 별다른 죄의식 없는 불륜 행위로 이어지면서, 그녀의 도시 산책은 여성의 사치와 타락의 서사로 종결된다.

애순은 정부(情夫)가 돈 없는 범죄자임이 밝혀지자, 그를 가차 없이 밀고한 후, 또 다른 욕망의 대상(서양 무용가)을 뒤좇는다. 조택원(1907-1976) 무용단83)이 실제로 출현했던 현대 무용 공연 무대에 매혹되는 애순의 모습은 도시공간이 여성 산책자에게 제공한 예술 문화적 욕구를 드러낸다. 상품, 성애/연애, 예술 문화의 향유를 가능케 했던 도시 공간에서 애순은 응시의 주체이자 자신의 육체와 감각으로 세계와 직접 교응하려 했던 강렬한 자기 욕망의 주체이다. 하지만, 영화「미몽」에서 들을 수 있는 도시 거리의 거친 기계음과 같이, 1930년대 경성의 근대는 여성 산책자가 발현하는 욕망의 리듬과 충돌하고 불화하며 파열음을 낸다. 여성에게 응시의 권리를 부여하지 않았던 근대 초기 도시 공간에서 애순은 새장과 같은 집을 뛰쳐나왔지만 도시가 열어놓은 욕망의 미로에서 자신의 위치를 찾지 못한 채 파국을 맞는다. 애순의 도발적 욕망은 신여성의 도시산책을 여성의 위반과 타락의 행로로 고정시켰던 당대 지배적 시선의 권력을 뚫어내지 못한 채 도덕적으로 단죄된다.

1930년대에 이르러 도시 거리의 산책 체험은 여학생들이나 도시 직업부인, 신가정부인 등 중상층 여성들 뿐 아니라, 도시의 노동 계층 여성들에게까지 일상적 취미로 확산되었다. 도시 유흥 산업에 종사했던 기생이나 여급 군은 모던걸의 외양을 하고 도시 거리를 활보한 주요한 산보객들이었다.

> 따뜻한 날 깨끗한 의복을 입고 아무 일도 없이 거리로 싸다니는 것은 기생이나 여급 같은 계급의 여인에게 있어서는 말할 수 없는 행복이요 쾌락이요 또 자랑이기도 한 것이다. 종로로 명치정으로 본정으로 다시 종로로 이렇게 고야니 그들은 돌아다니었다. 그 사이에 영화관에도 가고 다방에도 가고 백화점에도 가고 했다.84)

도시 공장의 여공들 또한 외출을 틈타 거리를 배회하며 도시 거주민의 권리를 누리고자 하였다.

> 그들의 유일한 즐거움은 일요일에 동무들과 손을 잡고, 여공 독특의 화장을 하고 모양이 같은 옷을 입고, 자유사회로 돌아다닌다... 일상 생활에 절약하여 저축한 돈은 대개 부모에게 보내고, 나머지는 자기 입을 옷벌을 장만한다.85)

도시공간에서 가시화되는 다양한 계층의 여성들에게서 발견되는 이러한 욕구는 가부장적 질서에 통제되었던 여성들의 삶의 조건을 재구성하는 근대의 새로운 풍경을 열게 된다.

1930년대 경성은 중산층 여성들을 집 밖으로 끌어낼 뿐 아니라, 시골의 여성들을 도시로 불러들이는 환상을 지속적으로 양산한다. 1930년대 말에 만들어진 안철영 감독의 영화 「어화」(1939)는 도시로 몰려든 시골 출신의 여성 인물들이 주인공으로 등장한다. 이 영화에서 가난한 어촌 고향마을을 떠나 서울로 올라온 옥분은 버스회사에 취직하여 당당한 모던걸이 된다. 고향 후배인 인순을 "서울로 가고 싶으면 가야한다"며 부추기는데, 당시 서울은 시골에서 보통학교를 나온 미혼의 여성들에게 월급도 많이 주는 직장을 제공하는 동시에 공부도 할 수 있는 꿈의 공간으로 재현된다. 하지만 인순은 고향 남자 철수의 꼬임에 의해 서울로 올라오자마자, 신식호텔, 유성기음반에서 들려오는 유행가, 미용원, 커피와 맥주를 맛 볼 수 있는 카페, 번화한 네온사인 등 도시의 스펙터클과 직면하는 동시에 자신의 몸을 노리는 성적 위험에 직면한다. 인순이 철수에 의해 순결을 잃고 절망에 빠지자, 버스걸 옥분은 인순에게 철수로부터 독립하여 홀로 일어설 것을 강하게 독려한다. 하지만 일자리를 찾지 못한 인순은 결국 요리점의 기생이 되고, 여성의 몸을 상품화하는 도시 유흥산업에 편입된다. 이 영화는 1930년대 도시라는 새로운 환경 속에 노출된 기층 계급 여성들의 행로와 곤경을 핍진하게 그리고 있다.

안종화 감독의 영화 「청춘의 십자로」(1934) 역시 도시로 올라 온 여성의 이야기를 다루고 있다. 시골 처녀 영옥은 모친을 잃고 돈을 벌기 위해 오빠가 있는 서울로 올라오지만, 오빠를 찾지 못한 채 결국 카페여급이 된다. 「어화」, 「청춘의 십자로」등의 영화에서 도시에서 새로운 생존 방식을 모색해야 했던 시골 여성들에 대한 재현에는 「미몽」에서 가정을 벗어나 도시 산책을 감행했던 중산층 여성을 바라보는 시선과 마찬가지로 우려와 경계의 눈빛이 지배적이었다. 이러한 재현 양상은 일차적으로 집과 고향을 떠났을 때, 여성의 몸을 활용하는 자본주의적 산업구도 속에 무방비로 노출되었던 여성들의 위태로운 생존 조건에 대한 인식에서 기인한다.

하지만, 이러한 영화적 재현 속에는 외부로부터 관찰되고 해석된 여성들의 '보여진' 이미지 너머, 직접적으로 발화되지 않은 여성들의 목소리가 자리하고 있다. 이 영화들에서 여성들은 다양한 형태의 욕망에서 발현되는 내적 동기를 매개로 집을 떠나 도시로 이동한 행위자들이다. 여성에게 부여된 전통적 미덕의 위반과 성적 훼손의 위험을 무릅쓰고 도시로 모험을 감행한 이들은 외부의 시선으로만 재단될 수 없는 자기 서사의 주인공들이었다. 1920-30년대 경성 거리에 포착되는 무정형의 여성 산책자들은 식민지 도시의 인종적·계급적·젠더적 불균형과 물질적 결핍 속에서도 도시의 모더니티에 적극 개입하며 새로운 주관성과 욕망의 형식을 모색한 역사적 존재들이었음을 상기할 필요가 있다.

서구 메트로폴리스의 중심 거리를 거닐었던 나혜석, 박태원 소설의 '구보씨'와 같이 경성 거리를 관찰하고 소요한 이선희 소설의 여성 산책자, 소비대중으로서의 익명의 도시 여성들은 모두 민족과 가부장제의 규범을 이탈하거나 교란을 야기한 거리의 반란자들이었다. 지금까지 근대 도시공간의 코스모폴리타니즘, 즉 "상대적으로 제한된 지역주의에 반대되는 도시의 다양성의 경험"은 늘 부르주아 남성들의 쾌락으로 이야기되어 왔다 (Judith R. Walkowitz, 1992, p. 15). 하지만 도시 공간에 젠더의 코드가 강력히 기입되었던 1920-30년대 조선 여성 산책자의 파편적 이미지들은 근대 도시 체험에서 양산되는 '서구적 보편'의 경험 양식이 식민지 경성에서 복수의 주체들에 의해 구현되는 지점을 보여준다. 이제, 도시의 거주민으로서 여성을 이야기한다는 것은 하나의 '사상'이나 '절대적 보편'이 아닌 '무수한 존재 방식'으로서의 '코스모폴리타니즘(cosmopolitanism)'[86]을 사유케 하는 역사의 풍경과 마주하는 것이라 할 수 있을 것이다.

II. 1920-30년대 대중매체와 '모던걸' 표상

> 여성의 정체성은 '자신의 관찰자'이며 동시에 '관찰당하는 자'라는
> 두 가지 구별되는 속성으로 구성된다.
> -수잔나 D 월터스, 『이미지와 현실 사이의 여성들』

01

'모던걸' 표상 속의 여성들:
'어떤 여학생'·'모던-껄'·'기생'·'카페여급'

스펙터클의 사회에서 여성들의 몸이야말로 그 자체로 스펙터클의 대상이 된다. 여성들의 몸은 성차를 드러내는 부정적 형태, 물신화된 스펙터클 또는 반영적 이미지로 재현되는데, 이때 여자들은 거울을 든 남자들에게 보이는 대상 자체이다.1) 1920년대 중반 이후 경성 거리의 여성들은 당대 신문, 잡지, 소설 등의 매체 속에서 주요한 재현의 대상이 되었다. 이러한 여성들에 대한 재현은 그들이 속한 사회적 위치와 상관없이 동일한 범주로 유형화되고 이미지화되는 것이 지배적이었다. 계층이나 직업, 교육 여부, 개인의 차이 등은 무화된 채, 이들은 '화려한 서구적 외양과 '에로틱한 매력을 발산하는 퇴폐적인' 여성 이미지로 포괄된다.

> 요즈음 서울의 거리에 신여성의 내왕이 부쩍 늘었다. 그중에도 이따금 양비단의 혼란한 색채(色彩)와 무늬(紋儀)로 시중의 주목을 이끌면서 압도적 '에로'를 발산하고 지나가는 정체 모를 여인들하고 거리에서 마주칠 수 있는 영광이여! 정체를 모르는데 고아한 맛이 잇거든 아무튼지 신앙은 무지에서 생긴다... 나이는 십칠팔 세나 되었을까 말까 이러한 하이카라색씨가 가로수에 등을 기대는 둥 만 둥 의지해서 애인을 기다리는지 동무를 기다리는지 그 옷맵씨에 꼭 어울리는 여우(女優)적 세련된 표정은 몇 년 동안이나 체경(體鏡) 속에 빗친 제 영상을 흘겨보고 억천 시늉을 다 부린 나머지에 전취(戰取)한 기술이란 말가. 대체 이 어린 말세적(末世的) 양장미(洋裝美) 처녀(處女)가 어떤 류(類)의 여자일고. 그 앞을 천연스럽게 걸어가는 척하는 양복 청년들의 머릿속에는 몹시 성급한 불안과 동경이 잠자는 청춘을 깨워서 부질없이 괴로워한다. 이런 미소

녀들을 하루에도 사오명(四五名)씩 만날 때 웬만한 청춘은 뇌살(惱殺)당하고 말리라.2)

'신여성', 양비단의 혼란한 색채(色彩)와 무늬(紋儀)로 시중의 주목을 이끌면서 압도적 에로를 발산하고 지나가는 정체 모를 여인', '나희는 열칠팔세... 하이카라색씨', '여우(女優)적 세련된 표정'의 '어린 말세적(末世的) 양장미(洋裝美) 처녀(處女)' 등으로 기술되는 '정체모를 여인들'은 남성산책자들을 '모뽀'(모던보이)로 명명했던 것과 유사하게 '모껄'(모던걸)로 범주화된 여성들이다. '모던걸'은 1920년대 중반 이후에 대중매체에 확산된 새로운 여성 아이콘이자 근대 도시 체험에 긴밀하게 조응하는 여성군이다. 이들은 1910년대 공적 공간에 등장하여 관심을 한 몸에 받았던 '신여성'에서 파생되었지만 근대적 교육을 받은 여성 선각자로서 사회계몽에 앞장섰던 초기 신여성과는 다른 존재들이었다. 하지만 1920-30년대, 물질의 소비에 탐닉하고 섹슈얼리티를 자율적으로 행사하는 분방한 여성으로 묘사되는 '모던걸'은 1930년대 허영과 사치, 성적 문란과 같은 부정적인 자질로 착색되는 '신여성'이라는 기호와 혼용되거나 중첩되었다.

> 종로의 밤은 활짝 필대로 피어버렸다. 공간을 메꾼 빛(色)! 빛의 바다에는 흘러나오는 째즈 소리와 여인들의 두꺼운 화장이 풍기는 '에로티시즘'이 교착되어, 숨막힐듯한 분위기를 짜내고 잇다. 거리여인의 한사람인 그는 그저 새까만 그 양장이 찰딱 몸에 맞는다는 이보다 갓 피어나는 대사순처럼 향기롭고 새로웠다.3)

에로티시즘을 양산하는 '두꺼운 화장'에 '새까만 양장'을 한, 명확하게 실체가 파악되지 않는 여성이 당대 대중 매체가 재현한 1920년대 후반에서 1930년대 경성 거리의 모던걸이자 무정형의 여성 산책자들이었다. 그렇다면 당대 경성 거리에서 '거울을 든 남자들에 의해 재현된 '모껄'(모던걸)의 시각적 표상의 구조와 재현 전략은 어떤 것이었을까?4)

『조선일보』 1930년 1월 14일자에 실린 안석영의 만문 「여성 선전시대가 오면(3)」은 당대 '모던걸' 표상에 대한 핵심적인 단서들을 제기하고 있다.

> 육체미를 발휘하자! 이것이 현대인의 부르짖음이라면 만약 '여성 프로파간다 시대'가 오면 모던-껄들의 옷이 몹시 간략해지겠다. 볼상에는 해괴망측하나 경제상 매우 이로울 것이니. 실 한 꾸러미와 인조견 한 필이면 삼대를 물릴수도 있겠음으로 이것이 간리한 생활방식에 하나. 얼마 아니 있으면 모던-껄들이 솔선하야 의복긴축시위운동을 장대히 하게 되지 않을까?

'모던껄들'의 노출패션을 비판하는 이 만문은 거리의 여성들이 실 한 꾸러미와 인조견 한 필로 간략하게 옷을 지어 입으니, 보기에는 '해괴망측하나 경제상으로 매우 이로울 것'이라 야유한다. 모던걸 스스로가 솔선해서 의복긴축 시위운동을 하게 될 것이라는 조롱 섞인 기술에는 거리에서 몸을 노출하는 여성들에 대한 혐오감과 섹슈얼리티의 규범을 위반하는 여성들에 대한 질타가 담겨있다. 이러한 만평과 함께 제시된 모던걸 캐리커처는 당대 사회가 어떠한 여성을 모던걸이라 지칭했는지에 대한 보다 상세한 정보를 제공하고 있어 주목된다.

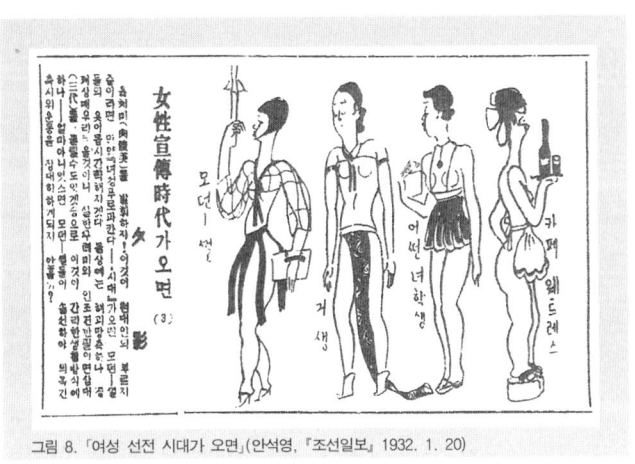

그림 8. 「여성 선전 시대가 오면」(안석영, 『조선일보』 1932. 1. 20)

위 그림에서 '모던껄'로 소개되는 여성들은 세미-누드에 가까운 복장을 하고 거리로 나선 '여학생', '카페여급', '기생', '모던껄' 네 부류의 여성들이다. 먼저 주목할 바는 1920-30년대 '모던걸'이라는 용어가 중의적으로 쓰이고 있다는 점이다. 즉 네 부류의 여성을 포함하는 상위 개념으로서의 '모던걸'이 물질에 대한 허영과 섹슈얼리티를 노출하는 여성 전반을 범주화하는 포괄적인 의미를 쓰이는 한편, '모던걸'의 하위분류에 여학생, 기생, 여급과 더불어, (좁은 의미의) '모던걸'이 배치되고 있다. 여기서 (좁은 의미의) '모던걸'은 신종 여성 직업인으로서의 각종 '-껄들'을 지칭한다. 근대교육의 수혜자였던 1세대 신여성들이 엘리트층을 형성하며 전문적 직업(의사, 교수, 교사, 간호원, 기자 등)을 가졌던 것과 달리, 이들 (좁은 의미의) 모던걸은 고등 교육을 받았지만 전문직으로 흡수되지 못하고 '숍껄'(상점 점원), '데파트껄'(백화점 점원), '엘리베이트껄'(엘리베이터 안내원), '헬로껄'(전화교환수), '버스껄'(버스 차장), '타이피스트', '카페껄'(카페여급) 등으로 근대 초기 도시 서비스직에 종사한 여성군을 가리킨다.

소위 '-껄들'로 지칭되는 (좁은 의미의) '모던걸'의 어원과 존재양식은 일본에서 형성된 신종 여성 직업군, '모단가루(モダンガル)' 또는 '모가(モガ)'에서 그 기원을 찾을 수 있다. 일본 다이쇼 시대에 등장한 여사무원, 버스차장, 카페여급, 부인 도서관원, 타이피스트, 보모, 간호사, 산파, 댄서, 마네킹걸(백화점 모델) 등은 특별한 자격이나 기술을 제공함으로써 실수입의 보장을 받는 직업여성들로서, 경제적 토대와 새로운 윤리적 감각을 바탕으로 근대문화의 주체로 등장한 여성들이었다.[5] 식민지 조선에서도 이와 유사한 도시 서비스직 계통에 종사한 여성들이 '직업부인'의 계보를 형성하면서 모던걸로 범주화되기에 이른다.[6] 하지만 조선의 모던걸은 일본의 '모단가루'와는 다소 다른 양상을 보인다. '모던걸'이라는 명명과 기원에 있어서는 분명 일본의 모단가루와 태생적으로 관련성을 가지지만, 조선의 '모던

걸'은 도시 서비스직에 종사하는 직업부인에 한정되지 않는 보다 더 혼성적인 범주였다는 데에서 특징을 보인다. 위 안석영의 만문그림에서와 같이, 조선의 모던걸은 여학생, 신종직업부인, 기생, 여급 등 다양한 계층의 여성들이 통칭하고 있으며, 이들은 교육여부나 사회적 신분, 계층상의 기준이 아닌 외면적인 요소, 즉 공적 공간에서 신체를 노출하고 성적 위반을 감행하는 여성들로 함께 범주화되고 있다. 조선에서 모던걸은 물적 토대와 문화적 기반, 새로운 삶의 철학을 바탕으로 자신들만의 사회적 세력을 형성하기보다는, 대중 매체 속에서 부정적인 이미지로서 냉소적으로 소비되었다. 여성의 도시 체험을 통찰하기 위해서 먼저 모던걸의 재현적 틀 속으로 들어가 보자.

02
'모던걸', 모방과 균열의 흔적

1900년대 일본에서는 자본주의 산업의 팽창과 더불어 여성을 위한 신종 직업들이 등장하고 도시 안 서비스직에 종사하는 각종 '-걸'들이 탄생하였는데, 일반 사무직에서 여급에 이르기까지 노동의 차이는 있을지라도 공통적으로 아름다운 외모가 여성 구인(救人)의 기준이 되었다. 이러한 여성의 성적 매력의 상품화 추세는 '에로, 그로, 넌센스'로 표현되는 일본 다이쇼 시대의 퇴폐적 문화와 결합하게 되는데, 1920년대 일본에서는 '스테이크걸', '키스걸', '메니큐어걸', '마작걸', '마네킹걸' 등 '울트라(초) 모던한' 첨단적 직업 부인들이 부상하는, 소위 '걸 전성시대' 현상을 가져오게 된다.7) 이러한 일본의 '모단가루'는 변화한 동경 거리의 주된 여성 산책자들이었다. 긴자 거리에서 발견할 수 있는 '모단가루'들은 자신의 노동을 통해 일정 정도 경제력을 확보한 여성들을 지칭한다. 외형적으로 아름답고 사치스러운 분위기가 점차 퇴폐적이고 불량스러운 경향을 띠게 되면서, 이들은 '모단가루'에서 축약된 '모가(モガ)'라고 하는 다소 경박하고 경멸적인 호칭으로 불리게 된다. "보통 '모단가루'라고 하면, 뭔가 실제생활과는 동떨어진, 붕 떠 있는 것 같은 느낌도 있는데, 댄서 홀이나 활동사진, 서양음악, 그리고 긴자의 산보족, 긴자부라 등과 연계되는 이들은 모두 향락과는 뗄 수 없는 관계에 있었다"는 기술에서와 같이(高橋康雄, 1999, pp. 135-150), 일본 '모단가루'는 동경 긴자거리의 여성 산책자군인 동시에 도시소비문화와 향락의 주역으로 등장하였다.

그림 9. 일본 긴자 거리의 모보·모가 「변화하는 긴자(Ginza)」, 시모카와 헤코텐 (Shimokawa Hekoten) 作, 1929. 『Modern boy and Modern girl: Modernity in Japanese art 1910-1935』, Art Gallery NSW, Sydeny, 1998.

일본 '모단가루'가 등장했던 1920년대 당시, 일본 사회가 이들을 바라본 시선은 흥미롭다. 일본에서 '모단가루'라는 용어가 문헌상으로 처음 등장한 것은 1924년 8월, 일본 잡지 『女性』에 기타자와 슈이치(北沢秀一)이 쓴, 「モダーン·ガール」라는 글에서이다(高橋康雄, 1999, p. 145). 여기서 기타자와 슈이치(北沢秀一)는 '모단가루'의 특징에 대해서 다음과 같이 말한다.

> 모단가루는 간략하게 말할 때, 신여성은 아니다. 자각한 여자가 아니다. 물론 여권 확장론자도 아니고, 부인참정권자는 더욱 아니다. 그리고 '가루'라고 말하는 것은 미혼의 젊은 여성만 가리키는 것이 아니다. 만약 자신의 생각에 근대성을 가지고 있다면, 기혼부인도 포함된다... 내가 말하는 모단가루는 자각도 없고 의식도 없다. 페미니스트의 이상도 없고, 부인참정론자의 논쟁점도 없다. 그들은 오직 인간으로서의 욕망하는 바에 따라 행동한다.8)

기타자와 슈이치(北沢秀一)는 일본의 '모단가루'가 '신여성'도 아니고 '자각한 여자'도 아니며 '여권 확장론자', '부인참정권자'도 아니지만, 결혼 여부에 상관없이 근대적인 사고를 가진 여성을 지칭한다고 하였다. 하지만 여기서 근대적인 사고는 신여성들이 주창했던 정치적 차원에서의 여성 해방이나 인권의 문제가 아니라, 자신의 욕망에 충실하게 행동하는 것이었다. 기타자와 슈이치(北沢秀一)는 오랜 전통과 인습으로부터 해방된 모단가루의 새로운 경향은 근대의 시대정신에서 나온 것이고, 그녀들은 나름대로의 정당한 근거를 가지고 있다고 보았다. 특히 전대의 신여성('あたらしい おんな')과 모단가루를 구별하여 세대적 정체성을 제기하고 있는데, 전대의 신여성을 상징하는 노라가 '부인참정권자'들로서 '자각'과 '의식'을 통해 탄생하였으며 여성이기 이전에 '인간'으로 대우받으려고 노력하였다면, 모단가루는 특별한 자각도 없고 의식도 없지만 이미 스스로를 남성과 동등한 인간으로 인지하고 있다고 보았다.

모단가루를 특징짓는 또 다른 요소는 그들이 특권 지식층이나 중산층이 아닌 민중계급에서 나온 것이었다. 인간의 정신적 독립을 위한 기초는 경제적 독립인데 다수의 모단가루는 경제적 독립을 이룬 중하층 출신의 여성들이었다고 한다. 또한 그들은 자유연애를 추구하고, 현모양처주의를 따르지 않으며 전통적인 정숙한 여성미보다 발랄함, 육체미를 추구한 여성들이었다. 스스로를 욕망의 주체로 인식한다는 면에서 '새로운 여성'이자 남성과 대등한 인간으로 스스로를 인식한 모단가루의 출현을 '20세기의 경이'라고 보았던 기타자와 슈이치(北沢秀一)의 위 글은 일본 1세대 신여성과 확연히 구분되는 '모단가루'의 새로운 정체성을 긍정적인 시각으로 바라보고 있다.

한편, 1926년에 『モダンガル』라는 책을 처음으로 저술한 저널리스트 기요사와 기요시(清沢洌)는 '적극적', '소극적' 차원에서 모단가루를 구분하고, 모단가루에 주의를 기울이는 것은 그들이 시대의 선구가 되었기 때문이라

하였다. 적극적인 의미에서 보면 모단가루는 구래의 관습에 대한 반항운동의 출현이고, 소극적인 의미에서 신시대의 남자의 취미에 응하기 위해 출현하여 유행한 것이라고 술회하였다.9) 그런데 1927년 12월에 잡지『여성(女性)』에 기요사와 기요시(清沢洌)가 기고한「モダーン・ガールの」라는 글에는 일본 '모단가루/모가'에 대한 부정적인 시선이 지배적으로 드러난다.

> 모단가루는 발칙하다. 일본 부인의 도를 파괴하였다. 그들이 소리치는 입장을 나는 동정할 수 있다. 그러나 진보적 부인들은 지금의 모단가루와 다른 점이 있지 않은가(123면).

모단가루가 일본 여성의 도를 파괴하였다는 선언에서 시작하는 기요사와 기요시(清沢洌)의 글에서 모단가루는 새로운 근대적 여성이면서, '불량소녀', '정조 개념이 없는 불량분자로 정의된다. 특히, 기요사와 기요시(清沢洌)는 모단가루의 기원을 서양에 두고 있으며, 서구의 신여성이 일본에 '모단가루'로 잘못 전이되었다고 보았다. '모단가루'는 '서양에서 온 진한 화장을 한 바람둥이 처녀'로 요약되며, 동경 긴자거리에서 산보를 즐기며 자기만족을 구하며 유부남과의 간통도 서슴지 않는 부도덕한 여성으로 묘사된다. 또한, 이 글에서 모단가루의 특징은 도덕적인 면 외에 외형적인 측면에서도 기술되는데, 남성들에게 술잔을 따르는 도덕적으로 부패한 게이샤를 결코 모단가루라 하지 않으며, '미미가꾸시'[みみ-かくし: 귀가 가려지도록 다듬은 여성의 머리모양으로 다이쇼 10년(1921) 경 일본에서 유행한 헤어스타일]나 올백 머리에 기모노를 입고 또박또박 조신하게 걷는 여성은 품행에 상관없이 모단가루는 아니라고 단정한다. 모단가루는 외적으로도 완전히 일본적 전통을 벗어나 서양적 유행을 따르는 여성들을 지칭하게 된다.

남자의 전제적 도덕에 반대해서 생겨난 것이 '모단가루'이다. 모단가루는 그 불평등을 호소하는 모습을 보인다. 그것은 생길 것이 생긴 것이다. 서양의 모단가루는 자각이 있고, 또 자각이 있는 자는 모단가루라 불리지만, 일본에서는 백분으로 칠한 물건과 같은 그런 존재를 모단가루라고 하니 슬픈 일이다(137면).

남성중심적인 도덕에 반대해서 그 불평등을 호소하며 생겨난 이들이 '모단가루'이며 그들은 생겨날 만한 존재들이라 하여 그들의 존재 가치를 인정하는 면모를 보이지만, 기요사와 기요시(淸沢洌)의 위 글에서 '모단가루'는 결국 '불량소녀', '나쁜 품행의 여성', '바람둥이 처녀' 등의 부정적 이미지로 수렴된다. 특히, 기요사와 기요시(淸沢洌)는 모단가루를 서양의 모던걸이 일본으로 와서 아무런 자각도 없는 '백분으로 칠한 물건'으로 변했다고 기술하고 있는데, 이러한 경멸적 어투는 당대 일본에서도 모단가루가 전통적 규범에 반기를 들고 사회와 충돌한 갈등적 존재였음을 시사한다.

그림 10. 「파자마 패션을 한 해변의 모가(Moga)들」, 카게야마 코요 (Kageyama Kōyō) 作, 1928. 『Modern boy and Modern girl: Modernity in Japanese art 1910-1935』, Art Gellery NSW, Sydeny, 1998.

일본의 모단가루는 일본의 대중매체와 저널리스트들에 의해 양산된 문화적 구성물인 측면이 강하지만, 그들이 지니는 일탈적 의식과 급진적 행동 양태 속에는 관습의 경계를 뛰어넘는 투사의 면모가 엿보인다. 또한, 이들은 신여성이 확보하지 못했던 경제적 토대를 바탕으로 자율적 삶을 추구했다는 면에서 신여성의 지향성을 계승한 '신여성의 딸'로 논의되기도 하였다.10) 이때 일본의 모단가루는 단순히 중산층 문화의 수동적 소비자가 아닌, 물건, 서비스, 새로운 습관, 문화를 생산하고 새로운 도덕과 삶의 형식을 창안한 행위자로 해석될 여지를 지닌다. 하지만, 1910년대 신여성과는 분명 구별되는 모단가루는 1923년 대지진 이후 일본 소비문화의 발흥과 긴밀하게 연관되는 존재들로서 '소비주의의 화신'이자 도시 거리의 화려한 패션, 헤어스타일에 탐닉하고 느슨한 도덕성으로 문제를 야기한 여성들이었다.11) 성적 자유와 소비를 향락한 문화적 쾌락주의자로서 일본 '모단가루'는 당대 대중 매체에서 찬양과 비판의 이율배반적 표상을 가지는데, 이러한 표상의 내부에는 일본 근대의 복잡다단한 리얼리티가 중첩되어 있다.

　1920년대 일본의 '모단가루'는 젠더와 섹슈얼리티의 규범을 위반하는 나쁜 여자의 아이콘으로 인식되었지만, 물질적 독립과 자신들만의 문화적 정체성을 일정 정도 획득한 급진적 여성들이었다. 대중 매체의 관음증적 재현의 산물로서의 모단가루에 주목하여 그들을 계급이나 직업 면에서 모호함에 둘러싸인 '목소리 없는 존재'로 보고, 그들의 사회적 리얼리티를 '환영적' 속성(disillusionment)에서 찾는 시각도 설득력을 갖는다(Barbara Sato, 2003, pp. 45-48). 하지만 식민지 조선의 모던걸에 비교할 때 일본의 모단가루는 상대적으로 사회적 실체로서 기반을 확보한 편이라 볼 수 있다. 1920년대 중반 이후 조선에 등장한 모던걸은 도시 서비스직 종사 여성들인 각종 '-껄'들을 지칭하며 일본의 모단가루의 외양을 따르고 있지만, 사회적 계층이나 젠더적 층위에서 모던걸의 존재성은 명확하게 포착되지 않는다.

　『동아일보』(1925. 6. 17)에 실린 「최근 신여성의 경향 - 신여성 자체의 경박과 천단(淺短), 무원려(無遠慮)가 그 원인」이라는 기사와 같이, 1925년 이후로 신여성의 부정적 이미지를 비판하는 기사들이 매체를 통해 양산되기 시작하는데, 이러한 사회적 흐름 속에서 '모던걸'이 등장하게 된다. '모던걸'은 온통 부정적 자질로 유표화되는 1920년대 중반 이후의 '신여성' 기호와 많은 부분 겹치며 혼용되지만 그 자체만의 함의를 가지기도 한다. 대중매체에서 처음 '모던걸'을 이슈로 다룬 예는 『조선일보』(1927. 3. 31)에 실린 「근래에 차차 생기는 「모던걸」이란?」이라는 기사라 할 수 있다. 위 글에서 조선에서의 모던걸은 두 가지 종류가 있는데 이들은 모두 '인습의 반동'을 보여준다고 한다. 첫 번째 모던걸의 정의는 '해방을 받은 현대적 소녀'로서 다음과 같이 기술된다.

> 양장이나 하고, 머리나 곱실곱실 지지고 물 우에 뜬 부평초처럼 정견이 없고, 도발적 미를 가진 것뿐이다. 그들은 음악을 사랑하고, 영어를 짓거리며 문학과 그림을 경멸하고, 더구나 시 같은 것은 웃음을 치며, 이론과 비평은 좋아하되 창조하는 것은 없으며, 책은 많이 읽되 웬만한 것은 읽지않고 식욕이 많으며, 두 석잔 술에는 얼근도 하지 안코 얼른 보면 영리한 것 같으나, 때때로 몰상식한 짓이 많고, 임신조간을 입으로 부르짖으며, 혼인만 하며 곧 배부징나리가 되는 진실로 모순투성이를 가득담은 고무주머니다.

모던걸의 해방에 대해 신랄하게 분석하는 위 글은 외형적인 미만 추구하고 정견이 없으며 지식에도 한계가 있고, 결혼 후에 관습적인 여성의 삶으로 돌아가는 모던걸에 대해 '모순투성이를 가득담은 고무주머니'에 불과한 존재라 혹평한다. '옛 습관'으로부터 해방된 면은 있으나 '새로운 아무 것'도 가지지 못했다는 필자의 논평은 '모던걸'로 호명된 여성들의 문화적 감각과 지향성이 전혀 가치 있는 것으로 인정되지 않고 있음을 드러낸다. 한편, 현실 속에서 모순덩어리인 모던걸에 반하여, 필자는 바람직한 '모던걸'을 다음과 같이 기술한다.

모든 옛 습관에서 해방을 받고, 새로운 것을 창조하는 도정에 있어 남자들과 평등지위를 점령하려고 노력하며 남자와 똑같은 조건 앞에서 공부하고 노동하고 향락하고자 한다. 그리고 한걸음 더 나아가 자본주의적 경제조직의 타파를 위하여 싸우는 남자들과 동일한 전선에 나서며, 결혼 생산, 이혼 등에 대하여도 이성적 취취를 하는 것이다. 아직, 조선에는 이만한 정도에까지 이를 모던걸은 적으나, 거기까지 올라가려는 도정에 있는 이는 많다 하겠다.

위 글에서 모던걸은 남성과의 평등한 지위를 추구하고 자본주의적 경제조직의 타파를 위해 남성들과 같이 싸우며, 결혼, 생산, 이혼 등에 있어 이성적이고 합리적 선택을 하는 여성이다. 이렇게 맑스주의적 시각이 다분히 반영되어 있는 이상적인 모던걸의 입상에서 현실 속 모던걸의 다면적 욕망은 부정된다. 모던걸의 실제적 목소리가 부재하는 모던걸 표상은 풍자와 희화화의 틀 속에서 상투적인 수사로 고정되며 이후 대중매체에서 지속적으로 재생산된다.

오석천은 「모더니즘 희론」(『신민』 1931. 6)이라는 글에서 모던보이, 모던걸의 태생적 조건으로 모더니즘을 진단하면서, 유한계급에 속하는 모던보이, 모던걸은 현대자본주의, 기계문명의 환경에 둘러싸여 물질주의와 속악한 취미에 빠진 아메리카니즘에 의해 인도되는 존재로 기술한 바 있다. 실질적으로 모던걸의 재현은 사회주의 남성 지식인들에 의해 주도되었다. 당대 모던걸 표상의 구조는 피식민지 민족 담론과 교차하는 계급 및 젠더 기제에 대한 투시를 통해 보다 명료하게 파악된다.

03
'스펙터클'로서의 '모던걸'과 젠더화된 응시

식민지 조선에서 모던걸에 대한 본격적인 논쟁은 1927년 12월 대중 잡지 『별건곤』의 특집 기사, 「모던걸 - 모던보이 - 대논평」에서 이루어진다. 여기에는 5편의 글들이 실려 있는데, 필자들은 당대 유광렬, 박영희, 박팔양, 최학송, 성서인 등 카프계열의 사회주의 문사들이 주축이 되고 있다. 필자의 성향에서도 알 수 있듯이, 당대 모던보이/모던걸 담론은 1925년 카프 형성 이후, 당대 지식인들 사이에 헤게모니를 확보했던 사회주의 이념과 긴밀하게 연계되어 있음을 확인할 수 있다. 이 특집 기사에서 필자들은 1920년대 중반 식민지 조선에서 '모던'의 의미와 '모던보이', '모던걸'의 정체성에 대해 심도 있게 파고든다.

유광렬은 「모던이란 무엇이냐」라는 글에서 '모던'이란 정신의 측면에서 '합법칙성(合法則性)에 의한 공동주의(共同主義)' 의식을 의미하며 "옷은 남루하나 공동을 위하야 애쓰는 사람이 최근 근대의식을 가지고 시대를 선행하는 사람"이라 정의한다. 계급적 의식으로 무장한 인텔리겐챠들이 보기에, 당대 경성 거리의 '近代兒'(모던보이), '近代처녀'(모던껄)는 '양복입고 금테 안경 쓰고 나만 잘 놀면 고만이라고 하는 패'이며, 남자는 '루바스카'를 입고 여자는 머리를 깎고 경성거리를 배회하는 존재들로서 외형만 근대적일 뿐, 의식을 가진 진정한 근대아, 근대녀에 이르지 못했던 것이다.

박영희의 「유산자 사회의 소위(所謂) '근대녀(近代女)', '근대남(近代男)'의 특징(特徵)」이라는 글(114-116면)에는 모던보이, 모던걸에 대한 사회주의자의 시선이 보다 현저하게 드러난다. 박영희는 조선의 제一도시, 서울의 모던껄은 "행색(行色)이 고혹(蠱惑)적이며 그 이상이 감각적으로 꾸며진 나이 어린 처녀들"이며, 이러한 모던걸의 특징은 무엇보다도 의복으로 반드시 양장을 해야 하는데, 양장이라도 "몹시 화사(華奢)하고 경쾌(輕快)하여 노(老)따리아 빛 같은 고혹적(蠱惑的) 색(色)깔의 옷과 길고 긴 실크 스타킹"에 머리는 '컷트'를 하고, '뾰죽한 발과 구두에 모자를 쓰고, 붉은 연지(臙脂)를 칠한 갸름하고 동그스름한 미인형'이라 묘사한다. 그들이 대개 다니는 곳은 "'카페', '극장', '주점'의 화류(花柳) 우거진" 속이며, 그들은 "유탕(遊蕩)에 있고, 낭비에 있고, 퇴폐에 있으니, 자기 자신으로서는 생활해가기 어려운 젊은 그들로서 화사하며 유탕하면서, 호화로운 생활을 계속"하는 낭비군, 퇴폐군일 뿐이다. 특히 박영희는 '모던껄'은 "대개 유녀(遊女), 매음 생활녀가 많으며, 남자로서는 자본가의 아들, 부르주아의 후예들이니, 사유재산의 특징이 즉 그들 유녀, 탕자의 특징이다. 유산자 사회의 근대남·근대녀 생활과 그들의 말로는 유산자적 창고로부터 나와서 그들 스스로가 그들의 근대적 사회의 퇴폐를 상징"한다고 보아 자본주의에 기생하는 유녀(遊女) 즉 매춘부에 지나지 않는다고 보고 있다. 이렇게 모던걸이 '유녀', '매춘부'로 표상되고 근대의 퇴폐적 상징으로 전이되는 양상은 자본주의 비판을 겨냥했던 계급의식이 젠더와 접합되는 지점에서 비롯된다.

한편, 최학송의 「데카단의 상징」이라는 글에서, 모던보이와 모던걸은 '불량소년'과 '불량소녀'로 명명된다.

> 북한산의 찬바람이 거리를 스치는 때라도, 혈색좋은 설부가 드러날 만치 반짝거리는 엷은 양말에, 금방에 발복이나 빠지 않을까? 보기에도 아심아심한 구두 뒤로 몸을 고이고 스커트 자락이 비칠 듯 말듯 한 정강이를 지나는 외투에 단발 혹은 미미가꾸시에다가 모자를 폭 눌러쓴 모양은 멀리 보아도 밉지 않고 가까이 보아도 흉치 않다. 분ㅅ길 같은 손에, 경복궁 기둥 같은 단장을 휘두르면서, 두툼한 각테안경, 펑퍼짐한 모자- 어떤 시대 화가들이 쓰든 것 같은-

코높은 구두를 신고, 장안대로는 온통 제 길이라는 듯이 활개치는 젊은 서방님
들. '모던껄'과 '모던뽀이'는 새의 두 나래와 같고, 수레의 두 바퀴와 같이, 이쪽
만 들면 저쪽이 섭섭해 하고, 저쪽만 만지면 이쪽이 섭섭해 할 만치 서로 기울지
않는 짝이라. '모던껄'이 나오면, 피아노나 활동사진관이 따라나오고, '모던뽀
이'를 말하면, 기생집이나 극장이나가 따라나오는 것만은 사실이다. 모던껄은
현숙한 맛은 쑥 들어가고, 화사하고 요염한 계집- 땐스장에 나가는 여배우 비슷
한 계집에게서 받는 듯한 느낌을 어렴풋이나마 받게 된다. '모던뽀이'는 일
없이 히야까시나 하고 빤질빤질한 계집의 궁둥이나 쫓아다니는 어떤 그림자
같아서 건실하고 강직한 느낌은 못 받는다(119면).

이러한 최학송의 지적은 일본의 '모단가루'를 '불량소녀'로 지칭한 기요사
와 기요시(淸沢洌)의 논조와 유사하지만, 그 필치는 보다 더 신랄하고 비하
적이다. '엷은 양말'에 '아심아심한 구두', '스카트 자락이 비췰 듯 말 듯한
정강이를 지나는 외투에 단발 혹은 미미가꾸시에다가 모자를 폭 눌러쓴
모양을 한 모던걸은 "현숙한 맛은 쑥 들어가고, 화사하고 요염한 계집-
땐스장에 나가는 여배우 비슷한 계집"이라 묘사된다. 이러한 모던걸은 모
던보이와 더불어, 활동사진관이나 드나들고, "덮어놓고 화사에 들뜨고, 바
이오링, 피아노나 치고 앉아서, 연애자유나 부르고 걸핏하면 정사- 그렇지
않으면 실연 병에 술이나 마시고 다니는 것은 세기말적의 퇴폐기분을 단적
으로 나타내는" 존재들로서, 당대 서구문화와 자유연애를 좇는 신흥 부르
주아 젊은이 계층을 대변한다. 식민지의 궁핍한 현실과 기층민의 가혹한
생존의 법칙에 천착했던 소설가 최학송의 모던걸에 대한 시선은 적대적이
기만 하다.

모던걸 모던보이 담론은 이후 신문과 잡지에 지속적으로 기사화되는데,
1928년 4월 6일부터 8일까지 『조선일보』에 실린 「새로운 여성이란 무엇인
가」(八判靑年)라는 심층 연재 기사 역시 위의 『별건곤』 특집 기사의 논리와

유사한 맥락을 보인다. 1928년 4월 19일 『동아일보』에 실린 「'모던쌩이', '모던쌜'」이라는 기사와 1929년 5월 25일 『동아일보』의 「조선에 '모던쌜'이 잇느냐」라는 만평 역시 근대에 대한 지식이나 사상, 윤리 없이 외형적 근대만을 추구하는 이들은 '불량소년', '불량소녀'에 다름 아니라는 견해를 피력하며 서울 거리의 '혼부라', 모던걸과 모던보이는 세기말적 퇴폐의 한 현상에 지나지 않는다고 그들의 존재를 비하한다.

1920년대 중반 이후 대중매체에 등장하는 조선의 모던걸 표상은 일본의 '모단가루'에서 기원하는 도시 신종 직업여성들을 근거로 하지만, 사회적 실제성이 미약한 무정형의 여성 집단으로 이미지화된다. 일본의 경우에도 '모단가루'는 모단가루 자신의 입장이나 목소리가 아니라, 신문과 잡지 등에서 지식인의 눈을 통해 분석되고 구성된 담론적 산물에 가까웠다. 즉, 모단가루는 관동 대지진 이후부터 쇼와 초기까지 급속한 변화를 추구했던 여성에 대한 일본 남성 지식인들의 반발과 공감, 당혹감을 반영하는 아이콘이다. 현실에 존재하는 모단가루 또는 모던걸을 모조품으로 간주하고, 남성 지식인들의 이념을 투영한 이상적인 모단가루, 모던걸의 이미지를 진짜의 위치에 부여하는 것은 일본이나 조선 모두에서 나타난 공통된 현상이었다.12) 일본의 경우에도 모더니즘 자체를 부정했던 좌파 지식인들에 의해 모단가루는 유산계급의 퇴폐적 쾌락주의자로 평가되고 아나키스트 지식인들에 의해 성적으로 방종한 여성들로 비판되었다(Barbara Sato, 2003, p. 76). 하지만, 기타자와 슈이치(北沢秀一)나 기요사와 기요시(淸沢洌)의 예 외에도 모단가루의 다양한 측면들이 보다 활발하게 논의되었다. 가령, 모단가루의 등장을 일본 대중문화의 성립과 관련시켜 본 평론가 히라바야시 하츠노스케(平林初之輔)는 대량 인쇄술, 영화와 음반 산업 등의 새로운 기술의 진보가 모단가루를 탄생시키는 기반이 되었다고 보았다.

나는, 모단가루의 발생을 권위붕괴 시기의 부인의 특색으로서 보고 싶다. 이에 따라, 오래된 권위의 붕괴는 금후 더욱 격화될 것이기 때문에, 모단가루는 더욱 근대화될 것이다. 일반인의 그것에 대한 태도도 더욱 관용적이 되고, 더 나아가서는 일반사회의 도덕, 풍속, 취미, 기호를 변화시키게 될 것이라 생각한다.13)

모단가루를 통해 전대의 권위의 붕괴라는 시대정신을 읽어내는 이러한 이해는 당시 일본에서 소수의 지식인의 견해에 해당되지만, 위 글은 지식인들 내부에서 모단가루를 둘러싼 대중문화, 근대적 테크놀로지, 모더니즘에 대한 비교적 다양한 해석들이 있었음을 시사한다.

이에 반해, 조선의 모던걸 담론은 표상 이면의 균열과 타자의 목소리를 봉쇄시키는 결박된 여성 이미지의 전형을 보여준다. '유녀(遊女)', '매춘부', '불량소녀' 등의 부정적 지표로 착색된 조선의 모던걸은 나아가 식민지 조선의 근대가 지니는 기형성과 퇴폐성을 상징하는 기호로 전이된다. 젠더와 계급적 시선이 복합적으로 작동했던 여성혐오적 표상으로서의 모던걸은 도시의 스펙터클을 구성하는 관음증적 쾌락의 대상이었다. 도시거리에서 "여성은 시각적 스펙터클의 재료이며, 스펙터클은 시각적으로 그녀를 음미하려는 남성의 욕망에 봉사한다."14) 모던걸의 육체는 그들의 몸을 훑어보면서 그 노출을 심문하는 남성적 시선의 권력에 포획되어 있었다.

당대 '모던걸'의 형상은 근대적 교육의 세례를 받았지만 가부장적 민족주의 이념에 포섭되지 않은 채, 자본주의적 소비 메커니즘에 경도된 여성들에 대한 지식인 남성들의 비판적 단죄의 시선을 담고 있다. 남성적 응시에 의해 통제되고 전유되는 모던걸의 몸은 '실체 없는 껍데기'로 유통되고, 다양한 의상과 가면을 통해 정체성이 창조되는 "스타일과 인공의 창조물"로서 '흔해 빠진 창녀와 여배우의 이미지'와 쉽게 결합한다(리타 펠스키, 1998, 25-26면). 조선의 모던걸 형상은 이러한 "에로스와 인공의 역설적 결합"으로 나타나는 "여성화된 근대성의 현현(顯現)"을 보여준다.

안석영의 「모던껄의 행렬」(『조선일보』 1932. 1. 20)이라는 만문의 '모던걸' 표상 속에는 여성의 몸이 물신화되고 파편화되는 지점이 뚜렷하게 제기된다. 위 그림에서, 모던걸의 몸은 온갖 장신구에 둘러싸여 있는 마네킹과도 같은 인공적 존재이다.

그림 11. 「모던껄의 행렬」(『조선일보』1932. 1. 20)

그림 중앙에 제시된 노출이 심한 서구식 드레스를 입은 모던걸은 서구식(보브식) 헤어스타일에 귀걸이와 팔찌, 반지를 하고 뾰족 구두를 신은 초현대식 사치 복장을 하고 있다. 더 눈에 띄는 것은 중앙의 모던걸의 전신상을 기준으로 여성의 몸을 부분별로 해체하여 배열해 놓은 점이다. 위쪽에 시계 방향으로 보석이 박힌 이마, 코에 피어싱을 한 모습, 뾰족구두에 화려한 양말을 신은 다리, 거대한 보석반지를 끼고 매니큐어를 칠한 손에 대한 묘사 등, 각각의 장신구를 한 여성의 몸을 파편화시켜 보여줌으로써 물신화된 여성의 몸을 극대화한다. 또한 위 그림에는 중앙의 모던걸 외에 다른 모던걸 형상도 부가적으로 배치되어 있는데, 단발을 하고 짧은 스커트에 여우 목도리를 한 모던걸의 사치스러운 모습과, 하의 속옷만으로 몸을 가린 나체의 모던걸의 뒷모습과 앞모습을 제시하여 몸의 노출을 과장해서 전달하고 있다. 상품에 탐닉해 있는 모던걸의 몸을 해체하여 배열하는 과정에서 모던걸 자체는 상품으로 진열된다.

이러한 여성의 몸의 파편화, 여성 섹슈얼리티의 가시화에 대한 반감 속에는 여성의 몸을 매개로 일상에 구현되는 자본주의적 근대에 대한 남성 지식인들의 중층적 자의식이 자리하고 있었다. 리타 펠스키는 서유럽의 근대성 내부의 젠더화된 기제를 해부하면서, 이성적·자율적 남성으로서 목적의식적으로 노력하는 파우스트적 남성성과 달리, 근대적인 욕망 형식의 논리 속에서 구현되는 물신화, 리비도화, 상품화된 여성성에 주목하였다. 이때 여성은 리비도적이고 표현불가능하며 미적인, 가부장제적 이성의 억압된 타자로 환원된다(리타 펠스키, 1998, 29-30면). 물신화·상품화된 모던걸의 몸은 경성의 공적 공간에 가시화된 식민지 근대의 타자에 다름 아닌 것이다.

모던걸의 몸은 민족과 계급의 시선, 젠더 규범을 이탈하여 자본주의 상품 경제와 관계 맺은 근대의 또 다른 욕망의 흔적을 제기한다.15) 식민지 조선 '모던걸'의 부정적 표상에는 식민지 근대의 틈새에 자리한 여러 층위로부터의 불안이 투사되어 있다. 그것은 거리로 나온 여성들에 대한 남성들의 불안이자, 자본과 물질이 일상을 장악하는 근대에 대한 불안이었으며, 식민지의 결핍과 불확실성에 대한 불안이었다. 매혹과 위협을 동시적으로 발현하는 모던걸의 다면성은 끊임없는 의혹과 경계의 시선으로 통제하고 재단해야 했던 식민지 도시의 리비도와 연관된다.16) 근대의 억압된 것의 귀환은 여성의 몸을 통해 이루어졌다. 하지만 정치적 종속, 경제적 궁핍, 문화적 충돌의 틈바구니에 있었던 식민지의 지식인 남성들에게 그러한 균열의 현시는 그들의 불안을 더욱더 가중시키는 것일 뿐이었다.

04
'에로·그로·넌센스'와 '모던걸'의 이질혼성성

일본에서 다이쇼 시기부터 쇼와 초기, 도시 거리를 활보했던 모단가루의 경우 모단가루가 되기 위해서는 특정 조건을 충족해야 했다. 니이 이타로(新居格)가 쓴 「近代女性の社會的 考察」(『太陽』 1925. 4)에서 모단가루의 특징은 자유로움, 모든 일을 언어와 행동으로 확실하게 표현하는 것, 사상적으로 허무하고 찰나적 행동을 추구하는 것으로 기술된다. 여기서 니이 이타로는 모단가루는 무지해서는 안 되며 총명하고 날카로운 감수성을 가져야 하므로 카페여급이나 여배우와 같은 외형만 모던한 것을 추구하는 여성들은 모단가루에서 배제되어야 한다고 주장한다.17) 하지만 이러한 남성 지식인의 시선에서 포착된 모단가루의 범주와 달리, 일본의 도시에서 실재하였던 모단가루의 형상을 한 여성들은 훨씬 더 포괄적이었던 것으로 보인다.

실제로 도시에서 직업을 가진 여성들 중 여공이나 가사사용인의 비율이 압도적이었으며 여배우나 여급 등의 일부도 도시 문화의 새로운 스타일을 창조한 모단가루의 범주에 포함되었다. 하지만 일본의 모단가루는 사무원, 점원, 전화교환수 등 대도시의 신종 서비스직 여성들을 주된 모델로 하여 논의되었으며, 이들은 카페여급과 유흥산업 종사자나 여공, 여중(女中)과 같은 도시의 하층 여성노동계급과 일정 정도 차별화되었다. 이에 비해 조선의 경우, 모던걸의 범주는 훨씬 다면적이고 불균질적이었다. 좁은 의미의 모던걸을 의미하는 도시 서비스직 종사 여성들은 식민지 도시의 극심한 취업난 속에서 높은 경쟁률을 뚫고 일자리를 얻었지만 고용조건의 불안정성과 열악함으로 인해 새로운 경제 세력으로 부상하기는 어려웠다.18)

조선의 모던걸은 여학생과 같은 엘리트 여성군에서 여학생 출신의 카페 여급, 기생에 이르기까지 이질적인 여성들의 조합을 보여준다. 아예 신원을 파악할 수 없는 '정체모를 여인'들로 기술되거나, 부르주아 계급에 기생하는 유산계급의 여성들, 부정적 자질만으로 재정의되는 신여성의 변형물, 과도한 물질적 소비와 성적 방종의 혐의를 지니는 타락한 여성군을 지칭하는 등 일관된 기준으로 정의되지 않는다. 이러한 '모던걸'의 혼종적인 성격은 이들을 대중 담론 속에서 무정형적이고 불가해한 존재로 고정시킨다. '모던걸'은 도시의 '환영(phantom)'과도 같은 피상적이고 비실체적 이미지로 교환되고 소비되었다.19) 한편, 불명료한 실체의 '모던걸'은 '도덕적으로 나쁜'이라는 의미를 함축하면서, '모던걸'이라는 단어에서 파생된 언어유희(pun)의 산물인 '못던껄(못된걸)'로 등가화된다. 안석영에 의해 정의되는 '못던껄'로서의 모던걸은 '불란서 파리와 뉴욕 맨하탄에서 부침(유행)하는' 옷차림에 손가락에는 '이삼백원, 천여원의 백금반지'와 목에는 '값비싼 목걸이'를 하고 있다. '전문학교를 나와도 거들떠보지 않는 세상', '다만 얼굴이 이쁘고 살결만 윤택하면 그만인 세상'을 한탄하는 지식 여성들이 결국 결혼이 어렵게 되자, '그 사나희의 첩· 흘러다니는 여자, 허영의 도시의 시민'이 된다는 것이다. 안석영은 '가장 깨이고, 가장 세계인의 호흡을 먼저 호흡하는 여성이 모던껄'이라 희화화하면서,20) 이들을 도시에서 가장 나쁜 '못던껄(못된걸)'인 '스트릿걸(매춘부)'로 등치시킨다.21)

이러한 퇴폐적이고 타락한 이미지로 모던걸 표상이 고착되는 이면에는 식민지의 궁핍한 현실과 부조화를 이루는 모던걸의 소비 욕구에 대한 지식인 남성들의 적대감과 더불어, 식민자의 문화에 노출되어 그 표면을 모방하는 여성들에 대한 피식민지 지식인들의 자괴감이 작동되고 있었다. 하지만 이는 여성들 자체의 문제라기보다는 원천적으로 식민지 도시 경성의 존재 조건에서 기인하는 것이었다. 1920-30년대 조선의 모던걸 담론 속에는 '에로, 그로, 넌센스', '잇트'와 같은 유행어가 빈번히 등장하는데, 이는 동시대 식민지 '모국' 일본으로부터 직수입된 신조어들이었다. 일본에서 메이지 말년과 다이쇼 시대에 급속히 확산된 '에로, 그로, 넌센스'라는 용어는 '다이쇼 데모크라시'라는 당대 일본의 자유주의적 시대정신 속에 양산된 문화 현상을 담고 있다.[22]

다이쇼 말기(20년대 초반)와 쇼와 초기(20년대 중후반)에 일본 사회의 유행으로 떠오른 '에로, 그로, 넌센스'라는 용어는 1차 대전 이후의 호황이 다이쇼 말기와 쇼와 초기에 이르러 불황으로 이어지고 이념적으로 사회주의 사상이 우익과 충돌 하는 상황에서, 정치적으로 좌파에도 우파에도 속하지 않고 소비적 퇴폐화로 치달았던 일종의 거품과 같은 사회현상을 지칭한다. 이 시기에 '에로'라고 하는 것은 연애의 정신적, 건설적, 생산적 면보다는 감각적, 소비적, 향락적 면을 중심으로 일본의 젊은 세대에 확산되었는데, 당시 생활 및 문학, 영화 전반은 '에로', 넓은 의미로 보아 '연애'에서 시작되고 끝났다고 할 수 있다. 당시 유행어인 '에로, 그로, 넌센스', '모가', '모보'등은 모두 이 시기의 산물로 논의된다. 당시 일본의 '모더니즘'이란 부르주아와 프롤레타리아 계급 사이에서 미래에 대한 희망이 없는 중간층의 생활철학, 소비주의의 지도원리'였는데, 거기에는 '계급 특유의 니힐리즘'이 뿌리내리고 있었다. 사람들은 보다 높고 강한 자극을 추구하였으며 삶은 맹목적이고 감각적으로 흘러갔다. 남녀 관계에도 단순한 '에로(에로티시즘)'는 그 자극적 가치를 잃게 되어, '그로(그로테스크)'한 상태로 전화되어 갔으며, 일상은 '넌센스(무의미)'로 가득 차게 된 것이다(大宅壯一, 1954, pp. 61-69). 이러한 일본 사회의 역사적 현상으로서의 '에로, 그로, 넌센스'는 거의 동일한 시기에 조선으로 유입되어 당대 사회를 특징짓는 유행어로 자리잡는다. 이는 '잇트'와 더불어 1920-30년대 퇴폐적인 카페문화와 모던걸 담론에서 에로티시즘의 식민성을 반영하는 용어로 의미화된다. '잇트'

(イツト)는 당시 경성을 부르는 명칭인데, 1927년 당시 상영된 미국영화 「It」에서 파생된 말로서 성적 매력이라는 의미를 함축하였다.23) 이러한 성적인 공간으로서 경성을 지칭하는 '잇트'는 식민지 도시 경성이 제국의 시각에서 욕망의 공간, 즉 개발·착취의 공간이자 환락의 배설구로 기능했음을 암시한다.

1930년대 당시 대표적 사회주의 계열 잡지인 『비판』에 실린 한 기사는 이러한 조선에서의 '에로, 그로, 넌센스' 현상에 대한 비판적 성찰을 담고 있다.

> 1930년은 모보, 모가를 앞서 에로, 그로로써 저물고 말았다고 한다. 사실 1930년은 에로, 그로가 무대(舞台)일면에 도량난무하든 해였다..(중략) 원래 이 에로 그로라는 것이 경향은 결코 우연이나 또는 착각에서도 생기는 것이 아니다. 혹은 말하되, 외국에서 수입된 것이라고도 하며 호기적 저널리즘이나 흥행사 카페- 경영자의 창작물이라고도 하는 등 별말을 다 한다. (중략) 유산계급의 소비력이 확대되고 다양해지면, 제일 먼저 주목되는 것은 인간성질에 가장 깊이 뿌리 박혀있는 성욕과 식욕을 충만시킬 방법의 변화 그것이다... 1930년의 무대에서 광약한 에로 그로의 경향은 자본주의적 생산양식이 발달되고 자본축적이 풍부하여지고 유산계급의 소비력이 확대되고 다양화하였기 때문에 큰 필연적 부산물이고 별다른 것이 아니다.24)

위 글에는 '모보', '모가' 및 '에로', '그로' 현상이 원천적으로 외국에서 수입된 것이며, 저널리즘이나 카페 산업 종사자의 산물이라는 일차적 분석이 이루어지고 있다. 하지만 계급주의적 시각을 가진 필자는 이러한 '에로, 그로, 넌센스'의 만연을 제국의 문화적 헤게모니에 침탈당한 식민지의 현실로 보기보다는, 자본주의 유산계급의 타락 현상이자 여성들의 타락으로 인식하는 데 보다 더 초점을 두고 있다.

1920-30년대 '모던걸'='못던껄'(못된 걸)='스트릿걸'의 공식이 만들어지는 기제 속에는 모더니즘에 대한 반감이 강력한 축을 형성하고 있다. 오석천의 「모더니즘 희론(戲論)」(『신민』 1931. 6)에서 기계문명과 자본주의로 물든 도시공간은 "잉회(孕懷)하고 잇는 모순, 유암(流暗), 투쟁, 저기압, 암흑면, 무질서, 알력(軋轢), 매춘부, 실업자, 룸펜, 인테리의 고민, 자살, 암살, 음모, 참학(慘虐), 정치(情痴), 강간(强姦), 외음(猥淫), 기갈(飢渴)"로 가득 찬 고통의 공간으로 묘사된다. 도시 "스트리트(街路)는 애로, 그로 체(體)의 유보장(遊步場)이요, 그것의 발산처"이며, 모던껄은 '스트리트 껄'에 불과하다. '모던걸'은 "공창, 사창의 재래적 수법을 벗어나서, 간단하게 속도적으로 에로를 서비스해서 생활하려는 중간층적 존재 내지 무산계급원"이며 도시 거리를 "헤매다가, 거닐다가 취하다가 춤추다가 그리고는 몽롱(朦朧)호텔로 사라"지는 창녀에 다름 아닌 존재로 정의된다.

> 외국의 모던이즘은 병적의 것이라 하면, 조선의 것은 기형적의 것이다. 무슨 현상이든지 스스로 그것을 움직일만한 기초조건이 빈약한 조선에 있어서는 외래의 조류에 움직여짐이 더 크다. 앞으로도 물론 그러할 것이다. 조선의 모던보이, 모던껄이 외국의 그것과 비교해서 얼마나 배속에서 꼬르륵 나는 것을 보아라.25)

임인생의 위 글 「모더니즘」에서 "모던이란 1930년을 중심으로 새로이 생긴, 사회적 조건의 반영인 일부 인간 생활의 이데올로기이며, 모든 사회적 현상이 경제적 조건에서 좌우되는 현대자본주의는 '아메리카니즘'이며 '기계미'와 '도시미'를 추구하는 모더니즘은 '일부 소비계급의 문화적 생활형식이자 '바바리즘에 불과한 것"으로 기술된다. 여기서, '스스로 그것을 움직일만한 기초 조건이 빈약한' 조선의 모더니즘은 기형적일 수밖에 없는 것이며, 모던걸의 몸은 식민지 조선의 모더니즘의 기형성과 허구를 드러내는 지표로 기능한다.

　조선의 모던걸은 근대 가부장제가 여성을 재배치하는 과정에서 사적 영역을 벗어나 도시를 활보했던 경계의 여성들이었다. 그들은 피식민지 민족의 이념적, 규범적 권역을 넘어 상품의 소비에 몰두하고 스스로 상품이 되었던 여성들이었으며, 공적공간에 자신의 몸과 섹슈얼리티를 드러낸 위반자들이었다. 자본과 결합한 근대 도시문화의 번성 속에서 새로운 문화의 주체로 부상하기에는 식민지의 물적, 사회적 문화적 토대는 너무나 허약하고 불안정하였다.

　여학생, 직업부인, 기생, 카페여급에 이르는 모던걸의 이질혼성성은 식민지 조선의 도시공간에서 젠더와 모더니티가 결합하는 역사적 양식을 드러낸다. 권력의 주체였던 남성들에게 성적 스펙터클, 시각적 소비의 대상으로 존재했던 1920-30년대 식민지 조선의 모던걸을 역사적 주체로서 소환하기 위해서는 무엇보다도 표상에 갇혀있는 모던걸 이미지의 환영들을 걷어낼 필요가 있다. 수잔나 D 월터스가 지적한 바, 과연 담론과 분리된 '실제의' 혹은 '진정한, '여성'이 존재하는 것인지에 대해서 근본적인 질문을 제기할 수 있다(수잔나 D 월터스, 2001, 195-209면). 하지만 1920-30년대 경성의 여성 산책자, 모던걸에 대한 입체적 이해를 위해서는 담론의 구성물로서 '모던걸'의 이미지 너머, '모던걸'의 실제적 존재 양태와 더불어 그들의 목소리와 직접적으로 대면해야 한다. 여성을 이미지로, 상징으로, 남성 욕망의 은유로 재현하는 것이 가부장적 책략이었음을 밝히고 '결핍', '부재', '텅 빈 기표'로서의 여성을 확인하는 작업에만 그치는 것은, 그들을 역사 속의 타자로 계속 머무르게 하는 소극적인 시도이기 때문이다.

Ⅲ. 근대의 전방에 선 여성들

01
여학생과 '불량소녀'

조선 사회에 등장한 신여성의 존재 근거는 그들이 근대적 서구 교육의 수혜를 받은 여성들이라는 점이었다. 1886년에 미션교사들이 주축이 되어 <이화학당>이 개교한 이후, 1905-1910년경 조선에는 약 3천여 개의 사립학교가 설립되었는데 그 중에서 174개가 여학교였다.1) 초기의 여성 교육은 한말의 부국강병과 문명개화론을 기반으로 한 민족교육의 일환으로서 추진되었다. 서구의 천부인권론과 남녀동등권을 바탕으로 하였던 애국계몽기 여성교육의 목표는 장지연의 『여자독본』에서 제시된 바 '국권회복에 동참하는 국민의 권리와 의무를 갖는 자주적이고 독립적인 인격체로서의 여성상'이었다(박용옥, 2003, 298면). 1890년대 후반부터 이미 조선 내부에 여권의식이 싹트기 시작하였지만, 초기 여성 교육은 국권을 잃은 민족의 자주독립에 기여하고 근대적 가정의 중심이 되는 '현모양처'의 양산이라는 목표 속에서 수행되었다. 1900-1910년대 여학생 이미지는 사회 계몽에 앞장서는 선각자로서의 '신여성'의 기호에 상응하는 것이었다.

1910년대 민족 국가의 일원이면서 새로운 문명의 개척자이자, 계몽의 주체로서 재현되었던 여학생은 그 수가 늘어나면서 1920년대 이후에 도시 신문화의 주역으로 부상한다. 하지만 1925년 당시 중등 이상의 여학교가 15개 정도에 여학생 수가 3천명 정도로 당시 전체 여성 인구의 0.03%에 지나지 않았다.2) 1930년대에 들어와서는 초등학령 인구 대비 여성 취학률은 20% 정도였으며, 1933년 초등학교에서 전문학교까지의 여학생 총수가 13만 6천명으로 여성 총인구비의 1.2%에 불과하고, 당시 여성문맹자는 92%

인 924만여 명에 이르렀다고 한다.3) 의무교육이 시행되지 않았던 식민지에서 특히 조선인 여성들에게 근대 교육의 기회가 주어지는 경우는 드문 것이었기에, 상급학교 진학자인 여학생의 사회적 위치는 각별한 것이었다.4)

당시 학교를 파하고 쏟아져 나온 여학생들은 도시 거리를 메운 주된 여성 산책자군이었다. 김기진은 당시 여학생들에 대해 "현대의 여성이라고 말하면 그것은 곧 현대의 학교를 거쳐서 나온 여성 말하자면 도회에서 생장하였다고 하여도 가할 만한 여자들"을 가리키며, 이들은 "도회의 공기에 접촉한 만큼 그만큼 그들은 도회 문명의 연독을 입고 있다"고 하였다.5) 당대 여학생들은 바로 도시가 낳은 새로운 여성 집단으로 인지되었다.

> 소조(小姐)들의 감정은 날로 청신해가며 세련되어 간다. 조선의 모던아가씨 여학생들은 현대의 공기와 조화되는 아름다움을 창조해내기에 여간한 노력을 하지 않는 것이 눈앞에 아른아른 보인다. 조선의 모던아가씨 그들의 표정, 동작, 언어, 족장 또는 자태에 있어 나날이 새로워가고 세련되어 가는 것과 함께 병행하야 소저의 심정과 감정에도 새로움과 세련됨이 생장해간다는 것은 참으로 기쁜 일. 보라! 길거리로! 활보(闊步)하는 소조(小姐)들의 보조(步調)를!6)

당시 거리를 활보한 여학생들은 새로운 유행과 문화의 창시자들이었다. 남궁환(南宮桓)은 「모던여학생풍경」에서 날로 청신해가고 세련되어가는 여학생들의 감정과 길거리를 활보하는 여학생들의 보조(步調)에 신선한 충격을 받는다. 그들이 지니는 '표정', '동작', '언어', '족장', '자태' 등의 '새로움'과 '세련됨'은 신식 교육과 문화 자본을 바탕으로 구성되는 근대 중산층 지식 계급의 형성과 맞물린다. 그런데 도시 거리에서 포착되는 참신한 여학생의 이미지는 1920년대 중반을 기점으로 점차 감각적이고 향락에 물든 분위기로 전이한다.

그림 12. 잡지 『新女性』 표지(1924. 10)   그림 13. 잡지 『新女性』 표지(1926. 4)

『신여성』 1924년 10월호 표지(그림 12)에 등장하는 신여성은 개량 한복과 짧아진 치마에 뾰족구두를 신고 당대 유행했던 일본식 머리모양인 '히사시가미'를 한 신여성의 전형적 이미지를 보여준다. 그런데, 같은 잡지 1926년 4월호의 표지(그림 13)에 등장하는 신여성은 보다 현대화된 파마머리를 하고 있으며 한복의 스타일은 서구적인 형태로 변형되어 있다. 치마의 폭은 더 좁아지고, 화려한 문양과 색감으로 한층 멋을 내었다. 그런데 1924년 10월호 표지와 비교할 때, 주목되는 바는 정적인 이미지에서 벗어나 여성 내면의 느낌과 동요를 반영하는 얼굴 표정, 자신의 몸을 응시하는 수줍은 듯한 눈빛, 율동을 느끼듯 흐느적거리는 동작 등이다. 당시 '신여성'과 '여학생'이라는 명명은 상호 중첩되어 사용되었는데, 정숙한 여성의 이미지를 벗어나 육체적 감각과 도시의 욕망에 눈을 뜨는 신여성의 이미지는 여학생 안의 '불량소녀'가 가시화되는 지점과 맞물린다.

1920년대 말, 중학생을 주 독자층으로 겨냥하여 개벽사에서 발행한 교양계몽지 『학생』(1929. 3)에는 「지상남녀대토론 - 남학생이 더 사치(奢侈)하냐? 여학생이 더 사치(奢侈)하냐?」라는 특집 기사가 실려 있다. 여기서 조필

환(趙馳桓)이라는 남학생은 당시 여학생의 사치가 '기형적(畸形的) 병적(病的) 사치(奢侈)'에 이르렀다며 다음과 같이 주장한다.

> 요즘 여학생 간에 '케푸' 유행을 보겠습니다마는 그것을 입은 여학생은 어딘지 유탕기분(遊蕩氣分)이 있어 보입니다. 아무리 손에 책보를 쥐었어도 '카페-'에 있는 계집이 밤엔 술 팔고 낮엔 장부(帳簿)책 끼고 외상(外上) 받으려 다니는 것 같이 보입니다.(大拍手) 여학생들의 '케푸' 착용 반대단을 조직한다면 저는 누구보다도 먼저 선두에 서서 앞잡이 나팔(喇叭)을 불겠습니다. 그 다음엔 양말 이야기... 여학생으로 사오원(四五圓)짜리 비단양말을 신고 장한 듯이 다니는 것을 보았습니다. 본직(木織)양말은 발가락 놀리기에 거북하고 종아리가 텀텀하다는 것이 '실크스타킹' 상용 여학생의 애용조건이고 판매(購買) 이유란 말씀을 들었습니다. 그런데 비단양말신은 이들의 집은 대개가 다 쓰러져가는 오막살이 집이고, 남의 집 곁방이란 사실이 더욱 눈물겨웠습니다(50면).

망토를 의미하는 케푸(ケープ), 비단양말 등 당시 여학생들 사이에 유행한 항목들을 들면서 여학생을 '풍기를 더럽히는 조속 사치의 화신'으로 묘사한다. 또한 홍은표(洪殷杓)라는 남학생은 한 시간 이상의 시간을 들인 것 같은 여학생들의 머리 차림, 레-도구리무(レードクリム), 수백분(水白粉), 화장수(化粧水), 미안수(美顔水)등 갖가지 화장품과 의복을 들어 여학생들을 '사치 중독자라 지적한다(52-53면). 이러한 남학생들의 공격에 대해 이봉희(李鳳姬)라는 여학생은 다음과 같이 항변한다.

> 외모를 깨끗하게 좀 곱게(남녀들의 소위 사치하게) 하는 것은 사람뿐 안이라 모든 생물의 공통된 본능이라고 할 수 있는 것이지마는 겉으로는 아주 검소한 체하면서, 실상 속으로 더 사치하는 것은 무슨 심리하고 할ㅅ가요? 이런 것은 사치 중에도 비겁한 사치라고 아니할 수 없습니다. 학생양복 밑에다가 비단와이샤쓰를 입고 다니는 것도 일종의 야비한 사치라 아니할 수 없지마는, 우리

여자들보고 밤낮 모양만 낸다고 비웃고 업신여기는 남자들이 여자보담 분(粉)을 배나 더 바르고 다니며 기름이 이마에까지 흘러내리도록 쳐 바르고 다니는 것도 역시 저급적(低級的)이며 야비한 사치심의 소사(所使)입니다. 또 우리 여자는 한 십원 내외를 들여서 '세루' 치마를 한 벌 해 입게 되면, 몇 해 동안을 두고두고 아껴서 입지마는 남자들은 한 벌에 근 백 원씩이나 드는 양복을 춘하추동의 각 철을 따라서 몇 벌씩 해 놓고 이것저것 바꾸어 입지 않습니까(53-54면).

여학생들이 겉으로 사치하게 보이지만, 남학생들도 비단 와이셔츠에다가 얼굴에는 분, 머리에는 기름을 바르고 백 원 씩이나 드는 춘하추동 양복을 해 입는 등 여학생 못지않게 사치를 한다고 주장한다. 하지만 당시 대중매체는 남녀 학생 모두에게서 포착되는 유행과 패션에 대한 취미 전반을 문제 삼기보다는 주로 여학생들의 사치와 허영을 비판의 대상으로 삼았다. 잡지 『학생』에서 많은 남성 지식인 필자들은 여학생의 사회적 책무와 역할을 강조하는데, 당시 연전(延專) 학생인 최병화는 「여학생 제군에게」(『학생』 1929. 5)라는 글에서 다음과 같이 말한다.

> 경제적 지식을 함양(涵養)하시라. 조선 여학생은 대체로 보아, 경제적 지식이 결핍합니다. 그분들의 외적 생활을 볼 때에는 극히 호화(豪華)롭고 사치(奢侈)하여 부호나 귀족의 영양(令孃) 같이 보입니다. 그러나 사실에 들어가 내적 생활을 볼 때에는 그분들은 빈곤한 조선의 따님들입니다(77면).

조선 여학생들의 경제적 지식 부족과 정신적 빈곤함을 지적하는 위 글은 여학생들로 하여금, 조선경제의 현실을 각성하고, 물산장려운동, 농촌계몽운동에 힘쓸 것을 당부한다. 하지만 이러한 선각자, 사회계몽가로서의 여학생에 대한 기대와 달리, 1920년대 중반 이후 대중매체에서 '여학생'에 대한 지배적 표상은 극장, 음악회, 화장품점을 드나드는 화려하고 사치스러운 여학생의 이미지였다.

방인근의 「여학생론」(『동광』 1927. 12)에는 학교에서는 얌전하고 현숙하고 귀여운 여학생이 학교의 공적 규율 밖으로 나가면 화려한 비단옷을 입고 화장도 짙게 한 채 극장을 드나들고, 여자동급생이 아닌 남자와 함께 책보 대신 핸드백을 들고 진고개를 돌아다니고, 화장품점, 음악회 등을 드나드는 모습이 포착된다. "위선(爲先) 학교에서 엄금하는 비단 옷이 찬란스럽게 빛난다. 분바른 두께도 일분쯤은 두터워졌다."(54면)라는 묘사에서와 같이, 규율을 위반하는 여학생 이미지가 뚜렷하게 제시된다. 이러한 불량한 이미지의 여학생들이 바로 『조선일보』(1930. 1. 14)에 실린 안석영 만문, 「여성선전시대가 오면(3)」에서 '모던껄'의 일원으로 호명된 '어떤 여학생'이라 할 수 있다.

> 행길에서 만나보는 S여학교 학생은 양장 모던껄인데 기숙사에서 만나보는 S여학생은 조선 구식 여염집 처녀들이다. 색색이 치마저고리에 버선을 신은 학생들[7]

위 글에서 학교 밖 도시거리에서 만나는 '양장 모던껄'과 기숙사에서의 '조선구식여염집 처녀'는 1930년대 초 여학생의 이중적 이미지이다.

정의순의 「당세여학생기질」(『신동아』 1932. 12)은 1932년 당시 여학생의 특징에 주목하고 있는데, 여학교 일학년생은 백화점에 진열된 일본산 물건들에 현혹되고, 이년생은 친구 집, 거리의 호떡집을 몰려다니며, 삼년생은 남학생과 연애편지를 주고받고, 사년 생은 졸업 후의 진로에 대한 현실적 번민을 하면서 백화점 방문(쇼핑)이나 남학생 하숙집을 드나드는 것(연애)이 다반사라고 하여 다소 풍자적인 어조로 여학생을 희화화하고 있다. 이러한 여학생의 이미지는 학교 안의 교육이나 규율로도 더 이상 막을 수 없을 정도로 확산된 듯하다.

수신 선생이 목청이 터질 지경으로 전통적인 도덕의 정당성을 설명하고 현모양

> 처주의를 특히 정열적으로 고취(鼓吹)할 때에 당세 여학생은 혹은 손장난을 하거나 혹은 먼 산을 바라보거나 혹은 하품을 하거나 하여 수신 선생의 강화(講話)는 오로지 엄숙한 희극으로 화해버리고 만다. 그만큼 당세 여학생은 진보적인 사색을 가졌다. 그러나 반면에 슬프게도 퇴폐적인 실천을 감행한다. 여기서 우리는 생각을 하여볼 것이다. 왜 그들은 진보적인 사색을 가지고 아깝게도 퇴폐적인 실천을 감행하느냐?[28]

'목청이 터질 지경'으로 전통적인 여성 규범과 근대 현모양처주의를 고취하는 학교의 수신시간에 여학생들은 이를 듣지 않고 손장난을 하거나 먼 곳을 바라보거나 '하품'을 한다고 기술하고 있다. 필자는 여학생들이 수신 선생의 도덕 교육을 소홀히 하는 양태를 '진보적 사색'이라 풍자하면서 이들의 태도가 '퇴폐적 실천'으로 이어진다고 비판한다.

1920-30년대 불량 여학생을 구성하는 '나쁨'의 항목은 사치와 허영으로 비난되는 물질에 대한 소비행위와 성적 방종이었는데 이는 모던걸의 특징과도 상통한다.[9] 1924년 7월, 『신여성』에 실린 李 W. S의 「여학생 즉 사치덩어리」(46면)라는 글에서는 여학생들의 지나친 치장과 사치스러운 소비 행위를 문제시한다. 이 글에서는 앞머리를 자르고 짧은 치마를 즐겨 입는 당시 여학생들은 정오에 가까운 시간에 일어나고 거울 앞에서 치장하는 시간이 2시간 30분이나 소요된다고 기술하며, 이러한 행태는 요리점 기생들과 구별되지 않는다고 지적하고 있다.

> 대체로 보아 조선여학생은 사치하다. 우리는 경제정도로 보아 그러하다는 것이다. 구두, 핸드백, 화장품, 의복에 벼 여러 섬이 매달린 것은 확실히 문제거리다. 그보다도 나는 공중도덕, 인류애로서 못할 일이라고 생각한다. 나는 학교에서 거리에서 여학생 떼를 볼 때, 그 중에 극도로 사치한 학생과 극도로 가난해서 거지와 같이 차린 학생이 섞여 있는 것을 볼 때는 그 어려운 여학생이 몹시도 보기 가엽다. 구두도 다 떨어지고 더러운 무명옷을 입고 찬란히 차린 동무

옆에 서 잇을 때, 얼마나 부끄럽고 괴로우랴. 남학생은 비위도 좋고 또 남학생 양복은 비슷비슷하고 더구나 일부러 모자를 찢어서 쓰고 다니고 양복도 떨어진 것을 입는 것으로 자랑을 삼는 장난꾸러기들이니 말할 것 없지만 여학생은 그렇지 않다. 여자란 의복에 퍽 관심을 하는 천성이 있다. 또 여학생 의복은 투철히 다른 고로 거기에 차이가 많으면 보기 쉽다... 여하간 지금의 여학생은 허영덩어리다. 고무풍선처럼 들떴다. 다 그렇다는 것은 아니지마는 비례로 보아 그러하다는 것이다. 혼인상대자를 구하는 데도, 금전, 미남이 제일조건이다.10)

위 글에서 필자는 근대 도시공간에서 여학생들의 소비행위에 대한 사회구조적인 접근을 하기보다는, "여자란 의복에 퍽 관심을 하는 천성이 있다", "지금의 여학생은 허영덩어리다"라고 하여 허영을 여성의 본질, 여학생의 자질로 일반화하는 경향을 보인다. 또한 이들이 혼인상대자를 구할 때 '금전과 미남'을 제 1조건으로 취한다고 하여, 물질과 외양을 중시하는 여성의 결혼에 대한 욕망을 비판한다.

식민지 당대, 『조선일보』기자였던 신상우(申翔雨)가 저술한 『여학생풍기문제개관(女學生風紀問題槪觀)』(大成書林, 1931)이라는 책은 당대 사회에서 큰 논란거리가 되었던 여학생의 풍기를 문제 삼아 집중적인 논의를 펼친다. 신상우는 옛날로 말하면 '규중처녀'였던 여성들이 '학교처녀'로 변하여 타락과 불품행(不品行)을 일삼고 있는데, 이는 '여학생의 자신을 위하여서든지 조선의 장래를 위하여서든지 진실로 대서특필할만한 중대 문제'라 강조한다.

> 정숙온량(貞淑溫良)으로써 생명을 삼는 여학생으로써 조선민족의 양처가 되고 현모가 되며 또는 제이국민(第二國民)을 생산하고 교육할 큰 책임을 가진 여학생으로써 이러한 큰 책임을 행하기 위하여 새 문명의 교육을 밧는 여학생으로써 천인의 한 사람이나 만인의 한사람이라도 아름답지 못한 품행이 있다하면 이것이 어찌 조선 장래를 위하야 통곡할 일이 아닌가?11)

'정숙온량'을 생명으로 삼고, '조선민족의 양처'가 되고 '현모'가 되며, '제이 국민을 생산하고 교육할 큰 책임을 가진' 여학생은 바로 한말의 여성교육이 의도했던 이상적 여성상이었다. 하지만 당대 여학생은 이러한 국가의 기대를 위반하고, '이 골목 저 골목의 요리점, 색주가점'으로 가득 찬 도시 거리를 활보하며, 급기야 기생의 길로 접어드는 등 타락의 극단을 보여주고 있다고 탄식한다. 또한, 여학생의 타락은 무분별하고 방종한 이성교제에서 비롯된다고 보았다. 다음은 여학생들의 취미 활동인 활동사진 구경을 가는 장면을 묘사한 대목이다.

> 활동사진을 관찰하러 간다하자. 풍속과 정도에 맞지 아니하는 사진에 부질없이 신경을 번영케 하는 것은 그만두고라도 단상에 나선 배우는 관객의 일시 흥미를 이끈다는 구실로써 사진을 설명하는 외에 은연히 농락하는 수단과 추파를 보내며, 남녀관람석에는 참으로 예술적 흥미로써 입장한 사람보담 서로서로 '장마지'[사람을 만나려고 길목을 지키고 기다리는 일]하기 위하야 입장한 사람이 많음으로써 혹은 웃음으로 혹은 기침으로 혹은 기지개로 별별 수단이 꼬리에 꼬리를 이어 서로 희롱하고 서로 유혹한다(申翔雨, 1931, 50면).

활동사진(무성영화)의 변사로 추정되는 배우가 여학생 관람객들을 농락하고 추파를 보이며, 남녀관람석에서는 영화 관람이 주목적이 아닌, 남녀의 희롱과 유혹이 난무하여, '불근신(不謹愼)'하고 '부제재(不制裁)'한 자유교제가 이루어지게 된다고 진단한다.

> 지금 조선(朝鮮)사람의 교제(交際)는 영(靈)과 영(靈)이 결합(結合)되지 못한 교제(交際)이다. 그래서 교제(交際)에 예의(禮儀)가 업고 경앙심(敬仰心)이 없으며 인격(人格)의 존중(尊重)과 명예(名譽)의 존중(尊重)이 없으니 언어동작(言語動作)이 법도(法度)가 업고 조리(調理)가 없을 것은 자연(自然)한 이세(理勢)이다. 이와 같은 난잡(亂雜)한 교제장(交際場)에 서게 된 여학생(女學生)의 신변(身邊)

이 고결(高潔)한 것이 있다 할 것인가. 고결(高潔)이 없음으로 타락(墮落)이 생기고 불품행(不品行)이 생기는 것이다(申翔雨, 1931, 74면).

신상우는 당대 조선 남녀의 이성교제가 예의, 경앙심, 인격의 존중이 없는 난잡한 교제장에 불과하다며 이성교제 자체가 여학생 타락의 배경이 된다고 본다. 이러한 여학생의 타락과 불품행(不品行)이 가정, 사회, 하숙집 등 외적 환경에서 큰 책임이 있음을 지적하지만, 궁극적으로 여학생의 타락은 여학생 자신이 자기반성과 도덕적 수양을 통해 해결해야 할 것이라 끝맺는다.

> 무엇보담 여학생(女學生) 자신(自身)이 동동속속(洞洞屬屬)하고 전전긍긍(戰戰兢兢)하야 자기(自己)를 자기(自己)가 책(責)하고 자기(自己)가 자기(自己)를 벌(罰)하여 모든 유혹(誘惑)과 악풍(惡風)에 물들지 아니할 도념(道念)과 극기심(克己心)을 수양(修養)하는 외(外)에 다른 도리(道理)가 없는 것이다(申翔雨, 1931, 82면).

신상우의 위 책은 근대 민족주의적 이념, 전통적 젠더 기제, 기독교의 금욕주의적 시각이 복합적으로 작동하는 가운데, 여학생의 타락과 '불품행'(不品行)을 단죄하고, 여학생들의 참회와 교정을 요구하는 가부장제 안의 전형적인 훈육 담론이라 할 수 있다. 여학생들의 '타락'은 근대 초기 여성을 민족의 일원으로 공적 공간에 불러내었던 근대 국민국가/민족 이데올로기가 기대하지 않았던 젠더 의식의 또 다른 얼굴 또는 여성들의 또 다른 욕망을 시사한다. 여학생들의 타락은 '현모양처' 규범을 이탈하는 여성들에게 근대 가부장제가 부과한 윤리적 선고이다. 이러한 도덕적 잣대는 근대적 젠더의식과 여성들의 욕망 사이를 가로지르는 무수한 벡터들을 봉합하는 기제로 기능한다. 도덕주의적 환원론으로 귀착하는 이러한 담론들에서 여학생들의 타락이 당대 사회에서 어떤 다각적인 의미를 갖는지는 성찰되지 않는다.

이에 비해, 소설이라는 문학적 공간은 여학생에 대한 보다 열린 시선을 보유하고 있어 주목된다.12) 공적 공간에 가시화된 여학생들의 몸과 그들의 행동 양식에 적대감을 보이며 이들을 냉소적으로 희화화하는 시선은 소설의 영역에서도 강력하게 발휘되었다. 전통적 젠더 규범을 이탈하는 여학생들의 불량스러운 이미지는 이미 1920년대 전후 소설 작품에서 부정적으로 재현되기 시작하였다. 김동인의 초기 단편 「약한 자의 슬픔」(1919)에서 여학생은 "팔과 궁둥이를 전후좌우로 저으면서" 걷는 보법의 유행을 좇으며 육체의 '쾌미'에 빠져드는 여성으로 희화화되었고, 염상섭의 「제야(除夜)」(1922)나 장편 「너희들은 무엇을 얻었느냐」(1923)에서 여학생의 파행적 연애에 대한 냉소적인 시선이 확인된다.13)

김동인이나 염상섭의 소설에서의 여학생 표상은 공적 공간에 가시화된 모던걸의 몸과 욕망에 대한 당대 지식인 남성들의 적대적이고 혐오적인 태도를 반영하고 있다. 하지만 이상(李箱) 소설의 경우, '불량소녀'로서의 여학생 이미지는 개성을 지닌 여성 인물로서 하나의 전형성을 획득한다. 그의 작품들에서 '불량' 여학생은 단순히 사회가 전통적으로 구축해 왔던 '착한 여성' 즉, 순수하고 정숙하며 부덕을 갖춘 여성의 부정적 대립항이 아닌, 여성에 대한 관습적 기대에 저항하는 전복적인 여성 인물에 가깝다.

> 연이는 지금 방년이 20, 열여섯 살 때 즉 연이가 여고 때 수신과 체조를 배우는 여가에 간단한 속옷을 찢었다. 그리고 나서 수신과 체조는 여가에 가끔 하였다. 흑판 위에는 '요조숙녀'라는 액의 흑색이 임리(淋漓)하다. 선생님, 이 귀염성스럽게 생긴 연이가 엊저녁에 무엇을 했는지 알아내면 용하지...제 입술이 왜 요렇게 파르스레한지 알아맞추신다면 참 용하지. 연이는 음벽정에 가던 날도 R영문과 재학 중이다. 전날 밤에는 나와 만나서 사랑과 장래를 맹서하고 그 이튿날 낮에는 기성과 호오손을 배우고, 밤에는 S와 같이 음벽정에 가서 옷을 벗었고 그 이튿날은 월요일이기 때문에 나와 같이 동소문 밖으로 놀러가서

베네제(키스) 했다. S도 K교수도 나도 연이가 엊저녁에 무엇을 했는지 모른다. S도 K교수도 나도 바보요, 연이만이 홀로 눈 가리고 야웅하는데 희대의 천재다. 연이의 살결에는 능금과 같은 신선한 생광이 나는 법이다.14)

그림 14. 성북동 지역의 요리점 <음벽정>에 관한 기사와 사진 (『조선일보』 1935. 9. 23.)

이상(李箱)의 「실화(失花)」에 나오는 여주인공 연이는 R영문과에 재학 중인데, 학교 수신시간에 배우는 도덕을 비웃는 듯, 밤낮으로 상대를 바꾸어가며 자유연애를 즐기는 불량 여학생으로 재현된다. 연이는 의도적으로 '요조숙녀'라는 관습적 여성상을 조롱하며 밤마다 여러 남성을 대상으로 사랑의 행각을 펼치는 팜므파탈 이미지이다. 하지만 그녀는 낮에는 조지 기싱(영국의 작가, 1857-1903)과 나타니엘 호손(미국의 소설가, 1804-1864)의 작품을 공부하는 영문학도로서 지적 능력을 겸비한 여성이다. '인천 어느 여관', 'N빌딩 S사무실', '동소문 밖 음벽정(요리점)' 등 도시 곳곳을 돌아다니며

III. 근대의 전방에 선 여성들   105

성적 일탈을 행하는 「실화(失花)」의 연이나, 「환시기(幻視記)」(『靑色紙』, 1938. 6)에서 남편의 승낙 없이 '외출'하여 반 년 만에야 돌아오는 순영은 남성중심의 가족적 질서에 반란을 일으키는 발칙한 여학생들이다. 그런데 이들에 대한 작가의 시선은 중층적이다. 주변의 남성들을 농락하면서 자신의 욕망을 실현하는 책략의 소유자이지만, "연이의 살결에는 능금과 같은 신선한 생광이 나는 법"이라 하여 그녀에게 유혹을 느끼는 남성의 모습이 엿보인다. "계집의 얼굴이란 다마네기다. 암만 베껴 보려무나. 마지막에 아주 없어질지언정 정체는 안 내놓으니"15)라고 하는 수수께끼와 같은 연이의 표상은 가부장적 규범을 위반하고 성적 자율권을 행사하는 여학생의 행위성(agency)에 대한 남성들의 두려움과 매혹을 동시에 제시하고 있다.

모던걸로 지칭된 일부 여학생은 선각자이자 계몽주의자로서의 신여성의 사회적 책무를 수행하지 않은 채 성적 위반을 일삼은 '나쁜 여학생'들이었다. 여학생에서 '모던걸' 또는 '불량소녀'가 파생되는 것은 근대 시기 나쁜 여성의 탄생, 즉 '현모양처'의 자질에서 이탈하는 여성에게 '나쁨'이라는 도덕적 지표가 부여되는 지점을 드러낸다. 전통적 부덕(婦德)을 거부하고 근대적 자아 정체성을 추구한 여성들은 다시 근대 가부장제가 설정한 '현모양처'라는 젠더 규범과 조우한다. 젠더 규범을 위반하는 여성들을 단죄하는 방식은 가부장제 역사 속에서 그 포장의 차이는 있을지언정 반복적으로 드러난다. '불량 여학생'이라는 낙인은 바로 근대 가부장제가 여성에게 가한 통제의 조치였다.

'못된걸'로서의 '모던걸'과 '불량소녀'로서의 여학생은 겹쳐지는 아이콘들이다. 이러한 부정적 여성 표상은 역설적으로 근대 가부장제가 강력하게 제어하려 했던 새로운 형식의 여성성, 여성의 욕망을 부각시킨다. 식민지 조선, 도시거리에서 여학생들이 눈뜬 소비 욕망, 연애와 유희의 욕망, 성적 욕망은 그녀들이 장차 신성한 가정의 경영자이자 민족의 성원을 양산해야 할 '여염집 처녀들'이었기에 더욱 문제적이었다. 무엇보다도, '나쁜 여학생'은 자기인식의 주체이자 성적 주체로서 자율성을 확보한 여성의 등장에 대한 당대 사회의 우려를 내포한다. 하지만 소비, 연애, 섹슈얼리티는 실질적으로 도덕적인 단죄로 통제될 수 있는 이슈가 아니었다. 그것들은 일상으로 전파되는 자본주의적 근대 속에서 도시인이 조우했던 새로운 삶의 양식의 일부였다. '나쁜 여학생'이라는 명명은 근대가 여성에게 열어놓은 다면적 욕망의 흐름을 차단하려 한 빗장과 같은 것이었다.

02
여성은 무엇을 원하는가?: 소비하는 여성들

모든 사람들은 최신화되어야 하고, 스스로를 해마다, 달마다, 계절마다 그의 옷, 물건, 차를 재생한다. 만약 그가 그렇게 하지 않는다면, 그는 소비사회의 진정한 시민이 아니다. -보드리야르, 『소비사회』

1924년 『조선급만주(朝鮮及滿洲)』에는 동경을 출발해서 코즈(國府津), 나고야(名古屋), 교토(京都), 오사카(大阪) 등을 거쳐서 현해탄 건너 경성으로 오면, 부인들의 화장미가 동경이나 오사카 부인들의 화장미와 하등의 차이가 없을 정도로 현혹적이어서 일본 여행객을 놀라게 한다는 기사가 실려 있다.16) 이미 1920년대 초중반에 여성들의 유행, 취미, 기호품의 목록들이 동경과 경성 사이에 교류되고 있었으며, 젠더, 인종, 모더니티의 관념들이 상품을 매개로 전 지구적 흐름 속에서 유통되고 있었음을 확인할 수 있다.

도시 거리의 여성들은 1920-30년대 대중 매체 속에서 서구적 외양을 한 도시문화의 향유자로서 불안과 매혹의 이중적 시선을 받았던 '모던걸'들이었다. 상품의 소비에 몰두하고 관습적인 성적 규범에 도전하는 '모던걸'의 등장은 지역적 맥락에 따라 변형과 굴절, 차이를 보이지만, 도시 소비문화가 확산되는 20세기 초 서유럽과 미국, 공산주의와 파시즘 국가, 제3세계 식민지에까지 등장한 전지구적 현상이었다고 볼 수 있다.17) 1920-30년대 조선에 등장한 '소비하는 여성'들의 존재양식은 일차적으로 상품을 매개로 하여 생산되고 분배되고 소비되는 욕망의 메커니즘을 보여줄 뿐 아니라,

식민지 도시 경성의 불균형한 개발 속에서 여성의 몸을 통해 유입되고 구현되었던 1920-30년대 모더니티의 역사성을 드러낸다.

1930년대 '대경성의 주름 잡힌 얼굴 위에 가장하고 나타난 근대의 메이크업'은 '데파트먼트[백화점]'의 출현이었다(김기림, 1988a, 386면). 찬란한 일루미네이션, 엘리베이터, 에스컬레이터, 쇼윈도우, 마네킹, 옥상정원 등으로 치장하여, '사람의 이목을 유혹하고 있는 근대의 요귀', '데파트먼트 스토어'는 '근대의 특산물이요 상업경쟁장의 총사(總師)'라 지칭되었다(함윤성, 1931, 27-28면). 찾는 사람의 반수 이상이 조선남녀였던 진고개에는 미쓰코시(三越), 조지야(丁子屋), 미나까이(三中井), 히라다(平田) 등의 호화로운 일본 백화점들이 1920년대 중반 이후로 자리 잡게 된다.18)

> 유행! 도둑괭이 눈과 같이 잘 변하는 유행! 십년 전 조선에 어찌 모뽀 모꺼들이 횡행(橫行)하였겠으며 마네킨 레뷰를 보았으랴! 그러나 오늘날 그것은 너무도 당연한 당세풍(當世風)의 유행이 되어 있지 않으냐?! 유행은 다각적(多角的)이며 유동적(流動的)이다. 유행은 급진적(急進的)이며 순환적(循環的)이다. 그리고 달팽이의 촉각(觸角) 같이 예민하다. 또 그리고 언제든지 그 시대정신의 말초첨단(末梢尖端)을 급각도적(急角度的)으로 돌고 있는 그림자와 같은 경업사(輕業師)이다. 이 경업사(輕業師)를 본새[모양] 있게 잘 조종하는 것이 이윤에 민감한 부르주아 상인들이요 그 아슬아슬한 묘기와 짜릿짜릿한 몸짓에 황홀히 정신을 잃고 미친 듯이 그의 일거일동(一擧一動)과 어릿광대적(的) 복색(服色)까지도 모방하려는 것이 모던 유한계급(有閑階級) 청년들의 생활이며 철학이요 종교다. 옳다! 그것보다도 유행은 시대색(時代色)을 날쌔게 표징(表證)하는 한 마리 영리(怜悧)한 카멜레온이다.19)

위 글에서 '도둑괭이 눈과 같이 잘 변하는 유행'은 경성의 일상을 점령한 '모뽀 모거'의 새로운 '생활양식'이자 '모던 유한계급'의 '철학', '종교'처럼 자리 잡는다고 기술된다. 특히, '유행'을 좇는 신풍조와 소비 행위는 소비자

로서 여성의 존재를 부각시킨다.[20]

백화점은 정치적 공동체가 형성되고 합리적 토론이 이루어지는 이상적인 공간이 아니라, 감각적인 경험과 욕망의 상업화와 연결된 새로운 종류의 공적 공간이었다(리타 펠스키, 1998, 116면). 1930년대 모더니스트 시인이자 비평가였던 김기림의 「봄의 전령 - 북행열차를 타고」(『조선일보』, 1933. 2. 22)라는 글에는 봄을 맞아 새로운 여성고객들을 맞이하는 도회 백화점의 풍경을 묘사하고 있다.

> 피녀(彼女)들의 '하이힐'이 더 한층 가벼움을 느낄 때가 왔다. 육색의 스타킹. 극단으로 짧은 스커트…등등으로 피녀(彼女)들은 둔감한 가두의 기계문명의 표면에 짙은 에로티시즘과 발랄한 흥분을 농후하게 칠 것이다. 털 깊은 외투-, 솜 놓은 비단 두루마기-, 두터운 방한모-, 여우털 목도리-, 잘 있거라 너희들… 점원들은 겨울 물건을 차츰차츰 진열대로부터 창고 구석으로 운반하는 일에 영광을 느낄 것이고, 파라솔은 또다시 백화점의 주연자(主演者)가 될 것이다. '시크라멘'은 봄이 던지는 첫 키스를 뺏기 위하여 화상(花商)의 쇼윈도우 속에서 붉은 입술을 방긋이 벌이고 있고 피녀(彼女)들의 푸른 치마폭은 아침의 아스팔트 위에서, 백화점의 층층계 위에서 깃발과 같이 발랄하게 팔락거리지 않는가.[21]

겨울 내내 입었던 털외투, 비단 두루마기, 방한모, 여우 털목도리를 벗어던지고, 육색의 스타킹, 짧은 스커트에 하이힐을 신고, 도시의 아스팔트, 백화점의 층계를 '깃발과 같이 발랄하게 팔락거리'는 여성들은 경성 백화점의 주된 소비층 여성들이었다. 하지만 김기림이 포착한 여성들은 "화상(花商)의 쇼윈도우 속에서 붉은 입술을 방긋이 벌이고 있는" 마네킹과 같이 실제적 존재감을 느낄 수 없는 가공적 이미지이며, 이는 당대 모던걸 표상의 한 특징을 이룬다.

'못된걸'로 '번역'된 식민지 조선의 '모던걸'의 표상에는 일차적으로 여성의 상품에의 욕망 자체를 문제시하는 소비의 윤리학이 작동하고 있다. 쌍S

生의 「대경성광무곡(大京城狂舞曲)」(『별건곤』 1929. 1. 1)에서, "'이곳에 오는 조선여자는 반듯이 입속을 벌리고 다닌'라고 누가 어디다 써 붙였는지 저마다 입을 해-벌리고 다닌다."라는 희화화된 표현은 '소비'와 '여성'의 관계망과 더불어, 그 현상을 바라보는 남성 지식인의 냉소적 '시선'을 제기한다.

> 화신(和信)상회로 피해들어 가니까 숨이 탁 탁 막히게 갑갑하게 진열한 집 속에 그래도 금은패물에 제 정신 빼앗긴 여자들과 그 따위 여자에게 또 제정신 빼앗긴 남자가 여기도 저기도 추운 줄 모르고 들어서있다. 들어서야 어서 들어오라는 사람도 없고 머리하나 굽실하거나 눈짓하나 반가이 하는 이 없는 것은 가뜩 좁은데 왜 또 들어오느냐는 핀잔인지 여자 동반도 없이 오는 것을 보니 고맙지 않을 손님이라는 눈치인지(쌍S生, 1929, 77면).

위 글은 1929년 당시, 종로 화신상회와 진고개의 히라다, 미쓰꼬시 백화점 풍경을 남성 관찰자의 풍자적인 언어로 묘사하고 있는데, 화신상회("숨이 탁 탁 막히게 갑갑하게 진열한 집")에는 "금은패물에 제 정신 빼앗긴 여자들"과 "그 따위 여자에게 또 제정신 빼앗긴 남자"들로 가득 차 있다고 조롱적 어투로 기술한다. 당시, 백화점이 선호한 고객의 유형은 부르주아 남녀군이거나, 소비의 실질적 수행자인 여성을 동반한 중상층 남성이었다. 백화점에서 환대받지 못한 룸펜 지식인 필자는 백화점 내부에 진열된 휘황찬란한 물건들과 더불어 그곳에서 만나는 치장한 여성들에 압도된다. 종로를 지나 '요지경 속 같은 진고개'로 건너간 관찰자는 히라다 백화점에 가서 반수 이상이 조선 남녀인데 놀라며, 미쓰꼬시에서 장난감, 학용품, 아동복, 치마감 등을 고르는 중산층 여성 고객을 '예수냄새 나는 트레머리'로 희화화한다(83면). 또한, 여성의 소비 욕망이 도덕적 문란, 성적 관습의 위반과 연결되면서 모던걸의 '나쁨'은 강박적 혐오의 대상이 된다. "진고개 2정목 3정목 입을 벌리고 정신 다 빠져서 헤엄치듯 걸어가는 조선부인들. 여기와서 입을 벌리고 지나가는 여자는 여기 물건만 몇 가지 사준다면 몇 번이든지 개가해 갈 것이라고 할 수 있겠다."(83면)라는 조소 가득한 기술은 여성의 물질욕이 도덕적 타락으로 이어지는 지점을 가시화한다.

도시 유한부인과 더불어, 1920-30년대 매체에서 재현되는 또 다른 여성 소비 주체는 여학생들이었다. 당시 여학생은 백화점 쇼핑과 양요리를 즐기고 값비싼 의복을 구입하는 등 일상적 소비욕구들을 충족시키는 중산층의 삶에 대한 열망으로 가득한 존재로 그려지는데, 1910-20년대의 사회적 계몽성을 가졌던 '여성해방'이라는 기호는 물질문화의 향유 및 소비행위를 위한 경제적 독립을 의미하는 것일 뿐이라고 희화화되기도 하였다.[22] 한편, 경성 시내 상점과 백화점의 또 다른 실질적인 여성고객은 기생이나 카페여급 등 일정 정도의 경제력을 갖춘 유흥산업 종사자였다. 화려하게 외형을 꾸미는 것이 직업적으로 요구되었던 기생들에게 시내 상점이나 일류 백화점에서 값비싼 의복과 화장품, 장신구를 사는 것은 일상적 행위 중의 하나였다. 당시 요리점에 놀음을 나오는 권번 기생들의 옷차림은 매우 호화로웠는데, 정초에는 보들보들한 토끼털로 된 두루마기를 입고, 머리에는 은비녀, 손에는 은가락지를 꼈으며, 1월 보름에는 옷과 장식이 바뀌어 은비녀 대신에 진주비녀, 은가락지 대신에 다른 패물 반지로 갈아 끼었다고 한다. 춘삼월이 되면 패물은 다시 비취로 바뀌고, 계절이 바뀌는 가을 10월 초하룻날이면 금비녀, 금가락지, 금귀지개 등 금패물로 장식하고, 그 위에 털로 된 모피옷(毛物)을 입었다고 한다.[23]

기생들 중 극도의 사치를 즐길 수 있었던 사람들은 요리점에서 고수입을 올리거나 고관대작과 부호의 지원을 받았던 일부의 권번 기생들에 한정되었다. 하지만 계절마다 호화로운 의상과 패물로 치장한 기생들은 경성의 요리점 안팎에서 소비문화의 리더로 자리하였다. 백관수의 『경성편람(京城便覽)』에 의하면 당시 요리점에 출입한 일급 기생들의 매월 수입은 일인당

300-380원을 호가했다고 한다.24) 기생 잡지『장한』에는 당시 기생 독자들을 주된 소비자로 겨냥한 각종 상업광고가 게재되어 있다.25) 국내 및 국외 수입품을 포함하는 신구식 고급 의류 및 포목 상점, 금은보석을 포함하여 시계, 안경 등의 장신구, 화장품 등은 당시 기생들에게는 필수적인 아이템이었다고 볼 수 있다. 1930년대에 들어서면 기생들은 한복과 같은 전통의상이 아닌 양장을 입고, 동경에서 직접 '구쓰(구두)'를 주문해서 신으며 활동사진 여배우를 선망하는 '모던걸'의 한 형상을 이루기도 한다.26) 한편, 당시 여성 직업인으로서 50-100원 정도의 비교적 고수입을 올렸던 카페 여급들은 경제력을 바탕으로 소비문화의 주축이 되는데, 그들을 특징짓는 에이프런과 양장, 단발머리, 그리고 뾰족구두, 핸드백, 서양식모자 등은 당대 '모던걸'의 문화적 취향을 보여준다.

당시 여성들의 소비는 '모던걸'이라는 이질혼성적인 집단의 범주화를 통해 집중적으로 비판되었다. 치마 한감에 30-40원, 양말 한 켤레 3-4원, 반지 200-300원, 머리 장신구 500-600원, 화장품 4-5원, 헤어 1-2원 등, 700-900원 가량의 비용을 외모 꾸미기에 투자한다는 '모던걸'의 사치 행위에 대한 과장된 묘사는 초가집에 실업자로 들끓는 경성의 현실과 대비되면서 극단화된다.27) 또한 "먹기에도 어려운 우리들의 소위 누이들은 어디서 그만한 돈을 얻느냐"라는 질문에서와 같이 소비행위를 가능케 하는 여성들의 물적 토대의 허약성은 그들을 '그 사나희의 첩- 흘러다니는 여자, 허영의 도시의 시민'으로 규정하는 알리바이가 된다.28)

한편, 1930년대 여성들의 소비 행위 이면에는, 구매력을 갖지 못한 여성들이 자신들의 물질욕을 채우기 위해 신성한 연애를 위반하고 도덕적, 성적 타락에 이르게 된다는 서사가 무수히 양산되고 있었다. 박태원은「소설가 구보씨의 일일」에서, 산책자 구보를 통해 근대 도시의 욕망의 공식을 다음과 같이 기술한다.

여자들은 그렇게도 쉽사리 황금에서 행복을 찾는다. 구보는 그러한 여자를 가엾이 또 안타깝게 생각하다가, 갑자기 그 사나이의 재력을 탐내본다. 사실, 같은 돈이라도 그 사나이에게 있어서는 헛되이, 그리고 또 아깝게 소비되어 버릴께다. 그는 날마다 기름진 음식이나 실컷 먹고, 살찐 계집이나 질기고, 그리고 아무 앞에서나 그의 금시계를 꺼내보고는 만족하여 할께다. 남자는 여자의 육체를 즐기고, 여자는 남자의 황금을 소비하고, 그리고 두 사람은 충분히 행복일 수 있을 께다(박태원, 1987, 191면).

박태원은 여성의 물질과 소비에 대한 욕망과 남성의 여성에 대한 욕망이 서로 뫼비우스의 띠처럼 연결되어 있는 지점을 포착하고 있다. 욕망의 회로는 남성에서 여성으로 그리고 여성에서 상품으로 흘러가게 되고, 경제적인 권력 투쟁은 여성과 남성, 여성과 상품 사이의 성애적인 관계와 밀접하게 뒤얽히고 또한 그것에 의해 매개된다(리타 펠스키, 1998, 112-113면).

1920-30년대 경성에서 계급적 간극을 가로지르며 확산된 여성의 소비는 '경제적 무절제'와 '성적 무절제'가 결합한 혐오의 기호로 증식된다. 여성의 소비행위는 '사치'와 '허영'의 자질에 기인하고 성적 타락을 야기시키며 '소비하는 여성들은 '탕녀'적 본성을 가진 것으로 비난받는다.[29] 하지만 근대 초기 여성의 소비는 윤리적 시선만으로 설명되지 않는 다층적인 사회 구조의 산물이다. 소비 자체를 죄악시하는 맑시즘적 비판과 소비 욕망을 가진 여성에 대한 젠더화된 응시를 넘어서, 여성을 매개로 소비욕망과 섹슈얼리티가 결합하는 자본주의 근대의 구조적 문제, 여성소비자를 둘러싼 근대 가부장제와 자본주의 기제는 생각보다 훨씬 복잡한 관계망을 형성하고 있기 때문이다.

1920년대 물산장려운동으로 대표되는 민족주의 진영의 경제자립 운동 속에서 여성의 소비와 사치는 부정적으로 인지될 수밖에 없었지만, 여성의 소비에 대한 주된 공격은 1920년대 후반 이후 식민지 자본주의 모순을 문제

삼아 민족해방과 계급해방의 과제를 실현하고자 했던 사회주의 담론에 의해 주도적으로 이루어졌다. 특히, '모던걸'에 대한 계급적, 성별적 적대감을 드러냈던 사회주의 담론 이면에는 원천적으로 자본을 통해 유입되는 모더니티 자체에 대한 강력한 반감이 작동하고 있었다. 하지만 1930년대로 접어들면서 상품을 매개로 욕망을 관리하고 재생산하는 자본주의 메카니즘은 민족, 계급 담론과 충돌하는 한편으로, 이념적 기제에 포획되지 않은 독자적인 영역을 구축하고 있었다.

김기림의「그 봄의 전리품」(『조선일보』1935. 3. 17)은 1930년대 중반, 어느 봄날 경성의 백화점 안 풍경을 묘사하고 있다.

> 백화점에서는 어느새 봄차림을 할대로 하고도 오히려 부족하여 절기에 맞는 물건을 찾느라고, 움직이는 손님의 어깨와 어깨들이 휘황한 전등불 밑에서 고기떼처럼 흔들린다. 나는 이윽고 우리의 누님들과 아내가 자못 노골하게 코티회사나 캔피 회사나 자생당의 충실한 고객인 것을 뽐낼 때가 왔구나 하고 속으로 뭉클해졌다. 사실 오늘의 백화점을 번영하게 만드는 유력한 지지자는 그 절대다수가 마님들이나 아가씨들일 것이다. 이 점은 각국의 상공성(商工省)이나 자본가연맹에서 크게 일반 여성들에게 감사해야 할 것이어늘 불란서 같은 나라에서조차 최근에 와서 그 나라의 여자들에게 참정권을 주었다고 하는 일은 기괴한 일이다. 그들은 실로 현대문명의 모든 소비면을 유지하기 위하여서는 물도 새지 아니할 듯한 그들의 '가정의 평화'조차를 용감하게 깨트리기도 한다.30)

'우리의 누님들과 아내가 자못 노골하게 코티회사나 캔피 회사나 자생당의 충실한 고객'이며, '오늘의 백화점을 번영하게 만드는 유력한 지지자는 그 절대다수가 마님들이나 아가씨들'이라는 김기림의 지적은 당시 상품의 소비가 1930년대 조선의 중산층 가정에 스며들고 있는 풍경을 시사한다. 특히, 부인의 청탁과 강요에 의해 화신백화점 양품부 진열장에서 최신 유행하는 백여 원짜리 '악어껍질' 핸드백을 보러 온 부부의 모습과 그들이 결국 사는 것은 7-8원짜리 '화제품(和製品)'[일본제품]이며31), 백화점 밖의 2-3원 짜리 '대리품'이라는 기술은 식민지 조선에서 유통된 물품이 서구에서 직수입된 고가의 것이 아닌 일본을 통해 재조립된 '박래품'이거나 종로 야시에서나 거래되는 모조품이 주류를 이루었음을 보여준다. 하지만 이선희의 소설 「처(妻)의 설계(設計)」(『매일신보』 1940. 11. 27-12. 30)에서도 1930년대 도시 중산층 가정을 염원하는 젊은 부부의 증대하는 소비욕구와 문화생활을 위한 경제적 상승의 욕망이 포착된다.

> 우리 지금 생활이란 게 전혀 돈 날 노릇은 없거든요. 게다가 우리뿐 아니겠지만, 우리 어머니나 아버지 시대는 고사하고 우리 언니나 아주머니 때보다도 눈으로 보는 생활은 엄청나게들 사치하지 않아요?" "그리고 보니 나무쌀에 드는 돈보다도 그냥 밖에 나와서 거리로 싸다니는 데 드는 돈이 갑절은 되고... 이러다보니 우리의 생활이란 영 자리가 잡히지 못했어요... 지금의 청재나 소라는 그 옛사람처럼 먹지 않고 모으기 위해서 돈 생각을 하는 것이 아니다. 진실로 먹되 밥만 먹지 말고 양식도 먹고 포도주도 마시고 되도록 잘 먹고 잘 향락하기 위해서 돈이 그렇게 필요한 것이다. 그러나 청재나 소라는 도저히 그들이 희망하는 문화생활을 할 수 있도록 돈을 벌 재주는 없다. 여기에 현대 가정의 필요이상의 고민이 있는 것이라고 그들은 생각했다.32)

위 작품에서 "밥만 먹지 말고 양식도 먹고 포도주도 마시"는 등 생존의 차원을 넘어서 "잘 향락하기 위해" 돈이 필요한 중산층의 욕망이 제기된다. '하이칼라'적 삶, "나무 쌀에 드는 돈보다도 그냥 밖에 나와서 거리로 싸다니는 데 드는 돈이 갑절은 되"는 '문화생활'에 대한 지향, '사치'에 대한 갈망이 직접적으로 드러나며, 그러한 욕망의 발현에 상응하는 경제적 토대의 부재가 현대 가정의 고민이라 토로된다(이선희, 1989, 58면).

하나도 값나가는 것은 없는데 그래도 사치하고 싶고 문화적인 것을 만들고 싶어 애를 쓰고 또 다소의 문화적으로 살지 않고는 인제 못 견디게쯤 형편이 된 셈이다. 소라네 내외는 인제 마주 앉기만하면 돈타령이다. 그러나 아무리 해도 돈을 벌 가망은 보이지 않는다(이선희, 「妻의 設計」, 1989, 79면)

특히 위 인용문은 경제적 수입이 충분치 않은 상태에서 사치욕구와 문화적 욕구가 비대하게 발달하는 1930년대 인텔리 가정의 불균형한 삶의 실상을 드러낸다.

도시의 남성 산책자 김기림의 눈에 백화점으로 몰려든 소비행위자들은 "쇼윈도우의 화사한 인형과 박래품의 모자와 넥타이에 모여 서고 있는 불건전한 몽유병자의 무리들"로 보이고, 그 중 여성들은 모조의 '코론' 향수를 풍기며 아스팔트를 좇는, '병아리와 같이 팔딱이지만, 날지 못하는 동양류의 회색의 암탉'처럼 인식된다(김기림, 1988a, 383면). 또한, 상품을 통해 사람들의 혼을 빼앗는 도회는 은밀한 밤의 유혹자와 같은 '매춘부'의 형상으로 비치고(김기림, 1988a, 389면), 파리나 '종림[柊林-미국 할리우드]의 유행'은 결국 '프로스티튜트 문화'에 불과한 것이라 비유된다.33) 이렇게 욕망의 무한 증식을 가져오는 '소비' 행위에 깊숙이 개입하는 여성에 대한 근대 남성 지식인의 시선은, 서양에서도 소비와 관련하여 젠더화된 메타포를 지속적으로 생산해왔다. 자신의 욕구를 알고 합리적으로 추구할 수 있는 역량을 가진 자율적 존재인 '계몽주의적 남성'에 비해, 여성은 욕망을 합리적으로 계산하지 못하는 욕망의 노예이며 변덕이나 충동으로 규정되는 '어리석은 소비자로 이미지화되었다(돈 슬레이터, 2000, 81면). 19세기 말과 20세기 초의 '소비사회'로의 전이과정에서 상품의 주된 구매자였던 여성을 '탐욕스러운 소비자로 상투화하는 과정에는 이윤동기의 이해관계 속에서 계산과 합리화의 논리에 의해 여성들의 비합리적이고 감정적 속성을 조작하고 관리하는 젠더화된 책략이 확인된다. 동시에 여성은 쾌락의 상업화를 추구한 자본주의 소비 이데올로기 속에서 이상적 고객으로 전유되었다.34)

데보라 파슨즈는 여성 소비자를 물신주의적이고 성애적으로 병리화시키는 남성 관찰자의 '시선' 이면에 여성들의 욕망을 관리하고 재생산하는 자본주의의 메카니즘이 자리하고 있음에 천착할 것을 요구한다(데보라 파슨즈, 2000, p. 49). 맑스 이후, 소비자(여성)와 상품의 관계는 성적 맥락에서 빈번히 논의되어 왔는데, 자본주의 경제에서 여성들은 남성들 사이에 교환되는 대상으로 간주되는 여성의 물신화과정을 통해 상품형식과 등가적으로 배치되어 왔다. 즉, 구매자의 시선을 끌기 위해 스스로를 유혹적인 대상으로 만들도록 한다는 면에서 상품과 여성은 동일한 위치에 놓이게 된다.

이는 여성의 유혹과 상품의 유혹을 융합시키는 광고에서 흔하게 발견된다. 하지만 여성들이 패션에 몰두하는 현상을 '무기물에서 성적 어필을 느끼는 페티시즘(물신숭배)'의 한 형태로 본 벤야민의 공언 이후로, 여성을 상품에 현혹되는 수동적 존재가 아닌 스스로를 욕망의 주체로 상정하는 많은 성적 알레고리들이 양산된다.[35] 가령, 여성(소비자)이 상품을 구매하는 관계를 매춘부와 고객 간의 화폐를 매개로 하는 성의 교환으로 설명함으로써 미묘한 역할 전도를 가져오기도 한다(레이첼 볼비, 1985, p. 11). 또한, 상품과 구매자 사이의 상상적 관계는 '여성에 대한 남성적 어필'의 형태를 취하는데, 남녀 간의 '유혹' 또는 '강간'의 형태로 설명되기도 한다. 즉, 소비자(여성)는 상품들에 대해 궁극적으로 '그것들을 소유하고자 하는' 힘에 '저항'할 수 없는 상태에 놓이게 된다는 것이다(레이첼 볼비, 1985, pp. 19-28). 그런데, 이러한 분석들에서 제기된, 여성 소비자의 상품에 대한 관음증과 물신화(페티시즘)는 상품을 통해 발현되는 성적 주체로서의 여성의 자기실현이라는 측면보다는, 여성들의 과도한, 도착적이고 병리적인 욕망으로 환원되기 쉽다. 이러한 상품과 여성 간의 알레고리는 여성을 매개로 하여 성적인 것을 상품화하고 상품을 성애화하는 근대 자본주의의 구조를 직시하는 차원을 넘어서, 여성의 욕망이 구성되는 사회적 동인들과 그 발현

의 다양한 형식들에 대해 성찰할 것을 요구한다.36)

상품에 매혹되는 물신주의적 소비자로서의 여성 이미지는 1920-30년대 식민지 조선에서도 등장하고 있었다. 자본주의자들의 판매 기획은 여성의 소비 욕구를 증대시키기 위한 갖가지 전략들을 구사하여 왔다. 하지만 잠재적 소비자인 여성들은 이러한 자본의 메커니즘에 공모하거나 연루되는 과정에서 새로운 욕망의 형식에 눈뜨게 된다. 게오르그 짐멜이 말했듯이, 자본주의 사회에서 소비 행위란 자아의 확장을 가져오며 이는 물질의 소유를 통해 그 물질에 대한 지배권을 획득하는 과정에서 체험된다.37) 특히, 여성에게 있어 소비문화는 "여성의 사사로운 요구, 욕망, 자아인식 등이 공적인 상품의 표상과 그것이 약속하는 만족에 의해 매개되는 여성의 새로운 주관성의 형식"을 형성하는 데 기여하는 측면이 있다. 백화점은 여성들로 하여금 가족의 경계를 넘어 공적 공간에서 자신의 욕구를 표현하고 자기만족의 에토스를 가질 수 있게 하는 계기를 제공하였던 것이다(리타 펠스키, 1998, 106-147면). 이선희의 장편소설, 「여인명령(女人命令)」(『조선일보』 1937. 12. 28-1938. 4. 7)은 근대 경성의 소비문화 속에서 새로운 욕망의 회로를 발견하는 여성의 내면을 포착하고 있다. 전문학교 출신의 여성 숙채는 도시에 홀로 상경하여 백화점 점원으로 잠시 일하게 된다. 숙채가 경험하는 백화점 공간은 석고로 만든 것과 같은 희고 매끈한 둥근 기둥을 두른 유리함 속에 '온갖 향기와 빛깔을 가지는 화장품'과, '인형', '과자', '넥타이' 등의 각종 물품으로 가득한 상품의 신전 형상을 띤다. 이러한 백화점이라는 공간은 근대의 물품들을 유통시키는 공간이면서 여성들의 억압된 섹슈얼리티를 자극하는 도발적 공간으로 자리한다.38)

숙채는 백화점에서 우연히 손님으로 온 '안나'라는 여성을 알게 되는데, 전직 배우 출신으로 '바'를 경영하는 안나를 통해 새로운 세계와 조우한다. 처음 안나의 방을 들어갔을 때, 숙채는 갖가지 화려한 세간과 장신구, 화장품들로 가득 차 있으면서 화려함과 혼란, 적막과 공허가 뒤섞여 있는 세계를 경험하고, 두려움 속에서도 강한 매혹을 느낀다.39) '바'를 운영하는 여성에 대한 관습적 잣대에서 벗어나 오히려 안나의 삶을 옹호하는 숙채의 시선은 주목을 요한다. 도덕적으로 방종하고, 사치스럽고, 팜므파탈적인 안나의 모습에서 숙채는 오히려 순진함을 찾아내고 야릇한 아름다움과 호감을 느낀다. 백화점과 카페와 같은 공간을 체험하면서, 숙채는 위험스럽고도 향긋한 유혹이 있는 근대 물질의 세계, 젠더 관습을 위태롭게 하는 향락의 세계에 한 발을 들이게 된다. 숙채가 안나를 통해 느끼는 '독사의 상자에서 나오는 요기스러운 기운, '폼피안' 향료에서 나오는 수수께끼와 같은 기이한 냄새는 물질적 욕망과 섹슈얼리티로 채워진 '근대적' 판도라의 상자가 열리는 순간을 연상시킨다(이선희, 1989, 236면).

소비 자본주의는 여성들에게 사적 공간의 경계를 넘어 욕망의 주체로서의 자아를 확인하고 젠더적 억압에 균열을 가하는 계기를 제공하기도 한다.40) 그런데 소비가 여성의 근대적 주체성 형성에 기여하는 방식은 여전히 문제적이다. 레이첼 볼비는 "여성은 무엇을 원하는가?"라는 프로이트의 질문을 재전유하면서 자본주의 사회에서 끊임없이 상품을 원하게 되는 여성 욕망 내부에, 행위성과 억압의 양가적 위치에 놓여있는 여성의 자아 구성에 주목하였다. 백화점에 들어선 여성들은 스스로의 여성적 매력을 강화하기 위하여 제공되는 상품들의 유혹에 빠지게 되는데, 프로이트적 관점에서 볼 때 이들은 '거울'이 아닌 상점 '유리' 속의 모델을 통해 자아 이상의 이미지를 발견하는 나르시스트가 된다. 이러한 '사회화' 이전, 거울 단계의 자기 오인에 가까운 원초적 나르시시즘이 근대 시기 여성들의 소비의 메카니즘을 통해 현현된다고 보는 레이첼 볼비의 분석은 주목을 끈다. 여성은 상점 유리 속의 모델들을 통해서 자신이 원하는 것, 되기를 원하는 것을 바라보지만, 그들이 유리를 통해 보는 모델은 잠재적으로 약정된 가격의 지불을 경유하여 획득되는 타자적인 어떤 것이며, 결국 그러한 행위는 결핍된 자, 부재한 자로서의 보는 자(looker)를 구성하게 된다는 것이다(레이첼 볼비, 1985, pp. 33-34).

물건을 매개로 한 여성들의 자기 동일시는 공적 영역에서의 사회화가 차단된 여성들의 소외와 권력의 결핍을 드러내는 한편으로, 적절한 물건의 구입을 통해서 획득되는 (보들리야르적 의미의) 근대 '소비 시민(citizen of consumer society)'으로서의 자아 정체성의 특징을 상징적으로 드러낸다. 유행의 끊임없는 변화 속에서 소비자의 갈망과 결핍은 한도가 없는 상태가 되며, 박탈감과 욕망 사이, 실제의 여성과 그녀가 그렇게 보일지도 모르는 모습 사이의 지칠 줄 모르는 상호작용이 산출된다. 그 결과, 쇼핑하는 여성은 환상과 실재, 사실과 판타지, 자아의 거짓과 진짜 이미지의 경계에서 존재하게 된다. 뿐만 아니라, 소비자본주의가 끊임없이 욕망하는 주체를 생산하는 동시에 주체 내부에 억압의 논리가 침식해 들어가는 방식은 사회 집단 내 여성들 간의 계급적 불평등을 드러내지 못하고 오히려 은폐하는 지점을 보이기도 한다(리타 펠스키, 1998, 144-145면).

근대 도시가 여성에게 '가능성과 위험의 장소'였던 것처럼, 소비는 여성에게 새로운 욕망의 통로를 열어놓는 동시에, 자아의 덫에 걸린 나르시소스처럼 빠져나갈 수 없는 욕망의 미로 속에 놓이게 한다. 이러한 소비와 여성 주체의 행위성 사이의 양가적 관계망은 1920-30년 식민지 도시 경성의 여성들, 특히 모던걸(숍껄)의 근대 체험 속에서 징후적으로 포착된다.

03
모더니티의 판매자: 백화점 '숍껄'

『신여성』 1925년 11월호에 실린 「신여성(新女性)의 오대번민(五大煩悶)」 (25면)이라는 글에는 당대 여학생들의 현실적 고충이 토로되어 있다. 여학교를 졸업하고도 직업을 구하기 어렵고 공부를 더 하려 해도 보통학교 졸업 후, 고등보통 5년 급과 소학교 교원양성소인 사범학교 외에는 여자를 위한 상급학교 시설이 부재하다고 지적하고 있다. 이렇게 여성들에게 상급학교의 진학의 길이 막혀 있을 뿐 아니라, 고학력 지식인 남성들도 만성적 실업 상태에 있었던 식민지의 현실 속에서 중등·고등교육의 수혜를 받은 여성들은 더더욱 극심한 취업난에 부닥치게 된다.

> 항차 조선에는 생산기간(生産機關)이 너무도 빈약하여 노동부인으로도 기껏해야 연초전매국, 제사 회사, 고무공당, 그렇지 않으면 낯 모르는 집의 어멈이요 그 위로 간호부, 산파, 교환수, 점원 같은 직업이 약간 있고, 말하자면 지식계급의 부인으로는 의사, 교원, 기자 같은 것이 있으나 그런 것조차 너무도 기관이 없고 활동의 무대가 좁습니다. 게다가 조선 사람의 경제파멸이 당연하고 세계적 재정공황과 실업홍수의 물결이 용솟음을 치는 오늘입니다. 직업전선에 나서려는 조선의 부녀자여! 일대각오가 필요하겠지요.[41]

당시 여학교에서 신교육을 받은 여성들은 "경제적 권리가 여성 자신으로서 확립하기 전에는 아무러한 지식이 있는 수완가라 하여도 남성의 전제를 벗어나지 못할 것이요 또 인격상으로 남자와 대등되지 못할 것"이라는 근대적 자의식을 가지게 된다. 하지만, 중등학교 졸업 여성들은 직업을 구하

기 위하여 매일 거리를 방황하다가 '부랑 여학생'이 되는 경우가 많았다고 기술되고 있다.42)

보통 학교 이상, 중등교육을 받은 여성들 가운데 경제적 필요에 의해 직업 현장으로 나가야 했던 경우, 의사, 기자, 교원 등 소수에게만 열려 있었던 엘리트 전문직에는 이르지 못한 채, 도시 서비스직으로 흡수되는 경우가 빈번하였다. 1930년대 조선의 도시 공간에 등장한 새로운 여성 직업군 '-껄들, 즉 전화교환수(헬로껄), 백화점 여점원(데파트껄), 숍껄, 버스껄, 깨솔링껄, 엘리베이터껄, 타이피스트, 보험업종사자 등이 대표적이다.43) 이들은 도시에 거주하는 미혼의 식자층 여성들로 근대 결혼의 환상, '스윗홈'에의 꿈과 척박한 도시 노동 공간의 현실 사이를 불안하게 오간 여성들이었다.

그림 15. 1930년대 데파트껄 사진(『조선일보』, 1931. 10. 11)

근대 시기 소비 자본주의는 상품의 생산과 소비의 영역뿐 아니라 유통의 메카니즘에도 여성을 동원하였는데, 여성을 타깃으로 하여 소비를 진작시키기 위해 이상적 이미지를 부여하는 여성을 광고 모델로 삼고 여성을 판매원으로 고용하였다.

백화점에서 여점원을 쓰는 것-쓰되 미인, 스타일 좋은 여자를 선택하는 것도 일종의 고객유인책. 경성에서 대표적이라고 할만한 '데파트스토어'. 동아, 화신, 정자옥, 삼월, 평전 등인데, 그 벌집 같이 생긴 소에서 마치 해ㅅ볏이 봄날

> 이곳저곳으로 화분을 날리듯이 귀여운 처녀들은 현대 물질문명을 자랑하는 상품을 이 손에서 저손으로 티 한 점 없는 물건을 티 한 점 없는 손으로 옮겨놓는 경쾌한 맛이 현대가 아니고는 도저히 볼 수가 없는 일이다(이성환, 1932, 16면).

근대적 상품의 판매에 동원된 마네킹껄, 숍껄, 데파트껄 등의 여성들은 1920-30년대 식민지 조선의 모던걸들이었다. 대부분이 중등학교 이상의 고학력을 가졌던 '숍껄'은 백화점의 물질문화에 전면적으로 노출되면서 여성들이 소비에 눈뜨고, 스타일, 취미, 연애 등의 도시적 라이프스타일을 체득하게 되는 과정을 극명하게 보여준다.44) 1930년대 식민지의 궁핍한 현실에서 여성들의 삶의 양식을 그리고 있는 채만식의 장편 소설, 「탁류」(『조선일보』, 1937. 10. 12 - 1938. 5. 17)는 백화점의 숍껄들에 대한 묘사를 통해 당대 모던걸의 전형적 이미지를 제기한다.

> 진열장 속과 위로는, 형상이 모두 각각이요 색채가 아롱이다롱이기는 하지만 제각기 용기의 본새랄지 곽의 의장이랄지가 어느 것 할 것 없이 섬세하고 아담한 게 여자의 감각을 곧잘 모방한 화장품들이 좀 칙칙하다 할이만큼 그득 들이 쌓였다. 두 평은 됨직한 진열장 둘레 안에는 그들이 팔고 있는 화장품 못지 않게 맵시 말쑥말쑥한 숍껄이 넷, 모두 고 또래 고 또래들이다.45)

위 작품에서 숍껄은 크게 네 가지 유형으로 분류되는데, 국지관[菊池寬: 장편 통속소설로 신현실주의 문학의 방향을 연 일본의 극작가·소설가]의 소설에 빠진 '문학소녀', 아직 연애보다는 영화를 좋아하는 '영화광', 백화점의 남성고객으로부터 쏟아지는 연애편지를 받는 '연애파', '리베(애인)'를 키네마 입장권 선사하듯 동무에게 내주는 '행동파' 등이 있다. "스무 살 안팎의 한참 피어나는 계집아이들이 넷이나 한데 모여 재깔거리고, 그러다가는 탄력 있는 웃음이 대그르르 맑게 구르고, 침침해도 명랑하기란 바깥에 가득내리는 오월의 햇빛과도 바꾸지 않겠다'라는 채만식의 기술은 새로운 도시문화의 향유자로서의 숍껄의 위치를 시사한다(채만식, 1987, 405면).

백화점은 모든 사람이 중산계급의 생활방식을 열망하도록 조장하면서, 계급적 차이를 확고히 하는 동시에 그 차이를 희석시키는 상품의 미학화와 라이프스타일의 판매에 주도적인 역할을 한다(리타 펠스키, 1998, 107-123면). 숍껄은 누구보다 여성(고객)이 원하는 것, 당대 소비 욕망의 흐름을 먼저 간파하여야 했으며, 여성들에게 쇼핑의 쾌락을 중개하는 과정에서 스스로 향유의 주체가 되기도 한다. 이러한 숍껄은 백화점이라는 공간을 무대로 하여 '소비'와 '여성'의 관계망을 반영하는 계급성의 문제를 제기한다. 백화점과 같은 도시 소비 공간은 일차적으로 부르주아 중상층 여성들이 주된 고객이었다. 물건의 소비자로서 중산층 부인들과 판매자로서 숍껄 사이에 넘을 수 없는 간극이 존재하였는데, 그것은 숍껄의 그들에 대한 선망, 질투의 의식으로 표출되었다.[46]

보들리야르가 지적한 바, 소비는 하나의 '계급적 제도'이다. 소비행위 이면에는 특정 사물의 구매력과 계급상승의 기능을 하는 교육수준의 차이에 따른 사물 앞의 불평등, 그리고 실용적 생활, 미적 구성, 높은 교양 등의 환경 내재적 요소를 갖춘 소수의 사람들만이 소비의 자립적이고 합리적인 논리에 접근할 수 있다고 보는 근본적 의미의 배타성이 존재한다. 또한, 사물(상품)은 물리적 영역을 넘어 지식, 권력, 교양 등의 사회적 의미를 함축하는 기호로 통용되며, 개인적으로 또는 집단적(계급적)으로 타인을 구별하는 '차이화'의 기호로 소비된다(장 보드리야르, 1993, 69-78면). 교육받은 인텔리 계층임에도 고학력 여성의 취업난 속에서 도시 서비스직 노동자로 나서야했던 식민지 조선의 백화점 숍껄의 소비 충동은 사회 계급의 위계적 구도 속에서 야기되는 결핍을 물건을 통해 보상하고자 하는 경향을 현저하게 드러낸다.

그림 16. 백화점과 숍껄(『조선일보』, 1934. 5. 14)

한편, 숍껄의 부르주아 계급에 대한 선망과 모방의식은 물건에 대한 소비 욕구를 넘어서 부르주아 계층 남성과의 결혼을 통한 신분 상승의 욕구로 발현되기도 하였다.

> 대개 여점원의 첫째조건은 얼굴이 있으므로 여기 채용된 여점원은 거의 다 자기 얼굴에 대하여 많은 자부심과 교만을 가졌다. 그런 까닭에 이 얼굴을 밑천으로 해서 그들은 이 백화점에 드나드는 가장 호화로운 부인들과 같은 데 시집을 갈 수가 있는 것이다. 또 그렇게 훌륭한 자리에 시집가는 것은 그렇게 어려운 일도 아니다. 영애도 순이도 죄다 그런 부잣집에 시집을 가서 시집간 몇 달 후에 이 백화점을 다시 찾을 때는 가느다란 금 시계줄을 저고리 밑에 늘이고 값비싼 여우목도리 속에서 뽀얀 얼굴을 살짝 웃어만 보이는 것이다. 수많은 여점원 가운데서 영애나 순이처럼 되는 사람이 좀체 쉬운 일이 아니다. 이 안에 여점원들은 누구나 그러한 시집을 꿈꾼다(이선희, 1989, 209-210면).

위 작품에서 기술되는 바와 같이, "백화점에 드나드는 가장 호화로운 부인들과 같은 데 시집을" 가고자 꿈꾸었던 1920-30년대 경성의 백화점 숍껄은 근대의 상품들을 파는 시장의 판매자였을 뿐 아니라, 스스로를 신부감으로 진열하는 결혼 시장의 상품이기도 하였다. 백화점의 결혼시장에 나선 숍껄들은 16세-23세의 여성들로, 대개 '여자상업학교' 출신이 제일 많고 '진명', '숙명', '이화', '정신' 등이 그 다음이며, 식당에서 일하는 나이 어린 여점원들도 보통학교 졸업생 이상으로 소위 '인텔리 색시'들이 모여들었다. 그 중 결혼률이 가장 높은 곳은 진고개 '미쓰꼬시' 백화점으로, 급료도 높고 당시 일본으로부터 유입되는 부르주아 고객들을 상대해야 함으로써 채용 조건이 매우 까다로웠다고 한다.[47] 『삼천리』 1933년 12월호에서 실린 「만혼타개좌담회」에서도 학교와 더불어 백화점이 일종의 결혼 시장으로 작용하고 있었던 당대의 기현상에 대해서 언급하고 있다.

하지만, 당시 숍껄들은 실질적으로 "하루 12시간 정도(오전 10시-밤 10시)의 격무에 시달렸던 도시의 고달픈 노동자들이었다. 한 달에 15-30원의 보수를 받았던 숍껄들은 하루 12-13시간 노동에 한 달 평균 9-17원의 저임금을 받았던 공장 여공에 비해 상대적으로 나은 조건 속에 있었지만, 이들 역시 백화점의 화려한 상품들로부터 소외되는 자본주의 노동자군의 일원들이었다고 볼 수 있다.[48] 그러나 숍껄들에 대한 재현에는 소비재에 대한 탐닉으로 인해 자신들의 수입을 초과하는 과잉 지출의 경향이 빈번하게 나타난다. 다음은 이선희의 「여인명령(女人命令)」(『조선일보』 1937. 12. 28-1938. 4. 7)에 등장하는 백화점 점원, 명자에 대한 묘사이다.

> 명자는 시내 어떤 백화점에 점원으로 다니는데 그 월급이 얼마인지 알 수 없으나, 이렇게 이 집 뜰 아랫방을 세를 얻고 자취하였다. 그가 월급봉투를 타는 날은 으레 이 집 주인에게 방세로 사원을 가져오고, 그 담에는 쌀을 소두 두 말에 숯 한 섬에 전등불 값에 이렇게 혼자살림이나마 나누어 놓고 나면 오원 내외가 남는데, 이 돈은 세상없어도 자기 몸단장하는데 써버리는 것이다. 그러한 덕에 명자에게는 가지각색 모양의 구두가 세 켤레 그밖에 치마저고리가 여러 벌 방속에 걸려있다. 그는 늘 토끼와 같이 바지런한데, 그것도 다른 일엔 최대한도로 늘어지고 게으르고 오직 자기 얼굴과 몸치장하는 데만 그처럼 빨랑

빨랑한 것이다. 명자는 점원 가운데서도 상당히 인기가 있는데, 그 인기의 대가로 받는 것은 늘 젊은 연애꾼들로부터 받는 편지들이다. '당신은 데파트 유리상자속에 피어난 한 송이의 말없는 꽃입니다. 나는 밤마다 당신의 뒤를 따라 밤거리를 헤매는 무명의 용사입니다(이선희,「女人命令」 1989, 204면).

1930년대 중 후반 백화점 점원, 혼자 사는 명자의 한 달 가계 경영 상태를 살펴보면, 약 20여원으로 추정되는 월급 중에서 방세 4원, 쌀 소두 두말, 숯 한 섬, 전등불 값 등 기초생활비를 내고 나면 5원이 남는데, 명자는 이 돈을 오롯이 자기 몸단장하는 데 써버린다. 가지각색의 구두 세 켤레, 치마저고리 여러 벌을 가지고 있는 명자는 점원 가운데 상당한 인기가 있어, 그녀를 '데파트 유리 상자 속에 피어난 한 송이의 말없는 꽃'으로 묘사하는 구애의 편지를 받기도 한다. "모던걸 상품"인 구두, 옷가지 등에 과도한 지출을 행하는 명자는 온전한 경제적 자립을 확보하지 못한 상황에서 물건에 대한 갈망과 결핍, 박탈감과 욕망 사이의 출구 없는 회로 속에 갇히는 1930년대 경성 숍걸(모던걸)의 물신주의적 면모를 시사한다.

1930년대 초에 발표된 김을한(金乙漢)의 「여인군상(女人群像)」(『삼천리』, 1931. 10)은 당시 데파트껄의 경제적 실상과 불안정하고 위태로운 처지를 보다 잘 보여준다. 여자고등보통학교 출신인 C백화점의 "쎌스껄[여점원]" 영숙은 가족의 생계를 책임진 가장으로서, 백화점이 판매하는 화려한 상품이나 라이프스타일과는 거리가 먼 힘겨운 생활을 한다. 다음은 백화점 여점원, 영숙이 받은 월급 명세서와 금전출납부이다.

7월분 봉급내역	한 달 지출내역
봉급 - 24원(일급 80전식 삼십일분) 상품판매부족액 - 1원 30전 공제회비 - 50전	집세 - 11원, 쌀값 - 6원 50전, 나무값 - 3원, 반찬외상 - 4원50전, 전기세 - 2원 30전, 약값 - 7원 70전.
실수령액 - 22원 20전	총계 - 33원 70전(부족액 11원 50전)

* 김을한(金乙漢),「여인군상(女人群像)」,『삼천리』, 1931. 10(161면)에서 재구성

한 달 봉급 24원 중에서 상품을 팔다가 부족한 액수와 공제 회비를 제하고 손에 넣은 22원 20전은 한 달 생활비 33원 70전을 채우지 못한다. 넉 달 동안 월급을 받았지만, 박봉에다 적자를 면치 못하는 영숙은 화려한 백화점의 분위기 속에서 떨어진 구두를 아직 새 구두로 교체하지 못한 것을 부끄러워한다. 이러한 영숙에게 옆 양품부 여점원은 영숙의 주변을 얼쩡거리던 '로이드 안경'을 쓰고 양복 입은 모던보이와 한번만 놀러 가면, '인조견(人造絹)치마와 '칠피구두'를 얻을 수 있다고 권유하고, 눈앞에 어른거리는 칠피 구두 때문에 하룻밤의 유혹을 수락한 영숙은 결국 정조를 잃게 된다.

당시 백화점 진열대 위의 '숍껄'은 '도색(桃色)의 꿈을 가슴 속 깊이 감춘 스마트한 청년'이나, 백화점 남성 주임의 욕망의 대상이 되는 등 성적 위험에 쉽게 노출된 존재들이었다.[49] 또한, 중산층 계급의 라이프스타일을 선망하지만 거기에 이를 수 없는 현실적 간극 속에 있었던 숍껄들의 물질에의 욕구는 도덕적, 성적 위반으로 이어지기 십상이었다.[50] "쇼프걸은 월급이 적어서, 매음 안하고는 살 수가 없고, 이들의 태반이 결국 여급으로 흘러나온다."(「정당 연애와 결혼좌담회」, 『조광』 1939. 2)라는 한 기사는 당대 '숍껄'의 처지를 일정 정도 반영한다.[51] 정숙한 중산층 가정 '부인'도 아니고 '매춘부'도 아닌, 중간 지대에 있었던 '숍껄'의 모호한 계급적 위치는 근대 소비 공간에 배치된 여성의 곤경을 가시화한다. 관습적 젠더기제로 통제되지 않는 여성의 욕망과 그것이 야기하는 숍껄들의 위태로운 선택의 지점들은 소비 자본주의의 희생물 이미지와 독립적인 자기 욕망의 주체 사이에 있었던 식민지 조선 모던걸의 양가적 위치를 드러낸다. 이들은 불완전하고 기형적인 식민지 경제의 토대 속으로 침투한 조선의 소비문화와 도시 여성의 관계를 상징적으로 보여준다고 할 수 있다.

05
'모던걸'의 경계선: 기생과 카페여급

'근대'라는 무대 위의 기생

　기생은 전근대 시기 관비(官婢)로서 궁중 및 지방 관아의 연향 및 각종 연회에서 가무를 담당하는 존재였다. 여악(女樂)이라는 전문예인으로서의 공식적 활동 외에, 기생들은 민간의 영역에서 이루어진 각종 풍류 연행 무대에 참여하였다. 이들은 전근대 신분제 아래 상층부 남성들의 풍류 문화를 매개했던 천한 신분의 여성들로서 근대 계몽의 장에서는 봉건의 이름으로 부정되고 배격되었던 존재들이다. 1896년 갑오개혁 때 신분제가 혁파되면서 관기제도도 폐지되었지만, 전문적 기예를 가졌던 기생들은 생계를 위해 지속적으로 기업(妓業)을 수행하였으며 근대적 체제 속에 편입되는 과정에서 다각적인 변신을 꾀하게 된다. 무엇보다도 그들은 도시 유흥의 매개자이자 근대적 무대 위의 예술 공연자, 대중 연예인으로서 특수한 역할을 담당하게 된다. 일본 근대화 과정에서 기모노와 샤미센으로 대표되는 게이샤가 전통의 영역을 재조직하는 데 동원되면서 '모단가루' 집단과 엄연히 구별된 것과 달리, 식민지 조선에서 기생이 모던걸의 한 부류로 편입된 것은 주목을 요한다.

　1908년경에 '경시청령'으로 '기생단속령'이 발포된 이후, 기생들은 일본 게이샤 관리 조직을 본 딴 '기생조합'의 일원으로 재편된다. 기생조합은 전근대 시대 여악을 양산하고 관리한 궁중의 장악원이나 지방 교방 같은 공적 기관, 그리고 조선후기 민간에서 활동한 관기들을 개별적으로 관리하였던 기부 집단의 역할을 대체하는 근대적인 운영 시스템이었다.[52] 기생조합의 중개에 의해 기생들은 도시의 '요리점'과 같은 상업적 공간에서 영업 활동을 하고, 시간당 일정한 화대를 받는 형식으로 노동에 대한 물적 보상을 받게 된다.53)

그림 17. 1904년 협률사 무대 위의 관기

신분제의 해체와 함께 당시 기생이 직면했던 크나큰 변화는 기생과 창기의 이분화일 것이다. 전근대 시대 기생은 그 내부에 등급의 차이는 있었지만, 신분적 타자로서 지배층 남성들의 섹슈얼리티의 요구에 응해야했던 '창(娼)'의 요소에서 온전히 자유로울 수 없었다. 이들의 몸은 기예와 섹슈얼리티가 미분화된 향락의 복합체로 자리하였다. 그런데 1908년에 '경시청령'으로 발포된 '창기단속령'과 '기생단속령'은 가무음곡을 주로 하는 '기생'과 매음을 직업적으로 하는 '창기'로 이분화하고 있다.54) 전근대 시기에도 기예가 뛰어난 일급 관기들이 예인으로서의 정체성을 지니고 있었지만, 기생의 몸에서 기예와 섹슈얼리티를 분리하여 성을 파는 창기(娼妓)와 전문적 기예 공연을 주로 하는 예기(藝妓)로서의 기생을 법제적으로 분리하여 명시한 것은 분명 근대의 현상이라 볼 수 있다. 물론, 이는 공창제 도입 과정에서 효율적으로 기생과 창기를 통제하고자 한 일제의 식민지 정책의 일환이라

할 수 있다. 하지만 '기(妓)'의 몸으로부터 예인(藝人)과 창(娼)의 요소를 분리시켜 예술적 행위와 성적 노동을 차별화하려 한 시도는 두 영역을 위계화하고 기예 자체를 전문적 예술의 영역으로 편입시키려 한 근대의 시선을 반영하고 있다.

조선시대 관기의 전통을 잇는 기생들은 신분제가 해체된 근대 시기에 이르러 전근대 기(妓)의 사회적 주변성을 극복하고자 부단히 변신을 꾀했던 존재들이다. 그들은 1900년대 국채보상운동(1907-1908) 및 토산물 장려 운동, 3.1 운동 등 1920년대 전후까지 각종 정치적 활동에 가담하고, 자선연주회와 빈민구제 및 기부 행위를 통해 대사회적 입지를 구축하면서 민족의 '또 다른' 일원이 되고자 하였다. 또한 이들은 요리점 외에 각종 무대에서 기예공연을 함으로써 근대적 예술가로 자리매김하고자 하였으며, 소리나 춤으로 뛰어났던 일부의 기생들은 요리점에서 장안의 명사로 이름을 날리며 큰 수익을 올리기도 하였다. 무엇보다도 기생의 근대적 변신 가운데 주목되는 바는 대중문화 산업 속으로 이동하여 대중 연예인으로 거듭나게 된 점일 것이다.

기생들은 전통 가무 레퍼토리를 바탕으로 전근대 예인의 맥을 잇는 하나의 축을 형성할 뿐 아니라, 유행가, 신민요, 잡가 등 근대 대중가요 음반을 양산한 주역으로 부상한다.55) 또한 그들은 초창기 연극, 영화 산업의 형성과정에도 깊이 관여한다. 조선권번 소속으로 장안의 인기를 끌었던 석정희가 석금성이라는 이름으로 「갓난이의 설움」, 「스잔나」, 「카츄샤」 등의 토월회 연극 무대에 서게 되는 등 기생조합은 근대적 형태의 대중 예술인을 양산하기 시작한다(『長恨』 1927. 1, 46면). 무성영화가 정착되는 1920년대 조선에서 여배우는 기생과 필연적인 관계를 형성한다. 식민지 당대 명월관과 같은 요리점 기생들은 초창기 영화의 주요 관객이자 여배우 후보 1위를 점하였는데, 여성들의 공적 활동이 권장되지 않았던 시기에 대중연예인의 입지를 확보하고 있었던 기생들이 영화계에 진출하는 것은 상대적으로 용이했다고 볼 수 있다. 당시 기생출신의 배우로서 「춘향전」에 개성 명기로 출연한 한룡(明玉), 「비련의 곡」(1924)의 문명옥, 「쌍옥루」(1925)의 김소진, 「재활」(1928)[후에 「혈마」로 제목이 바뀜]의 안금향, 「사나이」(1928), 「벙어리 삼룡」(1929)의 류신방, 「아리랑 그 후 이야기」(1930)의 임송서, 「도적놈」(1930), 「큰 무덤」에 출연한 하소양 등이 있다.56) 『매일신보』(1923. 8. 22-24)에 의하면, 1923년 동아문화협회 1회 작품으로 일본인 하야카와 고슈가 감독한 「만고열녀 춘향전」에서 춘향으로 출연한 한명옥(본명 한룡)은 "기생 홍군 총중에 가장 일반 청년의 주위를 끌고 있는 대표적 미인으로 그의 평소의 언어와 동작이 모두 극적일 뿐 아니라, 항상 연극을 동경하고 여배우 되기를 지원"했다고 전하고 있는데, 한명옥은 기생 가운데 인물이 빼어날 뿐 아니라 배우로서의 자질과 적극적인 직업의식을 갖춘 인물로 평가된다.57)

당시 권번에서는 내부에 '연예부'를 두어 기생들의 영화계 진출을 도모했을 뿐 아니라 권번 내 자체 영화제작을 시도한 것으로 확인된다. 1927년 단성사에서 개봉한 영화 「낙양의 길」(차한수 작)은 조선권번 연예부가 기생만을 동원하여 완성한 작품으로 주인공으로 출연한 김난주, 김난옥이 모두 조선권번 기생들이었다.58)

그림 18. 영화 「낙양의 길」(1927) 스틸컷

당시 영화 작품들의 다수가 기생을 여주인공으로 한 내용을 담고 있는데, 부호의 아들과 기생 간의 이루지 못할 사랑을 그린 「봉황의 면류관」(이경손 작, 1926, 신일선, 정기택 주연), 기생과 화가의 슬픈 연애담을 그린 「낙화유수」(1927, 복혜숙, 이원용 주연) 등이 대표적인 작품들이다. 『조선일보』 (1940. 5. 25) 기사에도 박기채 감독이 춘원 원작의 「유정(有情)」 제작을 연기하고 당년 6월부터 다옥정의 기생촌을 배경으로 한 기생영화를 제작하기로 했다는 소식을 전하고 있다. 하지만 가수, 영화배우 등 대중 연예인으로 재탄생한 기생들은 실제로 소수에 불과했으며, 기생조합에 소속된 기생들은 원천적으로 '요리점'이라는 도시의 유흥공간에서 스스로를 상품화해야 하는 조건에 놓이게 된다.

식민지 도시의 '요리점'이라는 공간

그림 19. 기생의 나들이(1903)

기생들의 주 활동무대였던 요리점은 술과 요리를 팔고 접대하는 상업공간이면서, 한편으로 기생들의 전통가무 및 서양무 공연을 제공하는 예술문화적 공간이기도 하였다. 식민지 시기 경성의 큰 요리점으로는 돈의동의

<명월관>(현 피카디리극장), 관수동의 <국일관>, <식도원>, 인사동의 <천향원>, 무교동의 <조선관>, 낙원동 탑골공원 위의 <송죽원>, 다동의 <춘경원>, <태서관>(공평동) 등이 있었는데, 이중에서 <명월관>, <국일관>, <천향원>, <식도원>에는 큰 연회장에 무대까지 구비되어 있었다. <명월관>, <식도원>, <천향원>에서는 조선인뿐 아니라 '내지(內地)'인들의 연회도 열렸으며, 교외에는 <천향원>이 정릉리 북한산 동벽 보국문 아래에, <태서관>은 용산 한강교를 건너 별관을 짓기도 하였다.59) 당시 경성의 조선 요리점은 장안의 명사와 갑부들이 모여들었던 일류사교장 역할을 하였다.60) 요리점을 찾는 주 고객을 살펴보면, 지체 높은 고관대작이나 거물급 정치인들이었으며,61) 1919년 전후 요리점은 피식민지인 지사들의 독립운동의 거점이 되기도 하였다.62) 하지만 1920년대 이후 도시 유흥문화의 번성과 더불어, 일제의 식민지 개발 정책의 시행 속에서 조선 요리점은 일본 남성 관광객의 주요 방문지가 된다. 요시카와 헤이스이(吉川萍水)가 쓴 풍속지 「기생물어(妓生物語)」(1933)에는 명월관에서 기생들의 공연을 본 일본 '내지' 관광객 남성의 감상이 실려 있다.

> 내지에서는 연석을 열 경우 객석이 전부 찬 상태에서 시작하지만, 조선기생은 연회 대기실에 있는 동안 이미 기생을 볼 수 있으며, 그림을 그리거나 손님의 이름을 묻거나, 애교 있는 서비스는 대단히 좋은 것이라 생각된다. 말은 통하지 않지만, 내지인과 같이 갑자기 병풍 뒤부터 나타난 것과 다르고, 처음부터 친근감을 줌으로써 만족스러웠다. 의상은 단색. 가벼운 자수가 수놓인 단순한 조선복을 입었다. 9명의 기생이 나와, 그 중 4명은 무용을 하고, 5인은 후방에 선다. 피리와 큰 북을 울리는 것은 남자인데 그 2인은 다소 지저분한 복장을 하고 있다. 무용은 내 눈에는 지나치게 단조롭다. 기생들이 춤을 추면서 서로 말하는 분위기이며, 노래하는 형식이 제대로 이루어지지 않은 것 같다. 내지에서 말하는 '간(間)'[소리와 소리 사이의 간격]이 없어서 지루하게 이어지는 모양이

다(吉川萍水, 1999[1933], 146면).

위 글로 파악하건대, 극장과 같은 흥행을 목표로 하는 전문적 무대 공간에 비해 <명월관> 무대는 다소 느슨하고 자유로운 분위기 속에서 공연이 진행된 듯하다. 공연 전에 연회 대기실에서 미리 기생들이 얼굴을 보이며 손님들과 얘기를 건네는 모습이, 공연 직전에 갑자기 무대 위로 등장하는 일본 게이샤들의 모습과 비교하여 보다 더 친근하고 만족스럽다고 진술되고 있다. 위 글에서는 총 9명의 기생이 등장하고 있으며, 피리와 북을 담당한 2인의 전문 악공이 등장하여 소규모의 전통 가무공연을 보여주고 있다. 그런데 일반 일본 관광객의 시선에서 기생들의 춤과 노래는 매우 단조롭게 포착되고 있음에 주목할 만하다. 특히 '내지' 음악과 달리 '간(間)'[일본의 전통예능, 음악, 무용, 연극 등에서 움직임 사이의 간격이나 리듬·템포]이 없어, 일본인들에게는 더욱 지루하게 느껴졌음을 확인할 수 있다. 하지만 일본인 남성 관광객에게 조선 요리점 방문은 조선적인 전통, 조선궁중요리, 기생에 대한 호기심 등이 결합된 색다른 경험을 제공하였다. 일본인들이 경성의 조선 요리점에서 조선요리와 기생의 가무 접대를 즐기는 것은 식민지 당대 '내지인'의 주된 관광 코스 중의 하나였다.

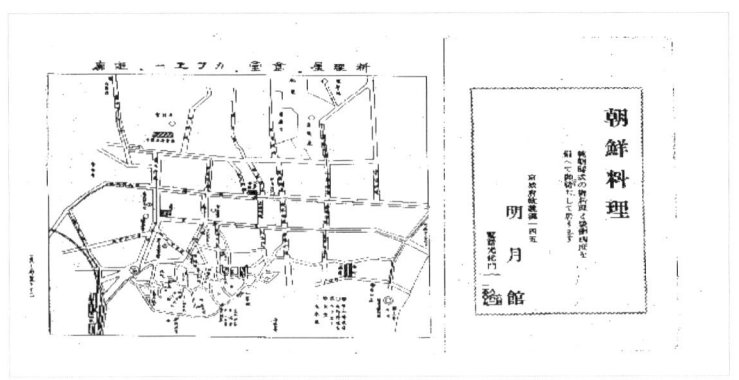

그림 20. 경성의 요리점, 식당, 카페, 유곽 지도(<京城情緖-上>, 京城觀光協會, 1936)

일본인들을 위한 경성 안내 책자인 『신판대경성안내(新版大京城案內)』 (1936)는 '조선요리옥'을 소개하면서 "경성을 구경하면서 하룻밤은 조선요리에 빠져서 기생의 장구에서 흘러나오는 애수어린 수심가를 듣는 것이다"라고 하여 일본 남성 관광객의 호기심을 자아내고 있다(矢野干城·森川淸人, 1989, 169면). 요시카와 헤이스이(吉川萍水)의 「기생물어(妓生物語)」는 당대 일본 남성들의 기생에 대한 판타지와 욕망을 보다 직접적으로 드러낸다.

> 잊을 수 있을까, 경성의 겨울을.
> 연애가 오가는 온돌에서 마주보았네.
> 하얀 손이 신선로를……
>
> 사랑스러운 기생, 한쪽 무릎 세우고 앉는 모습
> 부르는 것은 아리랑, 수심가.
> 연애의 경성, 몽롱한 달
>
> ― 「경성의 작은 노래」(吉川萍水, 1999[1933], 20~21면)

위 노래는 '고우타[小唄 - 일본 전통음악 장르 가운데 민중들 사이에서 불린 노래 형식]'의 하나로서 경성의 요리점에서 조선 기생과의 만남을 소재로 하고 있다. 식민지 당대 경성의 일본인 거류지나 일본 본토에서 회자되었음 직한 위의 노래들은 일본 남성에게 포착된 기생 이미지를 제시한다. '온돌방에서 새어나오는 장고 소리, 아리랑 노래 소리, 그것을 부르는 기생의 나긋나긋한 모습'과 그녀와의 로맨스를 꿈꾸며 조선을 찾은 일본인 남성 관광객에게 경성의 요리집 순례는 주요 행사가 된다. 요리점 안 연회석에서 "신선로를 중앙에 놓고, 많은 요리를 상이 좁을 정도로 죽 늘어놓은 채, 요조한 기생으로 하여금 조용히 시중을 들게 하고 그곳에 양반처럼 있는 기분은 그 어떤 세상에서도 느낄 수 없는 독특하고 멋진 경험"이었다고 기술되고 있다(吉川萍水, 1999[1933], 102면).

그림 21. 경성의 정서를 대표하는 기생 이미지(<京城情緒-下>, 京城觀光協會, 1936)

요리점에서 조선의 전통 궁중요리를 펼쳐놓은 채, 요조한 기생들의 시중을 받으며 풍류를 즐기는 것은 일본 남성들에게 있어 조선시대 특권적 위치에 있었던 양반의 체험을 하는 것으로 받아들여졌다. 또한 기생의 예속(禮俗)에서 "연석에 앉을 때는 반드시 한 무릎을 세우고, 그 무릎 위에 두 손을 얌전히 포개놓는다"라는 항목이 있는데(이난향, 1977, 584면), 이러한 '무릎 세운 기생의 요염한 자태'는 기모노를 입는 일본 여성들에게서는 볼 수 없는 모습으로 일본인 남성들에게 매우 인상적으로 포착되었다. 요리점의 '온돌방'에서 '조선요리'를 제공하며, '무릎을 세운 모습'으로 앉아서 조선적 정서를 대변하는 '수심가'를 부르는 '기생'은 식민자 남성들의 이국취미와 에로틱한 감각을 불러일으키는 식민지의 여성들이었다.

「기생물어(妓生物語)」 서문에는 일본에 있는 '기생 팬'들은 지략을 얻기 위해 이 비밀스런 책을 참고로 하고, "본서의 내용을 숙독·완미하여, 기생과의 연애 사건(불륜)의 추격을 시도해보는 것은 재미있을 것이다"라는 서술 의도가 드러나 있다(吉川萍水, 1999[1933], 14면). 기생에 관한 풍속지가 이렇게 기생과의 연애를 꿈꾸는 '내지 남성'을 독자 대상으로 설정하여 일종의 전략서처럼 활용하기를 권유하는 지점은 제국과 식민지의 위계 속에서 상업적 유흥공간으로 번성했던 1930년대 조선의 요리점과 그곳에 배치된 기생의 위치를 가늠케 한다.

그림 22. 朝鮮美術展覽會, 原竹男, 「官妓照映」(1935) 『朝鮮美術展覽會圖錄』14

그림 23. 朝鮮美術展覽會, 西岡照枝, 「粧後」 (1936) 『朝鮮美術展覽會圖錄』14

식민지 조선에서 총독부 문화정책의 하나로 실시된 조선미술전람회(선전)에 일본 화가들이 즐겨 그렸던 여성 이미지 중의 하나가 기생이었다. 당시 출품된 그림들 가운데는 노래 부르는 모습, 화장하는 모습, 무용하는 모습 등 기생들의 이미지가 재현되어 있다. 原竹男의 제 14회 선전입선작 「관기조영(官妓照映)」(1935)은 성장(盛粧)한 관 소속 기생의 전신상을 그리고 있으며, 田中文字의 제 1회 조선총독부 수상작 「長鼓」(1937년)는 전통악기를 연주하면서 노래를 연습하는 기생의 자태를 묘사하고 있다.[63] 이 그림들은 기생의 자태 속에서 관능적 이미지를 구현하는 제국 남성의 시선을 뚜렷하게 가시화시킨다.

제14회 <조선미술전람회(朝鮮美術展覽會)> 동양화부 당선작인 原竹男의 「관기조영(官妓照映)」(그림22)에서 치마에 가린 채 한쪽 다리를 의자에 걸쳐 세우고 앉은 관기의 포즈는 예인으로서 기생 이미지를 벗어나는 도발적인 모습을 엿보인다. 또한, 제 15회 <조선미술전람회(朝鮮美術展覽會)> 동양화부 당선작인 西岡照枝의 「장후(粧後)」(그림23)에서 기생은 치마저고리와 쪽진 머리에 전통적 장식을 한 촉대와 경대 앞에 다소곳이 앉아 있는 조선의 여인을 형상화하고 있다. 하지만 강렬한 인상을 주는 색감의 대조,

현대적 감각의 줄무늬 패턴의 저고리와 꽃문양의 치마는 세련된 일본 기모노를 연상시키며, 단장을 끝낸 기생의 이미지는 손님을 기다리는 요리점 안의 기생의 모습을 환기시킨다. 예인으로서의 전통 관기의 이미지보다 일본적인 색채가 가미된, 에로틱하고 상품화된 기생 이미지가 강렬하게 드러나는 위 그림들에는 기생을 자신들의 욕망의 기제 안에서 향유했던 제국의 시선과 흔적들이 깊숙이 침투해 있다.

재즈를 부르는 모던 기생

식민지의 공적 공간에서 자본과 제국의 욕망에 포섭되는 기생들의 입지와 더불어, 1920-30년대에 서구 근대의 감각과 대중문화가 조선으로 유입되는 과정에서 기생은 도시 거리의 산책자, 첨단 유행의 소비자로 부상한다. 전근대 시기에도 기생은 가족제도 밖에서 활동하면서 규방의 여성들에 비해 상대적인 자유를 구가하였으며, 당대 예술문화의 흐름과 복식이나 머리 모양 등 일상의 유행을 주도했던 여성들이었다. 이러한 기생의 특수한 위치는 근대 시기에 이르러 자본주의적 도시 문화의 첨단을 걷는 '모던걸'의 한 일원으로 이어진다. 소설가 이태준은 수필집 『무서록』에 실린 「기생과 시문」(1940)에서 전통적 감각을 상실하여 모던걸이 되어가는 명월관 기생의 형상을 다음과 같이 묘사하고 있다.

> 중둥매끼를 루바슈카 끈으로 하였고, 머리를 하나는 가르마를 비뚜로 탔고, 하나는 미미가꾸시였다. 왜 미미가꾸시를 했느냐 물으니 웃기만 하였는데, 그 옆에 앉았던 손님이 대신 조선 낭자보다 이게 더 신식이요 좋지 않으냐 반문하는 것이었다. 그리고 중둥매끼를 루바슈카 끈이나 넥타이로 대신하는 것은 요즘 유행이라 하였다.[64]

여기서 '중둥매끼'는 '중동끈' 즉 치마 위에 눌러 띠는 끈을 의미하며 '루바슈카는 러시아 남자가 착용하는 블라우스풍의 상의를 말한다. 1930년대 후반에 이르러 한복 치마를 러시아 상의의 끈이나 넥타이로 두르고, 머리는 반듯한 가르마에 쪽진 머리가 아니라 일부러 비뚤은 가르마를 하거나 당시 여학생들에게 인기 있었던 일본식 '미미가꾸시'[귀를 덮는 머리모양새] 형태를 하는 것이 당시 요리점 기생들의 유행이었다.

이러한 기생의 모던화는 외형적 차원뿐 아니라 태도나 품성의 측면에 있어서도 현격하게 나타나는데, 이는 기생을 통해 전통의 가치를 확인하고자 했던 남성들 사이에 끊임없는 논란이 되었다. 조선시대 기생은 진실하고 고상하며 절조 있고 양심 있는 존재였음에 반해, 오늘날의 기생은 "아무 의리도 없고, 아무 절조도 찾아볼 수 없으며, 또한 아무런 아름다운 점도 노블한 맛도 찾아 볼 수 없는 다만 천하고 더럽고 인간성을 잃은 종류의 여자"로 파악하는 담론들이 무수히 양산되었다. "(과거의) 기생은 재상과 동등으로 쳤거니 응당 할 가무에 무식 그 중에도 특색이 없고 겸하야 예의를 모르고서야 어찌 재상과 똑같은 품수를 가질 수 있나요. 요사이 기생은 더 말할 것 없이 옛날의 '더벙머리'[삼패]와 비슷하지요."라는 한 노기(老妓)의 한탄 속에 근대 기생의 '수준 저하'와 '타락'의 문제가 제기된다.65)

요시카와 헤이스이(吉川萍水)는 이러한 조선 기생의 모던화가 일차적으로 일본 '내지' 화류계의 모방으로 인한 것이며, 모든 것이 근대화되는 시대의 흐름이라 하였다.

> "(조선 기생의) 요리점, 권번, 화대의 경영체계는 무릇 내지 화류계의 모방이니까, 내지측의 대세를 보면 뒤떨어질 수 없었다. 그래서 조선요리옥도 점차 근대 건축에 연석용 스테이지를 설비하였다. 기생의 풍모와 자태가 점차 근대화되므로, 예(藝)가 보수적인 것은 시대에 뒤떨어지는 것이다. 풍류음사는 너무 복잡해 (기생 가운데에는) 오히려 그것을 뛰어넘어서 양말도 안 신고, 미니스커트에 스텝을 밟고 새로운 길을 달리는 사람도 적지 않다."(吉川萍水, 1999[1933], 168면).

무엇보다도 자본의 이익을 추구하는 요리점과 결탁한 권번 시스템의 도입과 급변하는 도시 대중의 취향을 쫓는 요리점의 상업화 전략은 기생들로 하여금 전통의 옷을 벗게 하는 직접적 요인이 되었다. 그 결과, 1920년대 후반 경에 이르러 기생들은 가무 레퍼토리뿐 아니라 복식, 취향, 나아가 자의식까지 도시 거리의 모던걸과 구분되지 않을 정도로 변화되는 지경에 이른다.

> 째즈 기분은 홍등녹주의 향기 높은 화류계에까지 흘러들어 요리집에서 손님이 주문하는 노래의 삼분의 이는 째즈기분을 고취하는 유행창가이다. 만일 옆방에서 화편(花編)이나 황계사(黃鷄詞) 같은 옛노래를 읊게 하여 보아라. 미친듯이 기생을 끼고 뛰놀던 젊은이의 입에서는 서슴지 않고 욕이 나아오리라. 따라서 기생들의 처세술도 여간 변하지 아니하였다. 첫째 내음새에 머리를 쓰게 되었다. 모던기생으로 자처하는 미인의 옆에를 가보라. 코를 찌르는 향기- 그 향기 속에서는 반드시 사인(士人)의 악기소리가 들리리라. 그러함으로 화장품 값은 날로 올라간다. 비싸면 비싸질수록 남성의 주머니가 비어지고, 남성의 돈이 지출되면 될수록, 어여쁜 악마의 손톱은 심장에 상처를 크게 내놓다... 째즈기생은 일체로 건방지다. 그들은 양장을 한다. 구쓰를 동경으로 주문해다 신는다. 손님을 한번 쳐다보아서 모던미(味)가 없으면 그만 우울에 빠져 흥을 끊어놓고 만다. 입짓손짓 눈짓 일동일정(一動一靜)에 생명이 실렸으니 그것은 대개 몸을 놀릴 때마다 반드시 활동사진여배우의 그것을 표본으로 하는 까닭이다. 그러함으로 째즈기생과 모던걸과의 거리는 자연 접근되어 애인과 함께 요리집에 가서 째즈 기생을 불러다가 활동사진이야기나 사랑에 대한 우론(愚論)을 토(土)하기에 주저치 않는다(이서구, 1929, 35면).

위 글에서 묘사되는 기생의 형상은 1930년대 경성을 중심으로 확산된 도시 대중문화의 모던한 취향을 대변하고 있다. 그들은 요리점에서 '화편'[花編-여창가곡의 편삭대엽을 이르는 말]이나 '황계사[黃鷄詞-조선시대 십이가사

중의 하나와 같은, 일급 관기들이 과거 풍류방에서 불렀던 가곡, 가사, 시조 등의 전통 여악 레퍼토리 대신에 서양 째즈를 부르고, 한복과 고무신 대신 양장에 일제 신발을 신고, 서양의 영화배우를 이상적 모델로 추구하면서 활동사진이나 유행하는 연애이야기에 빠져 있다. '째즈기생' 또는 '모던기생'이라 명명된 이러한 기생들 가운데에는 1930년대 카페가 요리점을 대체하는 새로운 유흥공간으로 부상하면서 아예 카페여급으로 전업을 하는 경우도 빈번하였다.

> 지금의 서울에는 기생이 여급되는 게 흉이 아니요 여급이 기생되는 게 변(變)이 아닙니다. 이것은 분명히 기생의 특수한 지위가 허물어져가는 좌증(左證)이라고 봅니다. 가무가 없으면 기생이라는 기(妓)자가 붙어있을 수가 없는데, 요사이 기생들은 유행가나 한마디 부르면 가(歌)이요 사교(社交)춤이나 몇 발자국 떼어놓으면 무(舞)로 알고 있으나 이렇게 어수룩한 판에서 기생 노릇 못하면 천추(千秋)에 한(恨)이 남겠다고- 그래서 그런지 요사이 일이삭(一二朔) 동안으로 부쩍부쩍 기생(妓生)이 늘기 시작(始作)해서 아마 오입장이 시세가 폭증될까 봅니다.66)

이 글이 쓰였던 1935년경에 이르러서는, 권번 학예부의 고된 가무훈련 과정을 거치지 않고 기생이 되는 경우도 허다하였다. 왜냐하면 당대 요리점에서 기생에게 요구되는 기예는 전통가무가 아니라 유행가와 사교춤이 대세를 이룰 정도였기 때문이다. '모던기생', '째즈기생'으로 불렸던 기생들은 아예 '기(妓)'라는 타이틀을 버리고, 절차가 간편하고 대중적이며 서구적인 유흥의 형식을 따르던 카페로 이동하게 된다. 1930년대 카페에서는 실내 네온사인이 현란하게 비추는 '폭스'[box, 카페 안의 독립된 테이블] 안에서 수심가를 부르는 기생출신의 카페여급들을 쉽게 접할 수 있게 된다. 쉽게 기생이 된 이들이 쉽게 카페 여급으로 전업하기도 하였던 당대 요리점 안팎의 풍경은 1930년대 중반에 이르러 외형만 유지할 뿐 실질적으로 '기(妓)'의 존재성이 서서히 탈각되어가는 과정을 보여준다. 여성의 몸을 자원으로 활용하는 근대 자본주의 유흥산업 속에서 기생은 카페여급과 상호 교환되는 상품의 일부로 표준화되어 가고 있었다.

그림 24. 모던걸 이미지의 신식 복장을 한 기생.
(이능화, 『조선해어화사』, 1927)

1930년대 양장을 하고 경성 거리를 배회했던 여성들 속에는 근대 교육을 받은 인텔리 신여성들뿐 아니라 1910년대 인력거를 타고 기생촌과 요리점을 왕래했던 기생, 술집에서 기생 흉내를 내었던 작부, 그리고 도시의 새로운 유흥 공간인 카페의 꽃으로 부상한 여급 등이 뒤섞여 있었다. 권번과 요리점 밖을 나와 모던걸의 형상으로 도시 거리를 배회했던 기생은 전통의 지표로서의 '기(妓)'가 자본주의적 근대의 표면, 물질적 모더니티 속으로 흡수되는 과정을 보여준다. 기생의 모던화는 결국 당대의 시각에서 기생의 타락 또는 퇴락을 의미하였다. 기생이 모던걸로 변신하는 극적인 지점은 전근대 신분제의 타자였던 기생이 도시의 행위자로 부상하는 동시에, 전통의 지표, 예인으로서의 '기(妓)'의 아우라, 여성의 섹슈얼리티 등을 상품화한 도시유흥산업 속으로 편입되어 결국 자신의 존재근거를 상실해 갔던 기생의 운명이 교차하는 지점이었다.

새로운 향락의 기호, 카페의 등장

1910년대와 20년대 후반까지 경성을 포함한 도시 지역에서 전성기를 누렸던 요리점은 전근대 시대의 문화 예술과 사교의 맥을 잇는 유흥공간으로 기능하였지만, 1930년대에 접어들면서 새로운 도시 유흥 문화를 장악한 카페에 그 주도권을 내어주게 된다.

> 요리집과 기생도 시대의 변천에 따라 바와 카페란 것이 차차 서울의 거리를 침식해옴에 따라 한 풀 꺾이게 되었다. 요리집은 들어가 방에 앉아서 요리상을 차려오게 하고, 기생을 불러오고 하는 거추장스런 수속과 시간이 걸리는 데 비해 카페나 바는 들어가 앉으면 '여급'이라는 미녀들이 떼를 지어 달려들고 이들 속에서 마음에 드는 여자를 자유로 선택할 수 있고 또 비용이 요리집에 비해 퍽 싸게 들므로 이 맛에 젊은 패들은 많이 카페와 바로 몰리게 되었다.[67]

요리점보다 카페가 새로운 유흥 공간으로 부상한 데에는 일차적으로 유흥의 대중화를 들 수 있을 것이다. 가무공연을 하는 기생에게 시간제로 고액의 화대를 지불해야 하며 테이블당 음식 값도 높았던 요리점은 실질적으로 대중들에게 열린 공간은 아니었다. 또한 상당한 시간이 소요되는 요리점의 향응 절차는 바쁜 일상 속에 움직이는 현대인들에게 번거롭게 여겨졌을 것이다. 이러한 비용의 절약과 이용의 편의 외에도, 카페가 보다 각광을 받은 이유는 그것이 지니는 형식의 문제이다. 서구적 인테리어에 각종 근대적 기호가 넘치는 카페에서는 전통 여악 레퍼토리가 아니라 서양의 째즈 음악이 흐르고, 전통 복식을 한 기생과는 달리 최신 양장을 한 모던걸 형상의 여급들이 접대를 하였다. 이렇듯 카페는 유흥을 즐기는 방법이 근대적 형태로 변형되는 과정을 보여주는 새로운 문화적 공간이었다.

식민지 조선에서 1920년을 전후로 하여 경성의 일본인 거류지인 남촌을 중심으로 형성된 카페는 일본 다이쇼(大正) 시대(1912-25년)에 성행한 카페 문화에서 기원한다. 카페는 19세기 서유럽에서 사교와 예술(문학)이 향유되고, 철학적 토론과 정치적 여론이 양산된 대중적 문화 공간이었는데, 일본으로 유입되면서 젊은 남자(보이)가 아닌 여급이 시중을 들고 고객과의 성애적 상호작용을 요구하는 일본적 코드로 재창조되어 식민지 조선으로 진출하게 된다.68) 일본에서 메이지 말년과 다이쇼 시대에 급속히 확산된 카페는 당시 '에로, 그로, 넌센스'라는 구호를 유행시킨 다이쇼 데모크라시의 퇴폐적 문화현상의 하나였다. 1911년 경 남대문통 3정목(현 남대문로3가)의 '타이거' 카페가 최초로 문을 연 이후로, 1930년대에 카페는 명동 일대의 일본인 거류지 '남촌'과 종로 일대의 조선인 번화가 '북촌'에서 성업을 이룬다.

1930년대 본정을 중심으로 한 남촌에는 카페가 적어도 60곳 이상 존재하였는데, 1937년 당시 남촌 일대의 주요 카페로는 은수(銀水)[여급 20명], 본정(本町) 배여급 16명], 백접(白蝶)[여급 30명], 은좌(銀座), 킹, 丸비루회관(여급 50명), 국수(菊水)[여급 100명], 카페 BARON[여급 18명], 적옥(赤玉), 카페 부사(富士), 산양헌(山陽軒), 카페 VISION 등이 있었다. 북촌의 경우, 1931년 '낙원'이 생긴 이후로 1932년경 종로 근방에만 카페 십여 곳이 있었다. 낙원[여급 53명], 평화[여급 24명], 목단[여급 21명]이 대표적 카페였는데, 카페와 여급 수는 계속 늘어나 1936년경에는 낙원회관 80명, 엔젤(종로 2정목), 왕관(관철동), 올림픽(관철동), 드라곤(종로서 앞) 등 20개소에 조선인 162명, 일본인 122명, 도합 284명의 여급이 존재하였다고 한다.69) 1910-20년대 도시 유흥 문화의 중심이 기생들의 조선적 아우라와 전통 가무 공연을 내세운 '요리점'이었다면, 1930년대 카페는 요리점에 비해 그 분위기나 절차, 화대(팁) 등에 있어서 훨씬 대중적이고 근대적인 방식을 취하고 있어

도시 대중들의 일상 깊숙이 침투하게 된다.

> 가장 찬란(燦爛)한 '네온사인'을 장치하고 가장 화려한 장식을 한 곳은 '카페와 바'이다. 침침하게 조명한 꿈나라와 같은 기분을 일으키는 실내에서 시끄러운 '째즈' 곡조가 흘러나온다. 문전에는 미려한 일본 옷이나 양복을 입고 분을 희박과 같이 바른 묘령의 미녀가 눈짓으로 들어오라는 인사를 한다. 실내에는 대개 좌우 편벽(便壁)에 대어서 폭스[box, 마치 기차의 좌석과 같이 두 사람이 앉을 수 있는 키 높은 좌석을 두개 대치하고 그 중간에 조그만 탁자를 놓은 설비]를 배치하고, 중간 중간에는 응접실 설비와 같은 형식으로 '테이블과 안락의자를 배치하여 놓았다. 구석편 정면은 '바로 되어있으며 그 안에는 오색의 영롱한 이름도 모를 양주병이 즐비(櫛比)하게 벌려 있고, 흰 저고리에 검은 바지를 입은 남자 보이가 잔뜩 버티고 서 있다. 손의 주문여하에 따라 여급이 손에게 대한 서비스의 후박(厚薄)이 결정된다.70)

동경의 한 카페를 묘사하고 있는 위 글은 실제로 1930년대 식민지 조선의 카페와 거의 유사하다. 당시 카페의 내부 장식은 서구식과 일본식의 혼합적 분위기이며, 째즈와 블루스, 유행가, 신민요 등 다국적 음악으로 채워졌다. 카페 이름은 남촌의 경우 일본식(銀座, 赤玉 등)을 따르지만, 북촌의 경우 낙원, 목단, 엔젤, 평화 등 영어와 한국어가 혼합된 형태이다.

> 브라질에서 온 커피에 겸하야 미인 '웨이트리스'까지 볼 수 있는 '카페'조차 없다면, 서양 사람들의 '구락부' 같은 것은 말할 것도 없거니와, 이웃나라사람만큼도 집회의 자유가 없어서 일 년 가야 강연 같은 강연 하나 들을 수가 없고 음악회 같은 음악회 하나 볼 수 없는 이곳이 젊은 사람에게 있어서 극장과 '카페'는 실로 사막 중의 '오아시스'와 같이 다시없는 위안거리가 되는 것이며 따라서 혹 어떤 때에는 일종의 사교 관계까지도 되는 것이다(김을한, 1930, 86면).

커피를 주로 판매하는 다방(끽다점)과 달리, 미인 '웨이트리스'와 만날 수 있는 카페는 1930년대 경성에서 복합적인 기능을 하는 공간이었다. 일본을 경유하여 서구문화가 밀려들어왔지만, 특별한 사교공간이나 강연, 음악회 등 문화 활동이 턱없이 부족했던 당대에 극장과 카페는 대중들이 근대적 감각을 즐길 수 있는 최첨단의 문화공간이자 사교공간이었던 것이다. 하지만 1930년대 경성 밤거리의 카페는 여급의 몸과 섹슈얼리티를 상품화하였으며, 그것을 소비하고 향유하고자 하는 남성들의 욕망을 산업화한 공간이기도 하였다.

당시 카페의 내부 장식은 서구적인 분위기에, 위스키와 일본술(아사히, 삿포르 맥주), 째즈와 블루스, 유행가, 신민요 등의 다국적 음악으로 채워졌다. "카페는 그 형식의 아주 근대화한 것이다. 음식(飮食)이 근대화하였고, 좌석설비가 근대화한 것이며 종업여성의 치장도 근대화한 것이다."(쌍S생, 1932, 62면)라는 기술과 같이, 카페는 째즈 음악과 서양 춤, 서구 취향의 기호물로 채워진, 모더니티가 구현되는 일상의 장이었다. 당시 도시 남성들에게 '마작구락부', '빌리야드(당구)', '베비골프', '카페', '활동사진' 등은 그들의 무료하고도 황폐한 일상을 잊게 하는 새로운 기호물이었는데, 그 중 카페는 도시가 제공하는 에로틱한 환락의 장소였다.

> 분바른 계집이 출몰하는 밀매음의 소굴. 나는 다만 이 무료한 시간을 소비하기 위하여, 에로와 그로, 넌센스의 자극을 추구하기에 몰두할 뿐이다… 어쨌든 시간비주고 불러모시는 거북한 기생아씨보다 일원 한 장만 내놓으면 몇 시간씩 손목도 잡히고, 뺨도 대어주고, 신식창가, 사교댄스까지 흥을 돋우어 주인 미인이 칠팔 명 십여 명씩 들끓는 카페가 세월을 만나지 못할 리가 없다.[71]

1930년대 초반 경성의 도시 풍경을 풍자하고 있는 그림(그림 25)에는 경성의 카페에서 근대적 향락을 즐기기 위해 몰려든 남성고객의 행렬과 카페에 들어가기 위해 그 옆에 있는 전당포에 물건을 맡기려는 남성들의 행렬이 제시되고 있다. 화려한 카페 이면에 전당국을 드나드는 인텔리 샐러리맨들의 모습은 바로 경성의 도시소비문화에 부응하지 못하는 식민지 경제의 허약성과 더불어, 도시 안의 욕망을 자극하고 증식시키는 근대 향락산업의 기형적 번성을 엿보인다. 당대 카페는 무엇보다도 '카페의 꽃'이라 할 수 있는 여급의 존재로 특징지어졌다. 인텔리 문사나 샐러리맨들의 고상한 서구취미 및 예술적 취향을 형성했던 '다방'과는 달리, 카페는 여급들의 '에로 서비스'를 제공하는 유흥공간이었던 것이다.

그림 25. 카페와 전당국, 「경성 앞뒤 골 풍경」(웅초, 『혜성』 1931. 11)

『조선일보』 1925년 11월 5일자, 안석영이 그린 「만화로 본 경성」에는 당시 도시공간의 신종 직업여성으로 카페여급이 등장한다. "조선 옷 위에 '에이프런'을 두르고 '히사시가미'에 고무신을 신은 '웨이트리스'로 묘사된 카페여급은 당시 유행한 신여성의 서구적 스타일과 조선식 신발, 일본 다이쇼 시기 카페여급을 상징하는 '에프롱'(에이프런)을 걸친 모습을 하고 있다. 이들은 일본의 전통 복식인 기모노에 '에프롱'을 한 일본의 카페여급과는 달리, 조선식과 서구식, 일본식이 뒤섞인 혼종적 이미지를 하고 있다. 카페 안에서 지쓰꼬, 마리꼬 등의 일본식 예명으로 불리며 일본말로 남성고객을 접대하기도 했던 국적 불명의 여급들은 1930년대 조선에서 첨단 도시 문화의 소비자였던 모던걸의 한 형태였다.

1935년 11월 잡지 『조광』에 실린 카페여급은 조선옷과 에이프런을 벗어 던지고 단발에 양장, 화려한 장신구로 치장한 모던걸 이미지를 보여준다. 단일한 코드로 설명되지 않는 카페 여급의 표상, 그것은 식민지 도시 경성을 관통한 근대의 흔적들이 새겨져 있는 여성의 몸을 대변한다.

그림 26. 모던걸 이미지의 카페여급 (『조광』 1930. 11)

카페 여급의 혼성적 존재성

『삼천리』(1932. 5. 15)에 실린 「인텔리 여성의 비극, 그 여자는 여자고보(女子普高)를 졸업하고 어째서 기생과 여급이 되었나?」라는 기사는 'R녀자전문학교 문과'를 졸업하여 훌륭한 여류문사가 되기를 꿈꾸었지만 생활 곤란에 쪼들리어 그 길을 가지 못하고 직업을 구하다보니 생명보험회사 사무원을 거쳐 카페 여급에 이르렀다는 한 '인텔리' 여성의 이야기를 담고 있다. 자신의 삶의 행로를 '자본주의 사회제도의 모순에서 발생되는 필연적 결과로 인식하는 카페여급은 교육을 통해 축적한 지적 소양과 자신이 처한 현실 사이의 극심한 갈등을 겪는 도시의 식자층 여성이었다. 1930년대 신문과 잡지 등에서 빈번히 만날 수 있는 인텔리 출신의 카페여급의 수기와 일기 등은 도시의 모던걸이 겪는 이상과 현실 사이의 균열을 드러내 보인다. 영란(鈴蘭)의 「인텔리 여급수기(女給手記), 칵테일에 비친 내 얼굴, 묵은 일기(日記)를 읽으며」(『삼천리』 1934. 5. 1)라는 기사는 "내가 스테이지를 떠나서 이 웨이트레스로 바꾸어지기는 얼마 되지 않는다. 그러나 스테이지에서 뛰든 시간과 카페에서 술 치는 시간이 같은 밤이면서도 그 곳에 커다란 거리가 있는 것에 나는 말할 수 없는 전율(戰慄)을 하였다."(175면)라고 하여, 5년 동안 연극배우로서 무대에 섰던 한 여성이 카페여급이 된 후에 느끼는 심정을 술회하고 있다.

한순(韓順)의 「나의 여급생활기(女給生活記)」(『호남평론』 1937. 7. 15)에서 학창 시절 기생이나 카페여급을 비판했던 여학생이 졸업을 한 후 카페여급이 된 자신의 현실에 대해서 다음과 같이 토로한다.

> ××언니, 그래도 나는 카페여급도 직업이거니 하였습니다. 이 '직업'이라는 언어가 나로 해서 여급이 되게 한 동기일 것입니다. 타이피스트, 데파트 쏩껄, 전화교환수와 같은 의미로서의 여성이 가지는 한 직업이라고 믿었으며 믿으려고 했습니다. 직업이라는 본능적 욕망이 나를 여급으로 밀어 재쳐버렸습니다.

카페 여급도 직업에 틀림없다 함으로써 그래도 미지의 세계에 발을 옮기려는 불안에 설레이는 내 마음을 각각으로 안정시키려고 했습니다(67면).

'타이피스트', '데파트껄', '숍껄', '전화교환수' 등 도시의 '-껄'이 되기를 선망하며, '카페여급' 역시 그러한 도시의 직업부인의 하나로 여겼던 여성에게 카페는 '세상의 그리고 인생의 가장 추악한 장면'을 선사한다. '장차 부엌으로 들어가는 것보다 직업전선에 나가서 활동하는 것이 오로지 신여성의 임무며 기상이며 약진'으로 알았던 여학생에게 카페는 '얌전한 가정부인은 조금치도 상상하지 못할 퇴폐한 분위기'에, 여급을 '돈만 주면 사는 것으로 아는 사나이들에게 받는 멸시(蔑視)와 모욕'을 겪어야 하는 곳이었다고 기술하고 있다.

1930년대 카페여급은 비록 대부분 카페의 문을 두드릴 수밖에 없는 열악한 경제 구조 속에 있었지만, 보통학교 이상의 교육을 받은 여성들이 많았으며 여학교 출신의 인텔리 여성, 경제난에 봉착한 여사무원이나 데파트껄 등 신종 '-껄들'과 여배우를 포함하였다. '서울의 카페라는 곳은 몰락 여배우의 수용소'72)라는 말이 있을 정도로 당시 카페에는 여배우 출신의 여급들이 많았으며, 소위 '일급 여급'으로 신문과 잡지의 이목을 끌었던 카페여급들 가운데에는 일본 유학까지 다녀왔던 신여성 문사, X명 여학교출신의 인텔리 여성, 전 조선일보 림 사장의 따님으로 소개되는 <엔젤 카페>의 단발 여급(綠眼鏡, 1932, 35-36면), 『동아일보』(1929. 11. 19)에 실린 한 기사에 소개되는 부유층 카페 여급,73) 『조선일보』(1933. 8. 2)에 실린 사회주의 사상에 물든 '적색여급(赤色女給)' 등이 포함된다. 위 기사에서 낙원회관의 전영란이라는 여급은 어릴 때부터 사회주의 단체에 가입하여 활동하였으며, 이후 카페 여급으로 있으면서 사상서적을 탐독하고 지속적으로 정치적 활동을 하였다고 밝히고 있다.

『조선중앙일보』(1935. 10. 24)의 「적색여급(赤色女給) 채용(採用)할『카페 동구(東俱)』수난(受難)」이라는 기사는 사회주의에 물든 적색 여급을 채용한 카페가 취체령 위반으로 단속을 받았다는 내용을 담고 있다. 박태원의 소설「적멸(寂滅)」(1930)에서 도시의 남성 산책자(소설가)에 의해 재현되는 카페는 "술과 계집과 째즈와 웃음이 있는 곳"(12면), 도시적 향락이 교환되는 공간이자 '프라이드 피쉬 접시', '포크와 나이프' '커트레트' 등 서양의 문물이 일상에서 소비되는 근대의 공간이며, 식민지의 암울한 현실을 극복하고자 이념적인 전망을 모색하는 지식인들의 토론 공간으로 묘사된다.

> 둘째 번에 들어간 데는 매우 흥성거렸다. 문에 들어서자 나는 학생들의 잡담과 계집들의 웃는 소리와 '째즈 레코드'의 '폭스 트로트'를 들었다. 그리고 담배연기와 흥분된 붉은 뺨과 '하까마를 걷어올리고 난잡한 춤을 추는 대학생의 넓적다리를 보았다. 이왕 '카페' 일진댄 이렇게 극단으로 세기말적인 곳이 좋을까. 나는 혼자 쓰디쓴 웃음을 웃고 한쪽으로 가서 앉았다. 바로 내 옆에서는 얼굴이 거무테테한 게 몹시 우락부락하게 생긴 사나이와 남자로는 아까울만치 색깔 흰 금테 안경잡이가 '사회주의'에 관하야 토론을 하고 있다. 둘이다 조선 사람이다.74)

식민지 도시의 정치적 우울과 결합한 세기말적 퇴폐의 감성으로 가득 찼던 1930년대 카페 공간에서 여급들은 피식민지 지식인 남성들의 도피적 자의식을 향락적으로 발현시키는 배출구 역할을 하였는데, 그 가운데에는 사회주의 지식인 남성들과 교류하며 정치적 활동을 하였던 '적색 여급'과 같이 지식계급 여급도 일부분 차지하고 있었던 것으로 보인다.

카페여급이 되는 첫 번째 동기는 전문적 기술 없이 고수익을 얻고자 하는 경제적 이유였지만, 연애의 좌절, 정조 상실, 결혼의 실패 등이 이들을 카페로 이끄는 또 다른 이유가 되기도 하였다.75) 서구적 장식과 재즈와 같은 서양음악이 나오는 카페에서 서양 사교댄스를 추고 서양 술과 음식으로 시중을 들었으며 에로 서비스에 대한 대가로 팁을 받았던 식민지 조선의 여급의 사회적 정체성은 복합적이었다. 일본의 여급은 도시의 여사무원들과 비교해서 학력과 계층 면에서 한 단계 낮은, 주로 시골에서 상경한 젊은 여성들이 지원했던 것으로 보이며 이들은 사회적으로 '고녀'[雇女-직업여성]보다는 '창기-예기'와 같은 매춘부에 가까운 존재로 인식되었던 것으로 보인다(후지메 유키, 2004, 265면). 일본의 경우에도 일부 여학생 출신들이 댄서나 카페여급으로 진출하는 경향이 있었음을 당시 신문기사에서 확인할 수 있다. 『동아일보』(1930. 12. 8)의 「여학생(女學生)과 소학생(小學生)이 카페의 무희(舞姬)로 활약(活躍), 가난과 부모의 허영심 탓, 에로 시대(時代)의 일본(日本)」이라는 기사는 이러한 일본의 상황을 보도하고 있다.

> 오사카(大阪) 부내에는 요사이 재학 중인 여학생들은 일류 '댄서-'로 '카페'의 밤무대에서 활약하야 동부의 보안과와 학무과에서 풍기 상 묵시할 문제가 아니라고 하여, 금후 단연 금지하기로 5일 극비리에 조사의 지령을 발표하였다는데, 부내의 적옥 미인좌 등 일부 카페와 삼영과자점 같은 데에는 전속적 무대를 두어 '댄서'가 백 명 이상에 달한다. 이들은 유치원 소학교, 여학교의 재학 중인 여생도들이 학교로부터 돌아오는 길에 책가방을 매인 채, 카페로 들어가 이층에서 오후 연습을 마치고, 바로 첨단적인 '에로화한 카페'의 밤무대를 차지한다고 한다.

1920-30년대 일본의 카페여급은 일반적으로 방적직공, 여중(가정부) 등의 도시 하층 노동계급이나 시골에서 도시로 올라 온 농촌의 여성들이 주를 이루었으며 19-20세 전후의 젊은 여성들이 선호되었다. 기예를 파는 게이샤와는 달리, 특별한 기술이 요구되지 않는 여급의 경우 '젊고 아름다운 것'이 유일한 자격 조건이었다.[76] 일본 여급 가운데에는 여학교 출신이나 게이샤 출신의 여성들도 포함되고 동경 시대 긴자 여급의 경우 최첨단의 도회적 감각과 지성을 겸비한 여급들도 있었지만(安藤更生, 1931, p. 176), 대부분은

도시의 사무직이나 서비스직에 종사했던 도시 중간층 모던걸과는 어느 정도 구별되는, 유흥공간의 여성 노동자들로 범주화되었다(高橋康雄, 1999, 145-148면). 이에 비해 식민지 조선의 카페여급의 경우, 모던걸의 한 부류이면서, 카페의 안팎에서 끊임없이 매춘의 혐의를 받으며 도시 성노동자의 영역을 넘나드는 등 이질성을 극대화시킨다.

그림 27. 카페 <파고다 홀>의 여급 正子(「女聲」, 1934. 1)

실제로 인텔리 출신의 여성들이 많았던 카페 여급은 외형적으로 서구적 치장을 하고 교양과 사교술을 바탕으로 당대 사회가 비난하면서 선망했던 모던걸의 이미지 자체를 상품화한 존재였다. 또한, 그들은 서구적 모더니티가 유입된 카페에서 당대 사회가 욕망했던 자유연애와 에로티시즘의 기호들을 양산하고 판매하는 역할을 요구받았으며, 그 과정에서 스스로가 적극적인 유희 주체가 되기도 하였다. 카페 여급들은 1920-30년대 조선 사회를 풍미한 자유연애와 도시공간에서 양산된 유행과 스타일의 선도자로 나섰던 근대 체험의 행위자들이었다. 화폐를 매개로 여성의 몸을 활용하는 자본주의 유흥 산업에 편입된 여성들이자, 일본의 데카당한 도시 카페문화를 모방한 식민지의 여성으로서 1930년대 카페여급의 위치성은 중층적이고 문제적이다. 하지만 자본과 욕망의 결합 속에서 여성의 몸을 동원했던 근대도시의 전방에서 생존의 불안정성, 계급적 모호성, 육체적 자산을 상품화하는 노동에 대한 사회의 적대적 시선을 뚫고 자기 서사의 주체가 되고자 했던 카페 여급은 식민지 조선 모던걸의 행위성을 제기한다.

06
스타일과 취미: 근대의 아비투스와 젠더

『별건곤』(1929. 10)에 실린 김영팔(金永八)의 「노상(路上) 스케취- 하나 둘」은 식민지 도시 대경성 종로네거리를 오가는 사람들에 대한 남성 산책자의 감상을 기록한 것이다. 여기서 필자는 한 모던보이의 형상에 주목하는데, 삼년 동안이나 쓴 '맥고모자'에 때가 조르르 흐르고, 긴 '생양목주의'(生洋木周衣)[전통 두루마기]에 땅에 끌리는 '옹구바지'(한복바지), 뒤꿈치가 곧 구멍이 날 것 같은 고무구쓰(신발)를 보고 '쓸쓸함'을 느낀다. 창백한 얼굴로 종각 옆에서 몇 시간 섰다가 앉았다가 다시 서쪽으로 이동하는 것으로 보아 실업자임에 틀림없다고 생각한다(84면). 전통적 갓을 대신한 '맥고모자(밀집모자)'와 '하롤드 로이드' 뿔테안경은 당시 개화 청년을 상징하는 기호였는데, 위 글에서 포착된 도시 남성의 모습은 전통과 근대가 뒤섞인 과도기적 상황과 식민지의 궁핍한 현실 속에서 추구된 패션과 스타일을 문제 제기한다.

그림 28. 해롤드 로이드(1893-1971)의 안경과 맥고모자

그림 29. 로이드 안경을 쓴 박태원

1930년대 초 박태원은 당시 일본에서 유행하던 갓빠(河童)머리를 하고 경성을 활보하였는데, 이는 당시 일본의 세계적인 서양화가 후지타 츠구하루(藤田嗣治)가 파리에서 이 머리를 해 와서 동경 긴자거리에 유행시킨 스타일이었다(조용만, 1988, 138면).
　1920-30년대 경성의 남촌 진고개와 북촌 종로 거리를 산책했던 모던보이들은 신식 구두를 신고, 단장을 짚고 한가하게 도시 거리를 배회하는 등 갖가지 복식과 장신구를 통해 개성을 발휘하는 새로운 유행의 창시자였다. 당대 모던보이들의 내부에는 다양한 스펙트럼이 존재하였지만, 근대적 물건과 취향에 유혹받는 경성 거리의 산책자로서 그들의 모습은 외형적으로 뚜렷하게 구분되지 않는다.

> 경성에는 산보하고 싶은 길이 없다... 광화문통 거리, 창덕궁 앞길, 안국동 새길, 황금정 일정목들은 다 새롭고 시원한 큰 길이다. 그러나 몹시 쓸쓸하다-늦게 가서 깨인 신개지(新開地) 같이 쓸쓸한 큰 거리다. 간신히 고르라면 종로 네거리 아니면 진고개일 밖에 없다. 종로 네거리 아직 건축물은 정돈도 되지 않았으니까 그 통일 조화의 유무도 말할 것 못되지만은 사방으로 시원하게 뚫린 넓은 길이 아무 때 나서도 시원한 곳이다(蒼石生, 1929, 41면).

　종로 부근을 산보하는 '종산(散)이', 진고개를 산보하는 '진산(散)이'라 불리기도 했던 이들은 종로를 선회하여 자연스럽게 진고개로 향하게 된다. 진고개는 남성 산책자들에게 '젊은 여성의 전람회'라고 해도 좋은 수많은 미인들을 만날 수 있는 공간이었다. 화려하게 치장한 '미인의 바다'를 헤엄쳐 가다가 지치면 이들은 카페 안으로 들어가 거리의 미인들과 유사한 모습을 한 여급들과 유희를 즐기고, 활동사진관에서 영화를 통해 세계의 미인들을 만난다. 종로에서 진고개에 이르는 도시산책을 즐겼던 이들은 스스로를 '도회에서 신경쇠약에 고생하는 서울청년'들이라 지칭하고 있다(蒼石生,

1929, 42면).

한편, 도시는 여성들을 위해 다양한 문화적 공간들을 제공하였다. 학교에서 집으로 가는 도중에 그들이 이용하는 공공교통시설(전차, 버스, 역)과 종로, 진고개 등의 도시 거리, 교회, 음악홀, 극장(신파극장, 영화관), 박물관, 도서관, 공원, 한강, 야외 등은 이들에게 새로운 문화적 감각을 부여하였다. 1923년 10월 『신여성』에 실린 소춘(小春)의 「요때의 조선신여자」에는 신여자를 '고등보통학교와 동등 또는 그 이상의 정도를 졸업한 여자이며 '조선 천만에 가까운 여성들에 대한 계몽의 임무가 있는 신여자로 정의하면서, 이들은 "음악만하면 제일인가. 왜 음악 공부하는 사람이 그리 많을까"라고 하여 음악을 취미 또는 전공으로 하고, '책보는 여자', '산보하는 여자'로 그 특징을 이야기한다. 당대 여학생들에게 있어 학교 공부 이외에, 문학취미, 음악 및 영화 감상과 같은 '교양 취미', 자유연애와 유희의 감각 등은 자신들의 정체성을 형성하는 또 다른 계급적 지표였다.[77]

> 취미에는 계급성이 있고, 고하선악(高下善惡)의 표준이 있는 것이다. 여학생들은 어떤 종류의 고상한 취미를 가졌을까? 신여성으로써 피아노 하나 칠 줄 모르고 브람스의 자장가 하나도 못 부른다면 그것은 수치에 가까운 일이라 하겠다. 그러므로 음악에 취미를 가진다는 것은 오히려 당연한 일, 상식적인 것이다. 오직 저급한 유행가를 부를까 봐 걱정일 뿐이다. 그 다음 한 달에 한 두 번 씩 좋은 극이나 영화를 감상하야 극예술에 대한 이해를 얻고 인생문제에 대한 온갖 알력(軋轢)과 미소한 인정을 은막을 통해서 내다보는 것도 좋다(朴露兒, 1931, 73-74면).

취미에도 계급성이 있고, 고하선악의 표준이 있음을 전제하는 위 글은 당대 여학생으로서 피아노 칠 줄 모르고, 브람스의 자장가를 못 부르면 수치스러운 것이 되며, 한 달에 한두 번 좋은 연극이나 영화를 감상하는 취미를 가지는 것이 당연한 일이자 상식적인 것이라고 기술하고 있다. 저급한 유행가에 대비되는 고상한 음악, 예술 취미는 도시 중산층의 문화를 안내하는 매뉴얼이 되었다. 『신여성』(1931. 12)의 「이동좌담, 내가 이상하는 남편」(38-46면)에서, 남편의 이상적 기준으로 '온전한 직업', '예절을 지킬 수 있을 정도의 의식충족', '예술적 취미', '정조 준수', '학식과 교양', '산아제한', '이름을 불러주었으면' 등 7개의 항목은 예술 취미를 포함하여 당대 여학생들의 취향이 중산층 계급을 형성하는 물질적, 사회적 조건과 긴밀히 연계됨을 보여준다. 이러한 양상은 잡지 『여성』(1938. 3)에서도 유사하게 드러난다. 결혼 적령기 처녀들의 이상적 남편 기준을 조사한 결과, '취미'와 '직업'에서 89명의 처녀들 가운데 35명이 문학, 스포츠, 음악을 취미로 선호하였고, 남편의 직업은 1위가 실업가였으며 다음으로 교원, 월급생활자, 의사, 변호사 등으로 순위가 매겨졌다.[78] 김남천은 이러한 조사결과에 대해, "이 취미를 보면, 이즈음 처녀들이 얼마나 세련된 감각과 건강한 취미를 향락하고 있는지 추측할 수 있다. 사상적인 것이 퇴조한 뒤, 이들은 교양미라든가, 섬세한 감각미라든가, 건강미라든가를 좇지 않을 수 없게 된 것"이라 하였다. 그는 여성들의 새로운 문화적 감각을 1930년대 중반 이후 사회주의 사상의 퇴조 및 그로 인한 부르주아 중산층의 부상과 연계시키고 있다.

근대 교육의 수혜자였던 여학생층은 지식·교양·학력과 같은 문화자본을 바탕으로 하면서 자본주의적 소비문화를 향유하는 중산층에 편입될 수 있는 잠재적 일원이었다. 자본주의 사회의 시민들은 결코 사물 자체를 그 사용가치에 의거하여 소비하지 않는다. 이상적인 준거로서 받아들여진 자기 집단에의 소속을 나타내기 위해서든, 아니면 보다 높은 지위의 집단을 준거로 삼아 자기의 집단과 구분하기 위해서든 간에 사람들은 자신을 타인과 구별짓는 기호로서 사물을 항상 조작한다(장 보드리야르, 1993, 72면). 사물에 대한 기호와 라이프스타일은 개인성의 구현뿐 아니라 계급적 구별짓기의 주된 형식이었다. 1930년대 경성의 여학생은 드레스(의복), 장신구, 헤어, 매너, 행동양식, 취미, 오락(레저), 말투 등에서 새로운 표준을 만들어 가는 역할을 하게 된다. 이는 도시 중산층 계급의 문화적 아비투스의 형성에 여성들이 적극적으로 개입하는 지점이었다.

하지만 당대 여학생들의 근대적 취미는 두 가지 관점에서 비판되었다. 하나는 1920년대 계몽주의와 사회개조론에서 출발한 식자층의 교양을 의미하는 고급한 취미에 대비되는 저급한 오락적 취미에 대한 비판인데, 이는 대중문화에 탐닉하는 '여성들'에 대한 젠더 비판과 함께 결합된다.[79] 레이 초우는 대중문화의 개념에 여성성을 역사적으로 각인하는 것이 문제가 되는 이유는 무엇보다도 "가치가 낮은 것에 계속 여성이라는 젠더를 부여하기" 때문이라 지적한 바 있다(레이 초우, 2005, 101면). 서광제(徐光齊)의 「여성과 영화」(『조선일보』 1931. 6. 22)라는 글은 당대 문화소비자로서 여성의 사회적 위치를 잘 드러낸다.[80] 위 글에서 여성은 예술대상이나 사회비판적 상관물로서 영화를 즐기는 미학적, 정치적 주체가 아닌, 한갓 오락으로서 대중영화를 즐기는 대중으로 자리한다. 『신여성』(1931. 5)에 실린 박로아(朴露兒)의 「여학생의 취미검토」는 여학생들의 취미의 자각으로 피아노, 브람스의 자장가, 클래식 음악취미, 영화, 연극, 문학, 자연 취미 등을 들고 있는데, 당시 여학생들은 실제로 서구 엘리트 문화의 클래식한 취미보다는 미국에서 양산된 할리우드 대중 영화에 더욱 매혹되는 도시 대중의 양상을 띠고 있다고 지적한다. 이는 서양영화를 즐겨보던 여학생들에 대한 갖가지 비난으로 이어지는데, 당시 경성 거리를 활보했던 여학생들에게 서양영화는 사랑의 방식을 가르치고 성에 눈뜨게 하는 하나의 경로로 기술된다. 영화관에서 미국산 무성영화에 탐닉하고 성에 눈뜨는 여성들에 대한 비판은 대중문화가 얼마나 여학생들의 풍기를 문란하게 하는가 하는 문제와 직결되었다.[81]

두 번째는 계급적 시각에서 이루어진 여학생들의 취미에 대한 비판이다. 식민지 당대 경성에서 추구된 중산계급의 문화적 토대는 실질적으로 매우 빈약하고 불안정하였다.

> 지금 미국식교육이나 일본식교육을 받은 신여성들은 무산대중에게는 여왕과 같은 여성들이라고 양식응접(洋式應接)이나 하나 있고 하절(夏節)이면, 선선하리만한 일본 다다미방이나 하나있고, 동절(冬節)에 추운 때에 거처하실 조선식 온천방이나마 깨끗한 것이 하나있어야 신여성들을 모실 수 있고, 식모, 침모, 하인 두고, 혹시(或時)는 유모 구하는 광고도 신문에 내며, 기(其) 외(外)에 서양 악기 집에 놓고 밤땍임이나하고 동부인(同夫人) 산책, 극장음악회구경, 적어도 이만하여야 신여성에게 제공할 조선 사람이 오늘 그 몇이나 될까.82)

위 글은 미국식, 일본식 교육 자본을 바탕으로 한 중산층 여성들의 문화적 취향이 무산대중에게 여왕과 같은 존재로 군림하려 한다고 비판할 뿐 아니라, 그러한 신여성이 조선에서 과연 몇이나 될지를 질문하면서 식민지 사회의 구조적 한계를 제기한다. 당시 모던걸이 주도했던 근대적 취미에 대한 비판은 대부분 문화 행위 이면에 작동하는 계급적 불평등에 대한 비판이었다. 벽타(碧朶)의 「빈취미증만성(貧趣味症慢性)의 조선인」(『별건곤』, 1926. 11)이라는 글은 인간이 본래 사교적 동물이자 군중생활을 하여야 하는 본능을 가지고 있는데, 경제적으로 사형 선고를 받았다고 할 조선인은 '빈취미증만성(貧趣味症慢性)'에 걸려 있다고 진단한다. 조선인은 생활의 조락이 극에 달해있고 인간적 취미가 부재한 상태이며, 중산층이라 하더라도 월급푼에 팔려 '타이프라이타' 같은 모양으로 살아가는 관공리, 교원, 회사원이 많으며 먹고는 살지만 생활의 취미가 없음을 지적한다. 현재 조선에서 영화, 무도, 음악을 즐기는 취미와 박물관, 동물원, 공원, 극장 등을 방문하는 생활은 '일부 인사의 독점적 향락 기관에 한정될 뿐, 일반 노동자 농민층 대중은

'빈무취미증(貧趣味症)'을 면해볼 길이 없다고 한탄한다.

이러한 계급적 시각에 기반 한 취미의 비판에도 불구하고, 1920-30년대 도시의 새로운 문화는 여성들에 의해 적극적으로 향유되었다. 식민지 조선에서 도시 취미는 중산층 문화와 같은 '계급적' 지표와 관련되기보다는 오히려 '근대'의 아비투스에 긴밀히 반응한 다양한 계층의 여성들을 통해 구현되는 '젠더적' 특성을 보여준다. 1920-30년대 조선에서 여학생, 직업부인, 기생, 카페여급 등의 여성들로 범주화되었던 모던걸은 도시의 문화 취미를 창출하고 향유한 주역들이었다.

그림 30. 할리우드 여배우들, 클라라 보우와 콜린 무어(미국의 플래퍼 이미지)

도시는 공적(public) 모더니티가 가시화되는 공간이며, 소비는 하나의 활동(activity), 사회적 삶에 대한 양식(modality)으로 특권화된다. 또한, 소비는 쾌락, 욕망, 행위성(agency)의 구체적 종류와 밀접하게 연관되어 있는 것이며 '상상력의 작업(the work of the imagination)'으로 인지된다.83) 1920-30년대 도시 경성에서 여성들에 의해 추구된 스타일과 취향 속에는 중산층의 문화적 감각을 선망하고 모방하는 비중산층 여성들의 계급적 열망이 뒤섞여 있었다.

『삼천리』(1936. 4)에 실린 「여고출신인 인텔리 기생(妓生)·여우(女優)·여급(女給) 좌담회(座談會)」에는 당시 경성에서 이름을 날렸던 인텔리 기생, 배우, 여급들의 취미와 독서에 관한 질문의 답이 실려 있다.

이름 (나이)	학력	경력 / 現 직업	독서		취미
			일본책	조선책	
복혜숙 (29세)	경성이화여자고보 3학년 수료 후, 횡빈(橫濱)고등여자기예학교 졸업	토월회 멤버로 신극활동과 영화배우/ 現, 끽다점 마담	婦人公論	서울서 발행되는 조선잡지와 신문	'골돌한' 영화팬
김한숙 (25세)	X명여자고등보통학교 졸업	수원 모교의 여교원/ 現 기생	婦人公論, 킹그	朝鮮日報, 잡지 몇 종	끼-타 연주, 럭비, 영화 관람
김설봉 (24세)	XX녀자고보 졸업	대련(大連), 봉천(奉天), 상해(上海), 천진(天津) 등에서 댄스 활동/ 現 댄서	改造, 婦人公論, 主婦之友, 婦人俱樂部, 킹그, 改造社의 文藝	東亞日報, 三千里	문학 애호
정수군 (23세)	XX녀학교 졸업 후, 천진(天津)여자학당과 북경고등여학당 졸업	現, 서울 樂園카페 女給	킹그	中央日報	여행
이광숙	경성관립여자고등보통학교졸업	現, 서울 수송동 끽다점 銀鈴 경영	婦人公論	朝鮮日報, 三千里	고요한 '세레나드' 음악 애호
정정화 (19세)	대X여자고등보통학교졸업	現, 서울 樂園카페 女給	富士	中央日報	등산
조은자 (19세)	XX녀학교졸업	現, 서울 빠고다公園 附近 「쓰바메」 끽다점 여급	大阪每日新聞	新靑年	스포-츠와 음악

대부분 여자고등보통학교를 졸업한 이들은 여배우, 다방마담, 여급, 기생 등의 직업을 가졌지만, 일본 잡지『부인공론(婦人公論)』과 대중잡지『킹(キング)』을 구독하고, 조선에서 발행된『조선일보(朝鮮日報)』,『중앙일보(中央日報)』,『동아일보(東亞日報)』등의 일간지와『신청년(新靑年)』,『삼천리(三千里)』등을 두루 구독한 식자층 여성들이었다. 또한 이들은 취미로 영화, 음악, 문학, 스포츠, 여행, 등산 등 근대적 라이프스타일을 즐기는 등 도시 모던걸로서의 자격을 엿보이고 있다. 특히, 대련, 봉천, 상해 등 중국에서 댄서로 일했던 김설봉의 경우, 당시 조선의 지식인들이 주로 애독했던 일본 잡지『개조(改造)』와 인기 여성잡지였던『부인공론(婦人公論)』,『주부지우(主婦之友)』,『부인구락부(婦人俱樂部)』등을 목록에 넣었을 뿐 아니라, 특히 문학을 좋아하여 개조사(改造社)의『문예(文藝)』를 읽고 있다고 대답하여 주목된다.84) 당시 여학교 출신의 많은 여성들이 장래에 여류문사가 되기를 꿈꾼 경우가 많았는데, 김설봉은 댄서로 활동하면서도 문학취미를 지속적으로 향유한 모습을 보인다. 이러한 예는 문학에 깊은 조예를 가지고 있었던 평양기생학교 출신 기생 장연화의 경우에서도 찾아볼 수 있는데, 장연화는 자신의 평양여고보 선배인 신여성 문사 김명순 작품의 열렬한 팬이라고 소개한 바 있다.85)

 또한 위 기사에서, 일본에서 제국 대학생부터 소학교생, 여성과 남성 및 노동자, 농민에게 모두 읽히던 대중 잡지였던『킹(キング)』과『부인공론(婦人公論)』이 당시 다방 마담이나, 기생, 카페여급 등에 의해 교양으로 읽혔음을 확인할 수 있다(천정환, 2010, 90면). 조선 잡지 가운데에 여성들을 주독자로 겨냥한 대중잡지로는 1920년대 개벽사에서 발행한『신여성(新女性)』(1923-1934), 1930년대 동아일보사에서 발행한『신가정(新家庭)』(1933-1936), 조선일보사에서 발행한『여성(女性)』(1936-1940)을 들 수 있는데, 이 가운데『여성(女性)』은 여학생이나 전문학교 출신의 인텔리 여성들, 중

간층 이상의 가정부인들 뿐 아니라, 기생, 여급 등 도시 유흥공간의 여성들도 독자층의 한 축을 형성한 것으로 보인다.86) 이렇게 일본과 조선의 신문 및 대중잡지의 구독은 도시의 시민으로 거주하는 여성들에게 세계정세와 근대 도시의 빠른 변화의 흐름, 동시대적 감각을 확보할 수 있게 하는 역할을 했던 것으로 보인다.

그림 31. 일본 시네마 여성 관객석(Kageyama Kōyō 作, 1931)

한편, 1910년대부터 본격적으로 기획되기 시작한 연극, 영화 등의 대중문화 공연은 도시의 여성들을 주된 관객으로 배치시켰다. 1910년대 「불여귀」, 「쌍옥루」, 「장한몽」 등의 신파극의 경우 다양한 계층의 관객들을 대상으로 반향을 불러일으켰으며, 특히 이상협의 「눈물」은 부인 관객들에게 특별한 인기를 누렸다고 한다.87) 이때 '부인 관객'은 중산층 부인들만이 아닌, 도시의 대중이라는 이름으로 분류되는 다양한 계층의 여성들을 의미하였다.

단성사 초일- 초저녁부터 조수같이 밀리는 관객남녀는 삽시간에 아래위층은 물론하고 빡빡이 차서 만원의 패를 달고 표까지 팔지 못하되 성황이었더라. 그런데 제일 번화한 것은 각 권번의 기생 온 것이 무려 이백 여명이나 되어 더욱 이채를 내었더라(『매일신보』 1919. 10. 29).

1919년 10월 27일에 단성사에서는 한국 최초의 영화(무대극과 영화를 혼합한 연쇄극) 「의리적 구투」가 상영되었는데, 위 『매일신보』 기사는 영화를 보러 온 약 2백여 명의 권번 기생들을 조명하고 있다. 1910년대 초기 극장의 여성관객은 단연 권번 기생들이 압도적인 수를 차지하고 있었으며, 이들은 이후의 연극 및 영화 산업에 지대한 영향을 끼치게 된다.

그림 32. 1920-30년대 단성사와 동양극장

1930년대에 동양극장(1935)은 본격적인 상업 연극의 메카가 되는데, 최초의 직업극단인 <청춘좌>를 전속극단으로 두면서 대중에게 다가가는 상업주의 연극을 지향하였다. 이때 기생을 주인공으로 한 작품들을 많이 취택하게 되는데, 이는 막강한 영향력을 가졌던 기생관객들과 그들이 동반하는 남성 관객을 겨냥한 것이었다. 당시 기생을 주인공으로 한 신파극 가운데 「사랑에 속고 돈에 울고」는 요리점 기생들의 폭발적인 관심과 인기를 끌었다.88) 「사랑에 속고 돈에 울고」는 부유한 집 아들과 연애하여 결혼한 기생이 모진 시집살이를 겪다가 억울한 모함을 받아 살인을 하게 되는 내용으로 당시 기생들의 감성을 자극하였던 신파극이다. 당시 홍도 역에 차홍녀(車紅女), 오빠 순사 역에 황철(黃澈), 남편 역에 심영(沈影) 등 당대 인기배우들이 출연한 「사랑에 속고 돈에 울고」에 열광했던 기생들은 연극의 관객이자,

홍보 담당이자 비평가 역할까지도 하였다.[89] 당시 기생들은 작품의 흥행 여부에 결정적인 역할을 하였는데, 극중 기생 인물과 스스로를 동일시할 정도로 연극에 몰입하였던 이들은 기생이 몰락하는 내용의 연극에 대해서는 집단 항의를 하여 극을 중단시키는 사태까지 유발하게 된다.[90]

1930년대 영화관 또한 도시의 여성들에게 또 다른 세계를 열어놓았다. 서양영화에 노출된 여성들은 특정 배우의 브로마이드를 사고, 또 영화 속 배우의 스타일을 모방하기도 하였는데, 근대적 여성을 여배우 '리리안 기쉬'로 대표되는 '세노리타'형과 크라라 보로 대표되는 '플래퍼'형으로 나눈다거나, 이상형의 남성을 '봐렌치노(루돌프 발렌티노)'형 남자와 '쫀바리모아(존 바리모아)'형으로 분류하는 등, 모던걸들의 일상 대화 속에는 서양 영화의 흔적들이 가득 차 있다.[91] 미와 감각의 기준들이 서양의 영화를 통해 재설정되었던 것이다. 기생들 역시 초기 무성영화 시절부터 열렬한 영화팬들이었으며, 1915년 이후 본격적으로 유입된 서양 영화의 주된 관객이기도 하였다. 1927년에 발간된 기생 잡지『장한(長恨)』창간호에는「세계일(世界一)의 미남자(美男子) 발렌티노의 사(死)」(고크트)라는 글이 실려 있다. 루돌프 발렌티노(1895-1926)는 이태리 출신의 미국 영화배우로서「춘희」,「시크」,「피와 모래」,「열사의 춤」등에 출연하였으며, 당대 경성의 모던걸들, 여학생, 기생, 카페여급 등에게 가장 인기 있는 남자배우였다.

그림 33. 루돌프 발렌티노(Rudolf Valentino, 1895-1926)

스크린이 탄생시킨 이상적 남성상이었던 발렌티노가 갑작스럽게 요절하자 『동아일보』(1926. 10. 7)에는 부고 기사가 실렸으며, 잡지 『장한』도 기생들의 흠모의 대상이었던 발렌티노의 죽음에 대해 특별한 애도와 아쉬움을 표했다. 1920년대 중반 미국 남자배우의 죽음이 동시대 식민지 조선의 도시에 거주하는 여성들의 일상을 뒤흔드는 충격적인 사건으로 인지되고 있었던 것이다.

1920-30년대 미국 할리우드 문화와 동시적으로 교통했던 당대 도시 여성들의 위치는 식민지에 조건 지워진 사회정치적 위계의 틈새에서 주변부성을 넘어 문화적 행위성을 확보하고자 했던 식민지 조선의 근대의 단면을 보여준다. 그 문화적 행위의 주체들은 식민지 안의 또 다른 타자들이었던 모던걸들이었다. 『삼천리』(1934. 5. 1)에 실린 「끽다점 평판기(喫茶店 評判記)」라는 글은 당시 여배우, 기생, 여급들이 집으로 돌아가는 길에 들러 친구나 애인을 만나는 곳으로 유명했던 <멕시코>라는 다방을 소개하고 있다.

> 배우, 여급, 기생이 가장 많이 출입하기로 유명한 멕시코! 이집은 덕흥서림 곁이요, 낙원회관 건너편에 있다. 벽장식도 요전에는 최승희씨의 나체 무용모양을 사진박아 걸었고, '모나리자의 실종', '서반아의 광상곡' 등 몹시 선정적인 극장 포스타 등을 걸었다. 음악도 다른 데는 양곡 전문이나 여기는 일본소리도 조선속요도 새로 나오는 것이면 대개 무어든지 다 있다. 밤늦게 요리점에서 돌아오는 어여쁜 거리의 천사인 기생아씨들이 흔히 몰래 만나는 로맨스 많은 곳으로 문을 열고 들어서면, 감미한 지분 냄새가 코를 찌른다.

1927년에 영화감독 이경손이 관훈동에 개업한 <카카듀> 이후, 다방은 예술가와 문인, 학생, 인텔리 샐러리맨들의 휴식처이자 사교공간으로 자리하였다. 카페가 술과 재즈, 여급의 서비스 등 보다 향락적 욕구를 제공하였다면,

다방은 유럽풍의 장식과 클래식 음반, 커피 등으로 인텔리 문인과 예술인들의 고상한 사교·예술 취미를 충족시켜주었다. 그런데 다방 <멕시코>는 우아하고 고전적인 취향보다는 첨단 유행을 반영하는 파격적인 분위기를 연출하는 곳으로 기생이나 여급 등 '화류계'의 여성들을 고객으로 끌어들인 것으로 보인다.

1920-30년대 경성에서 카페나 다방은 서구적 문화 취미를 가장 먼저 흡수하고자 한 모던보이들의 아지트였다. 하지만 다방 <멕시코>에서 여배우, 기생, 카페여급은 스스로 문화 소비층으로 등장하여 도시의 문화적 향취를 만끽하고 있는 풍경을 보여준다. 이는 일차적으로 조선의 모던걸로 불린 여성 집단이 지니는 혼종성을 상기시킨다. 특히 유흥공간에서 여성의 몸을 상품화하고 감정노동을 했던 기생과 카페여급들이 최첨단 도시문화의 향유층으로 자리한 점은 식민지 조선에서 근대 문화 수용의 특수한 입지를 제기한다. 근대적 취미와 스타일의 형성에 도시의 '여성들'이 활발하게 개입한 지점은 주목을 요한다. 고급/대중 문화의 경계선이 뚜렷하지 않은 채 근대라는 이름 아래 식민지 도시 경성으로 밀려 들어왔던 새로운 문화 취미는 사회적 토대가 허약했던 중산층/남성들에 의해 주도되기보다는, 일정 정도의 경제력을 확보하면서도 계층적 성격이 모호했던 '모던걸', 중산층의 주변부 또는 유흥 공간의 '여성들' 사이에서 적극적으로 생산·유통되고 있었던 것이다.

IV. 여성 노동의 장(場)으로서의 근대 도시 공간

01
'직업부인'과 도시 공간

1920-30년대 '직업부인'

근대 교육을 받은 신여성들에게 주어진 크나큰 변화 중의 하나는 경제 주체로서의 자각이었다. 배성룡의 「여자의 직업과 그 의의」(『신여성』1925. 4)라는 글은 '직업이란 남자와 여자를 물론하고 사람의 성인이 되기까지에 통과해야만 되는 한 계단'이며, '개인생활에 있어 육체상으로나 정신상으로 막대한 비익을 주는 것'이며, '여자의 독립자영의 정신! 자기의 힘으로 자기의 생활을 보장할 수 있는 노력! 그 얼마나 아름다운 활동이며 얼마나 떳떳한 생활인가.'(21-23면)라고 하여 여성의 진정한 독립이 경제적인 데서 비롯됨을 강조하고 있다.

『신여성』(1926. 2)에 실린 「직업부인 문제」라는 글은 학교를 졸업한 여성이 집으로 돌아가면 부모의 강권에 의해서 하게 되는 결혼을 '노예와 같이 팔리는 것'으로 보고, 차라리 사회의 직업부인이 되어 '자기의 기술을 일시 파는 것'이 낫다고 기술하고 있다.1) 관습적인 결혼제도를 '개성의 말살과 유린'이자 일종의 '매매 계약'으로 보는 위 글은 유물사관에 기반하여 여성의 경제적 독립을 고무하는 직업부인에 대한 새로운 관점을 보여준다.

1920년대 중반 이후부터 식민지 조선에서는 경제적 주체로서 자각한 근대적 '직업부인'의 계보가 형성되는데,2) '모던걸'이라는 명명 자체가 다층적인 의미를 가지듯이 당대 '직업부인'이라는 용어 자체도 혼란스럽게 사용되었다. 당시 '직업부인이란 과연 누구를 지칭하는가'를 질문하는 담론들을 살펴보면, 대체로 교사, 의사, 기자, 간호부, 방송국 아나운서, 은행원, 유치원보모, 산파 등의 전문기술직, 신종껄들인 헬로껄(전화교환수), 데파트껄(여점원), 버스껄, 깨솔링껄, 엘리베이터껄, 타이피스트, 서적점원 등을 포함시키고 있으며, 제사·연초 공장 직공까지 아우르는 경우도 있다.3) 즉, 넓은 의미에서 '직업부인'은 전문직여성에서 노동계층의 여성들까지 근대 공적 공간에서 노동을 하고 합당한 보수를 받는 여성들 전반을 의미하였다.

그런데, 보다 한정된 의미의 '직업부인'에 대한 정의도 발견된다. 소설가 김남천의 글에 따르면, '직업부인'이라는 말은 1930년경부터 생겨났는데, 일정 정도의 학교 교육을 받은 여성으로서 사무원이나, 여점원, 타이피스트, 양재사 등 육체노동과 정신노동의 중간적 상태의 노동을 하는 여성들을 일컫는 것으로 정의했다. 그에 의하면 최초의 직업 부인은 교원이며 직업여성의 선구자는 신교육을 받은 여학생들이었지만, 교원이나 기자와 같은 지식 계층이나 공장 직공과 같은 하층의 육체노동자와는 차별화되는 도시의 서비스직 종사자인 각종 '-껄'들을 '직업부인'이라 상정하고 있다.4)

1930년대 '직업부인'에 대한 범주화는 유동적이었는데, 특히 김남천이 정의내린 '직업부인'은 도시의 신종 '-껄'들을 지칭하는 좁은 의미의 '모던껄' 범주와 일치한다. 그런데 당시 스스로 직업부인으로서 자의식을 가지고 있었으며, 상대적으로 고수입을 올렸던 '기생'과 '카페껄'들을 '직업부인'의 범주에 포함시키느냐의 문제는 논란을 야기하였다. 김남천의 경우, 여급이라는 직업은 기생이나 창기와는 달리 고용주와의 관계가 근대적이라는 점을 들어 일종의 직업부인으로 인정해야 한다는 입장을 취하고 있어 주목된다(김남천, 1940, 26-27면). 하지만 당대 사회는 기생이나 카페여급을 '도색 전사', '매춘부'로 범주화하는 것이 일반적이었으며, 교원이나 기자, 간호원 등 사회적으로 인정받는 직업부인들 내부에서도 이들은 배척되었다.5) 이렇게 '직업부인'을 둘러싼 논란은 공적 공간에서의 여성 노동의 성격과 이를 바라보는 시각들 사이의 갈등을 드러낸다. 당시 직업부인의 범주 가운데 모호한 위치에 있는 카페여급을 바라보는 일반인의 시선은 박태원의 단편 「성탄제」(『여성』 1937. 10)에서 잘 나타난다.

> 순이는 우선 제 형 영이의 직업이 불쾌하여 견딜 수가 없었다. 여점원이라든, 여자 사무원이라든, 그러한 것이야, 사실 자기 말 맞다나 워낙이 배운 것이 없으니까 될 수 없다고도 하여 두자. 그러면 또 그런대로, 건넛집 정옥이 같이 제사공장에 다닌 수도 있다. 이웃집 점례 모양으로 방적회사 여직공으로 다닌 수도 있다. 그렇지 않으면, 솜틀집 작은 딸과 함께 전매국 공장을 다닌대도 좋다. 그것들은 가난한 집안에 태어난 딸들이 종사하드라도 결코 흉될 것은 없는 직업들이다. 어째 하필 골르디 골라 카페의 여급이 됐더란 말이냐?6)

당시 '숍껄', '데파트껄', 사무원 등 도시 신종 서비스직은 일정 정도 여성의 몸을 활용하는 공통점을 갖지만, 카페여급과 기생은 보다 더 노골적인 여성의 상품화를 추구하였기에 그들 사이에는 타협할 수 없는 경계선이 자리하고 있었다. 이들은 모두 물질적 궁핍 또는 생존을 해결하기 위해 거리로 나간 경제적 주체들이었다. 하지만 기생이나 카페여급의 경우 상대적으로 경제적 독립을 보다 용이하게 확보할 수 있었음에도, 그들의 노동은 '인정받을 만한' 노동이 아니었기에 '직업부인'에서 배제되었다. 결혼 전에 여성들이 독립적인 지위를 얻기 위해 직업을 가지는 경험을 해보는 것이 현대여성의 합리적 선택임이 주장되기도 하였지만, '인정받을 만한' 노동을 통한 여성의 경제적 독립은 현실 속에서 그리 쉽게 실현되지 않았다(宋今璇, 1933, 46-47면). 나아가 여성의 독립을 위한 경제적 행위는 부차적인 것이며, 결혼 제도 속에서 부인·어머니로서의 사명을 '천직'으로 여기는 시각이 여전히 우세하게 작동하였다.7)

* **1920년대 중반-1930년대 여성 직업 현황**[8]

직업	자격 및 노동 조건	월수입
여교원	여자고등사범졸업자, 교원시험합격자나 여자고보출신도 가능	35-70원
여사무원, 타이피스트	오전 9시-오후 5시(8시간)	30-50원
부인기자	고등여고보 졸업자	25-70원
유치원보모	유치원 사범과 졸업. 별로 제한이 없음.	10-60원
산파	총독부 의병(醫病)과 세브란스 의원 조산과 출신. 기술만 있으면 나이는 불문.	보통 40-50원 평균(최소한도)
간호부	총독부 의원, 세브란스 의원 간호부과나 동대문 부인병원 간호부양성소 졸업. 15-30세. 평균 8시간 근무.	공설병원 초급, 15원 이상. 30원미만. 사설병원 초급, 20원 이상 40원까지
방송국 아나운서	여자고등보통학교 졸업정도. 16-40세	견습초급 30원. 정식 아나운서가 되면 50원 이상 60원.
전화교환수	여자보통학교졸업과정. 15-20세	초급, 24원 이상 50원
버스껄	하루 8-13시간. 45분 혹은 한 시간 마다 교대.	20-30원
여점원, 엘리베이터껄	보통학교나 상업학교 졸업자. 혹은 여고보 졸업생	15-30원
카페여급	보통학교 출신 이상 여고보졸업자	50-100원
기생	권번 학예부(기생학교) 출신	평균 50-60원 (일급기생은 600-800원)
제사 공장 직공	12-13세에서 18-19세. 오전6시반-오후 일곱 시까지 하루에 12-13시간 노동	견습공은 하루에 20전 내지 30전. 숙련되면 하루에 일원이상
연초 공장 직공	12-13세에서 30세까지	6-25원
정미회사 직공	오전 7시-오후 5시(10시간)	10-30원.

Ⅳ. 여성 노동의 장(場)으로서의 근대 도시 공간 175

당시 대중 매체에서 도시의 '직업부인'은 긍정적으로 소개되었으며 여학교 졸업생들의 선망을 부추겼다. 『신여성』(1933. 12)에 실린, 황금조(黃金鳥)의 「참 정말 한가(閑暇)한 직업(職業) - 타이피스트의 술회(述懷) - 제일선상(第一線上)의 신여성(新女性)」은 비교적 편안한 조건의 '타이피스트' 직업을 소개하고 있다. 한 달 30원 정도의 보수를 받으면서 집안 생계를 책임지지 않는 자신의 월급을 순전히 개인 용돈으로 쓰는 한 타이피스트의 경제지수를 보여주는 명세서이다.

지출 품목	지출액(총 30-31원 50전)
전차표	3원
화장품(크림, 분, 베니 등 고급품)	1원 50전
점심값	3원
인조견(실크양말), 신발수선비, 미용원비	15-16원
극장, 음악회비, 편지지, 그림엽서 등 기타잡비	7-8원
양복, 오버 등 의복비	보너스를 받는 경우
파라솔, 핸드백, 목도리 등 사치품	용돈을 줄여서 구입

위 표에서는 한 달 지출액이 월급 30원을 초과하는 모습을 보인다. 화장품, 장신구, 신발, 헤어 등의 품목에 월급의 반 이상인 17-18원 정도를 지출하고, 극장, 음악회 등 문화생활을 위한 비용으로 7-8원, 파라솔, 핸드백, 목도리 등의 사치품이나 양복 오버 등의 의복비가 따로 책정되는 위 여성의 예는 도시 모던걸에 대한 환상을 심어주기에 충분하다. 또한, 비교적 하는 일이 한가하고, 일 년에 두 차례, 여름과 겨울에 일주일 씩 휴가를 즐기는 등 즐겁게 생활하는 직업부인의 모습은 당시 경성에서 찾아볼 수 있는 드문 사례라 할 수 있다. 또한, 「모던-여자, 모던-직업, 신여자의 신직업」(『별건곤』 1928. 12)에 실린 예리한 감각과 풍부한 묘기를 최대한 활용하는 여기자, 결혼 후에도 직업부인이 되고자 조선일보사 전화교환수로 일하는 신여성출신의 여성, 고등여학교를 졸업하고 선망의 대상이었던 은행원이

되어 직업부인으로서의 사회적 지위에 만족하는 여사무원, 힘든 노동조건 속에서도 동료들과의 우정과 경제적 대가에 기쁨을 느끼는 여차장 등은 근대 초기 도시공간에서 경제적인 주체로 부상한 직업부인의 긍정적 이미지들을 제기한다.9)

그러나 1920-30년대 도시 신종 직업여성들은 화려한 외양 이면에 실제로는 열악한 노동조건(장시간의 노동시간과 미약한 보수) 아래에 놓여 있었다.10) 먼저 식민지 당대 고질적인 취업난 속에서, 여학교(중등, 고등과정 또는 상업학교)를 졸업한 학력을 가진 여성들이 '데파트껄'이나 '엘리베이터껄'이 되기 위해서는 '채용시험의 지옥'(보통 20-30대 1의 경쟁률)을 뚫어야만 했다.11) 또한 그들은 외양적으로 근대적인 '직업부인'으로 분류되었지만, 노동조건의 열악함, 낮은 보수, 노동의 유동성과 일시성으로 인해 높은 이직률을 보였다.12) 실제로 당대 신종직업여성들인 각종 '껄'들의 노동조건을 살펴보면, 대부분 저임금(10-50원)에 7-12시간의 노동을 해야 했는데, '여점원'(데파트껄)이나 '여차장'(버스껄), 전화교환수(헬로껄) 등도 과도한 노동에 시달린 것은 마찬가지였다.

『삼천리』(1935. 11)에는 신종직업여성들의 직업현장을 '거리의 여학교'라 지칭하면서, 종로네거리 화신백화점 안에 있는 '화신여학교'[화신백화점], 동대문안 훈련원에 있는 '뻐스여학교'[버스회사], 서대문밖 전매국 안에 있는 '연초여학교(煙草女學校)'[연초공장], 영화전당 동양극장의 '극장 여학교'를 소개할 것을 공지하고 있다.

『삼천리』(1936. 1)에 실린 동대문 훈련원에 있는 버스회사 여차장 탐방기사를 보면, 여차장들은 모두 104명이며 대개 경기도 출신의 17세 정도의 미혼여성들이며 출근시간은 오전반은 오전 7시에 출근 오후 2시 반까지, 오후반은 오후 2시에 출근 오후 9시까지 일한다. 임금은 월 18-40원이며, 상여금은 40할 즉 월급의 4배이다. 전차에서 부상당하면 치료비는 회사에서 지불하고 여러 날 출석을 못해도 월급은 그대로 지불하게 된다. 여차장들의 복리·위생 프로그램을 보면, 위안 영화회는 없지만, 정신수양 강화회는 매월 있다고 기록되어 있다. 복잡다단한 여차장과의 일문일답에서 한 버스걸은 하루에도 몇 백 명의 승객들에게 시달리다보니 괴로운 상황이 많으며, 자신들을 희롱하거나 함부로 대하는 남성들로 인해 불쾌한 감정을 갖게 된다고 술회한다. 기자는 이들에게서 무언가 부자연스러움을 느끼며, "그들은 여자에게 적당치 못한 구르마에 종사하는 고달픈 생활에 부대끼었음인가. 참으로 피곤에 못 견디겠다는 표정"을 읽어낸다. 하루 평균 12시간 근무에 한 달 20원 내외의 보수를 받는 버스껄들의 학력은 보통학교 졸업 이상이며, 대부분 생활이 어려운 경우로 월급의 대부분을 생활비로 쓰며, 한 달에 3-4원 정도의 용돈을 신발, 양말, 화장품 등의 생활필수품을 사는 데 쓰고, 기타 쉬는 날 활동사진을 보러가는 정도였던 것으로 확인된다.13)

그림 34. '버스껄'(『조선일보』 1931. 10. 15)

그림 35. '할로껄'(『조선일보』 1931. 10. 13)

전화교환수인 '할로껄' 역시 고단한 여성 노동자의 한 형태였다. 경성에서 중앙전화국과 광화문·용산 양 분국에만 4백여 명의 교환수가 있고, 각 관청, 회사, 은행, 신문사 등의 구내전화가 있는 곳마다 수명씩의 교환수가 배치되었다고 한다(이성환, 1932, 18면). 하루 평균 8-12시간을 노동하면서 "45분 혹은 한 시간 동안마다 교대하여, 수화기의 멍에를 쓰고 교환대우에 한 개의 '로보트'가 되어 깜짝거리는 '램프'의 명멸"을 지켜보는 '할로껄'은 '직업부인이기보다도 한 개의 기계'이며 '괴짝 같은 조그만 방속에 갇혀 앉아서 벌써 삼년동안을 밤낮 똑같은 소리만 되풀이하고 있는' 직업으로 묘사된다. 하지만 한 달에 40원 정도의 보수는 여성들에게 비교적 고수입에 해당된다고 할 수 있다.14)

이에 비해 기층계급 여성들에게 일종의 '모던걸'의 길을 열었던 여공은 농촌의 어린 소녀들을 도시로 이끌었는데, 이들 가운데에는 '당상의 노부모와 슬하에 다수한 자녀들의 생활책임을 일신에 짊어지고 고심참담한 호구지책을 근근 유지하는 부녀들'이나 '겨우 소학교를 졸업 혹은 일 이 학년을 수업하고 가세의 빈곤을 곤하여 퇴학하고 나온 십사오세의 꽃다운 홍안소녀들'이 포함되었다.15) 박호신(朴昊辰)의 「여직공방문기(女職工訪問記)」(『근우』1호, 1929. 5)에 의하면, 1929년 당시 경성에는 고무, 정미, 인쇄, 제사, 직물, 연초 공장 등 개인이 경영하는 소규모의 공장까지 합하면 5백여 곳이나 되고 여직공은 3,870여명이었는데, 공장의 규모나 상태에 따라 보수와 노동조건에 따라 여공의 대우는 다소간 차이가 있었던 것으로 보인다. 동대문 청량리에 있었던 '조선제사주식회사의 경우, 2백여 명의 여공을 수용하는 기숙사는 여느 학교의 기숙사보다도 크고 정제된 외관을 보유하고 있었다. 하지만 그곳은 '정다운 고향산천과 자애하는 양친의 품속보다도 도시의 붉은 굴뚝만이 모여드는 기근(飢饉)의 악마를 물리치는 유일의 피난처'로 묘사된다. 이는 농촌의 극심한 기아를 피해, 고향과 부모의 보호막을 버리고 삭막한 도시에 내던져진 어린 여공들의 위태로운 처지를 상기시킨다. 공장 안 여공들의 노동 조건은 평균 12시간 노동에 하루 임금이 평균 50-80전으로 한 달 평균 20원 안팎이었다. 하지만, "근경에 있는 빈가 소녀들은 저마다 어떻게 하면 천우신조하여 제사공장 같은 데 좀 들어가 볼까?" 하는 등, 제사공장은 도시 중하층과 농촌의 소녀들에게 '큰 선망의 표점'이 되었다(朴昊辰, 1929, 70면).

'거리의 여학교'로 불린 여차장이나 전화교환수, 여공 등은 도시 문명이 낳은 첨단적 직업이자, 보통학교 졸업 이상의 식자층 여성들이 선망했던 직업이었다. 하지만 실제로 이들은 하루 평균 12시간의 고달픈 노동에 시달린 노동자들인 동시에, 공적 공간에서 여성을 위협하는 갖가지 위험을 피할 수 없었다.

여성의 일터로서의 도시 공간

도시에서 여성들이 일을 한다는 것은 유혹과 일탈, 성적 위험의 가능성을 내포하는 것이었다. 『삼천리』 1932년 8월호에 실린 「인텔리 여성의 비애」라는 글에는 경성의 한 여고보를 졸업하고 모회사 사무원으로 취업한 여성에게 가해지는 성적 희롱('에로味가 가득 찬 이악이')과, 같은 회사 남자직원과의 로맨스로 인해 정조를 잃고 회사로부터 퇴사당하는 사연이 실려 있다. 근대초기 여성들이 집밖으로 나와 공적 공간에 존재하는 것 자체가 위험을 감수해야 하는 것이었다.

김옥엽은 「가정제도와 성문제의 동향」(『신여성』 1931. 12)에서 정조 가치가 폭락하여 상품가치로 변형된 것이 자본주의 사회의 특징인데, "불경기가 심하고 있을수록 에로티시즘의 진전은 그와 반비례하고 있는 것"(12면)이라 하였다. "현대의 경제 기구 하에서 정조가치의 절대성을 요구하는 것은 한낱 공상이요, 어리석은 일"(12면)이기에 성에 대한 새로운 윤리가 필요하다고 보았다. 도시 서비스직에 종사한 여성들은 직업 현장에서 그들을 바라보는 관음증적 시선을 견뎌야 했다. 1934년 4월에 평양에서 버스가 개통된 이후, 당시 평양의 버스(府營)는 총 아홉 대이고 '뻐스' 여차장은 총 열한 명이었는데 당시 평양 시민들은 이러한 몇 안 되는 버스껄들을 다 알 정도였다고 한다. 다음은 K라는 버스껄에 대한 묘사를 살펴보자.

> 그 여자의 얼굴은 그리고 음성도 다른 아무 여자보다도 뛰어나게 예쁘고 곱다. 갸름한 듯 하면서도 그다지 보기 싫게 말상 같지 않고, 도리어 두 볼이 보기좋게 통통 한 듯도 하고 그렇지 않은 듯도 하며 시커먼 눈 속에서 영롱(玲瓏)히 구르는 맑은 눈동자 그리고 묘하게 도두라진 코와 마치 '비-루' 광고에 그 여자와도 같은 그렇다고 아주 저가(低價)로 평가함은 아니다. 그 입술, 그 입술은 항상 부튼 듯 만듯하니, 정말 간간스럽게 바깨져 있다. 그리고 이 여자의 음성은 말로는 형용할 수 없다. 약간 감기에 걸린듯한 그 음성이다. 열이면 둘쯤 코스소리를 한다. 이것이 얼마나 매력있는 소리냐? 잠간 잊었거니와 그 여자의 두 볼은 잘 익은 수밀도와도 같이 약간 누런 기운까지 떳다.16)

소위 도시의 '모던걸'이었던 직업부인들의 몸은 그 자체로 관심과 해부의 대상이 되었다. 이러한 관음증적 시선을 넘어 그들은 갖가지 유혹과 희롱의 대상이 되기도 하였다. 김옥순(金玉順)의 「직업부녀와 유혹」(『삼천리』1931. 11)은 당시 공적 공간에 직업부인으로 등장한 여성들의 몸과 섹슈얼리티가 어떻게 전유되고 소비되었는지를 잘 보여준다.

> 문화의 발전은 일반 사회에 경제생활의 팽창을 던져주었음으로 우리 여성들도 어떤 계급을 막론하고 누구나 오늘날에 있어서는 직업선상에 나서게 되었다. 예전에 직업부인이라는 것은 교양 없는 부인들이었음으로 그들의 하는 일도 대개는 근육(筋肉) 노동 방면이었던 것이다. 그러나 금일의 직업부인은 교양 있는 여성들이 많다. 생활난에 쫓겨서 가두에 진출한 자도 있겠지만 여성들도

경제적으로 독립해서 참된 인격적 자유를 얻으려고 하는 의식적 자각을 가지고 나오는 것이다. 그러나 10인 중에 8, 9인은 경제적 압박으로 인해서 취직하게 되는 것임으로 그 생활이면에는 비애에 우는 자들도 많이 있을 것을 잘 알고 잇다. "직업인과 유혹"은 떨어질 수 없는 문제. 물론 연령관계로서 성적 욕망의 자제를 이길 수 없어서 유혹을 당하는 일도 있겠지만 우리가 이 사회에서 흔히 듣고 보게 되는 것은 물질의 부족으로 말미암아서 유혹당하는 일이 많고 또는 자기의 지위와 직업을 안전하게 하려고 중역 혹은 간부들의 유혹에 걸려서 결국 은 자기의 신세를 망쳐버리는 가련한 여성들이 많다(金玉順, 1931, 102-103면).

위 글에서 필자는 여사무원, 여교원, 전화교환수, 기생 등 그 직업의 편차에 상관없이 이들이 여성으로서 겪는 것은 동일하다고 보았다. 공적 공간에 나온 이들에게 유혹의 마수를 뻗치는 남성들은 직장상사, 회사사장, 손님 등이었다. 직업부인이 성적으로 농락당하는 이러한 사례들은 당시 대중 잡지에 빈번히 등장하는 서사의 하나였다.

바깥으로 나온 여성들, 특히 직업을 위해 공적 공간에 배치된 여성들이 직면한 섹슈얼리티에 대해 김기림은 「직업부인의 성문제」(『신여성』 1933. 4)라는 글에서 구조적 분석을 하고 있다.

새 환경은 새로운 성도덕을 요구한다. 이 정세를 조성하는 또 한 개의 중대한 영향은 오늘의 젊은 남자가 대량적으로 실업의 과중에서 헤매게 되고 가사 직업을 붙들었다 할지라도, 그 경제적 조건이 극히 불리한 까닭에 대체로, 결혼 난에 빠지고 있으며, 이 일은 당분간 앞으로 더욱 심화할지언정. 생활전선에 몰려나온 직업여성에게 맡겨지는 직업의 성질은 대부분은 여성의 독특한 성적 매력이라는 것을 무기로 삼는 것이다. 점두에서 물건을 파는 여점원이나 청루에서 손님을 손질하는 창기나, 손님을 이끄는 데 있어서 애호를 수단으로 하는 점에 있어서 가엾은 공통점을 가지고 있는 것이다. 표면 평온을 극한 직업여성은 가두에서 점두에서 실상은 성적으로 무방지 지대에 버리어 있는 것이다.

그 우에 황금, 지위의 폭력은 "실직 앞에서도 참새와 같이 비겁"할 수밖에 없는 연약한 그들의 정조까지를 위협한다. 그들은 경제적 자립에까지 인도해주리라고 해서 달게 자진해서 가두로 뛰어나오던 여성들은 다음에는 절박해오는 사회적 정세와 물질적 필요로부터 그 당자야 원하든 말든 간에 부득이 가두로 끌려나올 수밖에 없이 되었다(32면).

김기림은 자본가들이 "사나이보다도 자금은 짜고, 노동 시간은 길고 순종 잘 하는 여자들을 요구"하기에 "여공으로부터 오피스 와이프까지 수없는 종류의 직업여성이 범람"하게 되었다고 진단한다. 또한, 그는 여성들이 나간 일터는 여성의 '성적 매력을 무기로 삼는 곳이었으며, 여성의 몸을 자산으로 한다는 면에서 도시 상점의 여점원이나 청루의 창기나 다를 바 없다고 주장한다. 그들의 직장은 늘 여성의 정조를 위협하는 공간이었다. '현대의 직업여성의 걸어가는 길'은 지극히 위험하였는데, 그들의 환경은 '그들을 일종의 '데카당'적 향락주의로 끌어가기에 충분한 유혹'이었다고 기술한다. 당시 부르주아적 자유주의 사상이 범람하고, 사회주의자들을 중심으로 '콜론타이즘'과 '린제(Lindsey)'의 우애결혼, 성적으로 무정부주의적 경향이 유행하고 있었는데, 김기림은 이를 '아메리카니즘'의 유독한 부분으로 향락 자체가 목적인 것으로 보았다.

당시 대중 잡지에서는 이러한 직업부인을 아내로 둔 남성들의 불안한 심리가 빈번히 기사화된다.『삼천리』에 실린 한 글은 은행에서 근무하다가 실직한 오창규라는 남성이 진고개의 큰 백화점에서 일하고 있는 아내(박정애)에 대한 사연을 펴고 있다.

그대로 한두 달 지나는 사이에 저에게는 남편으로의 말할 수 없는 고민이 생기더이다. 그 백화점은 주인이나 남자점도 많을 터인데 남의 눈에 뜨이기 쉬운 얼굴을 가진 나의 아내에 유혹이 닥쳐오지 않을까. 어떤 때는 병상의 환상으로 어떤 남점원이 나의 아내에게 편지를 주는 광경. 어떤 때에는 물품 사러왔던 손님이 폐점하는 때를 기다려 같이 데리고 차(茶)집에라도 들어가는 모양이 보입디다. 나중에는 손을 만지는 광경… 입을… 저는 열병환자 같이 저의 숨이 막혀지고 눈에는 불이 나는 것 같은 아픔을 느끼나이다. 혹시 늦게 올 때라거나 또 화장이나 옷맵시를 유별나게 하고 나가는 날 아침에는 저는 정말 불쾌한 감정을 막을 길이 없었나이다. 아내를 신용하면서 의심을 막을 길이 없더이다. 그려 죽지 않는 바에 왜 아내를 직업에 내세우겠습니까.17)

'남의 눈에 뜨이기 쉬운 얼굴'을 가진 아내가 백화점에 일하러 나간 뒤, 남편은 집에서 온갖 불길한 생각에 빠진다. '남점원이 나의 아내에게 편지를 주는 광경', '물품 사러왔던 손님이 폐점하는 때를 기다려 같이 데리고 차집에라도 들어가는 모양', '나중에는 손을 만지는 광경' 등 남편의 머릿속에는 당대 '데파트껄'에게 일어남직한 일들에 대한 상상으로 가득 차 있다. 직업부인인 아내를 둔 남성의 이러한 불안한 심정 속에는 실제로 근대 초기 도시공간의 직업부인들이 직면했던 곤경이 잘 드러난다.

후지메 유키는 제1차 세계대전 이후, 일본의 산업구조의 변화 과정에서 일어난 여성노동의 변화에 대해 주목한 바 있다. 중간층 출신을 포함한 여자들이 노동시장에 대량 투입되었는데, 종래의 공장노동 이외에도 여성의 일하는 영역이 확장되었으며, 이러한 과정에서 여성의 성 상품화 현상이 일반화되었다고 보았다.

> 산업혁명에 따른 기계 도입으로 숙련 노동자가 필요 없게 되자 저임금으로 고용할 수 있는 젊은 여성이 공장에 편입된다. 제1차 세계대전 후 산업구조의 변화 속에서 나타난 현상은 장사와 사무노동의 미숙련화라 할 수 있다. 그러한 가운데 전문지식이 필요 없고 대체할 수 있고 저임금으로 일을 시키면서 승진시킬 필요도 없으며, 쉽게 해고할 수 있는 노동력으로서 여성노동자의 수요가 높아졌다. 이러한 여러 요소는 산업혁명, 즉 공업화 과정에서 여성 노동자에게 기대된 것과 같았다. 다른 점이라면 사람을 접대하고 서비스의 요소가 강한

제 3차 산업에 새로운 요소, 즉 여성의 '성적 매력'이 요구된다는 점이다(후지메 유키, 2004, 261면).

1차 대전 후, 일본에서는 은행이나 관공서 등의 여사무원과 백화점 여 판매사원 등이 급증하였는데, 새로운 여성 직종은 대부분 도시에서 고객을 상대하는 서비스직이었다. 특히 이 시기의 여성 직업 현장에서 여성의 '성적 매력'을 상품화하는 추세는 '에로·그로·넌센스'라는 당시의 사회풍조와 결합된 것으로, 기층 계급의 여성들을 동원하는 성 상품화 현상은 보다 확산된다. 『사회사업연구』 1929년 9월호에 실린 후지이 기쿠코(藤井紀久子)의 「여자직업의 첨예」라는 글은 여성들이 직업현장에서 직면하는 특수성을 문제 삼았다. "대체로 오늘날 우리나라 직업부인 중에서 교태를 부리지 않고 확고한 입지를 확보해서 수입을 얻는 사람이 과연 몇 명이나 되겠는가? 노동 입법의 결함으로 기업가와 영업주들은 오늘날 모든 직업부인에게 진정한 근로를 요구하기보다 먼저 교태를 요구하는 실정"이라고 본 후지이는 여성노동자에게 교태를 요구하는 자본주의 사회구조를 지적하고, 성적 서비스를 요구당하는 카페 여급은 그것의 가장 극단적인 예일 뿐이라고 역설한다(후지메 유키, 2004, 268면). 여성들의 직업 현장에서의 성애화는 식민지 조선의 직업부인에게서도 유사하게 발견되는 보편적 현상이었다. 근대 초기 도시 공간에서 일자리를 찾았던 여성들은 새로운 삶의 형식을 추구한 개척자들이었지만, 여러 가지 형태로 여성의 몸을 전유하는 자본주의적 기획 속에서 자유로울 수 없었다. 물적 토대와 학력 자본이 미약할수록 여성의 몸은 더더욱 상품화의 자산으로 깊숙이 포획되는 계급과 젠더 지표의 접합 속에서, 생존 또는 경제적 독립을 위해 도시의 여성들이 선택한 노동의 경계선은 불안정하고도 위태로웠다.

02
도시공간과 친밀성의 상품화

　『삼천리』(1936. 4)에 실린 소설가 송영의 「솜틀거리에서 나온 소식」이라는 글은 1930년대 경성에서 보통학교를 다니지 못한 미혼의 여성들을 위해 운영되던 야학이 와해되고 있음을 토로하는 내용을 담고 있다. 송영은 이러한 현상이 '서울 안의 '나이 찬 처녀들', '무식한 처녀들'이 과자공장, 비누공장, 전매공장의 여공이 되거나, '돈 더 받는 맛에 밤에 자고 있는 진고개집들 '오마니'(オマニ- 조선 내 일본인 가정의 식모)가 되고, 또 기생이 되기 위해 '권반(권번)'을 다니거나 '카페걸'이 되거나, 만주의 창기로 팔려가기 때문이라고 기술하고 있다.[18] 위 글은 식민지 당대 공식 교육의 수혜를 받지 못한 기층계급의 여성들이 생활고로 인해 야학의 기회마저 활용하지 못하고 도시 노동자로 전이하는 당대의 사정을 보여준다.

　1930년대 한국에서 극소수의 신여성들을 제외한 대부분의 여성들은 근대의 소용돌이 밖에서 전통적 생활양식을 고수하며 가사노동에 종사하였다. 특히, 농촌 지역의 가정은 취약한 식민지 경제 아래 만성적 부채로 인한 극심한 빈곤에 시달리는데, 1930년 당시 여성인구(9,682,545명) 중 약 4%가 도시로 이동하여 노동에 종사한 것으로 파악된다.[19] 지방에서 서울로 일자리를 얻기 위해 올라 온 여성들은 공장직공이 되는 경우를 제외하면, 대부분은 '내지인'[조선으로 이동한 일본인] 또는 조선 가정의 '가사사용인'['식모']이 되거나, 카페, 요리점과 같은 유흥공간에서 자신의 몸을 노동의 자산으로 삼게 된다. 이는 기층계급 여성들의 몸이 가정 안팎의 친밀성의 영역에 배치되어 상품으로 거래되는 지점을 보여준다.[20] 가족 또는 사적인 관계

안에서 수행되었던 수유, 양육, 가사노동, 정서적, 성애적 교류가 근대 초기 기층계급 여성들을 통해 자본주의적 노동의 형식으로 수행되었던 것이다.

19세기 이후 산업 자본주의의 발전과 가족구도의 변동 속에서, 가정 내 관계, 돌봄, 사랑, 결혼 등 친밀성의 영역이 경제적 행위와 혼합되고 상품으로 거래되어 온 것은 전 지구적 현상이었다고 할 수 있다. 친밀성의 영역과 시장의 영역을 분리된 것으로 인지해 온 전통적 관점의 사회분석가들은 이러한 현상을 인간관계의 결속을 훼손시키는 도덕적 타락으로 간주해 왔다. 하지만, 친밀함의 상품화는 화폐를 매개로 하는 새로운 종류의 사회적 유대를 만들어내고, 친밀함과 노동을 둘러싼 새로운 의미적 조합과 협상과정을 양산하게 된다.21) 식민지의 조건 속에서 자본주의적 시스템이 제대로 뿌리내리지 못했던 근대 초기 한국에서도 친밀성의 변동으로 인한 공적, 사적 관계의 재편이 징후적으로 확인된다. 기생과 여급이 가정 밖 도시 유흥 공간에 배치되었다면, 식모와 유모 등은 대도시 중산층 이상의 가정 내부에 고용된 여성들이었다. 이들은 모두 도시 공간에서 육체적, 감정적 친밀성을 근대적 노동의 형태로 제공했던 새로운 여성 노동군이었다.

1) 요리점과 기생: 직역(職域)에서 노동으로

전근대 시대 지배층 남성들에게 기예와 섹슈얼리티를 제공했던 기생의 기업(妓業)은 근대 시기로 오면서 구조적인 변화를 겪는다.22) 갑오개혁(1894) 이후 신분제의 해체에 따라 관기제도는 공식적으로 폐지된다. 하지만 기업(妓業)을 중단할 수 없었던 대부분의 기생들은 일시적 공백기를 거쳐 1900년대 관립극장 협률사(1902), 사설극장인 연흥사(1907), 단성사(1907) 등의 무대에서 활동하다가 1908년 '기생단속령'을 기점으로 '기생조합'이라는 기제 속으로 흡수된다. 당대 기생조합은 일본의 게이샤 운영방식을 따른 것으로 1917년 이후에는 '권번'으로 명명되었다. 기업(妓業)을 수행하려면 기생조합에 가입하여 영업허가증을 받아야 했으며, 전대에 기부(妓夫)를 통해 개인적 통제를 받았던 기생들은 기생조합에 의해 조직적 관리를 받게 된다.

 기생조합은 기생들을 '요리점'에 중개하는 역할을 하였고 기생들은 요리점에서 영업활동을 하고 일정한 화대를 받았다. 요리점은 1종과 2종(또는 갑종과 을종)으로 분류되었는데, 일반요리점과는 구별되는 '특별요리점'(2종 요리점)이라는 명명은 일제의 공창정책과 연루되어 있다.23) 1900년대 전후, 조선에서 일본인들이 경영한 요리점 문밖에는 '어요리(御料理)'라고 글씨를 등불에 써서 걸었는데, 차츰 발달해서 '기쿠(菊)', '화월(花月)' 등의 옥호를 갖춘 요리점이 문을 열기 시작하였다. 이러한 요리점은 매춘을 주로 하는 일종의 유곽으로서 "일본의 유곽과 오키야(置屋)라는 기생조합, 그리고 이들 주변에 진을 치고 있는 요리점의 전통"을 계승하고 있다.24) 이에 대해 1910년대 이후 기생들의 주된 영업현장이자 연행공간으로서 당대의 유흥 문화를 대표하는 요리점은 제 1종 요리점에 해당된다. 조선을 대표하는 요리점으로 당대 정치 관료나 내외 귀빈들의 연회 장소의 기원이 되었던 것으로 기술되어 있다(백관수, 1929, 295면). 당시 이들이 요리점이나 여러 연회에 불려가 영업활동을 하게 되는 것을 '놀음간다' 또는 '출화(出花)'라 표현하였다(김천흥, 1995, 123면). 기생들은 1시간당 1원 50전 정도의 화대를 받았으며, 요리점 및 기생조합과 기생 간의 수익 배분은 기록마다 약간의 편차는 있으나, 대략 3:7의 비율로 7할 정도가 기생의 수입으로 책정된 것으로 보인다. 기생들 전반의 월평균 수입은 50-60원 정도였는데 이는 당시 신문기자, 교원 등의 인텔리 샐러리맨의 월급 수준이었다(김천흥, 1995, 124면).

 일차적으로 요리점에서 기생들이 제공했던 것은 기예 공연이었다. 카지야마 토시유키(梶山季之)의 소설 「이조잔영(李朝殘影)」에는 당대 요리점에서의 기생들의 공연 장면이 세밀하게 묘사되어 있다.25) 이 작품에는 유명 요리점을 찾은 일본인 고객 일행이 연회석에 안내된 후 먼저 조선요리를 먹는 장면, 그리고 세 시간 정도 기다린 끝에 기생 연주단이 도착하여 공연을 보는 장면 등이 순차적으로 기술되어 있어 당시의 실제적 상황을 추정할 수 있다. 공연은 먼저 기생이 부르는 권주가로 시작되며, 전문악공들이 궁정아악을 연주하고, 다음으로 기생들이 궁중정재 '춘앵전'과 '무산향(舞山香)'을 추는 순서로 이루어져 있다. 이들은 40분 정도의 공연을 하고 이미 예약된 또 다른 연회석으로 급히 이동하게 되는데, 이러한 장면은 당시 기생들의 '놀음차'가 철저하게 시간당 계산되었으며, 하루 저녁에 3-4건 이상의 놀음이 예약되었던 일급 기생들의 빠듯한 활동 정황을 보여준다. 당시 일급 요리점에서의 기생과 악공의 공연은 소규모의 전문 예술 공연이었으며, 3-4시간이나 소요되는 복잡한 절차, 비용 문제 등으로 인해 대중들은 쉽게 접할 수 없는 특별한 무대였음을 짐작케 한다.

그림 36. 1930년대 <명월관> 특설무대 공연 사진

당시 '소리기생'으로 이름난 기생들은 1930년대에 이르러 기생조직을 이탈하여 전문예술가 조직으로 재편되었고, 대중문화의 새로운 취향에 부응하는 음반을 제작하여 대중가수로 변신하였으며, 외모와 자태가 뛰어났던 '화초기생'은 요리점의 인기를 바탕으로 영화배우가 되기도 하였다.26) 그러나 이렇게 근대 예술계 및 대중문화 산업 시스템에 유입되면서 사회적 지명도를 획득하고 고수입을 올린 기생들은 전체 기생계의 일부에 해당되었다. 대부분의 기생들은 기예가 곁들여진 접대 서비스를 자산으로 하여 요리점에서 살아남아야 했다. 당시 기생들은 매음을 전문으로 하는 창기(娼妓)와는 법제적으로 구분되었지만, 요리점에서 인기가 없었던 기생들은 생계를 위해 자신의 몸과 섹슈얼리티를 팔아야 했으며 이는 다수의 사창(私娼)을 양산하는 결과를 낳았다.

기생조합은 일차적으로 기생들의 적극적인 조합 활동과 기예활동을 지원하고 기생들을 체계적으로 관리하는 근대화된 운영 시스템이었지만, 총독부의 관할 아래에 있으면서 지속적인 감시와 통제를 받았다. 1908년 「경시청령」 이후로 '기생'을 관리하는 '기생조합'과 창기를 관리하는 '창기조합'은 엄연히 구분되었다. 하지만 요리점에서 각광을 받았던 소수의 일급 기생 이외에는 조합에 소속되어 있으면서도 개별적으로 영업을 했던 사창에 가까운 기생들이 많이 있었다. 한편, 일제는 1916년 「경무총감부령」, 「대좌부창기취체규칙(貸座部娼妓取締規則)」 발포 이후 신정, 미생정과 같은 특정 지역을 지정하여 공창업을 본격화하게 된다. 일제가 공창업을 가시화하게 된 표면적인 이유는 식민지 내 풍기단속과 성병 확산을 막는 것이었지만, 경제적으로 공창업으로부터 벌어들이는 세금 수익을 상당한 재원으로 활용할 수 있었고, 식민지 통제의 용이성, 즉 그들이 말하는 '불령선인(不逞鮮人) - 독립사상을 가진 자의 색출을 용이하게 하는 이점 등이 있었다(손정목, 1996, 457면).

결과적으로 기생과 같은 전통 기예의 보유자와 신정이나 미생정 유곽의 공창은 풍기단속이라는 미명 하에 동일한 방식으로 통제되고 관리되었다. 당시 경찰은 풍속영업이라고 불리는 업종으로, 요리점, 음식점, 카페, 바, 끽다점, 댄스홀, 유기장(遊技場), 예기옥, 요정(待合茶屋) 등의 영업을 지정하였는데, 이 영업은 그 자체로는 직접적으로 선량한 풍속을 해하지는 않지만, 종종 밀매음, 도박 등 선량한 풍속을 해하는 행위를 일으키는 동기가 되므로 반드시 취체(단속)가 필요하다고 보았다.27)

한편, 기생조합을 둘러싼 외부의 통제, 기생을 바라보는 사회의 부정적 시선, 기생조합 임원들과 요리점과의 관계 속에서 발생하는 갖가지 불이익에 직면하여, 기생들은 기생조합 내부에서 자치적인 대응 체계를 마련하게 된다. 특히 당시 기생들은 기생조합(권번) 내의 임원들과 갈등을 겪거나 예기세 감원 문제, 화대 횡령이나 시간비 조정 문제, 경찰의 위생검진 문제 등과 관련하여 연대 파업을 강행하였으며, 기생조합으로부터 독립하여 자신들이 주축이 되는 자치 경영 조합을 결성할 것을 공포하기도 한다.

이러한 기생조합 내부의 기생들의 집단행동은 일면 식민지 시대 기생들이 처한 특수한 조건과 관련된다. 당시 기생들은 기생조합 부설 학예 연예부(기생교육기관)에서 가무훈련과 더불어 3년 정도의 교육과정을 거치면서 일정 정도의 지식과 교양을 획득하도록 요구받았다. 이들은 당시 근대 제도 교육을 받았던 여학생과는 다른 형태의 식자층 여성들이었다. 또한 요리점을 통해서 정치가 및 지식인 운동가, 문사들과 직접적으로 교류했던 기생들은 그들을 통해 세계정세에 대한 지식과 사회적 변동에 대한 정보를 얻었던 것으로 보인다. 그리고 무엇보다도 기생들의 집단적 행동력은 전근대 시대 관기제도의 오랜 전통을 바탕으로 한, 기생 조합 내부의 엄격한 질서와 조직 내부의 체계적 운영원리에 기인하는 것으로 추정된다. 이러한 기생들의 자치적 집단 활동은 1927년 기생 잡지 『장한(長恨)』의 간행으로 집결된다.

그림 37. 기생 잡지 『長恨』(1927. 2) 표지

잡지 『長恨』은 전근대 시대 신분적, 성적 차별 속에서 훈육되고 완상물로 향유되어 온 기생들의 '오랜 한(長恨)'을 표출하고, 사회와의 갈등 관계 속에서 자신들의 존재성을 새롭게 구성하고자 한 소수자 집단의 인정투쟁의 한 예라 볼 수 있다. 그런데, 여기에는 요리점에서의 기생이 수행했던 기업(妓業)을 근대적 노동으로 자리매김하고자 하는 기생들의 의지가 발현되고 있어 주목된다. 잡지 『長恨』 2호 (장한사, 1927)에 실린, 전난홍(田蘭紅)의 「기생도 노동자다ㅡ르가?」라는 글은 '호미와 곡괭이를 들고 땅을 파는 남자 노동자와 같이, 기생도 "노동자라도 정정당당한 노동자이다"라고 선언한다. "입을 열어 노래를 부르는 것과 손으로 양금이나 가야금을 뜯는 것도 기생은 남자 노동자보다 무한고초 가운데서 노동한다"(22면)라는 전난홍의 진술은 요리점에서 요구되는 기생들의 기예 공연은 소모적 유희가 아니라 일반 생산영역에서의 남성들의 노동과 비교하여 오히려 더 힘든 육체노동이며, "머리와 조고만 심장을 썩이어 가면서 여러 손님의 안 맞는 비위를 맞추어 가면서 수심이 가득하여 혈색 없는 얼굴에 다정한 웃음을 웃어가면서" 하는 '마음 태우는' 기생의 노동도 일종의 감정 노동으로서 정당하게 인정되어야 한다는 급진적인 시각을 담고 있다.

식민지 시기 내내 도시 유흥공간으로 성행했던 요리점에서 기생들의 다각적인 행보는 흥미롭다. 연석에서의 접대 행위나 요리점 밖에서 공공연히 이루어진 성의 매매는 지속적인 논란을 야기하였지만, 일부의 기생들은 자신들의 기업(妓業)을 정당한 노동의 하나로 인정해 줄 것을 당당히 요구하였다. 이러한 움직임 속에는 기생들과 교류했던 당대 사회주의 지식인들의 영향력을 감지할 수 있다. 하지만 식민지 당대 사회주의 운동세력의 시각에서 기생은 '진정한 노동계급이 아닌, '룸펜 프롤레타리아', 즉 자본가 계급과 투쟁하는 사회적 세력이라기보다는 자본가 계급에 기생하는 반동적 집단으로 파악되었으며, 기생들의 파업이나 노동조합 활동은 전혀 공식적인 논의의 대상이 되지 않았다.28) 오히려, 당대 공식 담론에서 기생은 근대 일부일처제 가족제도의 규범을 위태롭게 하는, 사라져야 할 존재로 보는 '기생철폐론'이 지배적이었다.29)

1929년에 출간된 『경성편람(京城便覽)』에는 기생들의 월수입이 일인당 삼백 원에서 삼백팔십 원 정도의 고수입이며, 식민지 경제의 열악한 상황 속에서 화류계만이 황금시절을 보낸다고 기술하고 있다(백관수, 1929, 296면). 하지만, 당시 기생 내부의 수입의 편차는 매우 컸던 것으로 보인다. 『동아일보』(1929. 7. 3) 기사 「칠령팔락(七零八落)의 기생수입(妓生收入)」에는 기생 수입이 "잘 벌면 월수입 시간대 사백여원, 못 벌면 한 달에 삼원이 될락 말락"이라 보도되고 있다. 이는 당대 화류계가 불안정한 경쟁 시스템으로 운영되었으며 기생의 수입이 3원에서 400원까지 격차가 벌어지는 극심한 양극화 현상을 띠었음을 보여준다.

1930년대 초 요시카와 헤이스이(吉川萍水)는 「기생물어(妓生物語)」에서 당시 경성부 소득세 부과 기준 조사표에 근거하여 기생 1인당 실수입은 평균 약 650원으로 한 달에 50-60원 정도이지만, 기생들의 수입은 큰 차이가 있었던 것으로 기록하고 있다. 미모·기예·일본어 실력, 이 삼박자가 조화를 이루면 인기 있는 기생으로 연 수입이 2천 5백 원에서 3천 원에 이르렀는데, 연 수입 천 원 이상인 기생이 약 15% 정도에 이르렀다고 한다. 하지만 평균 수입보다 훨씬 적은 기생들의 경우도 많았다. 1930년대 초, 평양 <기성권번>의 경우, 월수 350원의 거금을 버는 기생도 있었지만, 화대 수익을 권번과 요리점에 공제하고 받은 실 수령액이 한 달에 65전밖에 안 되는 극빈층 기생도 10명이나 되었다고 기록하고 있다(吉川萍水, 1999[1933], 151-153면). 이렇게 식민지 시대 권번 기생들 내부에는 크나큰 간극이 존재하였다. 10-15% 정도의 성공한 기생들이 전통 예술가로서 또는 대중 연예인이나 요리점의 인기 기생으로서 자신의 삶의 기반을 확보할 수 있었다면, 나머지 75-80%의 기생들은 스스로의 상품적 가치를 올리기 위해 부단히 힘써야했던 유흥 공간 속의 접대부들이었다. 이 중에서 경제적 궁핍으로 생존의 위기를 겪었던 기생들은 사창(私娼)으로 '전락'하게 된다.

1910-20년대의 전성기를 지나 1930년대에 접어들면서 요리점은 극심한 불경기 속에서 더욱 상업적이고 퇴폐적인 방향으로 치닫게 되고 이는 기생의 사창화(私娼化)를 가속화시킨다. 당대 일간지 기사들을 살펴보면, 『동아일보』 1925년 8월 29일자의 「웃음팔고 병 주는 화류촌의 여성군」이라는 기사는 1년 동안 각종 화류병에 걸린 여성 중 일본인이 8,110명(창기 5,513명, 예기 1,171명, 작부 1,497명)이며 조선인이 총 6,031명(창기 3,728명, 예기 740명, 작부 1,866명)이라 보도하고 있다. 여기서 "매음을 불허하는 예기 중에도 일천구백여명이나 화류병자가 있게 됨은 일반이 경계할 바이라는 바, 그는 당국자들의 예기밀매음 취체를 태만히 한 까닭인 듯 합니다"라는 진술은 당시 요리점의 예기(일본인)와 기생(조선인)들이 사창(私娼)에 깊이 연루되었음을 시사하고 있다.

『동아일보』(1932. 5. 21)의 기사에 따르면 1930년대 초반에 이르러 공창은 쇠퇴하는 반면 사창이 전성기를 보이고 있는데, 기생 2,450명, 창기 1,268명, 작부 1,350명으로 합계 5,073명이며, 그 전년과 비교하면 창기는 120명 격감하였지만 기생은 176명, 작부는 114명이 증가하였다고 보도되고 있다. 또한, 위 기사는 기생과 작부가 증가하고 창기가 감소하는 이유로 공창제를 폐지하자는 세계적 여론의 영향을 받고 있고 공창의 경우 경찰이 엄격한 영업 통제를 하기 때문이며, 그 결과 창기 영업보다 구속이 덜 한 사창을 겸하는 기생과 작부의 수가 늘어나고 있다고 분석하고 있다.

가무 공연을 주로 하는 기생계의 쇠퇴는 한편으로 사창의 증가 현상과 맞물린다. 요리점을 중심으로 이루어졌던 1910-20년대 도시 유흥은 1930년대 카페의 번성과 더불어, 서구적인 취향으로 선회하게 된다. 이러한 가운데 기생계의 경쟁 시스템에서 도태되고 도시의 모던한 유흥 취미에도 부응하지 못했던 이·삼류의 기생들은 법망을 피해 은밀히 매음을 하는 사창과 유곽의 공창으로 흡수되었다. 『동아일보』 1932년 12월 19일자 사설에서는 '여성의 비애, 점증되는 실업 여성의 창기화'를 다루고 있는데, 사창(기생·작부)과 공창을 포함하여 1931년도 조선의 기창(妓娼) 및 작부 수는 9,437명이며, 7년 전인 1925년 6,900명에 비하면 2,437명 증가했다고 진술하고 있다. 그 중 조선인은 2,805명에서 5,073명으로 2,268명이 늘고, 일본인은 4,085명에서 4,361명으로 276명이 늘었는데, 일본인에 비해 창기의 수가 9-10배 정도 많아진 원인으로 식민지 조선의 '저주할만한 빈곤과 실업' 문제를 제기하고 있다. 이러한 공창·사창의 증가는 이후에도 지속되는데, 『동아일보』 (1937. 11. 5)를 보면 1937년경에 이르러 예창기는 10,500여명으로 증가되는 기(奇)현상을 보인다.

근대 초기 조선에서 전통의 지표를 바탕으로 도시공간의 예술과 유희를 매개한 기생은 그들의 몸을 상품으로 적극 활용한 식민지 유흥산업의 자산이었다. 당시 법제적으로 기생은 공창과 엄연히 구분되었지만, 도시 요리점을 무대로 활동했던 기생들은 근대적 예술가와 상업적 엔터테이너 또는 사창 사이의 경계에 있었다는 면에서 전근대 창(娼)이 지녔던 이율배반적인 모순을 온전히 떨쳐낼 수 없었다. 당시 기생들은 신분제에서 해방되었지만 '화류계'라는 특수한 영역을 십분 활용했던 자본주의 기제 속에 배치되면서 기예와 섹슈얼리티를 파는 도시 여/성 노동자의 한 부류로 흡수되었다.

하지만 근대 시기 기생조합 내부의 기생들의 노동조합적 활동이나 전통 기예 전수자로서의 특권과 경제적 토대를 바탕으로 사회적 인정투쟁을 시도했던 일급 기생들의 목소리는 도시 요리점의 구조적 한계를 벗어나고자 했던 타자의 적극적인 몸짓들이었다. 특히, 기생 내부에서 발현된 기예의 상품화, 친밀성에 기반 한 감정 노동에 대한 새로운 인식은 가족제도 밖의 공적 공간에서 자본주의적 생산노동으로 범주화되지도 않으면서 가족제도 내부의 재생산이나 가사노동과도 질적으로 다른, 도시 공간에서 양산된 여성 노동에 대해 재성찰할 것을 요구하는 질문이라 할 수 있다.

2) 카페와 여급

1930년대 경성의 남촌과 북촌에서 번성한 카페는 서구적인 기호물과 일본적 특성이 결합된 혼성적 구성물이었다. 기예 공연에 대한 비싼 시간비와 길고도 까다로운 절차 등으로 인해 요리점의 기생은 일반 대중들이 쉽게 접할 수 있는 존재는 아니었음에 비해, 카페는 경제적으로나 절차적으로나 부담 없이 유흥을 즐길 수 있었으며 음악이나 춤 등 갖가지 서구적 기호품을 향유할 수 있다는 점에서 기존의 요리점을 능가하는 유흥 공간으로 부상하였다. 1930년대 카페의 남성 고객들은 주로 실업가, 회사원, 은행원, 점원, 학생, 선생, 기자, 모뽀, 부랑자, 지식인 문사 등이었다. "조선의 까페는 나날이 번창(繁昌)한다! 그렇다 조선의 까페는 에로 뽀이 에로껄의 난무장(亂舞場)이오! 술과 계집의 혼무장(混舞場)이다"30)라고 한 지식인 문사 함대훈의 묘사처럼 당대 카페는 소위 모던보이들의 향락의 전당이었다.

> 붉은 알콜! 회색연기! 푸른 웃음! 가락없는 노래! 깊은 밤의 불야성을 환락의 기지로 이끌어 죄악의 씨와 뿌리를 깊이 박는 현대의 수라장(修羅場)인 카페! 그 곳은 과학문명과 물질문명의 혼혈아로서 그 생명이 가장 순조롭게 자본주의의 혜택으로 잘 성장되고 있다. 미목(眉目)이 청초한 쁘띠 부르주아의 귀공자,

> 연문학(軟文學)에 달콤한 시상을 소유한 문학청년, 현대 준 행운아인 최고학부의 인텔리보(補), 월부양복에 중역의 눈치만 살피는 셀러리급(級), 그들의 값싼 향락을 한(限)껏 공급한다는 환락제작소인 카페의 운명이 길면 얼마나 길 것인가?31)

1930년대 도시공간에서 미인 '웨이트리스'를 내세우며 대중들의 호기심을 끌었던 카페는 근대적 산업 시스템 속에서 여성의 몸을 매개로 하여 친밀성을 상품화했던 공간이었다. 특히, 카페는 1920년대 조선을 강타했던 자유연애의 풍조가 상업적인 형태로 발현된 곳으로, 당대 사회의 결핍된 욕망과 자본이 결합하는 방식을 보여준다. 웅초(熊超)라는 필명의 작가가 쓴 「경성 앞뒤 골 풍경」(『혜성』 1931. 11)에는 카페가 공공연한 연애의 공간이자 그러한 연애를 돈으로 주고 살 수 있는 특수한 시장임을 역설한다.

> 카페는 진한 연애는 아닐지라도, 그와 여하한 연애를 파는 시장이다. 여급이 연애형식 그 이상의 그 무엇을 파는 수가 더러 있을지는 모르나 연애만은 공공연하게 팔 수가 있다. 카페는 단지 연애의 수속비로 술을 팔 뿐이요 '팁'이라는 희사(喜捨)가 연애의 가격이다. 공황, 불경기하면서도, 세월좋은 시장이다. 삼십 사원의 가엾은 월급쟁이 포케트에서 돈이 튀어나온다. 그러나 여기에 몰려든 흥정꾼들은 밥보다도 먼저 그리고 밥보다도 더 비싼 연애를 사러 다니기에, 청년신사학생들은 골몰하고 있다. 이 위대한 시장, 요리점에다 기생집을 좀 더 첨단(尖端)화시킨 이 시장이 유행에 뒤지지 않으려는 모뽀의 선도로 쓸쓸한 북촌거리 여기저기에 몰려오고 있다(127면).

위 글은 카페에서 돈을 매개로 교환되는 것이 단순히 성적인 것이 아니라 신식 연애였음을 보여준다. '밥보다도 비싼 연애'에 골몰한 '청년 신사 학생'들은 바로 1920년대 신문명의 세례를 받았던 주역들이며, 카페는 일상에서 온전히 구현되지 않았던 자유연애, 또는 결혼 제도 속의 에로스의 결핍을 상업적으로 활용하는 풍경을 보여준다. 카페 여급은 당대 사회가 선망하는 자유연애의 상대였던 신여성의 외양을 하고 남성 고객들에게 자유연애에의 욕구를 대리 충족시켰던 존재였다.

그림 38. 1930년대 카페 <백마> 광고 기사(『女聲』 1934)

카페는 돈을 매개로 한 육체적·감각적 쾌락의 교환뿐 아니라, 여급과 고객 간에 실제적 연애가 뒤섞이는 장(場)이기도 하였다. 당대 카페는 여급과의 유희적 만남을 통해 연애의 욕구를 해소하는 '청춘의 위안지'로 묘사되곤 하였는데,32) 이때 연애는 돈을 매개로 한, 남성 고객과 여급 사이의 기묘한 공모 관계를 형성한다. 여기서 직업적 서비스와 자발적 유희 행위의 경계가 모호한 여급의 노동이 문제가 된다. 카페여급의 존재는 자본주의 유흥 산업이 여성의 몸과 섹슈얼리티를 활용하는 노골적인 의도와 전략을 보여준다.

> 종업여성의 보다 아름다움을 요구한다. 얼굴이 어여쁘고 화장을 잘하고 화려한 의복을 입으며 보다 교묘한 수단으로 에로를 굳세게 발산하는 것을 요구하게 된다. 내객의 유동성을 선동하여 낭비를 조장. 그들의 화려, 애교, 첨단적 유행의 추수 같은 것을 좋아하고, 고객의 환심을 사는 것이 제 일의이다. 손들이 어색(漁色)에 집중하는 자들이라 어떠한 수단을 다하여서라도 정조까지도 사려하는 유혹은 끊임없이 침습하는 것이니 카페걸은 그 자체가 벌써 허영에 뜨인 자들이 대부분이지만 거기에다가 영업주와 고객이 주종의 관계와 금력으로써 끊임없이 유혹하여서, 타락의 길로 끌어들이는 것이니...(쌍S生,1932, 62면).

당시 '카페껄(걸)'에게 요구되는 조건은 '얼굴이 어여쁘고 화장을 잘하고 화려한 의복을 입으며 보다 교묘한 수단으로 에로를 굳세게 발산하는 것'이었으며, '내객의 유흥성을 선동하여 낭비를 조장'하며, '화려, 애교, 첨단적 유행'을 좇는 고객의 환심을 사는 것이었다. 카페여급은 카페 안의 술과 음식, 서구적 기호를 소비하도록 끊임없이 부추기는 판매자이면서, 상품이 된 자신을 고객들에게 어필해야 하는 구조 속에 있었다.

카페 여급의 경우, 기생을 특징짓는 요소인 기예 공연 대신, 보다 직접적이고 노골적인 '서비스'가 요구되었는데 이는 퇴폐적 유희 문화를 대중 속으로 확산시키게 된다. 당시 카페 안에서 여급에 의해 제공되는 '에로 서비스'의 성격은 성애적 코드를 교묘하게 상품화하는 위태로운 경계를 드러낸다.

> 어떠한 한계를 넘지 않는 범위에서 어느 특별한 조건이 없이, 가장 넓게 손님의 요구하는 에로의 서비스에 종사하는 것이오, 정조의 매매에까지 이르지 않고서 어느 손에게다 환심을 사려는 것이오, 손들도 대개는 일시적 환락을 탐하여 에로의 냄새만 맡고, 시가(市價)보다 비싼 상품을 사게 되는 것이다. 에로 써비스하는 정도가 강하면 강할수록, 껄들의 수입은 많아져야 할 것이라 스스로 에로의 강력적 발전을 요구하게 된다. 에로를 공연하게 얕고 넓게 발산함으로 상매하는 직업이다. 짧은 시간에 가장 많은 손을 대하고, 그 허하는 분위기에서 가장 강력한 에로의 자극을 주려는 것이다(쌍S生, 1932, 61-62면).

당시 카페에서 여급에게 요구되었던 노동은 '어떠한 한계를 넘지 않는 범위에서 어느 특별한 조건이 없이, 가장 넓게 손님의 요구하는 에로써비스'였다. 또한 이러한 서비스는 비록 허위일지라도 표면적으로 연애 관계의 틀 속에서 이루어지는 행위였다.33) 당대 카페여급은 여성의 몸과 제스처, 눈빛, 목소리 등 성적 자극을 유발하는 모든 요소들을 기술적으로 활용해야 했으며, 상품의 형태로서 교환된 이들의 서비스는 '팁'이라는 형태로 즉각적으로 보상되었다. 여기서 고객의 최대한 에로틱한 쾌락을 충족시키되, 매춘으로 전락하지 말아야 한다는 조건은 1930년대 여급의 노동을 직업의 틀 속에 위치시키는 아슬아슬한 경계선이자, 성애적 친밀성이 합법적으로 거래될 수 있는 마지노선이었다고 할 수 있다. 하지만 이는 경제적으로 교환될 수 있는 친밀성의 영역 내부에 섹슈얼리티가 개입함으로써 도덕적 논란을 야기하는 경계의 지점이기도 하였다.34)

> 에로를 발산함으로 상매(商賣)하는 직업이라 짧은 시간에 가장 많은 손을 대(對)하게 하여 그 허하는 범위 내에서는 가장 강렬(强烈)한 에로의 자극(刺戟)을 주려는 것이니 이 역시 색(色)을 파는 한 작위(作爲)일 것이다(쌍S生, 1932, 62면).

위 글에서, 여급은 짧은 시간에 가능한 많은 손님들을 상대하도록 요구되었고, 규제와 위반의 긴장 속에 야기되는 강렬하고 색다른 자극과 유희를 제공하였던 것으로 기술된다. 당시 카페 여급들의 노동 조건을 살펴보면, <카페영업취체내규표준>(1934) 22조 1항에서 드러나는 바, 여급의 수입이란 그들의 서비스에 대한 보상으로 받는 '팁'이 전부였다(김연희, 2002, 26-28면). 여급들이 고객으로부터 받는 팁은 1-2원(평균 1원), 한 달 수입은 보통 50-60원이었으며, 여배우나 여학생 출신의 인기 있는 여급인 경우 70-100원 정도에 이르렀다. 1920-30년대 인텔리 지식인 남성들이 60-70원 정도의 월급을 받았던 것과 비교하면, 이는 여성으로서 적지 않은 수입이었다.35) 그런데 여급들은 기본급의 보장 없이 고객으로부터 받는 팁에 전적으로 의존하였기 때문에 손님들의 다양한 요구를 거부하기 힘든 상황 속에 놓여 있었다. 그 결과, 카페 안에서는 많은 팁을 받기 위해 갖가지 수단으로 고객의 환심을 사려는 여급과 팁을 미끼로 여급의 정조까지 탐하려는 남성 고객 사이에서 일종의 게임이 벌어지게 된다. 이때 여급에게는 남성 고객의 욕망을 충족시키기 위해 관능적 기술들을 발휘함과 동시에 매춘이나 사적

애욕의 차원으로 가는 것을 제어해야 하는 전략이 요구되었다. 한편, 여급의 서비스가 실제 연애로 발전될 때, 그들의 노동은 연애라는 사적 감정의 자발적 향유와 팁을 매개로 제공한 감정적·성적 서비스 노동 사이를 모호하게 오가게 된다.

『매일신보』(1935. 10. 21)에 실린 「식당(食堂)과 『카페』여급 월수입(女給月收入)」이라는 기사는 시내 본정서 보안계에서 조사한 식당과 카페여급의 개인 수입을 소개하고 있다.

식당 여급		카페 여급	
월수입	인원(총88명)	월수입	인원(총302명)
20-30원	50명	30원	97명
		50원	104명
		100원	161명
50-100원	31명	150원	6명

식당 여급 총 88명 가운데, 20-30원을 받는 가장 경우가 가장 많았고(50명), 50-100원 정도 받는 경우도 31명이나 되었다. 이에 비해 카페여급은 총 302명 가운데, 30원이 97명, 50원이 104명, 100원이 161명, 150원이 6명으로 상당히 고수입을 올린 것으로 드러난다. 주로 남촌 지역의 일본인 카페가 주 조사 대상이었던 것으로 추정되는데, 여급의 수입이 50-100원에 이르러 취직 전선의 이상이 심각한 때에 웬만한 대학출신의 학사 초임 월급보다 못하지 않다고 평하고 있다. 하지만 수입의 예금 여부를 조사해보니, 오히려 수입이 적은 식당여급들이 최고 50원 예금자가 15명 있으나 수입이 많은 카페여급의 경우 1명밖에 없으며, 카페여급들은 대부분 수입을 그대로 소비하며 주인에게 부채가 있는 경우가 태반이라고 전한다. "옷을 화려하게 입어야죠. 또 모양 나는 구두도 신어야죠. 화장품이니 무어니 무어니 다 제하고 나면 남는 게 얼마 안돼요."36)라는 한 여급의 고백처럼, 일터로서의 카페는 여급들에게 수입 이상의 소비를 조장하는 공간이었다.

카페 안의 '육향'을 찾아다니며 '값싼 향락'을 구하는 샐러리맨과 예술가, 문학청년, 학생들에 대해 당대 사회 일반의 시선은 부정적일 수밖에 없었다.

> 조선사회의 퇴폐적 현상의 하나는 '카페-'의 발호이다. 이곳저곳에 생겨나는 푸른 등 붉은 등 '카페' 그곳에서 끊임없이 사람의 신경을 현혹시키는 '째즈송'의 '레코-드' 소리가 울려나오고 간드러진 '웨이트리스'들의 웃음이 흘러나온다. 심신을 도취시키는 '에로'에 끌려서 그 사람의 이목을 끄는 미려한 장식에 끌려서 환락의 영위기에 끌려서 얼마나 많은 사람이 '카페-'의 으슥한 방에를 출입하는가! 투쟁을 잊고 이런 '카페-'에 은신하여 '에로'를 핥는 그들의 생활은 그 얼마나 퇴폐적이며 환락적이며 도피적이며 환멸적인가.37)

당대 카페 자체가 지니는 퇴폐성은 그곳을 찾는 사람들의 신경을 현혹시키고 마비시켜, 식민지 현실의 도피적 환락 공간을 형성하게 되었다고 당대 지식인들은 우려를 표명하였다.

당대 사회 일반의 시선 속에서 여급은 '도색전사', '매춘부', 정조를 파는 성노동자에 지나지 않았다.38) 그런데, 이러한 여급들을 도시의 하층 성노동자로 취급하는 현실에 대응하여 일부 카페 여급들은 대중잡지에 스스로를 '직업부인'으로 선언하는 글을 싣고 있어 주목된다. 강정희는 「여급도 직업부인인가」(『신여성』, 1932. 10)라는 글에서 "직업이란 사람이 그 생활 자료를 획득하기 위하여 행하는 경제적 활동이다"라고 정의내리면서 자본주의 사회에서의 노동과 직업의 의미를 제기한다. 또한 그녀는 "일본 내무성이나 내각 통계국에서는 그 직업 분류 중에 명료하게 여급을 여자 직업 중에 헤이고 있으며 그 외에, 경성직업소개소에서도 여급의 항목이 있다 한다. 사실 여급에는 매춘적 행위에 빠지기 쉬운 유혹이 있지만, 전부가 그런 것은 아니다"라고 하면서, 여급은 엄연한 '직업부인'이고 '사람들의 만연한 몰이해에 기인한 오진을 받고 있는 괴로운 직업'이라 한탄한다. 「내가 여급으로 되기까지-이 직업을 멸시 마시오」(『신여성』 1933. 3)라는 글을 쓴 여급 장영순 역시 자신들이 당대 자본주의적 사회구조의 희생양임을 내세워 여급의 노동을 옹호한다.

그림 39. 여급잡지 『여성(女聲)』(1934)

직업부인으로서 여급의 자기규정은 1934년 4월 6일 발간된 여급 잡지 『여성(女聲)』에 보다 강력하게 제기된다.39) <R 회관>의 '백장미生'이라는 필명의 여급이 쓴 「조선의 여성들아! 주저말고 직업전선으로!!」라는 글은 눈을 부릅뜨고 두 주먹을 불끈 쥔 채 세상을 향해 뛰어드는 전사 이미지의 여성 사진을 싣고 있는데, 이는 여타의 대중 잡지에 등장하는 모던걸로서의 여급 이미지와 크나큰 차이를 보인다. 이 글에서 필자는 먼저 근대화된 여성의식과 직업관을 피력한 후, 남성과 사회로부터 불평등한 대우를 받는 직업여성 전반의 비애를 언급한다. 그리고 다음과 같이 카페 여급으로서의 자기 목소리를 내고 있다.

카페의 여급은 남자의 성욕을 채워주는 동물과 같이 생각하여 천인과 같이 멸시(蔑視)하며 오(惡)하는 사람도 있다. 태연한 태도로 정조를 요구하는 몰상식한 이도 있다. 그네들은 아마도 우리를 색가의 매춘부와 동일시하는 모양이다. 난 직업으로서의 여급이라기보다도 무지하고 상식이 결핍한 그네들 뭇 남성들에게 상식의 캄풀 주사를 주며 계몽의 채찍질하는 것이 천부의 책임으로 느끼고자 임하고 있는 바이다. 깨어라 여성들이여. 그리하여 용감스럽게 직업전선으로 나아가기를 주저하지 말자. 싸우자 뭇 직업여성들이 남성의 힘센 그것과 신산(辛酸)한 사회의 모든 난맥과 몸을 희생하여 힘껏 싸우자. 이것이 우리의 앞길을 유리하게 인도하는 방책인 동시에 허영과 공상으로 번민하는 뭇 남성들에 대한 행복스러운 양식이며 나침반일 것이다.

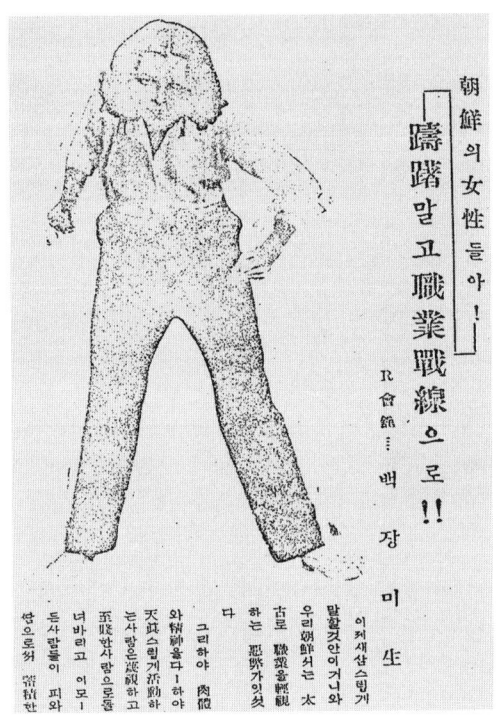

그림 40. 도전적인 전사 이미지로서의 여급(백장미생, 「조선의 여성들아! 주저말고 직업 전선으로」, 『女聲』 1934. 1.)

이러한 백장미생(生)의 글은 직업부인으로서의 자각을 넘어서 여급의 문제를 당대 사회가 안고 있는 모순된 구조 속에서 인식하고, 무지한 남성들을 오히려 계몽시켜야한다는 적극적 인식을 보이고 있다. 그러기 위해서는 여성들이 자각해야 하고, 직업전선에서 연대해서 남성 중심적 사고와 갖가지 사회적 편견에 맞부딪혀 싸워나가야 함을 역설한다. 특히 위 글은 여급을 둘러싼 남성과 여성의 갈등관계를 근대적 젠더 의식으로 파악하고 있으며, 스스로를 계몽의 대상이 아닌 계몽의 주체로 인식하고 사회의 모순을 극복하려는 여급의 급진적 시각을 담고 있다.

당시 많은 인텔리 출신이 포함되었던 여급들은 자신들이 처한 직업부인으로서의 모호한 위치에도 불구하고 대중매체를 통해 자신들의 사회적 목소리를 적극적으로 표명하였다. 하지만 식민지 당대 카페 안에의 여급들은 자신의 수입으로 가족의 생계까지 책임져야 하는 경우가 많았으며, 고수입을 얻는 일부 여급 외에 많은 경우 불안정하고 위태로운 노동 조건과 과도한 소비로 인한 경제적 빈곤으로 인해 카페 밖에서 개별적인 호객 행위를 하는 사창(私娼)군을 형성하게 된다.

『매일신보』(1936. 1. 28)에 실린 「예기(藝妓), 창기(娼妓), 여급(女給)등의 지식정도(知識程度)를 내사(內査)」라는 글은 1930년대 중반 경성의 유흥공간의 변화상을 묘사하고 있다.

> 대경성의 문화가 발전되는 데 따라, 장안의 '꽃거리'인 화류항에도 해를 따라 큰 발전을 보게 되었고, 그에 종사하는 기생, 창기, 여급들의 수도 날로 늘어가게 되는데, 몇 해 전만하여도, 화류항에 투족하는 여성은 일종의 허영녀로 취급을 받아, 그 방면에 진출하기를 주저하였으나 최근에는 많이 닥쳐오는 생활난에 쪼들리어, 일종의 직업화하는 경향도 많게 되었고, 또 옛날에는 부랑자의 소굴로 알던 요리점이 현재에는 한 사교장으로 화하여, 요리점이나 카페 등지에는 상당한 인텔리의 객들이 자주 출입하게 되었다. 이와 같이 변하여 가는 것으로 말미암아 그들을 상대하는 화류계의 여성들도 상당한 지식을 갖지 아니하면, 교양 있는 고상한 '서비스'를 할 수 없는 처지라, 요즈음은 거의 보통학교 출신이나, 또는 중등 전문학교까지 졸업한 여성들로 섞이어있게 되었는데, 이에 경성부 사회과에서는 그러한 화류항의 여성들의 지식정도를 구체적으로 조사하기 위하여 방금 카드를 정리하여 그 준비에 분망 중인 바, 이삼일 후에부터는 세밀한 조사를 하여 게시하게 되려함이라 한다.

소위 '화류계'에 종사하는 여성들인, 기생, 여급, 창기의 수가 날로 늘어가는데, 과거에는 일종의 '허영녀'로 취급을 받아 주저하였지만, 최근에는 극심한 생활난과 더불어, 많은 여성들이 이 직업을 선택하게 된다고 기술하고 있다. 특히, 주목할 바는 요리점과 카페 등이 일종의 사교장으로 변화되어 인텔리 출신의 고객들이 드나들면서, 이들을 상대하는 '화류계'의 여성들 역시 상당한 지식과 교양을 갖추어야 하는 상황이 되었으며, 실제로 보통학교와 중등 전문학교 졸업 여성들이 많이 포함되어 있다고 전하고 있다. 위 기사에서 1936년 당시, 경성부에는 3,800여명의 화류계 종사 여성들이 있는데, 그 중 조선인은 2,000여명이며 기생의 수가 990명인 반면, 카페여급의 수는 1,946명으로 카페여급이 기생을 약 2배 정도 앞지르고 있음을 확인할 수 있다. 전통 기예를 전수하여 공연해야 했던 기생들과 달리, 카페여급은 특별한 기술이 필요 없이 다양한 계층의 여성들을 흡수한 도시의 새로운 직업이었다. 쉽게 고용되는 대신 그만큼 불안정하고 열악한 노동 조건에 시달렸으며 당당한 직업부인과 '매춘부'의 모호한 경계에서 갖가지 논란을 야기하였지만, 식민지 도시는 절박한 생존 또는 경제적 독립을 위해 직업을 구하는 여성들에게 카페라는 틈새의 시장을 열어놓았다.

3) 근대 가정과 '식모'/'유모'

가사노동의 상품화와 근대 가정의 틈새 : '식모'

'식모'는 전근대 신분제 사회에서 가정 안의 가사일과 각종 허드렛일을 했던 여종(下婢)에서 기원하는 '하녀'의 다른 이름이다. 신분제가 해체된 근대 시기에 이르러서 '식모'는 '가사사용인'이라는 공식적 명칭으로 도시 여성 노동의 한 영역을 형성하게 된다.40) 전근대적 관행과 습속이 여전히 지속되었던 20세기 초기에 그들은 노동자와 유사 가족 사이의 모호한 위치 속에서 가사, 육아, 수유 등 가족관계에서 요구되는 친밀성의 영역을 경제적 활동으로 거래하는 기능을 하도록 요구받았다. 당대 '가사사용인'은 '안잠자기', '(조선)어멈', '드난살이', '식모', '가정부(家政婦)' 등으로 불렸으며,

가사 일 전반을 돕는 '식모(食母)'라는 지칭 외에 바느질하는 '침모(針母)', 반찬을 주로 하는 '찬모(饌母)', 수유를 담당하는 '유모(乳母)', '애보는 아이' 등으로 세분화되고,41) 가족 단위로 주인집의 행랑에 거주하며 집안일을 돕는 '행랑어멈'을 포함한다.42) 천변 빨래터 주변의 경성 중하층민의 삶을 묘사하고 있는 박태원의 소설 「천변풍경」에서는 동대문 안에서 '드난살이'를 하는 카페여급 하나꼬의 어머니, 남편의 학대를 피해 서울로 올라와 한약국 집에 '안잠재기'로 있는 귀돌어멈, 약국 안채 행랑으로 두 자식을 데리고 남편과 함께 들어온 만돌어멈, 기생집에서 드난살이를 하고 있는 필원네 등을 통해 특별한 기술도 학력도 없는 도시 기층민 여성들에게 있어 가사사용인이 매우 흔한 일자리였음을 보여주고 있다.43)

이러한 식민지 시기 중상류층 조선 가정의 가사사용인의 고용은 일차적으로 근대 초기에 핵가족 개념이 도입되었음에도 현실에서 지속적으로 유지되었던 대가족제도와 전통적 가옥구조 및 가정 경영의 습속 등에서 기인하는 것으로 보인다. 지금까지 크게 주목되지 않았던 '가사사용인'은 식민지 시기 계몽담론 속에서 추구되었던 근대적(신식) 가정과 비교하여 현실 속의 가정의 실상을 드러낼 뿐 아니라, 근대 초기 시골에서 도시로의 여성 인구의 유입과 더불어 형성된 도시 하층 여성노동의 한 형식으로서 주목된다.44) 행랑에 어멈과 아범이 있고 심부름하고 아이 보는 계집종이 따로 있는 서울의 중산층 집안에 '안잠자기'로 일하는 한 29세 여성의 기록을 보면, 시골의 아전 집안의 딸로 보통학교도 졸업한 중류 이상의 여성이지만 열일곱에 결혼하여 소박을 맞게 되어 서울로 올라와 '안잠자기'로 들어가게 된 내력을 제시하고 있다.

> 바느질을 하지요 밥 짓는 것을 보살피지요 어린애를 보아주지요 물건 사는 심부름을 해주지요 주인 마마 대서(代書)를 하지요 내년쯤은 용남이를 데리고 유치원에를 다녀야 하지요... 어느 때는 내 몸뚱이가 열이 있어도 모자랄 때가

있습니다. 밤으로 틈을 얻어서 야학에라도 다니고 싶으나 도무지 그러할 시간이 없습니다. 잡지ᆞ권 신문ᆞ장 들여다 볼 틈도 어느 때는 없습니다. 이러고도 한 달에 받는 것은 겨우 십팔 원입니다. 그러나 옷벌 해 입는 외에는 별로 쓰는 곳이 없으니까 그것도 모아집니다. 이 년 동안 모은 것이 이백 한 오십 원이나 되니까 이대로 한 이태만 더 지나면 한 사오백 원 되겠지요. 잘하면 나갈 때에 주인이 돈 백 원이나 집어주겠지요. 그리 저리하면 한 오륙백 원 되겠으니까 잘하면 한 삼 년 동안 공부를 할 수도 있겠지요. 그것이 지금의 나에게는 크고도 큰 희망이요 즐거움입니다.45)

이 여성은 '안잠자기'로서 가사 일 전반에서 육아, 집안 심부름과 허드렛일까지 도맡아했다고 기술하고 있는데, 몸이 열 개 있어도 모자랄 때가 있다는 표현은 이들이 행한 노동의 정도가 매우 고되었으며 노동의 성격도 다양했음을 시사한다. 또한 임금 수준은 한 달에 18원 정도 받은 것으로 드러나고 있는데, 1930년대 여공이 월 평균 9-17원, 백화점 점원이 15-30원, 전화교환수나 간호부 등의 직업부인이 25-30원 정도를 받았던 것과 비교하면, 가사사용인의 수입은 가장 낮은 임금을 받았던 여공보다는 높고, 도시 서비스직 종사 여성보다는 낮았던 것으로 추정할 수 있다. 하지만 가사사용인의 경우 개별 가정에서 고용하는 직업군으로서 임금의 편차는 심했으며, 공장이나 회사 등 공적 조직으로부터 얻을 수 있는 최소한의 노동권이나 복지를 전혀 보장받지 못하는 취약한 상태에 있었다고 볼 수 있다.

당시 가사사용인들은 대부분 주인집에 거주하면서 친밀한 관계를 형성하는 유사가족의 형태를 띠었으나 실질적으로 그들은 임금을 매개로 하여 가족 안으로 들어온 외부 노동자들이었다. 전근대 시대 신분제의 족쇄에 묶여 양반집 노비의 조건으로 일했던 여종과 달리, 근대 시기의 '안잠자기'나 '식모'의 위치는 보다 복합적이었다. 주인집과의 계층적 위계로 인해 전근대 여종과 같은 대우를 받으면서도, 그들은 노동에 상응하는 대가를 받는 근대적 임금 노동자의 면모를 띠기도 하였다. 김동인은 "자본주의가 그다지 발달되지 않은 조선이건만 식모뿐은 마치 자본주의 하의 노동자와 같이 자기의 책무를 온갖 악의와 반감으로서 당해 나가니 과연 딱한 일이다. 부리는 사람이 아무리 친밀미를 느끼고자 하여도, 부림을 당하는 사람이 이런 태도로 응하면 거기는 반드시 불유쾌한 주종관계가 생겨날 것이다'라고 하여 당대 시골에서 올라온 식모의 태도와 품성에 대한 불만을 토로한 바 있다.46) 한편, 그들은 신분적 질서 속에서 복종과 봉사를 수행했던 전근대 시기 노비 계급과 달리, 근대 가정 내부의 사적 질서에 위협이 되는 외부인이기도 하였다.

이태준의 「색시」라는 단편 소설은 당대 도시 가정으로 들어온 한 식모의 내면의 흐름을 좇고 있다. 이 작품은 식모로 들어온 한 젊은 과부를 묘사하고 있는데, 이 여성은 어떻게든 결혼하여 다시 가정을 꾸리는 것을 인생의 유일한 목표로 삼는다. 주인으로부터 월급을 몇 원 받으면 화신상회로 달려가서 분이나 크림 같은 화장품을 사들이고, 접시나 찻잔, 전기다리미 등 미래의 혼수품을 사 모은다. 또한, 어느 날에는 주인 아내로부터 파라솔을 빌리고, 아이 보는 갓난이에게 아이를 업게 하여 앞세운 채 문안 거리를 다니며 마치 자신이 안주인인 냥 흉내를 내는 등 중산층 가정부인에 대한 선망을 표출한다. 또한, 맞은 편 하숙집에 전문학교 남학생들이 들어오자 그들에게 크나큰 관심을 보였다가, 그 남학생들을 찾아온 여학생들에게 강한 라이벌 의식과 질투심을 느끼기도 한다.47) "모자를 비뚜름히 쓸 줄 알고 하모니카도 베이스를 넣어 불 줄 아는 그런 신랑"을 다시 만나기를 꿈꾸었던 식모는 결국 자신의 욕망을 실현하지 못한 채 귀향한다(이태준, 2005, 451면).

『동아일보』(1928. 3. 15)에는 「조선(朝鮮)어멈(三)」이라는 제목의 '식모'에 대한 기사가 실려 있다.

표면으로 보면 생활 곤란이 그 원인이라 하겠지마는 늙은 과부 약 일이 할을 제하고는 전부가 가장이 있고 시부모가 있고 가정을 가지게 된 젊은 여자가 대다수를 점령한 만큼, 그 이면에는 인생사회의 복잡한 비극이 잠재하였다 한다. 그 종류를 구별하여 보면, 첫째는 이혼당한 여자가 삼사 할이 넘는다는데, 구식가정에서 자라나서 구식가정으로 시집을 갔다가 가장이 싫다하면 자기 마음으로는 개가도 가고 싶으나 시집과 친정의 체면관계도 있음으로, 마침내 차라리 타향으로 달아나겠다는 결심을 가지고 온 사람이라 그들은 먹는 것도 먹는 것이지마는 자기의 종적을 다른 사람이 알까 하는 것이 근심의 초점이 되어 한번 어느 가정이든지 소개가 되면 비교적 오랫동안 있다하며, 순전히 도회를 동경하고 도회사람의 호화로운 생활 상태를 보고는 한걸음 두걸음씩 허영심에 날뛰어 필경에는 몸을 그대로 버리게 되는 사람도 많다 한다.

위 기사에서 1920년대 후반, 도시 가정의 식모로 일한 여성들 가운데 3, 4할이 이혼녀였다는 언급은 흥미롭다. 이 태준의 위 소설에서 식모의 형상은 당시 결혼 제도의 주변부에 있었던 과부, 이혼녀 등이 자신의 과거를 숨기고 도시와 같은 새로운 공간에서 대안적 삶을 모색하려 한 가사사용인의 한 유형을 형상화하고 있다고 볼 수 있다.

한편, 식모 역시 도시공간의 다른 젊은 여성들과 마찬가지로 물질문화에 노출되고 연애를 갈망하며 결혼을 꿈꾸었던 욕망의 주체들이었다. 1920년대 후반 대중매체에는 '하녀', '식모'가 '내지인' 가정을 포함한 고용인의 집에서 갖가지 사회적 문제를 일으키는 내용의 기사들이 간간이 발견된다. 여기에는 일차적으로 고용인의 집에서 돈이나 금품을 훔친 절도죄로 하녀가 처벌을 받거나 자살하는 내용이 빈번하게 등장하는데,[48] 이는 당시 도시의 부유한 집안에 들어간 식모들이 궁핍한 농촌과는 다른 도시 중산층 문화와 자본에 노출되면서 물질적 욕망에 눈뜨게 되는 일면을 제기한다.[49] 또한, 특별한 이유 없는 하녀의 무단가출 기사[50], 식모로서의 신세를 비관하거나 그밖에 원인 미상으로 자살한 내용을 다룬 기사들[51]이 있으며, 고용-

인 또는 주인집 남성과 식모 간의 연애 및 정사(情死) 기사52), 주인남성으로부터 정조를 유린당하거나 치정 관련하여 살해된 식모 기사53)들도 적지 않게 발견된다. 고용주 남성과 식모 사이의 정조 유린과 치정에 얽힌 범죄사건들은 가족이라는 사적 공간에서 고용주과 고용인 사이의 경제적 권력 구도 사이에 야기되는 섹슈얼리티 문제를 직접적으로 제기한다. 특히, 전근대적 습속이 여전히 잔존하였던 식민지 시기 많은 중상류층 가정에서 나이 어린 식모는 신체의 자율권을 갖지 못했던 전근대 시기 여종의 존재양식과 겹쳐진다. 채만식의 「산동(山童)이」(1930)에서 집주인이자 호색한 지주인 김상준에게 겁탈당하는 '계집 하인' 옥섬이나,54) 「생명」(『白光』 3-4집, 1937)에서 주인아씨의 몸종으로 따라온 오월이가 주인집 남자의 아이를 포태하는 모습은 전근대 시기 신분제의 산물로서의 '하비(下婢)'의 모습을 그대로 엿보이고 있다.55)

하지만 근대 시기 개별 가정에 고용된 식모나 행랑어멈 등의 가사사용인들은 고용인으로서의 주인집의 횡포와 착취의 일방적인 희생물의 이미지만으로 재현되지는 않는다. 김유정의 「정조」라는 단편소설은 집안의 허드렛일을 시키려고 행랑으로 두 남녀를 들게 하면서, 주인집의 평화로운 일상이 깨어지는 장면을 담고 있다. 위 작품에서는 술을 먹고 돌아오는 주인집 남성을 의도적으로 유혹하는 행랑어멈의 행실은 문제적이다.56)

> 전일부터 맥없이 빙글빙글 웃으며 눈을 째긋이 꼬리를 치던 것은 그만두고도, 방에서 그 알량한 낯판대기를 갖다 부비며, "전 서방님하구 살구 싶어요. 웬일인지 전 서방님만 뵈면 괜스리 좋아요…그래그래 살아보자꾸나…전 뭐 많이 바라지 않아요. 그저 집 한 채만 사주시면 얼마든지 살림하겠어요. 그렇지 않어요? 서방님! 제가 뭐 기생첩인가요, 색시첩인가, 더 바라게?(김유정, 2003, 64-65면).

난봉 기질이 있는 주인집 남자는 결국 그를 유혹하려는 행랑어멈의 계략에 넘어가게 되고, 임신을 했다는 협박에 주인집은 돈 이백 원이라는 거금을 주고 그들을 내쫓는다. 행랑아범과 행랑어멈의 계획적인 농간에 속수무책으로 당하는 한 가족의 모습을 보여주는 위 작품에서 근대 초기, 화폐를 매개로 친밀성의 영역 안으로 들어오는 가사사용인은 가정 안의 균열을 야기하는 침입자의 형상을 하고 있다.

『매일신보』 1938년 3월 11일에서 18일까지 8회에 걸쳐 연재된 진우촌(秦雨村) 작, 단편소설 「식모(食母)」는 젊은 미혼여성이 젊은 부부가 사는 가정 안에 식모로 들어오면서 야기되는 가정 안의 위기를 보다 극적으로 형상화하고 있다. 이 작품에서 공장 여공으로 있다가 식모로 들어온 여주인공은 처음부터 주인아씨와 '아귀다툼'을 할 정도로 나쁜 관계를 형성할 뿐 아니라, 주인집 남자에게 연정을 품으면서 스스로를 주인아씨와 라이벌적 관계로 위치시킨다.

> 이집 나리는 흔히 있는 불량한 사내도 아니고, 행패로운 이도 아니니, 그 양반이 점잔은 체모에 집안에서 부리는 젊은 것에게 아무 생각도 없으면서 공연히 실없는 행동을 햇을 리도 없고 내가 내 자랑이 아니라 동네사람들에게, '왜 저만큼 생겨가지고 남의 집을 산담' 이런 말을 듣기도 합니다만, 실상도 아무리 뜯어봐야 한군데 보잘 것 없는 주인아씨라는 그이보다는 내 얼굴과 내 맵시가 주인나리 눈에도 훨씬 나아 뵈였을 것이니 열 계집 마다하지 않는 젊은 사내가 한 집에 있고, 젊고 똑똑한 계집에게 맘을 안 두었을 리도 없을 것이니 지나간 여름에 '잠간 기다리게' 하던 그 말이라든지 어젯밤에, 내 손목을 힘있게 쥔 것이라든지, 모두가 공연한 농지거리라고는 도무지 생각이 돌아가지를 않습니다.57)

위 작품에서 식모는 일부일처제가 뿌리내리기 시작한 근대 초기 핵가족 속의 젊은 부부 사이에 뛰어든 위협적 존재로 형상화된다.58) '이 집 나리가

장가들기 전에 이집에 들어왔더라면', '그 아씨란 게 없었다면' 하는 마음과 "지금 내가 이집에 들어와서 주인 나리에게 맘을 두게 되었고, 나리라는 이도 나를 싫어하지 않는 눈치"인데, "아씨란 이가 사이에 있어, 맘 뜻대로 안 되는 걸 생각하니, 미운 맘이란 말할 수가 없"는 상태에까지 이른다. 식모는 결국 어느 비 내리는 밤, 주인집 나리를 마중 나갔다가 함께 손을 잡고 정답게 돌아오는 장면이 주인아씨에게 발각되어 큰 소동이 일어나고, 그 일을 계기로 그 집으로부터 쫓겨나게 된다.

위 작품들에 등장하는 가사사용인들(식모, 행랑어멈)은 합리적, 법적 계약에 기반 한 도시 임금노동자로서의 체계를 갖추지 못했던 근대 초기, 도시 가사노동자의 불안정하고 취약한 조건 속에서 친밀성의 경제적 교환이 야기하는 여러 효과들을 보여준다. 이들이 처한 환경은 '가사사용인'이라는 불안정한 노동자를 부당한 착취와 불합리한 대우의 희생물이 되게 하기도 했지만, 그들 또한 자신의 생존과 욕망의 실현을 위해 고투했던 도시공간의 또 다른 행위자들이었다. 한편으로 이들은 임금노동을 명목으로 사적 공간에 침투하여 가족 안의 친밀한 관계성을 위태롭게 하는 근대 가족 속의 타자의 형상을 드러내기도 한다.

4) 자본과 모성의 경계: 유모

『여성』(1940. 1)에 실린 「식모를 토론하는 좌담회」라는 글에서 당시 지식인층 여성들은 '식모'라는 존재의 쓰임과 일상에서 식모와의 관계에 대한 체험을 포함하여 다양한 논의들을 진행한다.[59] 여기서, 여성교육가 송금선은 부부가 직업을 가지면 집안일을 전부 식모에게 맡길 수밖에 없지 않느냐는 질문에 대해 다음과 같이 대답한다.

> 저는 식모 손에 애를 맡겨 길러본 일이 없습니다. 식모에게는 그저 빨래와 소제나 맡겼지, 학교에를 못 나가도 식모에게 애들을 못 맡겨요. 저는 아이가

많아도 유모하나 안 두고 길렀습니다...아이는 될 수 있는 대로 어머니 손으로 길러야지. 누구가 남의 자식을 정성껏 키워주겠어요. 제자식도 미울 때가 있고 귀찮을 때가 있잖아요(『여성』 1940. 1, 41면).

위 글은 근대 시기 핵가족화를 지향하는 가족구조의 변동 속에서, 수유와 양육을 전적으로 어머니가 담당하는 모성 이데올로기의 정착으로 유모의 역할은 전대에 비해 축소되고 점차 사라져가는 전통으로 범주화되고 있는 지점을 제시한다. 하지만 유모를 통한 수유는 조선시대 양반가정에서 일반화된 풍습이었으며, 식민지 시기 중반에 이르기까지 중상류층 가정에서 유모를 들이는 관습이 지속되었던 것으로 보인다.[60] 식민지 시기 조선에서 '유모'는 전근대적 가족과 근대적 핵가족의 존재 양식이 겹쳐지면서 서로 분리되어가는 과도기적 지점에 자리하고 있었다.

엄흥섭의 「여명(黎明)」이라는 단편소설에서는 젊은 부인이 유도(乳道)가 좋지 않아 수유에 어려움이 많음에도 불구하고, 끝까지 유모를 구하지 않는 이유를 다음과 같이 기술한다.

처음 유모를 구해보기도 했으나 적당한 유모가 없었을 뿐더러, 대개 남의 집으로 유모노릇을 오는 사람들이란 젖먹이 제 자식을 생으로 떼어놓고 오는 사람이 많기 때문에 젖이 질 땐 제 자식 생각이 불 같이 나서 오히려 속을 끓이기 때문에 그 유질(乳質)이 좋지 않을뿐더러, 비록 한 달에 십 몇 원이라는 보수를 줄지언정 유모를 둔다는 것은 남의 자식 살을 깎아 내 자식 살에다 붙이는 것 같은 인도 상으로 차마 못 할 잔인한 짓이라고 해서 남편은 유모를 두는 데에는 반대를 했었다. 차라리 유모를 두는 돈으로 유도(乳道)가 좋아질 약을 먹거나 날마다 자양 있는 음식을 해먹는 게 실속이 있고 편할 것도 같아 현애는 유모를 두고 싶지를 않았다.[61]

위 작품에서 "대개 남의 집으로 유모노릇을 오는 사람들이 젖먹이 제 자식을 생으로 떼어놓고 오는 사람이 많기 때문에" 제 자식 생각에 속을 끓여 유질이 좋지 않고, 고용자의 입장에서도 십 몇 원이라는 보수를 줄지언정 "유모를 둔다는 것은 남의 자식 살을 깎아 내 자식 살에다 붙이는 것 같은 인도 상으로 차마 못할 잔인한 짓"이라는 기술은 자식에게 줄 젖을 다른 아이에게 주어야 하는 유모의 현실과 그 속에서 야기되는 모성의 갈등, 그리고 수유라는 친밀성의 행위가 경제적 활동으로 치환하는 것에 대한 반발감 등을 제기한다. 이 작품은 전통적인 유모의 역할을 부정하는 도시 신가정의 주부의 목소리를 통해 근대 초기 핵가족의 개념이 확산되면서 근대적 모성이 새롭게 구성되는 과정을 제시하고 있다.

그런데, 채만식의 「빈(貧) - 제일장(第一章) 제이과(第二課)」(『신동아』 1936. 9)라는 작품은 근대 초기 전통적 유모와도 성격이 다르며, 근대적 모성이나 임금 노동자의 모습도 엿볼 수 없는 낯선 유모의 형상을 제기한다. 이 작품에서 한 권번 기생의 유모살이로 고용된 여주인공은 남편의 무능력으로 인해 가난한 살림살이를 책임지는 가장 역할을 하는 인물이다. 위 작품의 유모는 엄흥섭의 「여명(黎明)」에서의 유모, 즉 돈을 벌기 위해 어쩔 수 없이 남의 집 아이를 수유하면서, 자신의 아이 생각에 괴로워하는 유모와는 다른 종류의 여성이다. 특히, 이 작품에서 유모는 직업적으로 수유를 하지만 아이러니하게도 모성의 개념 자체가 부재하고 모성의 역할을 위반한다는 면에서 특징적이다.

> 석 달, 유모살이로 들어와서 사는 동안 자주 목간을 다니면서, 겉으로 옷이나 잘 입고 훤칠해 보이는 여자들이며 기생들이며의 말라빠진 몸뚱이나 앙상한 얼굴을 많이 보아나느라니까, 그는 저의 탐스런 몸뚱이에 차차 자긍이 생겨... 누구만 못할 게 없다고 아렴풋한 즐거운 기대를 가지게 되었다(채만식, 1989b, 127면).

일반적으로 가부장제에서 여성의 몸은 가족제도 안에서 재생산과 양육의 역할을 하는 어머니의 몸과, 가족제도 주변부에서 성과 향락을 공급하는 여성의 몸으로 배치된다. 하지만 이 작품에서 유모는 이러한 이분법적 경계선을 흐리는 경계의 인물이다. 외형적으로 그녀는 가족제도 안의 재생산을 수행하고 직업적으로 수유를 담당한 유모이지만, 실질적으로 스스로를 성적 주체로서 인식하고 육체에 대한 쾌락에 눈뜨는 여성 인물이다.

> 체경 앞에는 요전에 산, 골라잡아서 십전짜리 생철 목간대야가 놓여있다. 그 속에는 눈 먼 고양이가 조기대가리 아끼듯 아끼는 크림, 분, 연지 이런 것이 올망졸망 담겨있다. 단장을 하는 데 시간이 걸린다. 숱이 짙어 부피 큰 쪽을 한 번 더 치켜서 합성금 비녀로 꽂아놓고 크림으로 얼굴을 편다. 그 위에다 가루분을 약삭빨리 토닥토닥, 눈두껍과 볼에 연지칠, 동강난 루즈로 입술을 붉게... 이러한 화장법과 화장품들은 주인아씨의 수법과 아울러 쓰다버린 것을 물려받은 것이다. 화장품은 개중에는 주인아씨가 채 미처 다 쓰지도 않은 것을 그저 슬그머니 차지한 것도 있다. 단장을 한 얼굴. 어디다가 내놓아도... 옷도 이 살결같이 보들보들한 비단옷이었으면...그는 주인아씨가 안팎으로 휘감는 비단옷을 시새워하면서 한숨을 내쉰다(채만식, 1989b, 128면).

위 작품에서 유모는 외적인 치장에 온통 마음을 빼앗기고 자본주의적 물질이 주는 쾌락에 온전히 포섭된 욕망의 주체로 재현된다. 그녀는 유모로서 키우는 남의 아이에 대한 애정도 없을 뿐 아니라,62) 태어난 지 석 달 만에 어머니를 빼앗긴 채 영양부족으로 거의 죽어가는 자신의 자식에 대해서도 연민이나 깊은 모성을 느끼지도 않는다.63) 급기야 이 유모는 자신의 아이가 병들어 사경을 헤매고 있는 상황인데도, 월급날 꿈에도 그리던 잡화점 진열창의 파라솔을 구입해서 쓰고 종로의 백화점을 돌아다닌다. 도시 빈민층 여성으로서 자신의 처지를 망각한 채 무분별한 소비행위와 훼손된 모성을 드러내는 아내의 무책임한 행동에 남편의 반응은 무기력하기만 하다.

최서방은 제게서 아내를 또 죽어가는 자식에게서는 기름진 젖꼭지를 뺏어간 이 조그마한 폭군에게 대해서 아무런 적개심도 가질 줄 모르고, 그냥 돈 이십 전만 손에 쥔 채 돌아서 흐느적흐느적 대문간으로 나간다(채만식, 1989b, 136면).

아내를 소비의 화신으로 전락시키고 자식의 생존마저 위협하게 만든 돈의 위력에 굴복당한 채 어떠한 대응도 하지 못하는 남편의 모습을 통해 작가는 식민지 조선을 강타한 자본주의의 모순을 신랄하게 비판하고 있다. 그런데, 여기서 보다 주목할 바는, 유모라는 인물을 통해서 전통적 또는 근대적 모성의 규범과 가치를 무너뜨리는 여성을 등장시키는 지점이다. 위 작품에서 재현되는 어머니의 형상 또는 모성은 관습적 맥락에서의 정상성을 벗어나 있다. 빈민층 출신의 유모에게 아이의 양육 전반을 위탁하는 기생은 원천적으로 근대적 모성의 주변부에 자리한 여성이며, 물질에의 탐닉으로 인해 자신의 아이까지 방기하는 유모는 희생과 헌신으로 양육을 수행함으로써 확보되는 전통적 모성의 가치를 위반하는 문제적 인물이다. 두 여성 모두 가부장제의 통제 안에서 새롭게 구축되는 근대적 가족 질서에 균열을 일으키는 존재들이다. 이렇게 일탈된 모성에 주목한 채만식의 서사전략 이면에는 생물학적·사회적 모성을 둘러싼 친밀성의 가치를 굴절시키고 파괴시키는 근대 자본주의의 압도적인 힘에 대한 신랄한 풍자가 자리하고 있다. 하지만 보다 더 주목되는 바는, 전통적 또는 근대적 가족 담론 속에서 신성시되어 온 모성이 자본에 포획되는 낯선 풍경을 통해, 여성들에게 부여된 양육의 의무를 임금 노동의 한 형식으로 전이시키는 근대의 메커니즘 자체를 성찰하게 하는 지점이다.

  식민지 경제 개발의 불균형으로 인한 모순과 결핍 속에서도 1920-30년대 경성에서는 자본주의적 삶의 양식이 뿌리내리기 시작하였으며, 연애와 결혼, 가족과 모성, 섹슈얼리티 등의 친밀성의 영역은 서구적 패러다임의 도입 속에서 새롭게 구성된다. 전근대적 사유방식과 생활 습속이 근간을 이루고 있었고, 삶의 양식을 근대적으로 변혁시킬 수 있는 물질적 토대가 부재했던 식민지 조선에서 친밀성의 영역은 전통적 가치와 충돌하며 과도기적 변형을 겪는다. 감정, 성, 연애, 결혼 등을 새롭게 구성했던 근대 초기 친밀성의 영역은 모든 것을 경제적 합리성과 교환의 가치로 환원시키는 자본주의 시스템과 중첩되고 충돌하면서 갖가지 모순을 양산하게 된다.

1920-30년대 도시를 중심으로 경제적 교환 기제가 사회의 전 영역으로 침투하는 과정에서 여성의 몸을 매개로 하여 친밀성을 거래하는 시장이 본격적으로 형성된다. 즉, 시장 경제의 확대 속에서 경제적 행위와 무관한 사적인 영역의 것으로 간주되었던 감정, 사랑, 애정, 돌봄의 행위가 산업의 영역으로 편입되어 유통되기 시작하였던 것이다. 1920년대 식민지 조선에서 사회계몽의 언어로 전파되었던 연애결혼은 물질적, 관습적 조건들과 충돌하면서 좌절을 경험한 이후, 1930년대에 이르러 연애가 소거된 일부일처제의 공리적 규범 속으로 다시 흡수된다. 이때 연애결혼을 통해 상상되었지만 현실 속에서 구현되지 못한 친밀성의 소통은 요리점이나 카페와 같은 유흥공간에서 화폐를 매개로 유통된다. 한편, 전통적 대가족 제도와 새롭게 구성되는 근대 가족의 경계선상에서 등장했던 '가사사용인(식모)'이나 '유모'는 돌봄이나 가정 안의 가사노동, 수유와 양육 등을 경제적 행위로서 수행한 여성들이다. 이들은 가족제도 내부에서 친밀성이 거래되는 새로운 노동의 형식을 양산하는 과정에서 전통적 또는 근대적 가족·모성 개념을 변형시키고 굴절시키는 면모를 보인다. 1920-30년대 소설 속에서 근대 연애결혼과 가족 제도 안팎에서 친밀성을 상품화했던 여성들에 대한 재현은 도시 노동자로서 자본주의적 근대가 야기하는 가족 안팎의 새로운 관계 형식들을 제기할 뿐 아니라, 근대 초기 한국에서 재구성되었던 친밀성의 영역을 드러내는 역사적 지표로서 새롭게 주목될 필요가 있다.

03
여공의 눈으로 본 도시 풍경

　도시로 일자리를 찾아 농촌을 떠나는 현상은 19-20세기 산업화 과정에서 수반된 전지구적 현상이었다. 하지만, 1920-30년대 식민지 조선에서 많은 농촌 소녀들이 도시 공장으로 이동한 현상은 자본주의의 발달 그 자체에 기인한다기보다는, 취약한 식민지 경제 구도 속에서 만성적 부채와 빈곤에 시달렸던 농촌으로부터의 탈출에 가깝다고 볼 수 있다.64) 생계를 위해 가족 중의 누군가가 도시로 나가 임금노동자가 되어야 했는데, 농촌의 남성에 비해 미혼여성은 저임금노동을 필요로 하는 도시의 자본주의적 생산관계 속에 더 쉽게 흡수될 수 있는 노동력을 지니고 있었다.65)

　1930년대, 조선 농가의 절반이 춘궁농가였는데, 여성을 포함한 많은 농촌 인구가 국내 도시 지역이나 일본, 만주, 시베리아 등 국외로 일자리를 찾아 떠났다. 특히, 이 시기에 여성의 도시 이주가 남성의 이주보다 많았다는 것은 주목할 만하다. 도시에는 남성의 수가 여성보다 많았으나, 그것은 농촌을 포함한 전국에서 남성의 수가 많은 것에 기인한 것이었고 순 이주는 여성 인구 층에서 더욱 많았다.66) 「묘령녀(妙齡女), 이향(離鄕), 공장으로 화항(花巷)으로, 농촌에 남는 것, 홀애비와 총각」이라는 당시의 한 신문기사(『동아일보』, 1936. 2. 23)는 1930년대 중반 여성들의 이농 현상의 심각성을 시사하고 있다. 당시 도시로 유입된 시골의 나이어린 미혼여성들은 공장이나 가사사용인, 접객업종 등의 일자리를 얻을 수 있었는데, 전근대 농업 공동체에서 결혼 적령기에 있었던 소녀들은 가계의 부담을 덜고 또 생계의 보탬이 되기 위해, 결혼을 미룬 채 도시로 이동하여 경제적 주체로 전이하

게 된다.67)

1930년대 농촌을 배경으로 한 채만식의 단편소설, 「보리방아」, 「동화」, 「병이 낫거든」 등은 자발적인 의지로, 미래에 대한 부푼 꿈을 가지고 도시 공장으로 떠나는 시골 소녀들을 형상화하고 있다. 이들은 시골의 보통학교를 다녔으며 부모의 사랑을 받은 평범한 처녀들이었다. 하지만 극심한 보리 흉년을 맞아 궁핍한 현실 속에서 혼인마저 좌절되고, 동네를 떠돌며 소녀들을 꾀는 공장 모집책의 유혹에 넘어가게 된다. 1930년대 농촌의 경제난은 '전통'의 패러다임에 속해 있던 시골 소녀들을 도시 공장, '근대'의 세계로 이끄는 통로이기도 하였다. 이들은 대도시 공장에서 25-30원 상당의 거금을 벌어, 집안을 돕고 시집갈 자금을 모아 집으로 돌아오는 꿈에 부풀었다. 당시 소녀들의 공장으로의 이동은 농촌의 경제적인 문제가 가장 일차적인 것이었지만 그것만이 유일한 동기는 아니었다. 거기에는 시골 소녀들의 도시의 삶에 대한 동경과 환상,68) 교육을 통한 계층적 상승 등과 같은 근대적 체험에 대한 욕망이 자리하고 있었다.69) 도시 거리를 활보하는 모던걸의 화려한 치마와 저고리감이 될 비단을 짜는 여공들은 평생 자신들이 짠 비단 옷을 입어볼 기회도 없었다. 하지만 채만식의 「동화(童話)」에서 묘사된 바, "비단을 입어보지 못하는 촌 계집아이로, 가령 입지는 못할망정 비단을 제 손으로 짠다는 것, 그것 한 가지만 해도 업순이한테는 우선 즐거운 꿈이 아닐 수 없던 것이다."70) 여공 모집원으로부터 선불로 받은 20원으로 산 '인조항라 께끼적삼'을 산뜻하게 다려 입고 고향집을 나서는 업순이의 모습은 당시 시골에서 도시의 백일몽을 좇아 가족과 삶의 터전을 떠나는 십대 소녀의 한 이미지를 보여준다.

시골집을 떠났던 모든 소녀들이 무사히 도시 공장으로 입성한 것은 아니었다. 가족의 보호로부터 벗어나는 순간부터 이들의 몸은 위험에 노출되고, 예측하지 못한 위기의 상황에 처하기도 하였다. 채만식의 「팔려간 몸」(『신가정』1933. 8)은 혼수자금을 마련하기 위해 시골에 연인을 두고 도시 공장으로 떠난 직녀라는 여성이 모집원의 농간에 의해 유곽에 팔려간 이야기를 담고 있다. 실제로 식민지 당대 여공모집이라는 감언이설에 속아 대도시 유곽으로 팔려간 농촌처녀들에 대한 기사가 빈번히 등장한다.[71] 또한, 일본 공장의 여공모집을 빙자하여 조선의 여성들을 유인하여 일본 유곽으로 넘기는 사례[72]와 더불어, 만주의 요리점(유곽)으로 팔려간 조선 여성에 관한 이야기에서도 '여공모집'이라는 미끼가 등장한다.[73] 당시 시골의 처녀들이 도시 공장으로 가는 것은 많은 우려를 낳았다. 공장의 혹독한 노동조건, 방직여공에 대한 대우의 문제뿐 아니라, '처녀 신세 망치는 곳', '폐병 걸리는 곳', '공장에 가면 못 쓰게 된다', '공장 지옥' 등 일반인들에게 공장에 대한 부정적인 인식이 퍼져 있었다고 한다(강이수, 2011, 33면). 하지만 농촌에서 가사·길쌈·농사의 부수적인 노동에 동원되었던 소녀들, 시골의 보통학교 여학생들에게 '여공'이 된다는 것은 경제적 보상과 자립, 도시에서의 새로운 삶의 형식을 부여하는 매혹적인 기획이었다. 자본의 흐름을 좇아 안전하고 정든 집을 떠났던 식민지 조선의 농촌 소녀들은 근대 도시 속으로 모험을 감행한 무모한 여행자들이었다.

누가 여공을 '재현'하는가?

1920년대 초 신문과 대중 매체에서 제사공장, 연초공장, 고무공장 등에서 일하는 공장 직공은 근대산업사회가 여성들에게 열어놓은 새로운 직업 중의 하나로 분류된다. 『동아일보』(1923. 4. 29)의 「조선 一의 제사공장, 경성제사주식회사의 근황, 삼백 명 직공의 민활한 활동」이라는 기사는, 동대문 밖 조선제사공장을 다음과 같이 소개한다.

> 여직공 중에는 자기 집에 다니는 사람도 있으나, 대개는 그 회사의 기숙사에서 침식을 하는데, 밥은 따로 지어 여러 사람이 식당에서 먹게 하고, 여름에는

날마다 다른 때에는 하루 걸러서 목욕을 하게 하는데, 목욕물도 전기를 응용하야 데우기 때문에, 겨우 팔 분만에 찬물을 목욕할 만큼 데운다 하며, 그 직공의 인격을 향상하기 위하여 저녁 먹은 후에 두 시간씩, 보통학교 과정을 가르치고, 때때로 교회의 여자음악대의 활동사진을 청하여 위안을 시키고, 회사 뒤로 있는 산에 조그만 공원을 만들어 때때로 산보를 하게 하여, 모든 설비가 신선하고 질서가 정연하며 모든 여직공의 수입은 한 달에 최고 삼십 원으로부터 어린 아이들은 칠 원 이하라 한다.74)

이러한 제사공장에 취업한 여성은 청결한 노동환경에서 의식주를 고민하지 않고 공부와 여가를 즐기며 돈을 벌 수 있는 선망의 대상으로 기술되고 있다. 환경이 좋은 제사공장의 경우, 최소한 문맹은 면할 정도여야 했으며 경쟁이 치열한 곳은 보통학교 졸업자를 자격으로 내걸었다고 한다. 『동아일보』(1926. 2. 20)의 「여성과 직업」이라는 기사에서도 공장 내 편의시설과 정기 영화회를 즐기고, 최신식의 기숙사에서 생활하는 여공을 "근대공업문명에서 생긴 대표적 여자직업"으로 소개하고 있다. 여공을 많이 고용했던 면방직 공장의 경우, 경성, 부산, 인천, 광주 등 대도시에 밀집된 것을 특징으로 하는데, 1920년대 초부터 신문과 대중매체에 소개된 당시 경성과 인천, 경기 지역에 자리한 대규모의 공장은 외적으로 볼 때, 상당히 근대화된 형태의 조직과 설비를 갖춘 것으로 보인다.75)

하지만 1930년대에 들어오면서 신문, 잡지나 소설 속에서 여공은 공장의 비인간적 노동 조건 속에서 고통 받는 도시 프롤레타리아의 전형으로 묘사된다.76) 『동아일보』(1934. 1. 2)에 실린 「여공생활기(女工生活記)」를 보면, 남녀직공을 2천 명 정도 수용하는 대규모의 공장 기숙사는 마치 감옥에 수감된 것처럼 생활의 자유가 없고, 음식 또한 "조잡한 밥 한 그릇"에 "된장국 한 보시기"가 전부로 하루 종일 고된 노동에 시달리는 여성 노동자로 당대 여공의 이미지를 전형화하고 있다. 1930년대 신문이나 잡지, 소설에 표상되는 여공은 열악한 노동 조건 속에 병들어가는 불행한 여성 노동자로 자리잡는다. 다음은 우순옥(禹順玉)이라는 여공이 쓴 「어느 제사회사(製絲會社) 여공일기(女工日記)」(『별건곤』 1930. 3)이다.

> 8월 7일 목요일 청(晴)
> 오늘은 무척 더웁다. 수근거리는 말이 공장내(工場內)는 105도라고 한다. 아침에는 기운이 좀 싱싱하더니 차차 오금이 자지러붙고 아무리 마음을 가다듬어도 어제 저녁에 물 것 때문에 잠 못잔 탓인지 못 견디게 눈이 덮힌다. 감독은 벌써 알아차리고 내 앞을 여러 번 다니며 소리를 지른다. 조는 사람에게는 뜨거운 물을 끼얹겠다고 듣기에도 끔직스러워서 소름이 끼치었다. 순이(順伊)는 오늘도 벌점(罰點)이 나왔다. 죽도록 일하고 도리어 벌금을 처넣게 되었다. 감독은 법석이 났다... 감독은 소리를 지르며 따리며 일어서라고 한다. 하루에 열세시간을 죽도록 노동하고 그에 받는 보수(報酬)가 이 참혹한 매와 형벌이다 (72면).

위 글에서 100도가 넘는 공장 안 열기와 감독의 살벌한 감시 하에서 열세 시간 계속되는 노동은 '참혹한 매와 형벌'로 묘사된다. 유진오의 단편소설 「여직공」에서 여름날 새벽부터 가마 속 같이 끓는 제사공장은 삼백 명의 젊은 여자의 땀내와 고치냄새가 뒤섞여 '산 지옥'과 같다고 묘사된다.77) 이기영의 「고향」에서도 "이렇게 하루를 시달리고 나면 두 손이 홍당무처럼 익고 눈은 아물아물하고 귀에서는 전봇대 우는 소리가 나고 목에는 침이 마르고 등허리는 부러지는 것같이 아프다. 수족은 장작같이 뻣뻣해서 도무지 자유를 듣지 않았다. 손등은 마른 논 터지듯 터졌다. 이것은 참으로 노동 지옥이 아닌가! 농촌에는 이와 같은 노동이 없는 대신에 거기는 기아가 대신하고 있다. 노동과 기아! 그 어느 편을 낫다 할 것이냐?"라고 하여 '기아'를 면하기 위해 들어간 공장은 '노동 지옥'으로 묘사된다.78)

그런데 1920-30년대 공장과 여공의 재현에 대해 "누가 여공을 표상하는

가?"라는 질문을 제기할 만하다. 왜냐하면 여공을 '대표'하는 재현 주체의 시선에 따라 여공을 표상하는 초점이 달라지며, 지식인들의 이념적 호명 속에 불리어진 여공의 목소리와 역사 속의 다양한 여공들의 목소리 사이에는 간극이 자리하기 때문이다.79) 가령, 채만식의 경우는 사회주의 지식인들의 작품에 비해 이념적 지향성이 약화되는 반면, 풍속에 대한 관찰적 거리 속에서 여공의 일상과 내적 욕망이 다각적으로 포착된다. 한편, 이기영이나 강경애 등 1930년대 사회주의 작가들의 여공 재현 속에서도, 이념적 틀에 포섭되지 않는 여공의 또 다른 리얼리티의 파편들이 발견된다. 이기영의 「고향」에서 공장에 여공으로 들어갔다가 오랜만에 휴가를 맡아 집으로 돌아온 인순이의 묘사를 보면, 시골의 쓰러져가는 자신의 초가집에 비해 새로 지은 공장은 기와로 만든 근대식 건물이며, 여공들이 호강할 정도는 아니었지만, 최소한 재강죽[술찌끼로 만든 죽]은 먹지 않고 쌀밥은 먹을 정도라 기술되고 있다(이기영, 1991, 77-78면). 1930년대 빈한한 농촌보다 도시 공장의 환경은 상대적으로 나았던 것이다. 당시 시골을 돌며 여공을 모집하던 모집원들은 한 달에 40원 정도의 월급을 받는다고 시골의 부모와 소녀들을 유혹하였지만, 실제로 그들의 임금은 10-20원 선이었다(채만식, 1989b, 100면). 하지만 그들이 벌게 되는 임금은 그나마 가계에 적지 않은 보탬이 되었던 것으로 기술된다.80) 이기영의 「고향」에서 주인공의 아버지는 딸 인순이가 보통학교를 졸업하고 제사공장에 들어간 것에 대해 "인순이가 마치 진사급제나 한 것처럼" 동네 사람들의 부러움을 산다(이기영, 1991, 83면).

저임금, 장시간 노동의 열악한 조건 속에 있었던 여공의 현실에도 불구하고 공장의 취업 경쟁률은 매우 높았던 것이 당대의 실정이었다. 1930년대 초, 정주, 군산, 평양, 영흥과 같은 지방 도시 공장에서 여공 취업 응시율을 보면, 25명 모집에 800명(정주), 10명 모집에 270명(평양), 60명 모집에 200여명(영흥)이 몰려, 각각 1: 32, 1: 27, 1: 3의 경쟁률을 보이고 있다.[81] 또한, 대규모의 건물에다 기숙사, 식당 등 근대적 설비를 갖춘 서울 경기권 일대의 큰 공장들은 어린 농촌 소녀들에게 새로운 삶의 장을 열어 놓는다. 강경애의 소설 「인간문제」에서 선비, 간난이, 인숙이 등 시골 소녀들은 공장 안 거대한 기계와 백 여 칸이 넘는 기숙사 등이 내뿜는 근대적 스펙터클에 압도되는 장면이 나온다.[82] 한편, 1930년대에 여공과 공장의 부정적 이미지를 재현하는 비판적 기사와 달리, 각종 근대적 기제를 갖춘 공장을 일종의 근대적 학교로 비유하고, 여공을 흰색 제복을 입은 재기발랄한 여학생으로 묘사하는 기사들이 확인된다. 잡지 『삼천리』가 1935년 12월호에 게재한 '연초공장'에 대한 기사는 「제복제모(制服制帽)의 처녀 칠백 명. 나이로도 17, 8세. 봄 동산에 아리땁게 피는 꽃봉오리와 같은 아가씨들」이라는 제목으로 1930년대 공장과 여공에 대한 다른 이미지를 제시한다.

> 어느 학교 교실보다도 더 훌륭하고 깨끗하게 설비된 장소에 가르 가르 열을 지어 놓은 의자에 걸터앉아 일하는 그들은 다른 공장직공들과 같이 피곤한 빛을 띠지 않고 씩씩하게 일하는 것이 이날의 나로 하여금 특이한 감회를 주었다. 마치 병원에 간호부들 모양으로 새하얀 보고지 모자에다가 회색의 작업복을 받쳐 입고 질서정연하게 앉아 일하는 것이 사람으로서의 무슨 의무와 책임을 다 하는 듯. 한 달에 몇 십 원씩 훑어 쓰며 하이칼라 학교 다니는 여자들보다도 이 연초여학교 학생들에게 존경을 표하고 싶었다.[83]

1935년 당시 경기도 의주통에 자리한 연초(담배)공장에는 7백여 명의 여공들이 일하고 있었는데, 아침 8시에서 저녁 8시까지 하루 노동 12시간에 월수입은 8원 7전에서 42원 9전까지 성과별로 지급된 것으로 기술된다. 공장 내부 편의와 여가 시설에는 목욕탕, 세탁소, 옥상 베이비 골프장 등이 포함되고, 옥상은 마치 공원처럼 설비되어 남녀 천 명이 넘는 직공들이라디오에 맞추어 이곳에서 아침체조를 하였다고 전한다. 또한 '문화적으로 된 식당과 강당', '신문잡지 가득한 도서실'이 있었으며, 직공들의 편의를 도모하기 위해, 강화회, 직공위안회가 개최되고 영화를 상영하며 명사를 초청하기도 하였다. 대부분 직공들이 보통학교를 졸업하였지만, 이 가운데 보통학교를 졸업하지 못한 사람을 위한 교육 프로그램이 마련되어 있으며, 의무실 외에 순직금, 치료금, 산부금, 질명금, 사망금, 재해금, 탈퇴금, 근속금 등 각종 직공 복지 프로그램이 제시되고 있다.

그림 41. 방적공장에서 일하고 있는 여성노동자들(아시아경제, 2012. 7. 4)

『삼천리』(1936. 2. 1)에 실린 영등포 방적회사 탐방기사에서도 공장은 효율성과 합리성을 기반으로 하는 근대적 노동시스템으로서 노동자들의 각종 편의를 제공하는 이상적인 노동 공간으로 재현되고 있어, 공장을 '노동지옥'으로 재현하는 여타의 공장 관련 비판적 기사들과는 차이를 보인다.84) 『삼천리』(1935. 12)에 실린, 경기도 의주 연초공장의 이정순이라는 여공의 인터뷰에서, 일하기가 괴롭지 않느냐는 질문에 "별로 괴로운 줄 모르고 그럭저럭 지나간다고" 하고, 언제가 제일 즐거우냐는 질문에 대해서는 "일하다가 약간 피곤할 때 옥상(屋上)에 올라가 베비 골프장에서 골프하는 때가 쾌롭구요. 저녁 변도[도시락]를 끼고 집으로 돌아가는 때가 기껍지요. 봄이면, 인천으로 피크닉을 가는 바 그날 하루가 참으로 기껍지요. 가을에 공장 전체가 경성 그라운드에서 대운동회를 여는 바 그날이 또한 기껍지요."85)라고 대답한다. 위 기사는 『삼천리』라는 잡지가 가지는 상업적 대중지로서의 성격86)과 아울러 공장 경영진의 입장을 여과 없이 기술하고 있다는 점에서 비판적으로 검토될 필요가 있다.

하지만 저임금, 장시간의 노동, 비인간적인 노동조건, 노동통제 등 식민지 시기 공장의 전형적 이미지와 차이를 보이는 여공과 공장의 표상은 1930년대 대도시 공장이 노동자들을 자본주의 노동 시스템으로 끌어들이기 위한 갖가지 현혹적인 장치들을 얼마나 정교하게 배치하였는가 하는 문제를 제기한다. 도시 공장에서 쉬는 시간에 옥상에 올라가 베-비 골프를 치고, 활동사진과 피크닉을 즐기는 여공과 '산지옥'에서 장시간 노동으로 고통 받는 여공의 이질적인 이미지는 착취의 틀만으로 설명되지 않는 근대 공장의 다층적 메커니즘과 아울러, 여공들의 욕망에 대한 재성찰을 요구한다.87)

도시 공장의 안과 밖: 그들만의 근대

공장 안 어둡고 후미진 곳은 늘 여공들의 섹슈얼리티가 훼손당할 수 있는 사각지대였으며, 공장의 직공 감독은 여공들이 가장 경계해야 할 대상이었다. 당시 신문 기사나 소설에는 직공감독에 의한 여공 유린 관련 내용이 빈번하게 확인된다.88) 이러한 상황에서 공장 내 직공 감독의 권력과 돈을 매개로 한 감독의 유혹에 굴복하거나 그것을 생존의 도구로 삼는 여공들도 생겨나게 된다.89) 또한, 도시의 뒷골목, 공장 주변에 도사린 위험들도 만만치 않았다.90) 하지만 공장 안팎은 여공들로 하여금 자유연애, 도시문화의 향유, 소비 행위와 같은 새로운 체험의 장이기도 하였다. 여공들의 연애는 흔히 볼 수 있는 공장 내 풍경이었던 것으로 보인다.

> 사람 사는 곳에 연애 문제는 떠나지 아니한다. 여공들의 연애 생활이야말로 열정적일 것이다. 이성에 눈뜬 여공-공장에 같이 일하는 남공들과 작업하는 순간에 시선이 부닥쳐 무언 중에 사랑의 줄을 맺고 만다. 그러고 회사에서 연애문제를 발각만한다면, 불문곡직하고 축출이다. '스트라익'을 하다가는 모조리 축출당하니, 생명을 연장하기 위하야 모든 학대, 굴곡, 빈곤, 질병 등에 또는 축출이란 큰 권능을 공장주가 자의대로 행세하니 밥자리에서 쫓겨난 어린 여자의 두근거리는 마음이야 말로, 돈 없고 지위 없는 자들의 공통된 설움이지마는, 그래도 여공보다 더한 비애는 일반 사람으로는 맛보지 못할 것이다(「女工生活記」, 『동아일보』, 1934. 1. 2).[91]

공장 내 남직공과의 연애 행위를 '스트라익'이라는 속어로 표현하는 위 기사에서 여공들은 공장 밖으로 '축출'당하는 위험을 무릅쓰고 열정적인 연애생활을 했다고 기술하고 있다. 봄철에 여공들의 공장 이탈이 이러한 사춘기 소녀들의 연애충동에 의한 것이라 보는 신문기사도 확인된다.[92] 한설야의 「교차선」(『조선일보』 1933. 4. 27-5. 2)에서 묘사되는 공장 안의 남녀 직공들은 '봄을 맞은 물 넘은 처녀총각들'이다. 공장 내 작업 현장에서 일할 때뿐 아니라 쉬는 시간에 '손 테니스'를 함께 즐기고, 공장 앞 바닷가 모래톱에서 씨름도 하고 친목회 활동과 독서회와 같은 모임, 공장 내 정기 운동회 등으로 함께 어울리는 그들에게 연애는 너무나 자연스러운 현상이었다고 볼 수 있다.

한편, 당시 대도시 공장들은 근대적 형식의 각종 위락시설을 갖춤과 동시에 공장 내 직공 위안 프로그램을 1920년대 초부터 지속적으로 시행했던 것으로 보인다. 당시 신문 기사에는 휴일을 맞아 공장 외부 활동으로 여공들의 '원거리 원족' 행사를 시행하여, 서울 시내(남산공원이나 시가), 인천

월미도, 수원 등지로 이동한 기사들이 확인된다.93) 강경애의 「인간문제」에는 방적공장 여공들이 일제히 검정치마에 흰 저고리, 검정구두까지 맞춰 신고, 남산 신궁으로 행렬을 지어 갈 때, 거리의 사람들이 수백 명의 여직공을 여학생 행렬로 오인하는 장면이 나온다(강경애, 2002, 365-366면). 또한, 중추절과 같은 명절의 위안회 행사나 여직공들을 위한 연주회, 가극회 등의 문화 행사에 참여하면서 여공들은 근대적 문화 감각에 눈뜨게 된다.94) 평양의 공장지대 중 양말 공장 내, 남녀 직공들의 문예모임을 묘사하고 있는 김남천의 「문예구락부」(『조선중앙일보』 1934. 1. 25 - 2. 2)는 당시 공장 안에서 이루어진 직공들의 하위문화와 더불어 문학적·예술적 감수성을 지닌 여공들을 등장시킨다. 야간작업을 하면서 유성기 음반의 유행가를 즐겨듣고, 「장화홍련전」이나 「숙영낭자전」과는 다른 세계인 신소설 「추월색」을 읽으며, 유행하는 극단의 연극을 취미삼아 보는 등 도시의 최첨단 문화를 좇는 여공들이 제시되고, 잡지 『신여성』을 즐겨보는 "연전 하이칼라"라는 별명을 가진 여공도 등장한다(안승현 편, 1995b, 93-95면).

또한, 장시간의 힘든 노동과 공장의 규율, 감시체계, 저임금 등의 한계에도 불구하고, 여공들 역시 공장 밖으로 나와 도시 공간에서 근대적 문화 소비에 눈뜨는 여성군으로 합류한다.

8월 8일 금요일 晴
오늘은 휴일이다. 한 달에 이틀 쉬는 날! 이달에는 처음으로 노는 나의 명절이다. 그 말썽 많은 외출권을 타 가지고 오래간만에 외출을 하였다. 내리 쪼이는 볕에 눈이 시어서 걸을 수가 없었다. 매암이 날개 같이 차린 여자들이 딴 세계 사람처럼 우리를 쳐다보고 지내간다. 근본을 들추면 다같이 쪼들리는 그들이고 우리언만 반지 빠르게 차리고 갸륵한 듯이 지내간다. 그 여자들도 우리 女工도 다 같이 불쌍한 조선 여성이다(禹順玉, 「어느 製絲會社 女工日記」, 『별건곤』, 1930. 3).

위 일기문에서 한 달에 두 번의 휴가를 틈타 공장 밖으로 나온 여공은 오랜만에 쪼이는 볕에 눈이 시려 걸을 수 없을 정도라 고백한다. 또한 그녀가 도시 거리에서 만나는 여성들은 여학생이나 화려한 양장을 한 모던걸, 유한부인들이었으며, "매암이 날개 같이 차린 여자들이 딴 세계 사람처럼 우리를 쳐다보고 지내간다."라고 하여 계급적 이질감을 드러내기도 한다. 하지만, 여공들 역시 도시거리의 또 다른 산보자들이었다. 다른 여공의 고백에 의하면, 자신들의 유일한 즐거움은 일요일에 동무들과 손을 잡고, 여공만의 독특한 화장을 하고 같은 모양의 옷을 입고, 자유롭게 거리를 돌아다니는 것이라고 하였다(「女工生活記」, 『동아일보』 1934. 1. 2). 한 달에 한두 번 정도의 외출이었지만, 이들은 최첨단 도시문화를 향유하는 군중의 일부로 거리에 나섰으며,95) 일부의 여공들은 공장 내부나 주변의 카페, 도시거리의 유흥 문화에 빠져들기도 한다.96)

   10-20원 남짓한 저임금을 받는 노동자였던 그들은 절약하여 저축한 돈을 부모에게 보내고 나머지로 자신을 위한 소비를 즐겼는데, 당시 여공들의 분에 넘는 사치가 공식적으로 문제시되기도 하였다. 『동아일보』(1936. 6. 2)의 「여공(女工)들의 사치(奢侈), 각(各) 가정(家庭)에 일언(一言)함[ㄴ]」이라는 글은 현 인천 동일방직의 전신이었던 동양방적을 위시한 여러 공장의 수 천 명의 여공들 가운데에는 유행옷감과 구두를 가지지 않은 이가 없으며, 처음 고향을 떠나올 때 가져온 동백기름병을 도시에 도착하자마자 내던져 버리고 '포마드'나 '크림'과 같은 근대적 화장품으로 바꿔버린다고 보도하면서 도시문화에 빠른 속도로 흡수되는 여공들의 행태를 비판하고 있다.97) 식민지 당대 (대)도시의 공장은 미혼 여성들에게 가혹한 노동 현장이었지만, 한편으로 이전과는 다른 형태의 삶을 체험하는 공간이기도 하였다. 규율과 감시를 틈타 개인적 연애나 도시 소비문화에 눈뜨고 그들만의 하위문화를 구축하였던 공장은 전근대 농촌 공동체 출신의 소녀들이 근대 도시

공간의 여공으로 전이하는 지점에서 새로운 풍경을 열어놓는다.

차이의 기호, '서발턴'으로서의 여공

여공들이 공장 생활을 통해 이르게 된 또 다른 체험은 계급과 젠더의식을 획득하여 정치적 운동가로 변신하는 것이었다. 일차적으로 여공의 섹슈얼리티를 위협하는 노동환경에 의해 많은 여공들이 훼손을 겪지만, 일부의 여공들은 자신들이 처한 현실의 모순에 대해 자각하기 시작한다. 당시 사회주의 작가의 소설들에서 도시 프롤레타리아트로 계급적, 젠더적 모순을 자각하는 여공의 이미지가 하나의 전형을 이룬다. 유진오의 「여직공」(『조선일보』 1931. 3.1-24)에 나오는 제사공장 여공 옥순이는 빈한한 가정형편의 틈을 노린 공장 감독이 제시한 10원의 유혹에 넘어가고, 이후 감독으로부터 지속적인 시달림을 받는다. 하지만 우연히 동료 여공 근주의 집에서 독서 모임에 참가하면서 차츰 사회 현실에 눈 뜨게 된다. 노동자로서의 자의식을 가지게 된 옥순은 노동자들을 착취함으로써 이익을 창출하는 자본주의 자체에 대한 모순을 인식하기 시작한다.[98] 이러한 옥순의 자각은 채만식의 「동화(童話)」에서 비단을 짜는 것만으로도 설렘을 느끼며 도시 공장으로 뛰어든 순진무구한 업순이와는 다른 의식의 차원이다. 옥순이는 그러한 와중에도 감독의 회유에 넘어가 동무들의 비밀을 고자질하게 되며 결국에는 공장에서 쫓겨난다. 자신의 행위에 대한 크나큰 모순을 직시한 옥순은 여성으로서의 취약성을 끊임없이 이용하는 공장 내 권력구도에 저항하고, 프롤레타리아 노동자로서 자본가와 싸워야 할 자신의 운명을 적극적으로 체득하는 단계에 이른다.

여공들의 의식 각성은 당시 공장 내 야학 교육이나 각종 친목회 활동[99], 사회운동가 지식인 계층과의 만남과 의식화 교육 과정을 통해 보다 정교하게 이루어진다. 송영의 「오수향(吳水香)」(『조선일보』 1931. 3. 1 - 26)이라는 단편소설에는 기생 출신인 오수향이 부인운동가들과 만나면서 사회의식에 눈 떠 원산의 공장 여공으로 위장취업을 하고, 제사공장의 보통학교 출신의 여공 영자와 사회주의 지식인들이 모임을 만들어, 『자본주의의 기교』, 『여공애사』,100) 『부인론』, 『어떻게 싸울까?』 등의 사회서적을 탐독하면서 계급의식을 획득하게 되는 과정이 묘사된다(안승현 편, 1995a, 112-151면). 수향과 영자의 의식적 각성은 공장 내 기숙사와 화장실 등에서 은밀하게 연락을 취해 조직을 형성하고 동맹파업을 주도하는 역할로 이어지는데, 이러한 자각한 여공의 이미지는 소설 뿐 아니라 대중매체 보도기사에서도 확인된다. 1923년 이후, 신문에는 공장 내 여공 노동조합의 결성과 더불어 여공 파업관련 기사들이 빈번히 등장한다.101)

그런데 여공의 정치적 활동은 사회주의 지식인 작가들의 재현 속에 구축되는 계급성을 넘어서기도 한다. 『청년조선』(1928. 7. 31)에 실린 「근우회 전국대회를 보고」라는 기사는 경성방적회사에 소속된 한 여공이 도시 거리를 거닐다가 우연히 천도교 기념당에서 열린 '근우회 전국대회'에 참가한 내용에 대한 기록을 담고 있다. 이 글에서 여공은 신여성들이 주도하는 '근우회전국대회'에서 '지배계급에 대한 투쟁'과 '일천만 여성을 위해 싸울 전술전략'이 부재한 것을 발견할 뿐만 아니라 의장 선거에 갑론을박으로 4시간을 낭비하는 것에 크게 실망한다. 또한, 남성들의 '야지(빈정대기)', '조롱'으로 인하여 대회가 유희장으로 변한 것에 대해, "우리 일천만 여성의 절대수치이며 지배계급에 대한 무력을 보여 준 것"이라 평가한다. 근우회가 전투적 노동 부인을 참석시키지 않고서는 하나의 구락부에 불과하다고 선언하는 여공은 근우회 여성운동가들을 향해 "그 찬란(燦爛)한 복장을 벗고 향유병(香油瓶)을 깨트리고 금시계(金時計)를 끌러 놓고 노동 부인들의 층으로 들어가라"고 외치며, 함께 '여성해방운동'과 '민족해방운동'의 선두대가 되자고 외친다.

위 글은 1927년 당시 사회주의 진영과 민족주의 진영 간의 협동전선의 흐름 속에서 다양한 분파의 여성운동가들이 결집했지만, 그 내부에 계급적, 이념적 갈등이 산재했던 근우회102)의 풍경을 한 여공의 눈을 통해 기술하고 있다는 점에서 흥미롭다. 여기에는 "분 냄새 향수냄새 나는", "찬란한 복장을 입은 유두분면(油頭粉面)의 여성"과 "노동복 입고 땀 냄새 나는", "전투적 노동부인"의 대립을 통해 젠더 내부의 계급적 간극이 드러나기도 한다. 그런데 위 여공은 '노동부인'으로서의 자신의 계급적 정체성을 '여성해방'과 '민족해방' 운동의 선두대로 설정하여 신여성 집단의 한계를 질책하고 진정한 리더의 입장에서 여성 내부의 계급적 간극을 넘어설 것을 선언한다. 위 글에서 여공이 획득하고 있는 젠더적·계급적·민족적 정체성은 전근대 농촌 공동체의 가족 구성원의 주변부로 존재하였던 시골 소녀들이 도시에서 획득하게 되는 근대적인 자기구성을 극적으로 보여준다.103)

하지만 투명한 이념성으로 스스로를 재구성하는 여공의 정체성은 식민지 서발턴으로서의 다기한 여공 표상 속에 만나게 되는 복수적 주체 효과의 하나라 할 수 있다.104) 왜냐하면 관념적 주체로서의 여공이 아닌, 복수의 역사적 주체들 속에서 계급적, 젠더적 의식에 미달되는 무수한 여공들, 근대 프롤레타리아 노동자 계급으로 온전히 편입되지 못한 여공들이 '불안정한 주변부(slippery margins)'105)를 형성하고 있었기 때문이다. 『시대공론』(1931. 9)에 실린 여공 최옥순은 「십이시간 노동(十二時間 勞動)을 하고 - 병상에서 신음하는 폐병환자 여공의 하소연」이라는 수기에서 자신이 다니던 공장의 600명의 여직공 중에서 200명이 병들어 있다고 기술하고 있다. 당시 대다수의 여공들은 12시간의 노동 속에서 만성적 과로와 수면부족, 소화기병, 이비인후병, 눈병, 영양실조, 발육부진, 불임106) 등으로 고통을 받았다. 그 중에서 가장 치명적 질병은 폐결핵이었으며, 공장주가 모집원을 통해 거금을 들여 공장으로 데려온 여공들을 계약(주로 3년)과 상관없이 귀가시키는 유일한 경우가 바로 그들이 폐병에 걸렸을 때였다.[107] 1930년대 잡지에는 폐병에 걸린 여공에 대한 기사가 빈번히 발견되는데, 채만식의 「軍中에서」(『체신문화』 1961. 3)에서, 영등포 제사공장에서 일하다가 결핵에 걸려 집으로 가는 어린 여공과, 「병이 낫거든」에서 폐병으로 공장 생활 1년 반 만에 귀가 조치되는 업순이도 그러한 예이다.

선병질 체질로 도시 공장의 환경에 적응하지 못한 채 병에 걸린 업순이는 '4백원 저축의 삼개년 계획'을 허망하게 포기한 채, 그동안 일한 값으로 공장으로부터 73원 80전을 받는다. 그녀는 밥값을 제한 후 남은 돈을 가지고 불현듯 공장 매점으로 달려가 어머니와 아버지, 제 몫의 옷감 10원치를 끊고, 다시 어머니에게 줄 6원 20전짜리 우단 목도리와 아버지를 위해 5원 40전짜리 샤스를 산 후 도망치듯 매점을 나와 버린다. 하지만 업순이의 머리 속은 '그렇게도 사고 싶었던' 매점의 각종 물건들로 가득하다(채만식, 1989c, 136면). 털싸스, 크림, 비누, 긴 양말, 빗, 반지, 머리핀, 가방 등이 진열되어 있는 공장 매점은 여공들에게 소비욕망을 부추기는 도회의 백화점과 다를 바 없었으며 휘황찬란한 상품들로 빛나는 판타스마고리아(환등상)의 장소였다(발터벤야민, 2005, 66면).

업순이는 인조 가죽 '가방'이 눈에 자꾸만 밟히고 차마 걸음이 걸어지질 않아 결국, 다시 매점으로 달려가 '그 굉장한 가방'을 9원 20전의 대금을 주고 구매한다. 그동안 억눌린 소비욕구가 폭발한 업순이는 이미 한도를 넘은, 하지만 통제할 수 없는 자신의 소비 행위 속에서 죄의식과 순간적 쾌락을 동시에 느낀다. 매점을 들어서는 순간 '상품으로부터 소외된 노동자(맑스적 개념)로서의 업순이의 계급적 정체성은 '물신성에 사로잡힌 소비자(벤야민의 개념)로 전이하는 혼성성을 드러낸다. 총 30원 이상을 물건을 사는 데 지출한 업순이는 "그 주체스런 사십 원 미만의 돈과 눈속임의 트렁크 하나와, 메리야스 샤쓰 윗도리 한 벌과 무명 빌로도 목도리 하나와,

인조견 등속의 옷감 몇 벌"과 함께 "미련과 낙망으로 통곡이라도 하고 싶게 안타깝고 어둔 마음"(139면)을 안고서 병든 몸으로 귀향을 한다. 자신의 몸을 지불한 대가로 받은 돈을 오롯이 물건으로 바꾼 채 귀향하는 업순이는 도시 프로레타리아트의 허약한 계급적 토대와 더불어 자본주의적 삶의 형식에 잠식당하는 제3세계 서발턴 내부의 균열을 상징적으로 보여준다. 또한 이러한 식민지 조선의 여공은 '과잉된' 또는 '미달된' 계급성을 가로지르며, "재현 밑으로 미끄러지거나 멀어지는" 서발턴의 불안정한 주체성을 문제 제기한다(가야트리 C. 스피박, 1988, p. 284).

이기영의 소설 「고향」에서 지식인 청년 김희준은 대도시(동경)에서 사회주의에 기반 한 유토피아적 전망을 안고 돌아온다. 그에게 있어 '고향(농촌)은 계몽과 개조의 공간이자 미래의 혁명을 실현시킬 가능성과 희망에 찬 약속의 공간으로 표상된다.108) 하지만 채만식의 「군중에서」, 「병이 낫거든」에서와 같이, 도시 공장에서 근대를 몸으로 경험한 병든 여공들이 귀환하는 '고향'은 당대 사회주의 지식인들이 꿈꾸었던 이념적 시공간과는 다른 것이었다. 자본주의적 모순, 근대에 대한 자각을 통해 재발견되는 '고향(시골)은 계급적으로, 젠더적으로 상이한 존재성이 교차하는 불균질적 성격을 띤다. 1930년대 소설 속에 재현되는 식민지 조선의 '시골'은 농민계층의 자각을 통해 사회주의 혁명을 꿈꾸었던 지식인의 갈망과 자본주의의 물질성에 이미 훼손된 몸으로 고향에 돌아온 여공들의 좌절된 욕망이 '겹쳐지면서 어긋나는' 모순의 공간이다.

아직 귀향하지 못한, 또는 귀향을 거부한 채 도시에 머무는 여공들은 공장 안에서 사회주의적 전망 아래 혁명의 전사로 재탄생하기도 하고, 도시 시민의 일원으로서 새로운 삶의 가능성을 꿈꾸기도 하였다. 하지만 모던걸을 선망하고 모방하여 공장을 이탈한 많은 여공들은 도시에 거주하기 위해 자신의 몸을 상품으로 팔아야 하는 도시의 생존 법칙에 직면하게 된다.

또한, 병든 몸으로 도시 노동자로서의 자격을 박탈당한 여공들은 농촌과 도시, 그 어디에서도 거주할 공간을 찾을 수 없는 텅 빈 귀환의 비극적 주인공이 되기도 하였다. 농촌과 도시를 가로지르는 여공의 비균질적 존재양식은 자신들의 지워진 목소리, 계급으로 환원되지 않는 흔적들을 품고 있는 식민지 '서발턴' 내부의 이질성을 제기한다. 단일한 계급적 주체, 젠더 범주 속에 포섭되지 않는 1930년대 여공의 타자성은 20세기 초 식민지 조선의 서발턴의 역사적 존재양식을 제기하는 동시에, 이념적 틀 속에 온전히 복원되지 않는 '차이의 기호'로서의 '서발터니티(subalternity)'를 사유케 하는 지표라 할 수 있다.[109]

V. 국경을 넘는 여성들:
노동자 또는 상품으로서의 식민지 여성의 몸

* * *

근대 초기, 여성들이 가족, 규방과 같은 사적 영역을 벗어나 도시로 이동하는 과정은 교육을 통해 중상층의 엘리트 여성 집단을 양산하는 한편으로, 중하층 출신의 여성들을 도시의 노동자로 탈바꿈시키는 결과를 낳았다. 이러한 여성들은 농촌에서 도시로의 이동뿐 아니라, 국경을 넘어 해외의 메트로폴리스로 일자리를 찾아 이동하기도 하였다. 전근대 한국의 농촌경제에서 노동은 신분제를 바탕으로 양인 계층이 국가의 녹을 받고 수행한 직역(職役)의 개념 속에서 설명된다. 자신의 노동력을 자본가/기업에게 팔아 그 대가로 임금을 받는 근대적인 노동자의 형성은 한말 신분제의 해체와 더불어, 개항 이후 외부로부터 이입된 자본주의적 생산 체제에 기반 한 것이었으며, 이는 일제에 의한 식민지 개발 정책에 의해 가속화된다. 일제가 1910년부터 시행한 토지조사사업은 근대적 토지소유권을 바탕으로 봉건 지주의 배타적 토지 소유권을 인정하고 고율의 소작료를 수취함으로써 토지를 잃은 영세 소작농들을 양산하게 된다. 1920년에 산미증식계획 실시 이후 농민의 전반적인 몰락이 야기되고, 이들 중 많은 이들이 농촌을 떠나 도시빈민, 노동자, 유랑자가 되거나 해외 이주를 결행한다. 1925년 당시 전업한 농민들 중 약 46.4%가 도시의 노동자나 고용인이 되었는데, 당시 일본으로 출가한 농민은 25,308명으로 전국 농민의 16.86%에 해당하는 숫자였다.[1]

일본으로의 조선인의 이동은 메이지 16년(1883)에 16인을 기점으로 다이쇼 중기를 지나면서 급증하였다. 당시 일본으로 이주한 조선인은 일반노동자, 국민 강제동원에 포섭된 노동자, 학생 등 세 부류였지만 이주자의 주류는 일반 노동자였다. 이렇게 많은 인구가 일본에 이주한 이유는 일제통치 하에서 증가한 조선인 인구가 조선 내 산업에 흡수되지 못한 때문이었는데, 이주민들 가운데에는 특히 농촌의 몰락한 영세소작농들이 많은 비중을 차지하였다(森田芳夫, 1960, p. 4).

연도	인구 수(명)
1883년 말	16
1897년 말	155
1909년 말	790
1911년 말	2,527
1920년 10월	40,755
1930년 10월	418,989
1938년 말	799,878
1945년 직전	2,000,000

* 근대 초기 재일 조선인(在日 朝鮮人)의 인구 현황1)(위 표는 일본 『內務省統計』와 『國勢調査統計』를 바탕으로 한 森田芳夫, 「數字からみた在日朝鮮人」을 참조하여 재구성함).

일본으로 이주한 조선인 노동자들은 일본의 자본주의 근대화 과정에서 동원되어 산업화의 근간이 되었는데, 이들은 불량주택 지구에 거주하며 민족적 차별과 최저 임금을 받은 도시의 하층 노동자들이었다. 1920년대 당시 도일 노동자 중에서 토목, 건축 공사장, 항만, 철도 인부들이 가장 많은 부분을 차지하였으며, 그 다음이 공장 노동자들이었다. 이들은 주로 방적공장, 유리공장, 고무공장, 제철소, 조선소 등 노동집약적 중소기업에 고용되었다. 특히, 오사카(大阪), 교토(京都)는 공장 노동자가 각각 56.9%와 42.6%를 차지하였는데, 도일 노동자의 남녀별 성비를 보면 남자가 압도적으로 많았다. 1924년 전국적으로 남성노동자가 55,583명으로 전체의 86.8%를 차지하고 여자는 8,455명으로 13.1% 정도였으나, 공장노동자의 비중이

큰 오사카와 교토 지방은 동경이나 여타 지방에 비하여 여성노동자의 비율이 높은 편이었으며 이들은 대부분 방적여공들이었다. 1928년 당시 오사카의 조선인 노동자 총 27,854명 중 남성 노동자가 23,334명으로 83.4%를 차지하였다면, 여성은 4,520명으로 16.2%였다. 교토의 경우, 총 10,048명의 조선인 노동자가 거주하였는데, 남자가 9,060명으로 90.2%를 차지한 반면, 여성은 988명으로 9.8% 정도였다(서현주, 1991, 178-182면).

지역	조선인 유업자 수(성별 분포)
교토(京都)	9,486명(남 9,036명 /여 450명)
오사카(大阪)	48,098명(남 46,655명/ 여 1,443명)
고베(神戶)	7,514명(남 7,256명/ 여 258명)
동경(東京)	8,774명(남 8,805명/ 여 31명)
요코하마(橫浜)	3,627명(남 3,558명/ 여 69명)
나고야(名古屋)	9,020명(남 8,793명/ 여 227명)

* 1930년 당시 재일 조선인 유업자 분포[1](위 표는 일본 내각통계국(内閣統計局)의 『국세조사보고(國勢調査報告)』(1930)를 바탕으로 한 高野昭雄의 자료를 참조하여 재구성함).

1930년 당시 여성노동자가 가장 많이 거주했던 오사카나 교토의 경우, 이들은 대부분 재단공, 재봉공이거나 고무공, 직조공이었다. 그런데 고베(神戶)와 요코하마(橫浜)의 경우, 공장이 아닌 도시 여관이나 요리점에서 일했던 조선인 여성들의 숫자가 확인된다. 고베지역의 경우 여관, 요리점 등에서 일하는 조선인 종업원 및 급사가 총 104명이었는데, 이들 가운데 여성이 64명이었으며, 요코하마에서는 여관, 요리점 등에서 일하는 급사 67명 가운데 조선인 여종업원(女中)이 55명이었던 것으로 포착된다(高野昭雄, 2009, pp. 94-97).

1923년 4월 27일자 『오사카매일신문(大阪每日新聞)』에 실린 「파도처럼 밀려드는 조선인군 - 십자가를 진 부인의 고백」이라는 제목의 기사는 오사카 시내 한 방적공장 여공으로 일하는 조선 여성이 일본으로 오게 된 사연과 공장 경험을 직접적으로 전달하고 있다. '내지'의 문화를 동경해서 오사카로 와 여공이 되었다는 이 여성은 공장에서 공장주로부터 민족적 차별대우를 받고 '내지여공'으로부터도 억울한 일들을 당하지만, 앞으로 오게 될 조선인 자매들을 위해 자신이 십자가를 지겠다는 결심을 한다. 또한, 당시 오사카에서 조선인의 성별 당 비율이 남자 100명당 여성 1명꼴이었는데, 남성 노동자의 경우 여가 시간에 오락기관에 거의 출입할 수 없는 형편이라 토로한다. 돈과 시간이 없을 뿐 아니라, 내지인이 경영하는 운동장이나 술집, 요리점, 유곽 등은 조선인에게 전혀 개방되지 않아 본능적 쾌락을 즐길 수 있는 길이 거의 봉쇄되어 있다는 기술은 당시 일본에서 조선인 남성을 대상으로 하는 조선 요리점이나 조선 유곽이 형성되는 조건을 시사한다. 실제로 위 기사에는 고베(神戶)에 생긴 조선인 요정의 연석에서 접대하는 조선인 '작부' 네 명의 사진이 실려 있다.

그림 42. 고베의 조선 요리점의 조선인 작부(『오사카매일신문(大阪每日新聞)』, 1923. 4. 27)

이러한 조선 요리점은 처음에는 주로 일본에 거주하는 조선인을 상대로 영업을 하다가 점차 일본인 고객으로 범위를 넓혀갔던 것으로 보인다. 당시 단신으로 일본으로 건너온 조선인 남성노동자를 대상으로 요리점이나 매춘업이 형성되었는데, 이러한 정황 속에서 일본으로 일자리를 찾아 이동했던 조선인 여성의 인신매매와 강제매춘 등이 발생하기도 하였다. 1927년 고베시가 실시한 <조선인 여성 직업 분포조사>에 주목한 한 연구에 의하면, 당시 8%를 차지했던 여성 유업자 중에서 가장 많은 비중을 차지하는 '기타' 항목은 '중거(仲居)'[나카이 - 요리점 등에서 접대 또는 잔심부름하는 여성]를 의미하였다. 당대 일본의 공식 통계 자료에서 '예창기(藝娼妓)'라고 명기하는 경우가 있기는 하지만, 대부분 '기타' 또는 '접객업(客商売)'이라는 애매한 명칭을 사용하고 있어 실제로 조선인 여성의 실태를 정확하게 파악하기는 힘들다.2)

하지만 『오사카매일신문(大阪每日新聞)』을 포함한 일련의 자료들은 조선에서 '내지'의 도시 공장으로 이동했던 조선인 여성의 경로와 더불어, 일본에서 여공 외에 조선인 여성을 필요로 했던 요리점이나 유곽 등의 향락 산업의 윤곽을 드러낸다. 공장직공에 비해 적은 숫자로 포착되지만, 당시 일본으로 이동한 조선인 여성 가운데 도시의 숙박업이나 접객업에 종사했던 여성들의 흔적이 공식 자료에서 일정 정도 확인된다.

01
일본 '내지(內地)' 조선 요리점과 조선 기생

근대 시기에 기생은 제도적으로 총독부의 관리 하에 있으면서 관제행사에 동원되는 존재였으며, 일본 '내지인'을 조선으로 끌어들이는 갖가지 식민정책의 도구로 활용되었다. 특히 식민지 관광 산업은 조선 기생이 가지고 있는 전통·민족성의 지표와 성적 지표가 식민지 자본주의 속에서 어떻게 활용되는지를 잘 보여준다.[3] 일본 제국의 공간에서 기생은 식민지 여성의 몸으로 착취되고 일종의 상품으로 유통되었다.

1936년, 『신판대경성안내』에서는 "경성을 구경하면서, 하룻밤은 조선요리에 빠져서 기생의 장구에서 흘러나오는 애수어린 수심가를 듣는 것이다."라고 "조선요리옥"을 소개하고 있다. 일본인들이 경성의 조선 요리점에서 조선요리와 기생의 가무 접대를 즐기는 것은 식민지 당대 '내지인'의 주된 관광 코스 중의 하나였다. 조선을 대표하는 이러한 요리점과 기생이 일본 '내지(內地)'로도 이동하게 되는데, 이는 현재 문헌 자료들(신문, 잡지, 문학 자료)을 통해 일정 정도 추적 가능하다. '내지'의 조선 요리점에서 일했던 기생의 존재는 식민지 여성의 몸과 민족(인종)적 지표, 그리고 조선의 전통을 담보한 기생이라는 아우라가 어떻게 제국의 땅에서 '로컬'[local, 제국의 변방으로서의 식민지]의 상품으로 재구성되는지를 보여준다.

일본에서 문을 연 조선 요리점은 1905년 동경 우에노(上野)에 개점한 조선요리옥 '한산루(韓山樓)'가 최초였다. 이후 1920-30년대 조선인 하층노동자를 포함한 재일조선인 및 유학생을 상대로 일본 각지에서 영업했던 것으로 확인된다.[4] 도노무라 마사로(外村大)의 연구서에 따르면, 일본 내 조선요리점이 본격적으로 개업한 것은 1923년경이었으며, 재일 조선인을 상대로 하는 조선요리점은 이후 점차 증가하였는데, 1930년대 중반 경 오사카에는 조선요리점에서 일하는 여급들이 약 2,700명 정도가 있었다고 한다.

그런데, 과연 이러한 조선 요리점이 어떠한 곳이었는지가 문제가 된다. 조선요리점의 증가에 대해 일본 행정당국은 영업 금지를 내렸는데, 『오사카매일신문(大阪每日新聞)』 1932년 12월 22일, 「애(哀)! '조선유곽'에 돌여(突如) 영업금지(營業禁止)」라는 표제기사와 같이, 당시 조선 요리점은 '유곽'으로 지칭되기도 하였다.

> 북(北)오사카에서, '조선유곽'이라고 알려진 이국정서의 에로, 그로를 성행한 북구 낭화정(浪花町)의 조선음식점 밀집지대 전호 37헌에 대해서 21일 무허가 영업에 대해 영업금지명령을 발포. 무유 영업에다가 엽기적으로 객의 소매를 붙드는 조선소녀 80여명. 150엔, 300엔의 전차금에 팔려...(外村大, 2003, p. 40).

북오사카에서 "이국정서의 에로, 그로를 성행"한 조선음식점은 '조선유곽'의 다른 이름이었다. 홋카이도(北海道)에서도 1920년대에 이미 조선인 남성 노동자를 상대로 한 조선 요리점이 등장하였으며, 1930년대에는 조선적 향토색을 상품화하여 일본인 고객을 상대로 한 요리점이 100여개를 넘은 것이 확인되고 있다.5) 위 신문 기사에서처럼, 1920-30년대 홋카이도의 조선음식점에서 일한 조선여성은 전차금에 팔려 온 성노동자의 모습을 띤다.

> 조선여성은 당시, 조선의 생활이 어려웠고 배고파서, 돈을 모을 수 있다는 일본인의 말을 믿고, 어떤 사람들은 동해를 건너 홋카이도(北海道) 도착하였으며, 또 다른 이들은 현해탄을 건너 오사카의 방적공장 직공이 되었다. 그러나 그녀들은 지옥과도 같은 오사카 방적 공장을 나와서, 다시 홋카이도로 건너와 매춘굴에 떨어지기도 하였다. 당시 발행된 홋카이도(北海道) 신문에 따르면, 1920년대 오사카의 방적공장에서 일했던 조선여성이 홋카이도로 온 기록이 있다.

1921년에 여성 6명, 남성 100명이 하코다테(函館)에 왔으며 당시 조선 요리점이 하나 있었다. 조선여성들은 <중개소(周旋屋)>에 하녀이면서 그 주인의 첩이기도 하였는데, 중개소는 여성들을 가두어놓고, 다른 일자리를 찾지 않도록 외부를 차단하고, 음식을 실컷 먹여서 시내를 구경시킨 후, 비싼 돈을 받고 유곽에 팔았다. 그렇게 오사카과 홋카이도에 간 여성들은 대부분 15세부터 20세 가량이었다. 매춘을 강요당한 많은 여성들은 스스로 그 낚싯줄로부터 어떤 방법으로도 벗어날 수 없다고 판단하거나 죽음을 선택하였다… 일제가 강요한 매춘에 의해, 많은 조선여성들이 자신을 던져 자살한 하코다테의 절벽이 있는데, 그 당시 주민들은 파도소리가 "오모니, 오모니"로 들렸다고 한다.6)

당시 일본에서 영업하는 조선 요리점의 초기 형태는 1900년대 조선의 많은 요리점들이 일종의 유곽 기능을 했던 2종 요리점과 유사한 것이었다. 일본에서의 2종 조선 요리점은 오사카나 홋카이도의 예에서와 같이 처음에는 재일 조선인들을 상대하였다가 차차 일본인 고객을 유치하였던 것으로 보인다. 요리점에서 일하는 여성들은 돈을 벌기 위해 무작정 일본으로 이동하였다가 성노동자로 일하게 된 조선여성들이었다. 특히, 홋카이도(北海道), 후꾸오카(福岡), 나가사키(長崎) 등에서 조선 요리점이 번성하여 많은 조선인 작부가 일하게 되었는데, 이는 1880년대부터 이 지역들에 탄광이 개발되고 러일 전쟁 이후 철도, 하천, 댐 등의 건설 공사가 활발해지면서 조선에서 단신으로 이동한 남성노동자들이 대거 유입된 것에 기인한다.7)

이러한 일본 내 조선 요리점을 둘러싼 정황은 1930년 후반부터 일본 개전(開戰)까지, 동경에서 문학 활동을 하였던 작가 김사량의 소설 「빛 속에서」(1939)에서 반영되고 있다. 이 작품에 나오는 '야마다 하루오'라는 불우한 조선인 소년의 어머니는 '동경 스자키(洲崎)의 조선요리집'에서 일하였는데, 그의 아버지 한베에가 눈독을 들여 그녀를 요리집에서 강제로 데려오는 장면이 있다.

내가 스자끼의 조선요리집에 두목과 함께 담판하러 가서, 이 여자를 내게 넘겨라, 그러니 않으면 가만두지 않을테다, 장지문에 불을 지르겠다 하고 위협했지. 그러니까 놈들이 파랗게 질려서 내놓더란 말이야.8)

하층 노동자를 포함한 재일 조선인과 유학생을 고객으로 한 조선요리 음식점은 1920년대 이후, 각지에서 영업을 계속하였던 것으로 보인다. 한편, 유곽과 식당의 모호한 경계에 있었던 일본 내 2종 조선요리점과 달리, 1920년대 후반에 일본 동경에는 조선 기생이 본격적으로 진출하여 운영한 조선식 1종 요리점이 등장하게 된다. 『조선일보』 1929년 3월 23일자에 소개된 <명월관>(神田區 猿樂町 본점과 新宿 지점)이 그 예이다. 여기에는 일본 동경에 입성한 조선 요리집 <명월관> 사진과 거기에서 영업을 하고 있는 조선 기생들의 얼굴이 실려 있다.

그림 43. 동경 <명월관> 본점과 조선미인들(『조선일보』 1929. 3. 3)

조선 기생들의 사진과 더불어 김을한이 쓴 「만리이역(万里異域)에 조선요리점(朝鮮料理店)」이라는 기사는 동경의 <명월관>에 대한 자세한 내력을 제공하고 있다.

우리 일행이 동경에 온 뒤에 가장 의외로 생각한 것은 대동경 한복판에 명월관이라는 순전한 조선요리를 만들어 파는 음식점이 있어 허구한 날 들척지근한 음식에만 멀미가 날 지경인 우리에게 매웁고 짜고 맛있는 '깍뚜기'와 김치를 맛있게 먹게 해준 사실이다. 복작거리는 일비곡좌(日比谷座)를 다녀온 일행 중의 몇몇 사람은 몸의 피곤함을 돌아보지 않고, 만리이역인 동경의 한복판에 조선요리점이 있다는 호기심과 아울러 오래간만에 '김치'와 '깍뚜기'를 마음껏 먹을 수 있다는 반가운 마음에 무거운 다리를 끌고, 밤 열한시가 되어 명월관을 찾아갔다. 명월관은 동경시 신전구 원락정(神田區 猿樂町)이라는 곳에 있는데, 전차, 버스, 택시가 혼란스러웁게 다니는 큰길에서 오른편으로 뚫린 비교적 고요한 좁은 골목에 발을 들여 놓으니, 조그마한 회색 이층집 앞에부터 있는 조선요리 명월관이라는 전기각등(電氣角燈)이 얼른 눈에 띠어서, '조선요리'라는 글자가 유난히도 그리웁기 짝이 없었다. 대문 안에 발을 들여놓으니 "어서오십시요!"라는 노란 목소리와 함께 남끝동 저고리에 남치마를 입은 조선미인 세 사람이 반가이 우리를 맞아준다. 사방 두간 밖에 아니되는 좁다란 실내에는 세 개의 테-블과 십여 개의 의자가 벌려있는데, 한편 작 테-블에는 돈푼이나 있는 동경 유학생인 듯한 '모던뽀이' 두 사람이 사기 그릇에 담은 떡국을 먹고 있었고, 다른 한편 작 테-블에는 상점원인 듯한 세 사람의 일본사람이 무엇이라고 지껄이면서 검은 약밥을 먹고 있었다. 조용한 방을 찾아서 이층에 있는 다다미 방으로 안내를 받은 우리는 먼저 김치와 깍두기를 청하여 먹기를 시작하였다. 옆에 와 앉은 웨트레스 한 사람에게 명월관의 유래를 들으니 명월관은 본시 일찍이 평양에서 기생노릇을 하든 노모(盧某)라는 여자가 뜻한 바 있어서 지금으로부터 약 삼 년 전에 개시한 것인데 날로 상-운 번성함으로 지금은 이곳 이외에도 신주꾸(新宿)이라는 데에 지점까지 설치하여 경성에 있는 명월관과 똑같이 동경 시내 외에 명월관 본점과 지점이 다 구비해 있다고 한다.

여기서 소개되고 있는 <명월관> 본점은 동경시 신전구(神田區) 원락정(猿

樂町)에 위치하였으며, 평양 출신의 노모(盧某) 기생[노경월]이 약 3년 전 (1926년)에 개점하였는데, 1929년 당시 신주꾸(新宿)에 지점이 이미 설립되었다고 기술하고 있다. 『조선일보』 1931년 1월 9일에 다시 실린, 동경 <명월관> 기사는 치마저고리를 입은 여성이 무언가를 쓰는 사진과 광고 문구를 싣고 있다. 여기에는 "이역에서 빛나다가 저물어가는 유일의 자부심!", 일인들에게는 "조선음식이 동양 요리 중의 왕"이고, 조선동포들에게는 "이향에 사는 이들의 고독과 수심의 위안"을 주는 곳으로, 명월관은 동경의 명물이 되고 있다고 선전하고 있다(外村大, 2003, 42).

또한, 동경 <명월관>에 대한 기사는 잡지 『삼천리』(1932. 2. 1)에서도 발견된다.

> 최근 동경에 명월관이란 조선요리점이 생기었는데, 그것은 건물도 순 조선식의 주란화벽(朱欄畫壁)이요, 음식도 신선로에 김치깍뚜기요, 음악도 에이-하는 3현(絃)6각(角)이요, 노래도 수심가(愁心歌)요, 육자백이며 써-비스하는 이도 전부 화용월태(花容月態)의 치마저고리 입은 기생 10여명이라는데, 손님의 대부분은 일본인들로 요즈음 많은 날의 하루 매상고가 5천원을 초과하였고, 그렇지 못한 날도 2천원, 3천원을 보통 헤인다는데, 어째서 이렇게 명월관이 유명하게 발달하는가 하면, 조선 기생의 요염한 자태에다가 조선 독특한 음식이 그네의 호기심을 끄은 까닭인 듯하다고.[9]

위 기사에서는 순조선식 건물과 인테리어를 구비하고 조선 요리에 삼현육각, 수심가, 육자배기 등의 기생들의 레퍼토리가 공연되는 동경 <명월관>이 재일 조선인 대상이 아니라 대부분 일본인을 손님으로 하고 있으며, 하루 매상이 5천원을 초과할 정도로 성황을 누리고 있다고 보도하고 있다.

미야쓰카 도시오(宮塚利雄)가 쓴 『일본소육물어(日本燒肉物語)』는 동경 <명월관>에서 발행했던 안내 책자 『조선독본(朝鮮讀本)』을 소개하고 있다. 이 책자는 당시 <명월관>에서 펼쳐진 여흥에 대해, 보통 승무, 검무,

춘앵무, 도화용(道化踊), 촌극 등으로 시작해서, 가야금, 양금, 장고, 현금(玄琴), 단소, 계금(稽琴) 등의 악기를 연주하였으며, 노래는 전통적인 유장한 느낌이 나는 것은 말할 것도 없고 당시 일본에서 인기 있는 유행가나 풍자적 또는 '에로,그로'한 것도 포함되어 있다고 기록하고 있다.10) 동경 <명월관>의 경우, 전반적으로 조선의 일급 요리점에서 연행된 전통적인 춤, 악기, 노래 레퍼토리

그림 44. 『조선독본(朝鮮讀本)』 표지(동경 <명월관> 발행)

를 기본으로 하면서, 주된 고객인 일본인들의 대중적 취향에 맞추어 현대적인 요소를 가미한 것으로 보인다. 『조선일보』(1929. 3. 23/ 1931. 1. 9)와 『삼천리』(1932. 2) 등에 소개된 동경 <명월관>(麴町區 永田町 소재)은 일본의 정계인사 및 고관들이 드나들었던 고급 조선 요리점으로서, 조선요리뿐 아니라 기생들의 정재무 공연과 기악연주로 특색을 이룬다.11) <명월관>과 같은 일급 요리점을 포함한 조선 요리점은 1920년대부터 동경(東京)뿐 아니라 고베(神戶), 미나토가와(湊川), 오사카(大阪), 홋카이도(北海道) 등 일본 각지에서 성업하였는데, 1938년 당시 동경 시내에만 조선 요리점이 37개소가 있었던 것으로 확인된다.12)

<명월관>의 조선 기생은 제국의 남성들뿐 아니라, 일본에 거주하거나 유학 온 식민지의 지식인 남성들을 고객으로 봉사하였다. 박태원의 소설, 「향수」(『여성』 1936. 11)는 바로 동경 간다(神田)에 있었던 조선 요리점 <명월관> 본점을 무대로 하고 있으며, 동경 유학생이었던 주인공의 옛 애인 향월이는 동경의 <명월관>에서 일하던 기생으로 등장한다.

오랫동안 동경에 머물렀을 당시, 만리이역에서 청춘은 고독에 빠지기 쉽고, 그리고 그 고독을 혼자서는 주체하지 못한다... 명월관 광고등을 보고 "오랫만에 통김치 맛이나 좀 볼까". "또 예서는 조선 애들이 써어비스를 한다지..."

쪽진 머리며, 자주끝동 단 노랑저고리며, 연분홍 하부다이 치마며, 또 흰고무신이며, 그러한 모든 것에이기 쉬웁다... 우리는 우리의 밀회 장소를, 언제든 여자의 일터인 '명월관'으로 정하지 않으면 안 되었으므로, 우리는 남들의 이목이 번다한 그 속에서 얼마든지 행복될 수는 없었다.[13]

위 작품에서 묘사되는 것과 같이, 당시 동경의 조선 요리점은 깍두기, 김치, 떡국, 약밥 등과 같은 조선음식과 더불어, 쪽진 머리, 노랑저고리, 연분홍 치마, 흰 고무신 등 조선옷을 입은 조선 기생의 존재를 통해 소외와 차별에 찌들린 식민지 지식인들의 향수를 달래주는 역할을 한다. 또한 이국의 땅에서 이루어지는 외로운 조선 유학생과 조선 기생의 연애는 서로의 타자성을 공유하는 절실하고도 자극적인 것이었다.

일본의 조선 요리점에서 식민자 남성의 이국 취지, 또는 피식민자 남성 고객들의 향수, 성적 환상을 충족시키기 위해 동원되었던 기생의 몸은, 조선에서 근대적 예인으로 변신하고 사회적 승인을 받기 위해 인정투쟁을 감행했던 일급 기생들의 역동적 위치와는 다른 지점에 있었다. 자본을 따라 국경을 넘었던 기생들은 식민주의, 인종, 계급, 젠더 갈등을 양산하는 강력한 기제들과 직면하게 된다. 이러한 제국에서 식민지 여성으로서 일해야 했던 그들의 조건은 박태원의 「향수」에 등장하는 동경 <명월관> 기생 향월이나, 김사량의 「빛 속에서」에서 일본의 2종 요리점에서 일하다가 일본인 남성에 의해 거의 납치당하다시피 끌려갔던 야마다 하루오의 어머니를 침묵하게 만든다. <명월관>과 같은 일본 내의 일급 요리점과 2종 요리점 사이에는 여성들이 상대하는 고객들의 계급적, 인종적 차이가 드러나지만, 이러한 공간들은 모두 제국의 땅에서 식민지 기층 여성의 몸이 어떻게 민족·인종적 지표와 결합하면서 상품적 자산으로 전유되는지를 보여주는 젠더적 공간이었다.

02
일본 '내지(內地)' 카페와 조선 여급

1930년대 경성에서 여급의 정체성은 태생적으로 일본 여급을 모방한 식민지의 산물이었다. 특히, 일본 거류민을 대상으로 한 남촌의 일본 카페에 고용된 조선여급은 일본식의 헤어스타일(히사시가미)에 기모노를 입고 에이프런을 두른 채 일본말로 접대함으로써 외형적으로 일본인 여급과 전혀 차별화가 되지 않았다. 『조선일보』(1927. 1. 2) 기사에는 한 조선인 남성 고객이 남촌 카페에 들렀는데, 처음에는 모두 일본어를 사용하는 여급들 사이에 조선인 여급이 있는지를 전혀 알아채지 못하다가, 이후에 대화를 통해서 한 여급이 조선인임을 알게 되었다는 내용이 실려 있다.

명치정에 있는 'xx카페'를 찾아갔다 발을 문안에 들여놓자마자 '이랏새이'라는 가냘픈 소리에 영접되어서 한모퉁이에 테-불에 의지해 앉으니 밤이 든지도 채 얼마나 아니되었것만도 벌써 이 구석 저 구석에는 취흥이 도도한 손님의 떼가 무리를 지어다 각기 꽃 같은 웨트레스를 하나씩 끼고 있다. X꼬라는 웨트레쓰가 조선 여자란 말을 들은 까닭에 그를 찾으니 나희 십칠 팔 세 쯤 되어 보이는 일본 여자 하나가 옆으로 온다. 옷 입은 거라든지 머리같은 거라든지 말소리라든지 아무리 보아도 조선사람 같지는 않았다, 그의 귀에다 입을 대고 당신이 조선사람이 아니요라고 가만히 물으니 이상하다 듯이 한참 물끄러미 쳐다보더니 무엇이 생각났는지 별안간에 얼굴에 쓸쓸한 빛을 띠우며 다만 가만히 고개만 끄덕거리었다.[14]

'옷 입은 거라든지 머리 같은 거라든지 말소리라든지 아무리 보아도 조선사람 같지는 않았다'라는 기술에서 알 수 있듯이 경성의 재조일본인들을 주고객으로 하는 카페에서 조선인 여급은 자신의 인종적·민족적 지표를 지운 채 식민지의 시장에서 향락을 매개하고 있었다.

그림 45. 일본인 카페의 여급 (『조선일보』 1927. 1. 2)

한편, 경성의 남촌 본정 3정목 네거리, 카페 <위스타리아>에 나타난 한 카페껄은 국적불명의 모던걸(모가)의 전형을 보여준다. 동경에서 온 모리 미쓰꼬라는 일본인 여급은 외모뿐 아니라 지적 교양을 갖춘 훌륭한 '모가'로 소개된다. 그녀는 일본의 사회주의 단체인 ○○당의 5·3사건에 연루된 중요 간부의 애인으로 조선으로 일시 피신해 온 처지인데, 제국과 식민지의 경계를 넘어 사회주의적 근대를 지향했던 지식인과 교류했던 일본 '모던걸'의 면모를 보여준다. 조선인 카페에도 '적색 여급'이라 불린 사회주의 여급들이 존재했던 것과 맥을 같이 한다.

그 여자는 '스카-트'가 짧은 검정치마에 하늘하늘하는 흰웃통을 입고 그 위에 새빨간 '넥타이'를 보기좋게 매었으며, 발에는 굽 높은 구두, 머리는 그럴 듯이 보이는 칠분삼분(七分三分)- 어더모로 보든지, 차림차림이 소학교 선생이나 그렇지 않으면, 사범학교 학생이나 그렇지 않으면 사범학교 학생의 '타입'이지, 아무리 보아도 노류장화의 신세같은 카페-의 '웨이트리스' 같지는 않는다. 더욱이 그 여자의 좁지도 넓지도 않은 보기좋은 이마와 영리한 두 눈과 균형된 코와 애교있는 두 입술을 가진 둥글 넙적한 얼굴은 미인이라느니보다도 차라리 남의 집 맞며느리감이라는 말이 더 적당할만치 고상하고 귀염성스러웁고 또 부덕이 있어 보였다(김을한, 1930, 87면).

위 글에서 일본인 카페여급의 외형은 양장 차림을 하였지만 소학교나 사범학교 선생 타입을 연상시키며, 얼굴은 미인이지만 양가집 맏며느리 같은 고상함과 귀여움을 갖춘 부덕 있는 여성이라 기술하고 있다. 일본인 지역인 남촌의 카페로도 진출하였던 조선인 남성 고객에게 일본의 모던걸도 성적 호기심의 대상이 되기는 마찬가지였다. 유흥공간에서 식민지 남성들이 엿보는 '제국'의 모던걸은 관음증의 대상으로 전이한다. '좁지도 넓지도 않은 보기좋은 이마와 영리한 두 눈과 균형된 코와 애교 있는 두 입술을 가진 둥글 넙적한 얼굴'로 수렴되는 시선은 국적과 계층, 지식 여부에 상관없이 카페에서 향유되는 여급의 몸을 시사한다.

일본 '내지' 카페문화에서 기원하는 식민지 조선의 여급들은 카페 안 업무 연수를 위해 일시적으로 일본 '내지'의 카페를 방문하거나 일정 기간 일본 카페에서 활동하기도 하였다. 「카페여급언파레이드」(『별건곤』, 1932.11)에서 소개된 일급 여급들 가운데, <낙원회관>의 여급 지쓰꼬(千津子)의 경우, 13년간 여급생활을 하면서 오사카(大阪)까지 진출하여 일본 카페에서 수 삼년을 실지견학을 하고 돌아왔다는 기록이 있다(綠眼鏡, 1932, 33면). 이는 식민지 조선의 카페가 원천적으로 종주국 일본의 카페를 모델로 하였음을 추정할 수 있는 근거이다. 또한, 한 때 영화배우였던 카페 <낙원>

의 여급 마리꼬(金明淳)의 경우도, 고베(神戶), 오사카(大阪) 등 일본 지역을 "큰 무역 상어나 같이 왔다갔다"하며 활동한 사례가 제시되어 있다(綠眼鏡, 1932, 36면). 당시 여급들은 일본에서 한국인 노동자들 또는 유학생들을 상대하는 카페나, 조선인 여급을 선호하는 일본인 고객들을 접대하는 카페에서 일하기 위해 동경, 오사카, 홋카이도 등으로 이동하기도 하였다(綠眼鏡, 1932, 32-36면). 또한 일본 뿐 아니라 여급 또는 댄서로서 이들은 중국(대련, 봉천, 상해)15)으로도 진출하였던 것으로 보이는데, 이러한 여급의 국제적인 공간 이동은 기생과 마찬가지로 식민지 당대 노동계급 여성들이 생존을 위해 자본의 흐름을 따라 선택한 또 다른 삶의 행로였다.

박태원의 소설「반년 간」(『동아일보』, 1933. 6. 15 – 8. 20)은 동경 유학생 철수가 동경의 한 카페에서 일하는 미사꼬(본명 신은숙)라는 이름의 조선여급을 만나 연애에 빠지는 이야기를 다루고 있다. 이 작품에 등장하는 미사꼬의 예를 통해 당시 경성에서 아는 사람의 소개를 받아 동경 카페로 일자리를 찾아 떠나 온 당시 여급들의 경로를 확인할 수 있다. 또한 이 작품은 일종의 '카페철학'이 있다고 하여 "한번 간 카페에는 두 번가지 말 일", "오래 앉았지도 말 일", "팁은 반드시 지불할 일", "노동에 대한 보수, 여급의 나이를 묻지 말 일", "여급을 사랑하지 말 것" 등 당시 일본 카페의 풍속의 일면을 보여 준다. 또한, 여기에는 "사요꼬"라는 이름의, 당시『부인공론(婦人公論)』에 연재되었던 히로쯔 가즈오의 소설 여주인공과「여급(女給)」이라는 작품의 여주인공에 대한 이야기도 등장한다. 박태원의 이 작품은 1930년대 전후 일본 내 카페 안의 풍경과 더불어, 일본 카페에서 일했던 조선 여급의 행적을 소설의 형식 속에서 기록하고 있다. 이러한 여급의 일본 '내지'로의 이동은 다음 르뽀 기사에서 구체적으로 확인된다.

요즈음 동경 카페에 '조선미인'이 출현하였는데, 동경에는 벌써부터 조선 기생,

창기들이 진출하여 값싸게 에로를 산매한다는 소문은 들은 지 벌써 오래전이지만 카페진출은 처음이다. 봉건적 가족제 철쇄로 문밖을 못나가는 조선여성이 너무나 값싸게 문호개방을 하지 않는가? 노도와 같은 경제공황에 신음하는 조선- 그들도 또한 아버지와 어머니의 귀한 따님이었을 것이다. 이것도 직업이라고- 흥 직업으로 우리들은 두어군데 들러 술이 알만치 취하였다. 사론. 하루- '조선미인'이 사론, 하루에 있다 한다... 일본옷 뿐만 입은 많은 여자 가운데서 황홀하게 보이는 조선옷... 조선말로 청초하게 차린 조선옷에 머리를 곱게 쪽진 것이 퍽 아담하게 보였다...사론 하루에 우메꼬(梅子, 녀급의 가명) 출현으로 이집에 사람이 훨씬 복잡해진다 한다. 그리고 동경 카페-펜들 가운데 인기가 점점 좋아간다고 한다.16)

1932년 당시 동경에 특파원으로 간 모신문사 기자가 동경의 사론[살롱] <하루>에서 만난 조선여급의 이미지는 여러 가지 이슈를 제기한다. '과거에 서울서 한동안 드날리던 기생으로 서울 장안의 유야랑들의 화제에 몹시 오르든 여자였던 그녀는 동경에서 '우메코(梅子)'라는 일본 이름의 카페 여급으로 변신했던 것이다. 그런데, 조선에서 근대적 문화 및 유희감각의 전령사였던 '모던걸'로서의 여급의 이미지와는 달리, 동경의 카페에서 우메코는 "조선말로 청초하게 차린 조선 옷에 머리를 곱게 쪽진" 모습을 하고 있었다. 이러한 여급 우메코는 1930년대 북촌 카페를 가득 채운, 첨단 양장 패션의 여급의 모습이 아닌 조선적 전통과 아우라를 상품화했던 기생의 모습에 오히려 더 가깝다. 일본 '내지'에서 조선 여성의 에스닉한 지표가 상업적으로 활용되는 과정에서 기생과 카페여급의 경계는 무너지고 또 상호 교환되는 양상을 보인다. 조선 내에서 기생과 카페여급을 구분했던 전통/근대의 지표는 무화되고, 식민지의 지방색을 필요로 했던 '제국'의 카페에서 카페여급의 성애화된 몸은 '조선적인 것'의 상품화에 오로지 복무하게 된다.

그림 46. 1930년대 동경 긴자 카페, <タイガー(타이가)>와 <パレス(파레스)> (『写眞集 失われた帝都 東京—大正·昭和の街と住い』, 1991)

일본에서 카페가 성행한 것은 다이쇼 12년(1923년) 관동대지진 이후인데, 1929년 8월 당시 동경의 카페는 6,187개에 달했으며 여급은 13,849인이었다고 한다.17) 당시 동경 긴자거리를 중심으로 형성된 카페들의 이름을 살펴보면, タイガー(타이가), サロン 春(사롱 하루), 赤玉(적옥), クロネコ(크로넥), ユニホン(유니온), ゴンドラ(곤돌라), バッカス(박카스), ニューヨーバー(뉴욕커 바), パレス(파레스), マルグラン(마르크시안), イナイナイバア(이나이나이 바), バーブロードウエー(바 브로드웨이), サロン パリジヤイン(살롱 파리지엔), バーアリゾナ(바 아리조나), キリン(기린), コーザン(코-잔), 카페 만추리아 등으로 일본, 미국, 프랑스, 만주 등 다국적의 인종적 지표를 표상하고 있다. 이러한 카페들은 그 이름이 시사하는 바, 각 국가/지역/인종의 고유한 자질들을 상품화하고 있는데, 카페여급들은 바로 그러한 인종 전시장을 방불케 하는 카페를 구성하는 주요한 요소였다. 미리엄 실버버그(Miriam Silverberg)가 '문화적 합성주의(cultural syncretism)'라고 설명한 바, 당시 동경의 카페에서 식민자의 욕망에 의해 피식민지의 에스니시티가 전유되는 제국의 전도된 모방(mimicry)의 흔적을 보여준다.18) 즉, 카페에서 다양한 기호의 수요와 창출은 서양과 동양, 제국과 식민지의 경계를 넘어

인종적/ 국가적 지표들의 적극적 활용과 모방을 통해 이루어지는데, 이는 카페 <만츄리아>에서 만주식의 여급을 고용하고 만주색의 인테리어, 복장, 분위기를 추구하거나, 긴자 카페에 조선식 복장을 한 조선 여급을 배치하는 형태로 나타난다. 동경 긴자 카페는 제국과 식민지의 위계 구도를 넘어, 식민지의 고유색과 여성의 몸을 상품으로 활용하는 제국의 시장과 같았다. 그렇다면, 이러한 긴자 카페에서 소비되었던 조선 여급의 위치성은 어떠하였을까.

> 허영 – 돈 – 윤락. 이중에서 뛰노는 여성 가운데 낮 같은 밤의 동경 은좌에 제이세 소위 '조선미안'이 출현치 않으리라고 누가 보증하랴. 눈부시게 도는 '일루미네이션' 속에서 칵텔 잔을 들고 거치른 술 취한 사람들 틈에서 웃음 짓고 노래하는 우메꼬여 건재하라(李逸光, 1932, 95면).

허영과 돈, 타락이라는 세 가지 키워드는 유흥공간에 일자리를 찾아 나선 여성들을 바라보는 조선 사회의 전형적 시선이었다. 하지만 동경의 긴자 카페에서 '조선'을 대표하며 나선 여급 우메꼬는 조선 안의 카페에서처럼 타락한 모던걸이기에 앞서, 식민지 조선에서 온 '원주민 여성'이었다. 제국의 시장에서 고용된 조선인 여성은 기생과 여급 내부의 편차나 전통과 근대의 인자들이 무화되는 인종적 (여성) 상품에 불과하였다.

일본의 식민화 정책 과정에서 가족의 테두리를 벗어난 기층 계급의 여성들은 '제국'에 의해 손쉽게 전유되는 구조 속에 있었다. 특히, 국내외 유흥공간에 배치되었던 여성들, 기생, 여급, 창기 등은 1940년대 일제의 종군위안부의 행렬에 포섭되어 일본 '내지'와 만주, 중국 북부로 이동한 흔적을 보인다.[19] 1930년대 조선의 카페여급들은 단순한 사회적 희생물도, 그렇다고 온전히 독립적인 생존의 능력을 확보한 것도 아닌 복합적인 위치성을 가진다. 도시에서 그들은 당대 모던걸에 대한 환상과 욕망을 구현하는 대리물로 기능하면서, 파편적으로 자기인식의 주체로서 행위성을 드러내기도 하였다. 하지만 민족의 경계를 넘어 '제국'의 영역에 이입되면서 그들의 몸은 자본과 군국주의 파시즘의 도구로 전이되는 취약성을 드러낸다. 그들을 규정하는 절대적 조건은 타자성의 집합체로서의 '식민지 여성(colonized woman)'이었다.

03
일본 공장으로 간 조선인 여공들

1920-30년대 가난한 농촌을 떠나 미래에 대한 부푼 꿈을 가지고 도시 공장으로 떠났던 시골 소녀들의 도시로의 이동은 조선의 국경을 넘기에 이르렀다. 이미 청일전쟁 이전 1893년에 일본의 삼중방적(三重紡績)과 연계되어 조선인 여성들이 일본으로 이동한 흔적이 보인다. 1910년 한일병합 이후 오사카를 중심으로 한 일본의 관서지방의 방적회사에서 경쟁적으로 조선인 여공을 모집하였으며, 나가노현(長野縣)이나 아이치현(愛知縣)의 제사공장에서도 1910년대 후반부터 조선인 여공을 유치하기 시작하였다고 한다.20) 1920년대부터 신문에는 일본의 방적공장으로 이동한 시골 처녀들의 기사가 빈번히 확인된다.21) 1922년 12월 도항(渡航) '자유화' 이후, 더 많은 조선인 여성들이 일본 공장으로 건너가게 되는데, 일본 공장의 입장에서는 값싼 노동력인 조선의 가난한 농촌여성들을 데려오면, 임금 비용을 절약하고 언어 문제로 동맹파업의 가능성도 염려할 필요가 없고 부리기 쉬운 현실적 이득이 있었다.22) 당시 신문에는 일부 모집원들이 총독부 허가 없이 비공식적이고 불법적인 방식으로 조선의 미혼여성들을 유인하여 일본으로 이동한 흔적들이 드러난다.23) 그런데 오사카, 고베 등 일본 관서지역 공장으로 이동한 여성들 가운데에 많은 수가 제주도 출신의 여성들이 었다는 데에 주목할 만하다. 제주도의 경우, 일제 식민통치 속에서 자급자족적 자연경제가 무너지면서, 생계유지를 위해 많은 여성들이 일본의 공업도시로 이동하게 된 것이다.

제주사람들의 일본 공업계로의 출가(出稼)는 1911년부터 시작되었는데,

1923년 제주도와 오사카를 직접 연결하는 정기항로인 '군대환(君代丸)'이 취항하면서부터 제주인들의 일본으로의 이동은 가속화된다. 1934년 재일본 한인 가운데, 제주도 출신자는 5만 명을 상회하였는데 이는 당시 제주도 인구(20만 명)의 4분의 1에 해당되는 숫자였다. 또한 오사카(大阪)에 자리 잡은 제주도민 가운데 66% 이상이 공장 노동자들이었으며, 이중 전체의 절반에 가까운 수를 기록한 여성들의 대표적인 직업이 방직공이었던 것으로 알려져 있다.[24] 식민지 시기 조선의 여타 지역에서 일본 공장으로 간 여성들은 대부분 개별적이고 산발적인 형태로 이동하였기 때문에 그 경로를 찾는 것은 쉽지 않다. 하지만 제주도의 경우, 일본으로의 도항에 제주시, 조합, 친인척 등 다양한 층위에서의 조직적인 지원이 있었으며, 일본에 도착한 이후에도 지역 공동체에 흡수되는 특수한 조건 속에 있었으므로 당시 여성들의 일본 공장으로의 이동과 정착의 과정을 비교적 용이하게 파악할 수 있다.

제주 여성들의 도항과 여공으로의 변신

식민지 시기 본격화된 제주도민의 일본 이주는, 1차 대전 발발 이후 일본 공업계의 발달과 이로 인한 노동자의 수요를 해결하기 위해 일본의 자본가들이 제주를 값싼 노동시장으로 겨냥하게 된 이후부터라 할 수 있다. 이러한 양상은 근대초기 제주도가 직면했던 사회경제적 위기와 맞물리게 된다. 농업의 경우, 식민 정부가 제주도에서 1913년부터 1916년까지 토지조사사업을 시행하여 상당량의 토지를 국유화시켰다. 일본의 부족한 쌀을 조선에서 확보하려는 산미증식계획 하에 미곡 중심의 농정을 시행하면서 논의 비중이 1%에 불과했던 제주도의 농업 생산력은 더욱 저하되어 제주도민들의 이농화는 가속화된다. 한편, 전통적으로 제주도의 경제적 기반을 지탱해 왔던 어업이나 가내수공업 마저 존망의 위기에 봉착하게 되자, 제주도민들

은 타지로 살길을 찾아 떠나야 하는 심각한 사태에 처한다.25)

제주도의 여성 도항자의 증가 이면에는 일본 방직회사의 적극적인 노동력 유치 정책이 자리하고 있었다. 1911년 오사카 셋쓰(攝津) 방직회사 가즈가와(木津川) 공장, 1914년 도요(東洋) 방직회사 산겐야(三軒家) 공장의 사무원이 직공모집을 위해 제주도를 방문하고, 오사카의 키시와다(岸和田) 방직회사가 1918년 3월 처음으로 50명의 조선인 여공 모집을 시도하였다.26) 1892년에 창설되어 중규모 방적회사 가운데 상위를 차지하며 조선여공을 적극적으로 고용하고자 했던 오사카 키시와다 방적(岸和田紡績)은 1918년의 사정을 다음과 같이 기록하고 있다.

> 조선인 여공은 내지인 여공에 비해 능률은 훨씬 낮아도, 식사, 주택 등에 좋은 것을 바라지 않고, 생활정도도 낮고, 내지인 여공에 비해서 임금도 또한 저렴한데, 비교적 성적이 양호하였기 때문에, 동년 7월에 제 2회로서 백여 명의 조선여성을 모집해서, 그것을 본분사(本分社) 사(四)공장에 분포해서 취업하도록 하였다."27)

당시 오사카 부에서 일하는 조선인 방적여공의 약 25%가 키시와다 방적에 흡수되었던 것으로 추정된다. 여공의 모집은 회사가 직접 현지를 방문하여 모집하는 '모집여공'과 먼저 취업해 있던 지인, 친구의 소개로 고용되는 '지원여공'이라는 두 가지 유형이 있었다. 실제로 식민지 시기 소작농 출신으로 일본 공장에 모집여공으로 간 이점순의 회상에 의하면, 일본에서 온 모집인이 시골에 설치한 여공모집 안내서에는 "3년 일하면 300엔 정도의 저금을 할 수 있다", "기숙사 생활을 즐길 수 있다" 등의 문구가 있었다고 한다. 당시 모집여공으로 일본에 간 여공은 약 100명 정도이며, 모집인의 선전문구가 실제로 다 믿을만한 것은 아니었지만, 목숨을 걸고 일하면 집으로 송금할 수 있다는 희망으로 열심히 일했다고 한다.28)

도항 초기에는 '모집여공'이 주류를 이루었지만, 차츰 '지원여공'이 증가하는 경향을 보인다(杉原達, 1998, 65면).29) 당시, 제주도의 많은 여성들이 자매나 친구가 일하고 있는 일본의 공장으로 직접 가서 지원여공이 되는데, 양석일(梁石日)의 소설『천둥소리(雷鳴)』에는 식민지 당대 제주의 조건과 어린 처녀들이 공장을 찾아 도일하게 되는 역사적 정황이 드러난다. 여주인공 춘옥(春玉)의 친구 영주는 자신이 일본으로 떠나게 된 동기를 다음과 같이 말한다.

"촌에서 사는 게 싫어서 그래. 밭을 경작하고도 거의 세금으로 빼앗기고, 바다에 나가서 고기를 잡아도 마찬가지지. 오서방 가족도 먹을 것이 없어서, 내년에 파종할 것까지 다 먹어버려서 경작하지 못하게 되었어. 그래서 2개월 전 일본으로 갔어. 제주시에서는 내또래의 여자아이들이 일본으로 돈 벌러 가고 있어. 품삯은 싸지만, 촌에서 일하는 것보다 훨씬 많지. 일년 일하고 집을 지은 사람도 있다고 한다네. 게다가 아버지는 매일 푸념이나 하고 술만 마시고 있고, 어머니와 싸움이 그치지 않아. 남동생과 여동생은 아직 어리고, 금년 겨울을 넘기는 것이 큰 일이야."30)

영주를 포함한 10대 처녀들은 당대 제주 농가의 생존 위기에 직면하여 일본으로 출가(出稼)를 결심하게 된다. 저금해서 2, 3년 후에는 반드시 돌아올 것이며, 춘옥에게 선물을 사오겠다고 다짐하는 영주가 일본으로 떠난 후, 모진 시집살이와 어린 남편의 폭력으로부터 고통을 받던 춘옥 또한 시집을 뛰쳐나와 결국 '군대환'에 승선한다. 시집을 나온 여성으로서 더 이상 좁은 섬에 머무를 수는 없어, 육지나 일본으로 떠날 것을 결심한 춘옥은 결국 조금이라도 돈을 벌 수 있는 일본으로 떠날 것을 결심한다.31)

무언가가 뒤쫓아 오는 것 같았다. 뒤돌아봐서는 안 된다고 춘옥은 스스로 되뇌이면서 달빛에 인도되어 어두운 밤길을 무턱대고 걸었다. 2월에 취항했던 <기

미가요마루(君代丸)>는 제주섬을 돌면서 항구마다 오사카로 가는 사람들을 승선시키고 있었다. 윤가(尹家)로부터 가장 가까운 항구는 R항구였다. 그 R항에 오늘 오전 10시에 군대환이 입항할 예정이었다. 그 R항구까지는 거리가 상당히 있었다. 할 수 있으면 오전 7시께까지 도착하고 싶었다. 왜냐면 춘옥은 오사카에 가서 어떻게 할 것인가가 결정되어있지 않았기 때문이다. 가기만 하면 어떻게 되겠지 하고 생각했지만, 역시 불안했다. <군대환>에는 반드시 일본 회사의 사람들이 있어서 사람을 모집하고 있다고 들었다. 그 회사 사람을 만나서 고용해줄 것을 부탁하려고 생각하고 있었다(梁石日, 1998, 244면).

두려움과 초초함 속에서 사람들의 눈길을 피하여 '군대환'에 오르는 춘옥은 당장 오사카에 도착하면 어떻게 할지 막막한 상태였지만, 일단 '군대환'을 타면 여공모집을 하는 회사모집원이 있다는 이야기를 듣고 무작정 배에 오른다. 배 안에서 춘옥은 우연히 영주의 여동생 영신을 만나게 되는데, 16세의 어린 영신이가 언니 영주가 일하고 있는 오사카 키시와다 방적으로 가기 위해 대담하게 혼자 '군대환'에 탄 것을 보고 놀란다. 이 작품에서 춘옥이나 영신에게는 키시와다 방적에 영주가 일하고 있는 것만으로도 큰 힘이 된다. 춘옥은 "알지 못하는 땅에서, 혼자 일하는 것보다 친한 세 사람이 함께 일하는 편이 여러모로 마음이 든든할 것"(246면)이라며 스스로를 위로한다. 불투명한 미래 앞에서 영주가 먼저 가 있는 오사카 키시와다 방적공장은 그들에게 비쳐진 희망의 빛이었던 것이다. 위 작품은 영주와 춘옥, 영신 등을 통해 12-13세의 어린 소녀들을 포함한 제주도 여성들이 출가해서 지원여공이 되는 전형적인 경로를 재현하고 있다.[32]

당시 제주 여성의 출가(出稼)는 경제적 어려움이라는 일차적 이유 외에, 또 다른 동기들을 포함하고 있었다. 양석일의 『천둥소리(雷鳴)』에서 춘옥의 경우와 같이, 일본행은 불행한 결혼생활에서 탈출한 여성이 새로운 인생의 의미를 찾기 위한 대안적인 길이기도 하였다. 한편, 당시 오사카로 이동한 양예녀(梁禮女)라는 제주여성은 자신의 도항의 동기를 다음과 같이 기술하였다.

> 왜 가려고 했는가 하면, 지금과는 달리 제주도는 아이들을 아무렇게나 내버려두었는데, 남들이 하는 보통의 만큼도 갖추지 못했지. 신발도, 옷도, 게다가, 일본에 갔던 사람은, 예쁘게 해서 돌아왔어. 언니도, 동네 사람도. 오사카로 가면, 상당히 좋은 옷을 입을 수 있었고 나도 그렇게 되고 싶다고 생각했어(杉原達, 1998, 90면).

일본에 다녀온 자매나 동네사람이 예쁘고 깨끗한 모습으로 자신의 눈앞에 나타나거나, "하얀 줄이 쳐진 모자를 쓰고 귀향한 학생"의 모습을 보고, 제주도인들은 문명적 삶에 대한 동경을 키웠던 것이다. 양예녀는 오사카로의 수차례의 출회에서 가장 즐거웠던 것은 자신과 가족들이 입을 옷을 만들기 위해 일본에서 목면을 가득 사서 돌아온 것이라 회상하였다(杉原達, 1998, 91면).

제주도민들에게 일본은 단순히 먹을 것을 제공할 뿐 아니라, 파라솔, 핸드백, 고무신 등 새로운 스타일과 취향, 앞서가는 감각을 양산하는 진원지이기도 하였다.

> 섬 아가씨들이 파라솔을 지니기 시작했다. 또 겨드랑이에 지녔던 바구니가 핸드백으로 변해간다. 면(面)마다 두부집이 생겼다. 조선 초신이 고무신으로 바뀌었다. 이 무슨 변화냐고 섬의 고로(古老)들은 말한다. 정말 대단한 변화이다.[33]

제주로 유입된 근대적 문물의 유통에 적극적으로 공헌한 것은 일본 방적공장에서 일하면서 경제적 주체이자 소비의 주체로 거듭났던 여성들이었다. 김용환(金容煥)이 『적기(赤旗)』(1959. 5. 12)에 발표한 단편소설 「기미가요마루(君代丸)」는 '군대환'이라는 수송 기제를 통해 식민지 당대 일본과 제주도 사이에 형성된 모더니티의 궤적을 시사한다.

> 가족 가운데서 반드시 누군가를 오사카로 내보내고 있는 대다수의 도민들 사이에 군대환은 귀중하게 여겨졌다. 선박회사가 많은 이익을 가졌음은 말할 것도 없다. 군대환은 제주도 - 오사카 간의 대동맥이 되었다. 일본으로부터는 문명과 관리, 상인, 순경 그 위에 싸구려 잡화, 메리야스 제품을 산더미처럼 실어왔고, 제주도로부터는 값싸고 튼튼한 노동력, 금줄달린 조끼를 입고 싶은 영세상인, 시집가기 전에 방적여공을 해서 돈을 벌려고 한 섬 처녀들을 쉴 새 없이 실어나르고 있었다(杉原達, 1998, 47-48면).

제주도가 처한 특수한 조건으로 인해, 식민자 제국과 피식민지 조선 사이의 사회정치적 긴장과는 다른 층위에서 형성된 제주도와 일본 사이의 상품과 노동력의 교역의 회로에서, 방적여공들은 근대를 생산하고 소비하는 하나의 중요한 축을 형성하고 있었다.

1920-30년대 오사카 키시와다 방적(岸和田紡績) 공장의 조선인 여공들

그렇다면, 그들이 도착한 오사카 키시와다 방적공장의 노동조건과 일본에서의 그들의 삶은 어떠하였을까? 현재 남아있는 일본 방적공장에 대한 기록과 조사에서 조선인 여공들의 삶의 조건은 매우 열악하고 부정적인 기술로 가득 차 있다. 당시 공장 인사계 근무자의 증언에 의하면, 공장 안은 고온다습한 상태가 늘 유지되었는데, 이는 실과 기계의 운전을 위해 증기를 이용하고 있었기 때문이며, 공장 안은 늘 면화의 솜털이 떠돌고 있었다고 한다. 원면(原棉)을 처리하는 곳에서 여공들은 마치 눈사람처럼 눈을 맞으며 일하고 있는 형상이었으며, 이는 그들의 폐를 상하게 하는 원인이 되었다고 한다. 또한 비위생적인 환경에다, 감독의 폭력과 감시, 영양부족의 식사가 일상적인 조건이었으며, 독신여공들이 머무는 기숙사는 이불 한 장만이 깔려 있었고, 주근(晝勤)과 야근을 교대로 했던 여공들은 만성 피로와 수면부족 상태에 있게 된다(杉原達, 1998, 66면).

그림 47. 岸和田紡績 조선인 여공들(大正末期) 金贊汀, 『朝鮮人女工のうた-1930年 岸和田紡績 爭議』, 岩波新書, 1982)

임금의 경우, 1930년 일본 방적여공의 전국 평균 일급은 1엔 5전이었고, 키시와다 방적공장은 1엔 1전이었는데, 사카이(堺) 분(分) 공장의 경우 79전에 지나지 않는 저임금이었다고 한다.34) 하지만 오사카 최대 방적공장인 키시와다 방적을 비롯하여, 여러 방적공장의 조선인 여공의 임금은 일급 35전 정도였으며 방적공장의 경우, 일의 내용과 실적에 따라 임금의 내용은 달라지지만, 어떠한 숙련공도 1엔 이상을 받을 수 없었던 것이 당시 현실이었다고 한다(金贊汀, 1982, 100면). 식민지 시기 오카야(岡谷) 지방 제사 공장에서 조선 여공을 모집하여 작성한 계약서에 의하면, 하루 14시간 노동, 1시간 휴식, 한 달 2회 휴가가 기본이었고, 뇌물(賄), 입욕료, 침구, 기타 생활에 요구되는 비용, 그리고 조선으로부터 이동할 때의 여비, 업무상 상해, 질병으로 인한 치료비 등도 모두 여공 측에서 부담한 것으로 드러났다. 특히, 일본까지 오는 비용은 모집인들이 지불하였지만, 그 여비는 일종의 전차금이어서 여공들의 신병을 구속하는 장치로 기능하게 된다(金贊汀,

1982, 55-56면). 또한 "낡고 능률적이지 않은 기계를 조선인 여공에게 주고, 기술사정(技術査定)을 낮게 하는 방식 등" 여러 가지 형태에서의 민족 차별이 작용하였으며, 조선인 여공의 실수입(手取)은 매우 낮은 상태로 묶여있었다고 한다.35) 1930년 봄에는 임금인하와 조업단축이 이어지면서 방적공장 실수입이 40%나 감소되어, 조선인 여공을 포함한 키시와다 사카이(堺) 분(分)공장의 여공들은 동맹파업을 일으키기도 하였다.36)

하지만 열악한 조업환경과 낮은 임금 속에서도 조선인 여공들은 악착같이 돈을 모았던 것으로 보인다. 1924년에 오사카시가 산출한 조선인노동자의 1개월 생활비를 보면, 일용직노동자(土方)의 주거 및 의식비 18원과 기타 3원으로 총 21원, 방적남공이 17원, 방적여공이 16원, 유리남공이 14원, 유리여공이 9.5원 정도였는데, 1920년대 후반부터 임금이 점차 낮아지고, 인상되는 물가, 실업 등으로 저금이나 고향으로의 송금이 쉽지 않았던 것으로 보인다. 1923년 오사카 거주 단신조선인 노동자의 가계구조에서 '직공'의 경우를 살펴보면 단신 노동자의 경우, 하숙비를 절약하기 위해서 가건물에 십 여 명씩 합숙을 하였는데, 피복비, 식비, 잡비 지출은 공식적으로 기록되지 않고, 전체 수입 중에서 거의 반에 가까운 액수(12원)가 송금(10원)과 저금액(2원)이었음이 확인된다.37) 이를 통해 당시 조선인 노동자들이 기본적인 생계비 지출도 자제하면서 저금과 송금을 하였음을 가늠할 수 있다.

『오사카조일신문(大阪朝日新聞)』(1928. 9. 21)에는 「성실하게 일하는 조선인 두 소녀의 선행」에 대한 기사가 실려 있다.

> 오사카부 제일의 방적공업 지역인 센슈(泉州) 지방의 방직회사와 직물공장에 여공으로 일하는 조선 부인은, 대략 2천 5백명 정도인데, 유순하고 성실하여 크게 환영받고 있다. 더욱이 '조선인은 아주 게으르다'는 비방과 달리 실제로는 오히려 쉴 새 없이 몸을 아끼지 않고 일하면서 저금까지 하고 있는 사람도 적지 않다. 그 중에서도 노무라(野村)직물 공장에 근무하는 박태임(17세), 박안

선(16세) 두 사람은 가난한 집에서 자랐기 때문에, 여자이면서도 부지런하고 집안을 다시 일으켜야 하는 처지에 있었다. 그래서 불과 13, 14세 소녀의 몸으로 제주도 고산리(高山里)의 집을 나와 내지로 건너왔는데, 그로부터 3년, 모두 이 공장에서 아침 일찍부터 저녁 늦게까지 일하는 여공이 되었다. 지금은 식비를 공제하면 수중에 월 20엔씩 들어오는데, 그 중 3엔은 용돈으로 남겨두고, 나머지는 모두 고향으로 송금하여 저축액도 상당한 수준에 이르고 있다(김리나, 2008, 49면).

당시 일본으로 출가한 방적 여직공들도 한 달에 10-20엔을 송금했으며, 공장에서 일해서 2-3년에 밭(畑) 2-3반 정도 살 자금을 저금하는 것을 목표로 했는데, 이를 달성하기 위해 이국에서의 생활의 불안, 환경의 격변에 대한 불안을 억누르며, 기꺼이 여공모집에 응하려고 했던 것으로 보인다(金贊汀, 1982, 22-23면).

일본 속 제주 여공들의 목소리 또는 시선

식민지 시기에 오사카 키시와다 방적공장에서 일한 경험이 있는 정이순 할머니는 조선인여공들이 조선어로「여공소패(女工小唄)」를 불렀다고 한다. 이는 당시 '여공들을 죽도록 일하게 하는 가혹한 공장생활'을 떠올리게 한다.

> 하루의 생활을 마친 후 잠이 들어,
> 밤중에, 그것도 한밤중(眞夜中)에 깊은 잠에 빠진 때,
> 괴로운 기상 종소리에 놀라 잠에서 깨어,
> 머리를 빗고(毛梳) 얼굴을 씻고,
> 식당에 오면,
> 먹을 수 없는 밥에 된장국(味噌汁)을 말아
> 입안에 흘려 넣고, 공장으로 가면

먼지가 하얀 산처럼 피어오르고

전기(電灯)를 켜고,

산더미 같은 직물을 안고.

시간이 흘러 기숙사에 돌아오면,

가족친지 없는 빈 방에 들어가는 서글픔…(金贊汀, 1982, 77-78면).

일하는 도중에 감독으로부터 맞는 등 민족적 천시를 겪으며 기진맥진한 상태로 기계 앞에서 앉아 졸면서 일하는 노동조건, 자유롭게 외출도 할 수 없는 폐쇄적인 생활 등 많은 여공들이 인권유린을 견디다 못해 도망갔다고 한다. 하지만 한 공장을 나와도 여공으로 일할 수 있는 장소는 어느 정도 있었는데, 많은 방적회사가 저임금과 가혹한 노동조건으로 인해 만성적으로 노동력이 부족한 상태였기 때문에 여공으로 고용되기는 쉬웠다고 한다. 실제로 당시 방적회사에서 조선인 노동자의 근속 기간이 일본 노동자에 비해 짧았다는 공식적 보고서가 남아있다. 또한, 당시 조선인 여공 가운데에는 영양불량, 과로, 병이 겹치면서 공장 내에서 사망한 처녀들도 적지 않았다고 한다. 여공들의 병 가운데 가장 공포스러운 것은 결핵이었는데, 방적여공이 다른 직종의 여공에 비해서 결핵이 많았다는 통계가 있다. 1913년에 일본에서 발표된 「위생학 상에서 본 여공의 현황」에서 공장직공 사망자 1,000명에 대해서, 병명별로 결핵 내지 그 의심되는 사망자 수가, 방적공장은 481명, 생사공장은 307명, 직물공장은 201명, 제마(製麻) 공장은 313명으로 방적공장이 가장 높았으며 일본인보다 조선인 여공의 사망률이 높았다고 한다(金贊汀, 1982, 105-122면). 한 여공의 증언에 의하면, 키시와다 방적공장의 여공들 가운데 결핵이나 이질, 졸음으로 인한 부상 등으로 제주도 출신의 여공이 사망하는 경우, 유체(遺体)를 일본식으로 화장하는 관습에 강력히 저항하는 경우가 많았다고 한다(杉原達, 1998, 66면).

미래의 부푼 꿈을 안고 떠난 조선의 여성들은 일본의 방적공장에서 과도

한 노동뿐 아니라, 빈대가 들끓는 폐쇄된 건물, 탁한 공기, 공동으로 사용하는 이불과 오염된 침구, 과밀상태의 기숙사, 냄새나는 밥, 부패한 생선 등 기대를 벗어난 일상의 현실과 부닥쳐야 했다. 하지만 당시 오사카에서 여공으로 일했던 할머니들은 방적여공이 대단히 힘든 직업임을 알고 시작하였냐는 질문에, 전혀 몰랐지만 만약 힘든 일이었음을 미리 알았다고 해도 일하러 갔을 것이라 증언한 바 있다. 그 이유는 매일 끼니를 제대로 이을 수 없었던 조선의 농가가 너무나 절망적인 상황이었기 때문이었다고 한다(金贊汀, 1982, 12면). 무언가를 먹을 수 있다는 것 하나만으로도 조선의 농촌보다는 도시와 제국의 공장으로 떠날 이유가 되었다는 것이 당대 제주, 나아가 식민지 조선의 기층민들에게서 발견되는 식민지 모더니티의 역사성이라 할 수 있다.

그런데, 근대 초기에 보다 체계적이고 집단적인 형태로 이루어진 제주지역 여성들의 일본 이동은 여공들을 단순히 식민지 자본주의의 희생물로서 위치시킬 수 없는 또 다른 일면을 가지고 있음에 주목할 만하다. 제주도의 다수의 여성들이 국경을 넘고 도시로 나아가 돈을 벌고, 새로운 삶의 형식과 모더니티를 체험하는 계기를 가지게 되었는데 이는 식민지 당대 조선의 여성일반에게서는 보기 드문 현실이었다. 식민지 시기 조선에서 정치적, 문화적, 경제적 변방성(marginality)과 지역성(locality)이 극대화되는 제주라는 공간은 아이러니하게도 지역경제와 자본의 직접적 결합 속에서 여성들로 하여금 근대의 전방으로 나아가게 하는 개척자의 위치를 엿보인다.

또한, 식민지 시기 재일조선인 노동자와 여공을 다룬 문헌 자료들과는 달리, 일본공장 경험이 있는 제주 여성들의 이미지와 목소리를 담은 사진과 구술 자료를 통해서 당대 여성들의 공장 체험 속에 녹아있는 욕망의 파편들을 보다 더 세밀하게 읽어낼 수 있다.

1940년대 일본 오사카의 기노시다 옷 공장에서 일했던 제주여성 현병생

그림 48. 옷 공장의 휴일(현병생, 개인소장, 1940년대 초반,『제주여성, 어떻게 살았을까 -제주여성사 자료총서 1/사진자료집』, 제주도 여성특별위원회, 2001)

은 당시 "15세의 어린소녀로서 불우한 환경을 탓하지 않고 생활전선에서 용기있게 도전"하여 도시의 직업부인으로 변신한 여공의 이미지를 담고 있다. 그녀가 소장한 사진(그림 48)은 오사카 의류공장에서 한 달에 한두 번 있는 휴일 날 여공들의 해맑은 표정을 담고 있는데, 이는 가혹한 공장 노동과 비위생적이고 열악한 환경에 희생되어간 조선인 여공의 이미지와는 다소 차이를 보인다. 이 사진 속의 여공들은 혼수자금을 마련하기 위해 1940년대 초반, 일본 오사카로 건너가 의류공장에서 일하던 15세 전후의 제주여성들로서, 당시 재봉틀이 200여대나 있을 정도로 큰 공장이었던 기노시다 의류공장에 취직하여 한 달에 10엔 정도의 월급을 받았다고 소개되고 있다.[38]

또한, 아래 사진(그림 49)은 1933년 경, 오사카 키시와다 방적 공장 춘계 운동회 때 사천(砂川)으로 유람 간 조선인 여공들의 단체사진이다. 이 사진의 소장자 강인선의 구술에 의하면, 일본인이 경영하는 테라다(寺田) 방적공장에 제주여성들이 가족과 자신의 장래를 위해 많이 취직하였는데, 그 주된 목적은 결혼 자금을 모으기 위한 것이었다고 기록되어 있다.[39] 얼핏 보아 교복과 같은 단체 유니폼을 입은 학생들처럼 보이는 여공들의 모습은 공장 내 가혹한 규율과 더불어, 직공들을 공장 시스템의 일원으로 온전히 포섭하고 효율성을 극대화하기 위해서 복지와 여가 프로그램(원족, 야학, 영화상영, 음악회, 운동회 등의 문화체험)을 동시에 제공했던 자본주의 공장제의 운용 메카니즘을 시사한다. 규율의 대상이면서 문화 체험의 수혜자였던 여공들은 근대 제도의 또 다른 산물이었던 것이다.

또한, 제주 여성들의 생애사를 기록한 구술 자료 가운데, 김재효(78세-남제주군 대정읍 하모리)의 경우, 가세가 기울어 상급학교 진학을 포기하고 일본에 가서 젓가락공장에 다니며 가족들의 생계비를 벌었는데, 17세에 오사카 이까이노(猪飼野)로 가서 2년 동안 매달 돈을 송금하여 동생들을 대학 공부까지 시키는 데 실질적인 도움을 주었다고 한다.40) 1921년생 김옥화는 14세 때 '군대환'을 타고 오사카 방적 공장에 가서 18세에 결혼을 하고 19세에 돌아올 때까지 4년 동안 일한 경험이 있는데, 자신의 공장시절을 다음과 같이 회상한다.

그림 49. 岸和田紡績會社 春季運動會 砂川遊覽紀念寫眞, (강인선, 개인소장, 1933년, 『제주여성, 어떻게 살았을까-제주여성사 자료총서 1/사진자료집』, 제주도 여성특별위원회, 2001)

어려운 것은 잘 모르겠고, 돈은 벌어서 자기 마음대로 쉬는 날이면 구경도 다니고, 볼거리도 많아서 친구들 만나서 놀기도 좋고, 여기에 오니까 감옥살이와 같아. 돈 벌어 온 것은 함께 어머니와 살면서, 내 돈은 어머니가 사용하지 않았어, 모두 모아뒀다가 결혼하게 되니까 그걸 모두 어머니가 내주었어... 처녀시절이 좋았지, 걱정이 없었어, 한가지 밖에는 그저 공장에 아침이면 시간에 늦지 않게 가고, 끝나는 시간이면 끝나서 오면 되니까..."41)

공장에서 열심히 돈을 벌다가, 휴가에 친구들과 놀거나 구경하러 가곤 했던 처녀시절은 큰 걱정이 없었던 시절이었으며 자신이 공장에서 번 돈을 어머니가 보관했다가 결혼 자금으로 다 내어주었다고 하는 등 여공 체험을 비교적 긍정적으로 기술하고 있다.

특정한 여공의 사례를 두고 식민지 당대 일본 공장으로 간 제주여공들의 일반적 경험으로 범주화할 수 없으며, 구술자들의 불안정한 기억과 파편적 체험들 속에서 온전한 의미를 추출하는 작업은 위험이 따른다. 하지만 당대의 조선인(제주) 여공들은 식민지 자본주의의 위계화된 시스템의 틈새에서 타자의 전략을 구상하고, 자신들의 욕망을 발현하고자 했던 또 다른 행위자(agent)의 흔적들을 드러낸다.

김찬정(金贊汀)의 『朝鮮人女工のうた-1930年 岸和田紡績爭議』(1982)는 근대초기 일본 자본주의 발전과정에서 착취당하고 희생되었던 일본 여공들의 실상을 파헤친 호소이 와키조(細井和喜藏)의 『여공애사(女工哀史)』(1925)가 미처 관심을 두지 않았던 일본 공장의 '조선인 여공'들에 주목한 연구로서 그 의미를 가진다. 이는 자본주의 근대 내부의 계급적, 성별적 타자로서의 '여공' 이면에 다시 인종(민족)적 차별을 겪었던, 타자 속의 타자, 조선인 여공의 '서발턴'(하위주체 - '종속집단', '하층민')으로서의 위치를 가시화하는 역사적 시선이라 할 수 있다. 일본으로 간 조선인 여공은 근대 초기, '동양의 맨체스터'라 불리며 일본 자본주의의 근간을 형성하였던 국제도시 오사카의 저변에서 하층의 노동력을 제공하였다(杉原達, 1998, 225면). 또한 그들은 일본인 감독이나 일본인 여공으로부터 착취당하고, '더러운' '조선돼지'라 불리며 인간적 학대를 받은 존재들이었다(金贊汀, 1982, 126-133면). 모집원의 간계에 빠져 공장에 도착하기 전에 유곽에 팔아 넘겨진 조선인 여성들에 눈을 돌릴 때, 그들의 타자성은 더욱 심화된다.

당시 위탁모집의 모집인 가운데에는 '제겐'[女衒 - 매춘업을 하던 사람]

이라고 불리는 악질의 모집인이 많았다고 한다. 공장으로 가기 위해 고향을 떠났다가 유곽으로 팔려간 여성들은 소위 '불행한 사람들'로 지칭되었던 존재들이었다. "모집인이 이렇게 접촉했던 여성을 여러 공장에로 전전하게 하고, 결과적으로는 여랑(女郞 - 창녀)으로 팔리거나, 메이샤[銘酒屋 - 메이지 시대 명주를 파는 집으로 위장하고 매춘업을 했던 곳]에 사창으로 갔던 것을 나만해도 수십 건 알고 있다"라는 증언에서와 같이, 이들은 분명 존재하였지만 역사 속에 가시화되지 않았던 여성들이었다. 그들은 "그 사람의 불행에 대해서 듣는 것조차 사람의 심정으로서 차마 할 수 없는 것이었는데, 희미하게 들은 것"만으로 추정할 수 있는 존재이자, 소문이나 침묵을 통해서만 인지되는 존재들이었다. 일본의 조선인 '매춘부'에 대한 기록에 따르면, 일본의 국세조사 자료에서 '여관, 요리점, 음식점 등의 여중(女中), 급사 1,678명 가운데, 여관, 요리점, 음식점, 대석(貸席 - 회합이나 식사를 위해 시간제로 방을 빌려주는 집), 번두(番頭 - 목욕탕 카운터), 객인(客引 - 호객 여성)'에 종사한 여성 422명 중 '창부', '창기'가 포함되어 있다. 유곽에서 '매매춘'을 했던 조선여성들 가운데에는 방적여공, 제사여공으로서 응모했다가 악질의 여공모집에 의해 속아서 창굴에 던져졌던 예가 많이 있었을 것이라 추정된다(金贊汀, 1982, 29-38면).42)

　도시의 여공이 되는 꿈에 부풀어 일본으로 건너가는 모험을 감행했지만 도중에 유곽에 매춘부로 팔려간 조선인 여성들과, 고향을 떠나 일본 오사카의 비교적 안정된 친족 공동체 속에 편입되었던 제주 여공들의 사례는 근대 초기 국경을 넘었던 조선인 여공 내부의 차이를 가시화한다. 20세기 초 일본의 메트로폴리스로 이동한 조선인 여공들은 근대 도시로 일자리를 찾아 떠난 시골의 여성들이 직면했던 위험과 가능성의 두 얼굴을 보여준다. 도시의 하층 노동자계급으로 또는 성노동자로 배치되었던 조선 여성들은 일본에서 더욱 심화되는 식민지 여성으로서의 주변부성을 현저하게 드러낸다. 하지만 '제국'의 도시에서 새로운 삶의 양식을 모색했던 제주 출신의 여공들은 인종적, 계급적, 젠더적 한계를 가로질러 시도된 '서발턴' 여성들의 존재론적 변신을 제기하고 있어 주목된다.

나오며:
교란과 협상, 일탈과 전복-도시에서 여성의 존재방식

1920-30년대 경성의 모던걸은 근대적 도시 문화가 낳은 여성의 형상이었다. 신여성이 근대 서구 교육의 문을 통해 등장하였다면, 모던걸은 도시 거리를 점령한 스펙터클과 더불어 탄생하였다. 신여성이 근대 문명을 향한 이성의 빛 속에서 존재의 지분을 확보하였다면, 모던걸은 도시의 밤, 모더니티의 내밀한 욕망과 보다 긴밀히 연계된다. 모던걸은 신여성과 연속선상에 있으면서도, 신여성의 사회적 임무를 수행하지 않았고 관습적 도덕의 경계를 넘어서기도 했던 다른 형태의 여성 아이콘이었다. 『별건곤』(1931. 1)에 실린 「신여성과 화류계」라는 글은 '미개한 도시' 경성에 유행이 전파되는 풍경을 포착하고 있다.

> 슬프다 유행을 쫒고 유행이 성풍한 것도 문명한 도시의 자랑의 하나이라고 한다 하면, 우리 경성은 그야말로 미개한 도시라고도 할 수 있을 것이다. 그렇다고 아주 유행이 없는 것은 아니다. 그래도 명색미인도 있고 모양내는 분도 있어서 모뽀이니 모껄이니 하는 분자가 떠도는 곳이라 빈약하나마 유행이 있다(132면).

'모뽀', '모껄' 덕분에 빈약하나마 도시의 유행이 존재하게 되는데, 위 글에서 '모껄'은 여학생과 기생계로 크게 두 파로 분류된다. 여배우와 직업부인이 '여학생'의 유행을 좇는다면, 가정부인과 구식부인은 '기생'의 유행을 좇는다고 기술하고 있다. 이러한 이분법적 분류법은 흥미롭다. 여학생/기생이라는 상위의 분류항, 여배우/직업부인, 가정부인/구식부인이라는 하위의 분류항은 각각 전통과 근대, 가족제도 안의 여성과 밖의 여성, 신식과 구식, 중산층과 노동계층 여성 등 다양한 대립 축들을 내포하고 있다. 그런데 이러한 다양한 층위의 여성들이 궁극적으로 '유행'이라는 상위의 코드를 향해 수렴되고 있다. 즉, 상호 이질적으로 보이는 이들은 모두 도시가 양산하는 새로운 욕망을 긴밀하게 공유하고 있음을 확인할 수 있다. 이들은 당대 조선 사회가 의혹과 경계의 눈으로 바라보았던 '모껄'(모던걸)의 지분을 서로 나누고 있었던 것이다. 식민지 조선의 모던걸은 여성들 내부의 계층과 교육, 이념과 가치관의 차이를 가로질러, 외양, 맵시, 행동거지, 취미, 스타일, 그리고 섹슈얼리티의 영역에서 여성들을 재범주화하는 새로운 준거 틀이었으며, 새로운 감각, 새로운 열정의 기호이기도 하였다.

1920-30년대 조선의 대중매체 담론 속에서 모던걸은 마치 환영과도 같은 비실체적인 이미지로 등장한다. 남성지식인들의 냉소적인 시선 속에서 여성의 과잉 소비와 성적 방종에 대한 비난과 혐오만이 언어화될 뿐이었다. 이로 인해, 1920-30년대 조선에 과연 '모던걸'이 있었는가라는 근본적 질문이 제기된다. 하지만, '여학생', '신종직업부인', '기생', '카페여급' 등 당대 '모던걸'로 명명된 여성들은 경성 거리에 자기 실존의 경로를 남긴 역사적 존재들이었다. 도시의 기층 노동자 계급으로 배치된 여공들 또한 모던걸의 자장 안에 있었던 여성들이었다.

사회 계층적 범주 속에서 서로 만나기 힘든 '여학생'과 '기생'이 외양과 취향을 공유하며, 도시거리를 활보하는 '모던걸'이 되는 지점은 식민지 조선 '모던걸'이 지니는 특수성을 보여준다. '모던걸'의 기호 안에서 실질적으로 전통과 근대의 지표는 어지럽게 뒤섞여 있다. 또한, '여학생'이 '숍걸'이 되고 '숍걸'이 카페여급이 되며, 여배우·기생이 까페여급이 되거나, 여공·식모 등이 유흥 공간으로 흡수되는 것은 당시 경성의 도시 공간에서 다양한 선택이 부재했던 주변부 여성들의 생존의 형식들이었다. '모던걸'이라는 불명료하고 다층적인 범주 속에 포괄되는 이들은 식민지의 불안정한 경제 구도와 도시의 위협적인 삶의 조건 속에서 상호 중첩되고 교환되는 여성의 몸의 실상을 보여준다.

    1920-30년대 모던걸은 20세기 초반, 세계사의 보편적 현상의 하나이면서, 조선 내부의 계급적, 민족적, 성별적 긴장을 내포하고 있는 사회적 산물이었다. 식민지 경성의 모던걸은 근대적으로 재구성된 여성의 삶의 양식이 어떻게 젠더 규범과 충돌하고, '나쁨'이라는 도덕적 지표 속에 여성 내부의 차이가 무화되는지를 보여준다. '모던걸'의 이질혼성성은 당대 공식담론의 장(場)을 점령한 계급과 젠더, 민족, 식민주의의 경합의 산물인 동시에, 담론적 헤게모니로 온전히 봉합되지 않는 식민지 근대의 틈새, 타자성의 흔적들이기도 하다. 담론과 실제 사이의 불투명한 막들을 관통하며 불러내는 식민지 조선의 '모던걸'은 여전히 다층적이고 혼성적이다. 그리고 그들을 통해 가시화되는 여성 주체성(subjectivity) 역시 양가적이며 불안정하다. 하지만 '모던걸' 속에서 부정되고 곡해되고 파편화된 형태로 발현되었던 그들의 목소리와 시선은 식민지 당대 사회와 격렬하게 불화하는 과정에서 배태된 여성의 욕망과 유희, 그리고 도시에서 여성들이 모색했던 존재의 방식에 대해 사유하게 한다.

    레이 초우는 중국, 일본 등 동아시아는 서구를 준거틀로 해서 '차이의 기호'가 되어서야 정체성을 보증해주는 자기 증명의 기원을 보여주게 된다고 말한 바 있다.[43] 전통과 근대, 계급적, 민족적, 식민주의적 지표가 상호충돌하는 이질혼종성 속에서 당대 사회와 대결해야 했던 도시의 여성들인 '모던걸'은 인종적, 계급적, 젠더적 차이의 기호를 통해 자신을 증명하는 타자의 존재 방식을 보여준다. 하지만 식민지의 토착여성이면서 동시에 서구 근대의 기호로 자신의 몸을 장식했던 모던걸은 스스로 내면의 균열과 더불어 식민지 도시의 허구를 정면으로 응시하고 있었다.

1930년대 중반, 한 인텔리 여급 영란(鈴蘭)이 쓴 수기, 「칵테일에 비친 내 얼굴, 묵은 일기(日記)를 읽으며」(『삼천리』 1934. 5)에는 5년 동안 연극무대에서 예술적 열정을 바친 여배우가 카페여급이 된 자신의 모습을 성찰하는 내용이 담겨 있다. 새벽 2시에 일을 마치고 집으로 돌아가다가 도시 거리에서 만나게 된 수많은 거지 떼와 '삶을 부르짖는 무리들의 애달픈 소리'는 카페여급이 포착하는 식민지 도시의 이면이다. 스산하고 궁핍한 도시의 뒷골목을 응시하며 그녀는 자신의 '불규칙한 살림'과 '상품화해 가는 몸'을 돌아다본다. 모든 생활을 포기하고 싶은 도시 여성산책자의 우울한 전망을 보여주지만, 한편으로 그녀는 '끈적끈적한 삶'을 향한 '애닲은 바람'을 놓지 않는다. 카페 안의 "에로틱한 레코드의 음향과 술 취한 콧노래와 교향하던 주지육림(酒池肉林)의 그 정경"과 비정한 도시 거리에서 자기 삶의 실존적 조건을 냉철하게 투시하는 이 여급의 모습에서, 도시의 욕망과 투쟁하면서 협상해갔던 1920-30년대 식민지 조선 '모던걸'의 한 얼굴과 만날 수 있지 않을까.

후주

I장

1. Judith R. Walkowitz, *City of Dreadful Delight- Narratives of Sexual danger in Late-Victorian London*, Chicago Press, 1992, p. 15.
2. 조나단 크래리, 『관찰자의 기술 - 19세기의 시각과 근대성』, 임동근 외 역, 문화과학사, 2001, 17-24, 38-39면.
3. 발터 벤야민, 「보들레르의 몇 가지 모티브에 관하여」, 『발터 벤야민의 문예이론』, 반성완 편역, 민음사, 1983, 141면.
4. 발터 벤야민, 「파리 - 19세기의 수도」(1935), 『아케이드 프로젝트』, 조형준 역, 새물결, 2005, 104면.
5. Raymond Williams, *The Country and the City*, London: Chatto & Windus Ltd, 1973, p. 231; Deborah L. Parsons, *Streetwalking the Metropolis: Women, the City, and Modernity*, Oxford University Press, 2000, p. 4.
6. 핼 포스터, 『시각과 시각성』, 최연희 역, 경성대출판부, 2004, 7면.
7. 리타 펠스키, 『근대성과 페미니즘』, 김영찬·심진경 역, 거름, 1998, 43면
8. 일기자, 「2일 동안에 서울 구경 골고로 하는 法, 시골親舊 案內할 路順」, 『별건곤』, 1929. 7, 61면.
9. Elizabeth Wilson, *The Sphinx in the City: urban life, the control of disorder, and women*, University of California, Berkeley and Los Angeles, 1991, pp. 5-6.
10. 도시 문화의 무질서와 전복성이 사회적 규율 시스템을 덜 내재화한 여성들에게는 오히려 자유를 주고 가부장적 생활체계를 뒤흔드는 가능성을 제공한다는 윌슨의 시각에 대해 지나치게 낙관적이고 감상적이라는 지적이 있다(마이크 새비지, 알랜 와드, 『자본주의의 도시와 근대성』, 김왕배·박세훈 역, 한울, 1996, 152-153면).
11. 정재정 외, 『서울 근현대사 기행』, 서울시립대부설 서울학연구소, 1997, 133-134면.
12. 가와무라 미나토(川村湊), 『ソウル 都市物語』, 東京:平凡社新書, 2000, 73면.
13. 1926년 1월 조선총독부 신청사가 경복궁 근정전 앞에 들어서고 광화문에서 남대문을 잇는 서울 도성의 남북 측에는 식민 권력의 관청들이 들어서게 된다. 총독부 건물 앞으로 경기도청, 경찰관습소, 체신국, 체신국보험과, 그리고 경성부청사가 세종로에서 태평로에 이르기까지 배치된다(장규식, 『서

울, 공간으로 본 역사』, 혜안, 2004, 68면). 젠쇼는 통치자의 입장에서 조선의 도읍에서 문화 시설이 크게 결여되어 있다고 보고, 신사, 사원, 교회, 공원, 유원지, 운동장, 공회당, 도서관, 과학관, 박물관, 물산진열관, 극장, 활동사진관 등의 설비를 완성하여 시민의 신앙, 휴양, 위안, 수양, 오락, 운동 과 같은 것을 제공해야 한다고 기술하고 있다(善生永助, 『調査資料 第39輯 生活狀態調査 6, 朝鮮の 聚落-前篇』, 1933년(昭和 8), 朝鮮總督府, p. 801).

14. 善生永助, 1933, pp. 801-805.

15. 善生永助, 1933, p. 801.

16. 1929년 당시 경성의 호수는 70,288호 인구는 315,006명 중 내에 조선인 호수는 48,454호로 남 115,742명 여 110,091명 계 225,833명人이오 일본인은 호수 20,866으로 인구 남 43,032명 여 41,144명 계 84,176명이오 외국인은 968호로 남 4,179 여 816 계 4,997명에 달하였다.[昭和3年調](『京城の 大觀』, 『별건곤』, 1929, 9, 27). 도시에 거주한 일본인 가운데에는 식민지 지배자(관리, 군인)뿐 아니라, 상공업자나 무직자도 많았고 여성의 비율도 높았다. 이는 일본 '본국'의 도시상과 크게 차이가 나지 않는데, 군인, 경찰, 관료 등의 소수의 영국인이 거주했던 식민지 인도와 차별되는 지점이기도 하다(하야시 히로시, 『일본 제국주의, 식민지 도시를 건설하다』, 김제정 역, 모티브, 2005, 72-75면).

17. 1934년 말 현재 서울 거주 인구는 394,511명이었는데, 이 가운데 조선인이 279,003명, 일본인이 109,672명, 외국인이 5,836명으로 전체 인구의 71%, 28%, 1%였다(장규식, 앞의 책, 66면). 젠쇼의 보고서에 의하면, "내지인은 공무 및 자유업이 가장 많고 상업 및 교통업, 공업, 농업, 어업 등의 순서로 되어 있으며, 이주인구의 대부분은 시가지에 거주하는데, 정부를 비롯해서 동양척식(東洋拓殖) 주식회사 및 기타 영농업자가 가장 유치하고자 애를 쓴 것은 산업이민이다. 노일전쟁 이후 조선에서 내지인의 농업경영에 대한 열광이 발생함에 따라 조선에 이주한 내지인 소작농도 적지 않다. 이들 이주자의 수는 정확한 조사결과가 없지만 소화 5년 말 내지인 농업자 10,505가구 중 약간은 조선 거주자이며 어떤 이는 전업하고 어떤 이는 거주자의 자녀가 농가로서 분가한 것인데 이들을 제외하고 대부분은 내지에서 온 농업이주자다. 내지인 농업이주자는 두 부류인데 하나는 동양척식주식회사, 불이(不二)농촌산업조합, 및 평강(平康)산업조합 등이 모집 알선한 소위 보호이민이고, 나머지는 이에 속하지 않는 소위 자유이민"이라고 한다(善生永助, 1933, p. 8).

18. 쌍S생, 「大京城 狂舞曲」, 『별건곤』, 1929, 1, 74-85면; 조풍연, 『서울잡학사전 - 개화기 서울 풍속도』, 정동출판사, 1989, 122-125면; 장규식, 2004, 72면.

19. 中間人, 「外人의 勢力으로 觀한 朝鮮人 京城」, 『개벽』, 1924. 6. 1, 39-40면; 쌍S생, 1929; 「貧民村化한 大京城 極貧者 十萬名」, 『동아일보』, 1928. 8. 4; 「大京城은 어대로 가나, 破壞와 建設의 交響樂」, 『동아일보』, 1929. 10. 17; 李亮, 「失業京城」, 『삼천리』, 1931. 6. 1, 66-70면.

20. "안동네거리 2층 빙수집에서 날마다 들리는 요란한 유성기 소리를 오늘 낮에도 들으면서 뻐-스인가 빠-스(乘合自働車)를 처음 타보려고 정류장 말뚝 밑에서 기다리다 못하여 파출소에 가서 여쭈어 보니까 『황금정으로 다니는

것만 왼종일 다니지 이쪽 것은 아침하고 저녁때하고 관청의 출근퇴사시간 두때만 다니우』 한다. 『북촌구석에 사는 주제에 외람되게 그런 혜택을 얻어 입어 보려했으니 될 번이나 할 일인가』 뒤통수가 아니라 벗었던 맥고모자 천정을 툭툭 치고서 전동 큰길로 돌아서면서 보니까 경관 나으리 무슨 생각을 하였는지 픽 웃는다."(쌍S생, 1929, 75면).

21. 한일병합 후 조선에 침투한 일본은행의 자본은 조선은행의 20배 정도였으며, 적립금이 70배에 달하였으며, 당시 북촌과 남촌의 상권의 차이는 10대 1 정도였다고 한다(조풍연, 1989, 122-125면).

22. 도시적 사회자본의 대표라고 할 수 있는 상, 하수도 및 가스가 경성에도 보급되어 갔지만, 민족별 수치가 명확한 수도를 보면 조선인에 대한 보급률이 매우 낮았음을 알 수 있다.

23. 기 드보르, 『스펙타클의 사회』, 이경숙 역, 현실문화연구, 1996, 41면.

24. 『동아일보』 1922년 11월 22일자에는 일본인 상점의 고객 중 조선인 '팔할(八割)'[5분의 4]이며, 조선인 상점에 일본인고객은 '오분(五分)'[5분의 1]도 안 된다는 내용의 기사가 실려 있다. "종로네거리 우리 동포들의 상점, 북촌 일대의 휑덩그렇게 비인 듯하며 어둠침침한 그것에 비하야, 모든 사람의 눈을 현혹케 하는 그 광경에 우리는 우리 정신까지도 전부거기에 빼앗기고 마는 것이다."(정수일, 「진고개, 서울맛·서울情調」, 『별건곤』 1929. 10, 46-47면).

25. 김기림, 「도시풍경 1·2」, 『조선일보』, 1931. 2. 21-2. 24. 1988a. 386면. "밤 하늘을 채색하는 찬란한 '일류미네이션'의 인목(人目)을 현혹케 하는 변화- 수백의 눈을 거리로 향하여 버리고 있는 들창- 거대한 5, 6층 '빌딩' 체구 속을 혈관과 같이, 오르락 내리락하는 '엘리베이터'(昇降機), 옥상을 장식한 인공적 정원의 침엽수가 발산하는 희박한 산소- 그리고 둥그런 얼굴을 가진 다람쥐와 같이 민첩한 식당의 '웨이트레스'와 자극적인 음료와 강한 '케이크'의 냄새. 최저가로 아니 때때로는 무료로 얼마든지 제공하는 여점원들의 복숭아빛 감촉(感觸)- 이것들은 '센시블'한 도시인의 마음에로 향하여 버려진 '데파트멘트'의 말초신경이다."

26. 함윤성, 「時代相 - 寸言鐵語」, 『실생활』, 1931. 8, 27-28면.

27. 金永八, 「路上스케취- 하나·둘, 街頭漫筆」, 『별건곤』, 1929, 9, 84면.

28. 「대경성의 특수촌」, 『별건곤』, 1927. 9, 106면.

29. 독일 서남학파는 19세기말부터 칸트의 비판주의 정신을 되살려 그 발전을 목표로 하였던 독일을 중심으로 일어난 철학유파로서 '신칸트학파'라고도 불리었다.

30. 大宅壯一, 「エロ·グロ·ナンセンス 時代」, 『文藝春秋』, 1954. 7, 61-62면.

31. 善生永助는 당시 경성의 대표적인 토막부락은 경기도 경성부 고시정(古市町) 10번지라 하였는데, 고시정은 현 용산구 동자동의 일제강점기 명칭이다. 이 부락은 고시정 10번지에서 남산에 기대어 있는 높은 대에 위치해 있으며, 부락명은 없고 사유지이다. 대정 14년 경, 조선 신궁이 들어서면서 그들에게 퇴거를 명하여, 현재 땅에 이전시켰다. 처음에는 약 156호에 지나지

않았지만, 해마다 증가하여 현재의 수에 이르렀다고 한다. 토막 거주 세대수는 58호, 인구는 265인이며, 주민의 주된 생업은 농업 종사자가 과반수를 차지하고, 그밖에 잡화 및 식목 등의 행상을 하였다(善生永助, 1933, p. 309).

32. 「敎育의 施設과 貧民窟에, 京城에 와서 무엇을 배울 것인가」, 『별건곤』, 1929, 9, 27. 31면.
33. 류보선, 「이상과 어머니, 근대와 전근대 - 박태원 소설의 두 좌표」, 『박태원 소설 연구』, 강진호 외, 깊은샘, 1995, 58면에서 재인용.
34. 미셸 푸코, 『감시와 처벌: 감옥의 역사』, 오생근 역, 나남, 2003.
35. 김백영, 「식민지 도시성에 대한 이론적 탐색: 공간사회학적 문제설정」, 『사회와 역사』72집, 한국사회사학회, 2006, 200면.
36. 1930년대 중반, 서울 안 대백화점의 일일간 입장자수는 三越 - 12만 6천명, 三中井 - 11만 9천명, 丁字屋 - 9만 5천명, 平田 - 6만 2천 5백명, 鍾紡(가네보) - 1만 8천명이었다(『三千里 杏花村』, 『삼천리』, 1936. 8, 229면).
37. 淸沢洌, 「モダーン·ガールの」, 『女性』, 1927. 12, p. 126.
38. 安藤更生, 『銀座細見』, 東京: 春陽堂, 1931, p. 97. 동경의 긴자거리가 "순수하게 도회를 향락하기 위해서 걷는 거리 산보"의 거리로 형성된 것은 메이지 말기로 보인다. 갖가지 서양 풍물로 들어찬 긴자 거리는 경이의 도시 공간이었는데, 긴자거리의 서구풍의 카페는 서유럽의 문예사조에 탐닉한 문학청년들이 모이는 문화공간이기도 하였다. 초기에는 동경의 입구 정도의 의미밖에 띠지 않았던 긴자는 전차가 설치되면서 많은 인텔리겐챠들이 모여들었는데, 처음 동경의 중심지 긴자거리를 산보하는 사람들을 일컫는 '긴부라'라는 말은 다이쇼 4-5년(1915-1916) 경 게이요 대학생들 사이에서 만들어졌다고 전해진다. 최초의 '긴부라'라 할 수 있는 그들은 수업을 마치면 나와서, 산보하고 긴자를 출입하였으며, 와세다와 게이요의 야구경기에서 승리하면 바로 대거 이곳으로 왔다고 한다. 이후, 긴자는 산보거리라는 관념이 명확해졌는데, 카페와 상점의 출현은 많은 여성들을 유혹하였으며, 소위 '긴자스러운' 것, '긴자풍', '긴자맛' 등의 개념이 형성되어 문화적으로 뿐 아니라 상업적으로도 활용된다. 동경의 서북 교외에 있는 신개발지로서 많은 지식인계급이 이주한 신주꾸에 비교하자면, 긴자는 처음에 신주꾸의 고급 취향과는 달리 슬럼가로서 시작하였지만, 관동 대지진 이후 긴자는 동경을 지배하는 공간이 되며 일본 근대가 꽃핀, 상업, 문화, 예술, 유흥의 진원지로 자리하게 된다(安藤更生, 1931, 16-25면).
39. 박태원의 「소설가 구보씨의 일일」에서 구보는 종로거리를 헤매다가 문득, 동경의 긴자거리를 떠올리고 그곳을 그리워한다(박태원, 「소설가 구보씨의 일일」, 『소설가 구보씨의 일일』, 슬기, 1987, 240면).
40. 蒼石生, 「種散이, 진散이」, 『별건곤』, 1929. 10, 41-42면.
41. 竹林生, 「女人群像」, 『신동아』, 1931. 12, 92면.
42. 洛江居土, 「도회의 밤 - 경성의 밤」, 『신동아』, 1932. 8, 94면.
43. 안석영, 「1930년 여름(3)」, 『조선일보』, 1930. 7.

44. 합리주의자들의 감수성과 불화하는 이들 산책자들에게 도시는 판타지의 공간이 되기도 하고 이방인과 비밀로 가득 찬 풍경으로 변형되기도 한다(Judith R. Walkowitz, 1992, pp. 15-17).
45. 이효석, 「人間散文」, 『이효석 전집-2』, 창미사, 1983, 37-54면.
46. 김백영은 1920년대 이후 조선인 사회에서 대중적인 순례의 풍속으로 출현한 혼부라 현상을 제국의 스펙터클화와 식민지 도시공간의 차별적 균질화의 결과로 논의한 바 있다(김백영, 『지배와 개발 - 식민지 도시 경성과 제국 일본』, 문학과 지성사, 2009, 497-501면).
47. 박태원, 「반년 간」, 『윤초시의 상경』, 깊은샘, 1991, 251면.
48. "동경에라도. 동경도 좋았다. 구보는 자기가 떠나온 뒤의 변한 동경이 보고 싶다 생각한다", "동경이면, 구보는 은좌로라도 갈께다."(박태원, 「소설가 구보씨의 일일」, 1987, 180면, 240면).
49. 박태원, 「사흘 굶은 봄ㅅ달」, 1987, 40-47면.
50. 李箱, 「동경(東京)」, 『이상전집 2』, 가람기획, 2002, 285면.
51. 이상(李箱)의 공간 이동(북촌-남촌-경성)에 주목하여 모더니스트 이상의 근대의 한계를 논의한 가와무라 미나토(川村湊)는 이상의 불행이 그가 경성을 버리고 동경으로 떠난 점에 두었는데, 그는 이상이 경성이라는 도시와 절대 분리될 수 없는 문학자였기 때문에, 그를 경성의 땅으로부터 떠나게 한 것은 그의 생명의 근거를 땅으로부터 뿌리뽑는 것과 마찬가지였다고 보았다(川村湊, 2000, 84-107면).
52. Deborah L. Parsons, *Streetwalking the Metropolis: Women, the City, and Modernity*, Oxford University Press, 2000, pp. 1-16.
53. Anne Friedberg, *Window Shopping: Cinema and the Post-modern*, University of California Press, 1994.
54. 장 보드리야르, 『소비의 사회 - 그 신화와 구조』, 이상률 역, 문예출판사, 1993; Rachel Bowlby, *Just Looking: Consumer Culture in Dreiser, Gissing and Zola*, Methuen, 1985.
55. 그램 질로크(Graeme Gilloch), 『발터벤야민과 메트로폴리스』, 노명우 역, 효형출판, 2007, 243면.
56. 나혜석, 「1년만에 본 경성의 잡감 - 하이칼라가 늘어가는 경성: 윤심덕의 음악회를 보고; 조선미전을 보고; 토월회 이월화씨에게-」, 『개벽』, 1924. 7; 「경성 온 감상 一片」, 『동아일보』, 1927. 5. 27.
57. 근대 '현모양처'론이 지배했던 1910년대 조선의 신여성계에서 나혜석은 지속적으로 개체로서의 나에 대한 존중과 '개성'에 대한 자각을 밀도 있게 주장한다(나혜석, 「잡감(雜感)」, 『학지광』, 1917. 3; 나혜석, 「잡감(雜感) - K언니에게 여(與)함」, 『학지광』, 1917. 7; 나혜석, 「나를 잊지 않는 행복」, 『신여성』, 1924. 8).
58. 유학 초기 『학지광』(1914. 12)에 실린 「이상적 부인」이라는 글에서, 나혜석은 '양처현모'의 입지를 넘어서 '일정한 목적으로 유의의(有意義)하게 자기

개성을 발휘코자 하는 자각을 가진 부인'을 제시하며, 예술가로서의 길을 걸을 것을 다짐한다.

59. 나혜석, 「부처(夫妻)간의 문답」, 『신여성』, 1923. 11; 나혜석, 「1년 만에 본 경성의 잡감」, 『개벽』, 1924. 7; 나혜석, 「생활개량에 대한 여자의 부르짖음」, 『동아일보』, 1926. 1.
60. 나혜석, 「잡감(雜感) - K언니에게 여(與)함」, 『학지광』, 1917. 7, 이상경 편, 『나혜석 전집』, 태학사, 2002, 194면.
61. 1927년 6월 22일, 외교관 남편 김우영의 구미시찰 길에 동반하여 일 년 반에 걸쳐 유럽과 미국을 순회하게 된 나혜석은 자신의 여행을 일종의 예술기행이라 공표하였지만, 나혜석에게 구미 만유는 '사람은 어떻게 살아야 좋을까', '남녀 간에 어찌하면 평화스럽게 살까?', '여자의 지위는 어떠한 것인가, '그림의 요점은 무엇인가?' 등의 인식론적 화두를 재성찰하는 전환점이 된다(「나혜석 여사 세계만유」, 『조선일보』, 1927. 6, 21; 「아아 자유의 파리가 그리워-구미 만유하고 온 후의 나」, 『삼천리』, 1932. 1).
62. 데보라 파슨즈는 20세기 초 파리에 전 세계로부터 몰려들었던 산책자(여행자)에 주목하여 이들에게 계급, 젠더, 국가(인종)적 정체성을 결부시키고, 자본과 제국의 도시인 메트로폴리스를 모국으로 중심의 시선을 가진 '메트로폴리탄' 산책자와 이에 대비되는 주변인, 이방인의 함의를 가지는 '코스모폴리탄' 산책자를 설정하였다(Deborah L Parsons, 2000, pp. 85-86).
63. 나혜석, 「아아 자유의 파리가 그리워 - 구미 만유하고 온 후의 나」, 『삼천리』, 1932. 1, 이상경 편, 2002, 318면.
64. 나혜석, 「꽃의 파리 행」, 『삼천리』, 1933. 5, 이상경 편, 2002, 539-544면.
65. 나혜석, 「서양예술과 나체미」, 『삼천리』, 1933. 12.
66. 나혜석, 「파리의 모델과 화가생활」, 『삼천리』, 1932. 3-4면.
67. 나혜석, 「프랑스 가정은 얼마나 다를까」, 『동아일보』, 1930. 3. 28; 나혜석, 「다정하고 실질적인 프랑스 부인 - 구미 부인의 가정생활」, 『중앙』, 1934. 3.
68. 박승철, 「巴里와 伯林」, 『개벽』, 1922. 6. 1, 56-60면; 정석태, 「洋行中 雜觀雜感」, 『별건곤』, 1926. 11. 1, 66-75면; 許憲, 「東西 十二諸國을 보고와서」, 『별건곤』, 1927. 7, 44-46면.
69. 나혜석, 「파리에서 뉴욕으로」, 『삼천리』, 1934. 7.
70. 나혜석, 「신생활에 들면서」, 『삼천리』, 1935. 2.
71. 파리에서 최린과의 불륜은 이후 나혜석의 삶에 일대 전환기를 가져오게 된다. 하지만 이를 계기로 여성으로 다시 태어났다고 선언한 나혜석의 파리체험 속에서 '성차에 대한 새로운 인식을 의미화하고 이를 나혜석의 근대적 인식론적 도정의 중요한 기점으로 파악한 선행연구로 김은실, 「조선의 식민지 지식인 나혜석의 근대성을 질문한다」(『한국여성학』제24권 2호, 한국여성학회, 2008)가 있다.
72. 나혜석, 1932, 이상경 편, 2002, 318-319면.
73. 나혜석, 1932, 이상경 편, 2002, 319면.

74. "파리사람은 무엇이든지 보수적이 아니요, 혁명적입니다. 의식주 같은 것이 든지, 풍속이고 무엇이고 모두 진기하고 새 것을 좋아합니다. 그러므로 여러 가지가 모두 창작이 많습니다."(나혜석, 「구미만유하고 온 여류화가 나혜석 씨와 문답기」, 『삼천리』, 1930. 6, 이상경 편, 2002, 624면).
75. 나혜석, 1932, 이상경 편, 2002, 321면.
76. 손유경은 나혜석의 기행문들에서 발전된 서구사회를 향한 뜨거운 동경과 선망의 시선 속에서도 세계를 무차별적이고 균질적인 하나의 공간으로 파악한 것이 아니라, 서구 문명국 내부의 타자성을 찾아내고 그것을 비서구 세계의 타자성과 소통시키려 했던 지점을 적극적으로 읽어낸 바 있다(손유경, 「나혜석의 구미만유기에 나타난 여성 산책자의 시선과 지리적 상상력」, 『민족문학사연구』 36집, 민족문학사학회, 2008, 191-194면).
77. 이선희, 「茶黨女人」, 『별건곤』, 1934. 1, 33-34면.
78. 이선희, 「街燈」, 『한국근대단편소설대계-23』, 태학사, 1988, 5면.
79. "당신은 웨 이런 신산스런 이야기를 끄집어 내시나요. 누가 이런 엉뚱한 문제를 가르처 드렸나요. 이거보서요. 명희씨는 흰 새와 같이 아름답고 종달이와 같이 노래를 불러 주십시오. 곱고 연한 머리 속에 이렇게 굳고 딱딱한 이야기는 해롭습니다. 당신은 다만 즐겁고 유쾌히 살아주십시오. 그리고 모든 문제는 남자인 우리에게 미루어 놓으십시오."(이선희, 「가등(街燈)」, 1988, 7면).
80. 이서구, 「경성의 짜쯔」, 『별건곤』, 1929. 10, 33면.
81. "침선, 식사, 세탁 기타 전부 가정의 행사로써 생명을 삼는 구여성과, 화장, 산보, 잡담, 기타 전부 비가(非家)의 행사로써, 천직을 삼는 신여성과 어느 것이 현하 조선 사람이 생활에 필요할까."(「現下 조선에서의 주부로는 女校출신이 나은가, 舊女출신이 나은가」, 『별건곤』, 1928. 12, 96면).
82. "그들은 눈앞에 펼처진 상품의 유혹에 현혹되어 관능적인 흥분 상태에서 쇼핑의 즐거움에 빠져든다. 이때 쇼핑의 즐거움은 명백하게 성적 열정의 승화된 표현"이며, "이상적인 여성의 아름다움에 대한 비이성적인 숭배에 굴복하여 병적인 행복감에 젖는 자아의 상실"이기도 하다(리타 펠스키, 1998, 116-119면).
83. 조택원은 일본 현대무용계의 거두로 꼽히고 있던 이시이(石井漠)의 무용공연을 경성공회당에서 관람하고 무용에 매료되어 무용가로서의 삶을 선택하게 된다. 가족과 주변사람들의 간곡한 만류에도 불구하고 1928년 1월초 동경으로 건너가 이시이의 문하가 되어 본격적인 무용 수련을 쌓는다. 1932년 이시이가 실명하게 되면서 독립을 결심하고 경성으로 돌아와, 중앙보육학교 무용담당 교수로 취임하는 한편, 시내 영락정(永樂町)에 조택원무용연구소를 개설, 후진양성에도 힘을 기울였다(『한국역대종합인물정보시스템』, 한국학중앙연구원).
84. 안회남, 「탁류를 헤치고」, 『인문평론』, 1940. 5. 182면.
85. 「女工生活記」, 『동아일보』, 1934. 1. 2.
86. Sheldon Pollock, Homi K. Bhabha, Carol A. Breckenridge, and Dipesh

Chakrabarty, "Cosmopolitanism", *Public Culture*, Vol. 12, Issue 3, 2000, p. 588.

II장

1. 수잔나 D 월터스, 『이미지와 현실 사이의 여성들』, 김현미 외 역, 또하나의 문화, 2001.
2. 박로아, 「새로운 傾向의 女人 點景」, 『별건곤』, 1930, 11, 92-93면.
3. 張露星, 「여인애가」, 『신여성』, 1932. 11, 52-53면.
4. "우선 얼른 보이는 것이 근대남녀(近代男女)이다. 즉 모뽀와 모껄말이다. 치마는 남자의 사리마다) 길이 밖에 아니 되고, 머리는 단발(斷髮), 구쓰 뒤꿈치는 방송국 안테나주(柱)쯤 될까말까. 분(紛)은 곡예단(曲藝團) 어리광대 같이 곱게는 발렸으나 베니칠이 너무 번져서 코까지 새빨간 것은 유감(遺憾)이다. 아차차- 모뽀의 모양을 뜯어 보기도 전에 택시가 두 남녀를 실고 동대문(東大門)쪽으로 달아난다. 노래인지 무엇인지 자동차가 달아나면서 코ㅅ노래를 부르고 있다. 자동차는 꼬리를 물고 또 물었다. 숙녀(淑女)? 신사(紳士)? 천만의 말씀을 다 하십니다요? 부랑자(浮浪者)라니 기생(妓生)이라니 밀매음(密賣淫)이라니 위조여학생(僞造女學生)이라니 저런 변(變)이 또 어디 있나. 사대문(四大門)이 없어졌는데 그까짓 것쯤이야 무어- 그러니 어쩌면- 저것 좀 보아요-. 년놈이 툭탁거리고- 에이그 저런- 이야기는 또 무슨 이야기요 기생이 빌어먹든 이야긴가? 허허허...."(金永八, 1929, 84면)
5. 高橋康雄, 『斷髮する女たち-モダンガールの風景』, 東京: 教育出版, 1999, 135-150면.
6. 「직업부인문제」, 『신여성』, 1926, 2, 22면; 金玉順, 「職業婦女와 誘惑」, 『삼천리』, 1931. 11. 1, 102면; 宋今璇, 「현대여성과 직업여성」, 『신여성』, 1933. 4, 46면.
7. 후지메 유키(藤目ゆき), 『성의 역사학』, 김경자·윤경원 역, 삼인, 2004, 262-263면.
8. 北澤秀一, 「モダーン・ガール」, 『女性』, 1924. 8, p. 227.
9. 清沢洌, 『モダンガル』, 東京: 金星堂, 1926, p. 193, バーバラ·ハミル·佐藤, 「モダンガルの登場と知識人」, 『歷史評論』 1991. 3, p. 20 참조.
10. Miriam Silverberg, "Modern girl as Militant", *Recreating Japanese Women, 1600-1945*, Berstein, Gail Lee ed., Berkeley: University of California, 1991, pp. 239-266.
11. Barbara Sato, *The New Japanese Woman- modernity, media, and women in interwar Japan*, Duke University Press, 2003, pp. 45-77.
12. バーバラ·ハミル·佐藤, 1991, pp. 18-20.
13. 平林初之輔, 「權威崩壞期の婦人-モダンガール發生の社會的 根拠」, 『婦人公論』,

1928. 3, バーバラ·ハミル·佐藤, 1991, p 24에서 재인용.

14. "남성 지배의 맥락이란 성별로서의 남성이 실제적인 문화와 문화적 이미지의 생산을 통제할 제도적(정치적, 경제적) 권력을 가지고 있다는 것이다." (수잔나 D 월터스, 2001, 85-91면).

15. 이러한 현상은 20세기 초 일본, 중국, 조선 등 서구 근대를 받아들인 동아시아 지역에서 나타나는 보편적 양상이라 할 수 있다. 중국의 신여성과 모던걸에 대한 논의는 Sarah E. Stevens, "Figuring Modernity: The New Woman and the Modern Girl in Republican China", *NWSA Journal* Vol.15, No.3. Fall 2003, p. 98.

16. 모던걸에 대한 당시 남성들의 욕망은 이율배반적이었다. 1932년 5월, 『신동아』에 실린 방인근의 「모뽀, 모껄」이라는 꽁트는 당시 모던걸에 대한 지식인 남성들의 욕망을 잘 보여준다. 시골에 아내와 자식을 둔 M이라는 모던보이는 친구를 졸라서 '초특급 모던걸'. 여학생을 소개받게 된다. 그 모던걸의 외양과 스타일에 반한 M은 몇 주일 만에 초스피드식 결혼을 하는데, 결국 그가 결혼한 여자가 모던걸로 위장한 자신의 아내였다는 위 글은 허구적 형식 속에 당대 세태의 일면을 엿보이고 있다. 허구적 형식을 통해 모던걸에 대한 당대 남성들의 이중적 시선을 풍자하고 있다.

17. 吉見俊哉, 「帝都とモダンガ-ル-兩大戰間期における <近代>と <性>の空間政治」, 『日常生活の誕生-戰間期日本の文化変容』, バーバラ·佐藤 編, Seikei University Center for Asian and Pacific Studies, 2007, p. 245.

18. '~껄'로 불린 근대 직업부인들의 노동조건과 삶의 양태에 대해서는 Ⅳ장, 여성 노동의 장으로서의 근대도시공간에서 보다 자세하게 다룬다.

19. 김수진은 조선의 모던걸이 "신여성의 '허영'과 '껍데기'를 효과적으로 표현하기에 적절한 상징물로, 때맞춰 수입된 동시대적 현상"이며, '신여성의 대체물이면서도 "실제보다는 상상의 대상에 더 가까웠"으며, 식민지 조선에서의 근대의 '불완전'하고 '나쁜 모방'을 투영하는 담론적 산물로 보았다(김수진, 「1920-30년대 신여성담론과 상징의 구성」, 서울대학교 박사논문, 2005, 272-311면). 모던걸이 당대 신여성의 부정적 속성을 집약적으로 담보하고 있으며, 모던걸이 실제의 층위보다는 남성 지식인의 담론속의 과잉된 반응으로서 상상의 산물이었다는 지적은 일면 타당하나, 이러한 담론 속에 재현된 '모던걸'의 이미지를 넘어서, 그들의 이질혼성적 존재양식을 역사적 층위에서 탐문하고 모던걸의 파편화된 시선과 욕망을 재구성하는 작업이 요구된다.

20. 안석영, 「여성팔태 - 모던걸」, 『조광』, 1937. 5, 234면.

21. "조선의 대표적 도시에 굼벵이 보금자리 같은 쓰러진 초가집이 거지만인데도- 그리고 대학졸업생 거지반이 취직을 못하여 거리로 방황하는 여기에 여자들은 치마 한감에 삼사십 원 양말 한 켤레에 삼사원 손가락에 끼인 것만 해도 이삼백 원 머리에 꼬진 것만 해도 오륙백 원 얼굴에 칠하는 것 중에 분갑만 해도 아침 분 낮 분, 밤 분해서 사오 원, 머리만 지지는 데에도 일이 원이라 하고, 초가집을 나서서는 오던 길을 또 가고 가던 길을 돌아쳐 서서 대활보를 걸어가는 것이 소위 요사이 모던껄이다. 먹기에도 어

려운 우리들의 소위 누이들은 어디서 그만한 돈을 얻느냐 말이다. 「스튜릿트껄」 행세만 하여서는 도저히 이럴 수가 업다. 그 돈이 어디서 나는가? 더 말하지 안해도 알만한 일이다'(안석영, "어디서 그 돈이 생길가", 「一日一畵」(5) 『조선일보』 1930. 4. 8).

22. '다이쇼 데모크라시'는 러일 전쟁 때부터 다이쇼 천황 때까지 일본에서 일어났던 민주주의적 개혁을 요구하는 운동을 가리킨다. 이론적으로는 요시노 사쿠조(吉野作造)의 민본주의에 의거하였으나, 실질적인 정치, 사회체제로 정착하지 못하고 군부를 중심으로 한 군국주의 세력이 등장하면서 쇠퇴하였다(후지메 유키, 2004, 264면).

23. 목수현, 「'남촌' 문화 - 식민지 문화의 흔적」, 『서울 남촌: 시간, 장소, 사람』, 김기호 외, 서울시립대부설 서울학연구소, 2003, 259-260면.

24. 錦農生, 「에로·그로의 사적 고찰」, 『비판』, 1931. 5, 127-130면.

25. 임인생, 「모더니즘」, 『별건곤』, 1930. 1, 140면.

III장

1. 박용옥, 『한국여성 근대화의 역사적 맥락』, 지식산업사, 2003, 277면.
2. 일기자, 「全鮮여학생(고등보통) 총수와 그 출생도별」, 『신여성』, 1925. 1, 24-25면, 연구공간 수유+너머 근대매체연구팀, 『신여성』, 한겨레신문사, 2005, 16면, 47-48면에서 재인용,
3. 이윤미, 「<학생>에 나타난 식민지 근대의 여학생」, 『여/성이론』 10호, 여이연, 303면.
4. 김부자의 연구에 의하면, 식민지 시기 동안 조선 남녀의 보통학교 불입학이 광범위하게 존재하였는데, 남성의 경우 입학률 상승에 대응하여 1920년대부터 완전 불취학률이 낮아지기 시작하였으며, 여성의 완전 불취학률은 1932년에도 91.2%로 방대한 수를 차지하였다고 한다. 1933년 이후부터 조금씩 취학이 진행되어 1942년에는 66%까지 낮아지지만(남성은 34%), 식민지 말기에 이르러도 여성은 3명 중 2명, 남성은 3명 중 1명이 완전 불취학이었다고 볼 수 있다. 1930-32년은 조선인 여성의 불취학이 상류계층에 속하는 일부 여성을 중심으로 취학으로 전환되기 직전 시기였다(金富子, 『학교 밖의 조선여성들』, 조경희, 김우자 역, 일조각, 2009, 293면).
5. 김기진, 「요사히 新女性의 長處와 短處 - 구식녀자와 다른 점」, 『신여성』, 1925. 6-7, 38면.
6. 남궁환, 「모던女學生風景」, 『신여성』, 1931. 4, 49-50면.
7. 「S女學校 寄宿舍 暗察記」, 『신동아』, 1932. 12, 94면.
8. 정의순, 「當世女學生氣質」, 『신동아』, 1932. 12, 92-93면.
9. 이는 신여성 전반에 대한 비판과 중첩된다. 「서울의 사치한다는 여자로 유

한계급의 첩이나 기생과 함께 신여성을 첫째로 꼽음」, 『동아일보』, 1925. 8. 8; 「최근 신여성의 경향 - 신여성 자체의 경박과 淺短, 無遠慮가 그 원인」, 『동아일보』, 1925. 6. 17.

10. 방인근, 「여학생론」, 『동광』, 1927. 12, 54-56면.
11. 申翔雨, 『女學生風紀問題槪觀』, 大成書林, 1931, 11면.
12. 1920년대 불량 여학생이 등장하는 사회적 배경과 염상섭의 작품을 중심으로 소설 속에 재현되는 불량 여학생의 이미지를 고찰한 선행연구로, 안미영, 「1920년대 불량 여학생의 출현 배경고찰-염상섭의 <너희들은 무엇을 얻었느냐>를 중심으로」, 『한국문학이론과 비평』18집, 7권 1호, 한국문학이론과 비평학회, 2003이 있다.
13. 김동인, 『김동인단편선-감자 외』, 김윤식 외 편, 문학사상사, 1993, 45-111면; 염상섭, 『염상섭전집-9』, 민음사, 1987, 59-110면; 염상섭, 『염상섭전집-1』, 민음사, 1987a, 179-387면.
14. 李箱, 「失花」, 김용직, 『李箱』, 벽호, 1993, 111-112면.
15. 李箱, 「失花」, 김용직, 1993, 117면.
16. 千葉春路生, 「降ろや 春雨桃李 の彌生, 千姿萬容の京城女性」, 『朝鮮及滿洲』 Vol. no. 197, 1924, 161-163면.
17. The Modern Girl Around the World Research Group, *The modern girl around the world: consumption, modernity, and globalization*, Duke Univ. Press, 2008, pp. 18-20, pp. 36-37.
18. 쌍S생, 1929, 81면. 1930년대 중반, 서울 안 대백화점의 일일간 입장자수는 삼월(三越)- 12만 6천명, 삼중정(三中井)- 11만 9천명, 정자옥(丁字屋)- 9만 5천명, 평전(平田)- 6만 2천 5백명, 종방(鍾紡)[가네보]- 1만 8천명이었다(「三千里 杏花村」, 1936, 229면).
19. 朴露兒, 「十年後 流行」, 『별건곤』, 1930. 1, 100면.
20. 이러한 유행은 "지금 젊은 사람들의 마음이 아무 방향을 찾지 못하고 그냥 그저 미쳐 펄떡거리는 표증"이라 기술된다. 또한 당시 남녀 학생계에서 '껄넝껄넝'이라는 단어가 유행하는데, "남학생보다도 여학생들이 색주가 세상의 류행어를 얻어다 쓰는(借用)것인데 이 '껄넝껄넝'이란 말이 온통 처녀들의 마음을 달뜨게 해 놓고 부모의 피땀을 긁어다 진고개에 주다주다 못하여 나중에는 껄넝껄넝하지 않은 살림하려고 정조까지 판다오. 모던껄 잡아먹는 말이 '껄넝껄넝'이라오"라고 하여, 당시 남녀 사이에 통용된 '유행'은 부유하는 학생문화의 표증이자 여학생들의 타락의 지표로 전이된다(쌍S生, 1929, 81-82면).
21. 김기림, 「봄의 전령 - 북행열차를 타고」, 『조선일보』, 1933. 2. 22(김기림, 1988a, 305면).
22. "당세 여학생은 직업여성이 되어볼까 한다. 그들은 경제적 독립이 여성해방에 유일한 무기인 것을 안다. 아니 그보다도 백화점의 진열장에 심취할 줄을 알고 양요리의 미미(美味)를 깨달을 수가 있고 박래품(舶來品) 치마감의

호부(好否)를 감상할 줄 알면서부터 그들은 돈이 필요하게 된다"(정의순, 1932, 93면).
23. 이난향, 「명월관」, 『남기고 싶은 이야기들』, 중앙일보·동양방송, 1977, 590면.
24. 백관수, 『京城便覽』, 弘文社, 1929, 296면.
25. 『長恨』1호(1927. 1)에는 남녀 양복, 외투 등 서구식 의복을 판매하는 <구미식양복점>(경성 종로 중앙청년회 내), 『長恨』2호(1927. 2)에는 국내외 주단이나 포목, 수입물건을 판매하는 <손종수상점>(경성 종로 3정목 20번지), 금·은·백금, 미술품, 각종 신식 기념품, 신구식 안경, 각종 각국 시계 등을 판매하는 <경화상회>(경성 남대문통 1정목 7번지), 각종 시계, 반지, 안경을 판매하는 <보신당시계포>(경성 종로 1정목), 당대 귀부인의 고급 화장품으로 소개되던 박가분 판매점 <김명근 상점>(경성 남대문통 1정목) 등이 그 예이다.
26. 이서구, 「서울맛·서울정조 - 경성의 짜쯔」, 『별건곤』, 1929. 10, 35면.
27. 안석영, 「어디서 그 돈이 생길가」, 1930. 4. 8.
28. 안석영, 「여성팔태 - 모던걸」, 1937, 234면.
29. 이는 주로 부르주아 중산층으로 범주화된 신여성군(社會運動者-婦人運動者, 職業婦人, '무직자 - 미쓰', 新家庭 부인, 여학생)의 계급상의 부정적 표징으로 비판된다(朴露兒, 「女性恐慌時代」, 『별건곤』, 1930. 7, 59면).
30. 김기림, 「그 봄의 전리품」, 『조선일보』, 1935. 3. 17(김기림, 『김기림전집-5』, 심설당, 1988a, 339-340면).
31. 식민지 조선에서 유행한 이들 소비상품들의 성격이 메이지시기에 서양으로부터 직수입하여 일본의 소수 부유층과 엘리트층만이 소비하던 고급 양풍 문화상품들과는 달리, 다이쇼기를 거치면서 일본의 대중적 기호에 맞추어 적응, 변용, 일본화된 상품이었다(김백영, 2009, 498면).
32. 이선희, 「妻의 設計」, 『매일신보』, 1940. 11.27-12. 30(이선희 외, 『월북작가 대표문학-5』, 瑞音出版社, 1989, 58-59면).
33. 김기림, 『김기림전집-6』, 심설당, 1988b, 46면.
34. 리타 펠스키, 1998, 107면. 마샬 버만의 저작을 재독해한 리타 펠스키에 의하면, 서유럽에서 전근대의 가족적, 공동체적 유대로부터 해방된 부르주아 남성 주체의 자율성은 이성적이며, 산업생산을 작동시키는 합리적 존재이자 목적을 위해 노력하는 파우스트적 남성성인데 반해, 근대적인 욕망 형식의 논리는 물신화, 리비도화, 상품화된 여성성을 산출하였다. 이때 여성은 리비도적이고 표현불가능하며 미적인, 가부장제적 이성의 억압된 타자로 환원된다(리타 펠스키, 1998, 26-29면).
35. 발터벤야민, 2005, 101면. 백화점에서 상품을 매개로 한 여성의 나르시시즘적 쾌락은 성적인 권력과 지배에 대한 환상과 병렬된다(리타 펠스키, 1998, 116-119면).
36. '페티시즘'과 '관음증'으로 매개되는 상품에의 욕망과 성적 욕망 사이의 구조적 친연성에 대해서는 그램 질로크, 2007, 242면, 340면 참조.

37. 게오르그 짐멜, 『돈의 철학』, 안준섭·장영배·조희연 역, 한길사, 1983, 413면. 돈 슬레이터에 의하면, 소비자는 모더니티 개념의 핵심인 사적이고 모험적인 개인의 실례인데, 소비에 자율성, 의미, 주체성, 사적 권리, 자유 등의 특권적 국면이 부여되는 한편으로, 사소한 물질욕망의 노예가 되는 등 소비의 자율성과 정체성 감각은 지속적인 위협받는다고 보았다(돈 슬레이터, 『소비문화와 현대성』, 정숙경 역, 문예, 2000, 43-51면).

38. "'시크라멘'은 봄이 던지는 첫 키스를 뺏기 위하여 화상(花商)의 쇼윈도우 속에서 붉은 입술을 방긋이 벌이고 있고 피녀들의 푸른 치마폭은 아침의 아스팔트 위에서, 백화점의 층층계 위에서 깃발과 같이 발랄하게 팔락거리지 않는가. 젊은 애인들은 건넌방 속에 혹은 안방 속에 밀폐해 두었던 연애를 공원에, 가두에 그리고 백화점의 옥상정원에 노골하게 해방하리라. 죄 많은 봄을 벌(罰)하여라. 실로 그 봄 때문에 선량한 마담도 물건을 사가지고 돌아오던 길에 잠깐 '일부일처제'를 핸드백 속에 집어넣기도 하고, 건망증의 영양(令孃) 여고 4년 동안 닦아넣은 공부자(孔夫子)의 윤리를 승강기의 쿠숀 위에 저도 모르게 흘리고 다니기도 한다(김기림, 「봄의 전령 - 북행열차를 타고」, 1988a, 305-306면).

39. "이 방안은 화려하지만 않고 어딘가 몹시 적막한 데가 있다. 이 방안은 밤에 환락장인 대신 낮에는 견딜 수 없는 적막과 공허가 있다. 이 세상에 가장 질서를 잃은 곳이 있다면 그곳은 곧 이방일 것이다. 방안에 세간이 하나도 제대로 놓인 것이 없고 발 들여 놓을 틈도 없이 무엇이 널렸다. 그러나 그 널려있는 물건들은 지저분한 행랑방 넝마와 달라서 모두다 향수를 바른 것 같은 아름다운 물건뿐이다."(이선희, 「女人命令」, 1989, 232-233면).

40. 리타 펠스키는 소비주의 문화가 조장하는 쾌락주의는 개별 남성자본가에게는 중요한 경제적 이익을 가져오지만, 여성들로 하여금 자신의 욕망의 만족에 빠져들게 하면서 남성의 권위를 침식할 뿐 아니라, 남성이 주도하는 가부장적 가족구조의 신성함을 교란시키고 토대를 흔들리게 하는 파괴적인 힘을 가진다고 보았다(리타 펠스키, 1998, 124-126면).

41. 申瑩澈, 「現下에 當面한 朝鮮女性의 二大難 - 修學 就職 結婚 모다가 難關」, 『신여성』, 1931. 10, 14면.

42. 金英熙, 「직업을 구하되 - 신여성의 직업에 대한 번민: 新女性의 五大煩悶」, 『신여성』, 1925. 11, 27면.

43. 「여자직업안내」, 『별건곤』, 1927. 3, 100-105면; 조재호, 「모던남녀와 생활개선」, 『별건곤』, 1928. 12, 13-18면; 「街頭의 職業人과의 一問一答」, 『조광』, 1935. 11.

44. "날이 가고 달이 감에 따라, 니나의 생각도 변하였다. 성가시게 생각되었든 주위의 남성들의 친절함을 기뻐하였으며, 따라서 거기에 많은 흥미를 느끼게 되었다. 그래서 그는 회사에 다니는 것에 한층 더 호감을 가지게 되었으며, 점점 자기의 미모에 자만심을 가졌고 좀더 예쁘게 아름답게 꾸밀려고, 애쓸 뿐 아니라, 지금까지와는 전연 다른 현대적 생활을 재미있게 생각하였든 것이다. 이리하야 자각적으로 또는 무자각적으로 환경에 지배를 받아서 얼마 후에 흔치않은 모-던(毛斷)이 될 양장을 짧게 챙기고 기-ㄴ 실크

스타킹을 신고 바쁜 듯이 밤늦게 카페- 출입이나 아무 일 없이 가로의 아스팔트에 횡보하게 되었었다(최정희, 「데파트 애화 - 니나(尼奈)의 세 토막 기억」, 『신여성』, 1931. 12, 101면).

45. 채만식, 『채만식전집-2』, 창작과 비평사, 1987, 401면.
46. "데파-트의 여점원? 그들은 데파-트로 물건을 사러오는 행복스러운 부부, 연인동지-를 너무도 많이 보았으리라. 이렇게 자유로이 웃고 걷고 이야기하는 부부와 연인에는 알지 못할 선망과 질투가 있었을 것이다! 이 선망? 이 질투가 다시 낙망과 탄식으로 변할 때에는 그들 청춘의 가슴을 찢어졌을 것이다."(함대훈, 「점원의 로-맨스」, 『신동아』, 1933. 4, 110면).
47. 「結婚市場을 찾아서, 百貨店은 美人市場」, 『삼천리』, 1934. 5. 155-156면.
48. "그들은 일찍이 보통학교를 마치고 또다시 고등보통학교 혹은 상업학교에서 전문기술을 배운 후 채용시험 지옥을 지나서 그 영예의 지위를 얻었다. 그러면 그들의 일하는 시간과 또 따라오는 보수는 얼마인가. 상점에 따라서 다소 차이는 있으나 아침 아홉시부터 밤 열시 반까지로 평균 열 시간 내지 열네 시간의 노동이며 그 보수는 한 달에 십오 원 내지 이십 오원 혹은 삼십 원. 이같이 고된 노동을 바치고 값싼 임금을 받을 뿐 아니라 그들에는 가진 유혹과 조소가 있다. 한사람 상점 주인의 이익을 주기 위하야 수많은 고객에 가진 친절을 다하고 모든 욕을 다 받아가며 때로는 헛된 웃음도 팔아가고 열네시간의 노동을 바치고 오륙십 전의 보수를 받는다. 이런 것을 생각하면 그들은 거리의 천사도 <데파트>의 여왕도 아무 것도 아니 다만 한 노동자에 지나지 못한다. 상회창고에 녹 쓰는 금은보석과 점두에 빛나는 능라주사가 그들의 것이 아니며 그들의 손을 거쳐 출납되는 황금덩이가 그들과는 아무 관계가 없다. 헛된 남의 살림소동에서 가장 아름다운 시간을 허비하고 고요한 자정의 거리를 걸어 '오막살이' 집으로 돌아가며 숨도 듯는 그물의 가슴을 누가 알리오. 거리의 용자! 데파트의 노동자여! 그대의 걸음은 씩씩하라."(「데파트쩔의 悲哀」, 『조선일보』, 1931. 10. 11).
49. "누구든지 종로의 네거리 화신백화점의 출입구나 정자옥, 미쓰꼬시, 히라다, 미나까이 같은 큰 백화점으로 다리를 옮겨보면 도색(桃色)의 꿈을 가슴 속 깊이 감춘 스마-트한 청년들이 물건보기보다 거기서 나비같이 경쾌하게 써-비스하는 숍껄들을 바라보기에 정신없는 광경을 본다."(최정희, 「데파트 애화 "니나(尼奈)의 세토막 기억"」, 1931, 101면).
50. 20세기 초 서유럽에서 '숍껄'이 지니는 특수한 위치는 리타 펠스키(1998, 121면), Parsons(2000, pp. 50-51), Judith R. Walkowitz(1992, p. 49)에서 지적되었다.
51. 이서구의 「데파트 애화, '키스'와 '월급'과 '처녀'」(『신여성』, 1932. 11, 81-86면)라는 글에서도 백화점에 근무하는 순(順)이는 어머니와 동생 등 가족을 부양해야하는 가장의 위치에 있으며, 그러한 순(順)의 경제적 취약함을 알고 있는 백화점 주임은 간계와 협박을 하고, 실직을 하지 않기 위해 순(順)은 결국 정조를 잃게 된다.
52. 1908년 9월 「경시청령」5호, 「기생단속령」과 6호 「창기단속령」이 발포된 이후, 기생들은 기업(妓業)을 지속하기 위해 의무적으로 기생조합에 가입하고

경시청으로부터 허가증을 받아야만 했다. 기생단속령 제1조, "기생(妓生)으로 위업(爲業)하는 자(者)는 부모(父母)나 혹은 차(此)에 대(代)할 친족(親族)의 연서(聯署)한 서면(書面)으로써 소할경찰관서(所轄警察官署)를 경(經)하고 경시청(警視廳)에 신고(申告)하야 인가증(認可證)을 수(受)함이 가(可)함. 기업(其業)을 폐지(廢止)하는 시(時)는 인가증(認可證)을 경시청(警視廳)에 환납(還納)함이 가(可)함"(「妓生及娼妓ニ關スル 書類綴」, 『서울학 사료총서 7-총무처 정부기록보존소 편Ⅰ』, 서울시립대학교 서울학연구소, 1995, 159면).

53. 기생조합(권번)에 소속된 기생들의 요리점 활동이 활발했던 1910년대 말, 기생들의 현황을 파악할 수 있는 자료인 『조선미인보감』에는 당시 경성부의 대표 권번이었던 <한성권번> 187명, <대정권번> 181명, 한남권번 79명, 경화권번 40명 등을 포함하여 전국에 걸쳐 총 605명이 기생이 소개되고 있다(조선연구회 편, 『조선미인보감』[1918], 민속원, 2007). 권번 기생의 숫자는 1920-30년대 요리점의 규모의 확장과 더불어 더욱 늘어나게 된다.

54. 1908년 9월「경시청령」, 제5호「기생단속령」, 제6호「창기단속령」(「妓生及娼妓ニ關スル 書類綴」)

55. 『매일신보』1925년 8월 23일자 기사에는 김산월, 도월색, 이계월, 빈모란, 길진홍 등의 명창 기생들이 일본 축음기 회사 경성지점에서 유성기 음반을 취입한 소식이 실려 있다. 1930년대에 이르러 기생들은 본격적으로 음반시장에 진입하게 된다. 『매일신보』1931년 9월 3일 기사에 따르면, 기생들이 신구명곡을 레코드에 취입하였는데, 경성화류계의 김련옥, 김옥엽, 조모란이 참여하여 현금 등의 연주곡을 취입했고 김소향, 김초향 등이 남도 노래를 취입하였으며 그밖에 콜럼비아와 이글레코드 등의 매달 레코드 광고기사에 김운선, 김인숙, 문명옥, 박록주, 박월정, 이영산호, 이진봉, 이화중선, 장학선, 하농주 등 여러 기생들이 단가와 남조잡가, 판소리 5바탕, 서도잡가, 가야금병창, 가사, 시조 등의 다양한 갈래의 곡을 취입하였다는 소식이 실려 있다. 이러한 소리기생들은 이후 잡가나 민요 등의 전통 음악의 범주를 넘어서 신식창가, 번안가요, 신민요에 이르기까지 상업음악을 부르는 본격적인 대중가수로 양산하기에 이른다.

56. 정종화, 『자료로 본 한국영화사 1』(1905-1954), 열화당, 1997, 25면; 김종원, 정중헌, 『우리영화 100년』, 현암사, 2001, 135면.

57. 김수남, 「조선영화 최초 여배우에 대한 논의」, 『영화연구』27호, 한국영화학회, 2005, 66면.

58. "조선영화라는 것이 너무도 희소함으로 조선영화를 제작만하면 된 것이든 안 된 것이든 한 번씩은 보아두는 것으로 별로 손해를 보는 예도 없어서 요사이 이곳저곳서 조선영화가 많이 나온다. 이번에는 류암희병의 향리에서 놀고 있는 조선권번 기생아씨들의 손으로 <낙양의 길>이라는 이름부터 달콤한 조선영화를 내었다 한다. 이 영화는 순전히 기생들만이 출연한 것으로 평화한 어촌(漁村)을 배경으로 하고 순진한 처녀의 애화(哀話)를 그린 것이라는 바 벌써 촬영을 마치고 오는 십육일 경에 시대 단성사(團成社)서 봉절케 되었다한다."(「妓生의 映畵-<洛陽의 길>, 조선권번에서」, 『매일신보』, 1927. 7. 5).

59. 조선시대 관기의 공연 계보를 전수받았던 기생들은 이러한 요리점에서 춤 공연으로 민속무 가운데 승무, 살풀이, 소고춤, 봉산탈춤, 궁중무로는 춘앵전, 무고, 검무, 연화대무, 사고무(四鼓舞) 등을 추고, 회갑연시에 장생보연지무를 추기도 했다고 한다(김천흥, 『심소 김천흥 무악 칠십년』, 민속원, 1995, 125면; 矢野干城·森川清人, 『新版大京城案內』, 경성도시문화연구소, 1936, 170-171면).

60. 당시 요리점 음식 가격은 한 테이블 당, 7-8원에서 30원이며 1테이블은 6-7인용이다. 당시 명월관에 나온 요리는 궁중 요리로 대표적 차림표는 다음과 같다. 1.生栗(밤) 2.煎果(전과) 3.식혜 4.약식 5.신선로 6.장어 튀김 7.佰子餠(백자병) 8.鷄膳菜(계선채) 9.醋(초) 10.전복초(炒) (矢野干城·森川清人, 1936, 172-210면).

61. 대표적 고객층이었던 '토요회'라는 모임의 구성원을 살펴보면, 당시 친일파였던 백작 송병준과 이완용, 그리고 후작 박영효, 자작 이재곤, 남작 조동윤, 민영찬, 김용진(흥선군의 외손자), 의암 손병희 선생까지 포함하고 있다. 이난향은 이에 대해 "친일파, 배일파, 사적으로 대척적인 관계에 있는 인사들까지 포함하여 그들은 특별한 목적 없이 피식민지인으로서의 무기력과 허탈감을 서로 공유한 명사들의 모임이었다고 기록하고 있다."(이난향, 1977, 565-566면).

62. 황토현에 있던 명월관이 화재로 불탄 이후, 명월관 분점으로 지어졌던 순화궁(順和宮), 태화관(泰和館, 현 종로3가 피카디리 극장 자리)의 경우, 기미독립선언을 한 33인의 독립선언 및 기념축하연이 베풀어졌다(이난향, 1977, 604-615면).

63. 池田忍·金惠信, 「植民地'朝鮮'と帝國'日本'の女性表象」, 吉見俊哉 外, 『擴大するモダニティ』, 東京:岩波書店, 2002, p. 278.

64. 이태준, 「기생과 시문」, 『무서록』[이태준문학전집-15], 깊은샘, 1994. 81면.

65. 윤백남, 「예술상으로 본 녯기생·지금기생」, 『삼천리』, 1935. 10, 440면; 白花郎, 「없어진 民俗, 妓生의 特色」, 『조광』, 1936. 10, 218면.

66. 이서구, 「재미있는 서울 이야기 - 신판 경성지도」, 『중앙』, 1935. 5, 116면.

67. 조용만, 『30년대의 문화예술인들』, 범양사출판부, 1978, 69면.

68. Miriam, Silverberg, 「日本の女給は ブルースを歌た」, 『ジェンダーの 日本史下-主體と表現 任事と生活』, 庄山則子 譯, 脇田 晴子, Miriam, Silverberg 編, 東京: 東京大學出版會. 1995, 595~599면.

69. 1930년대 경성의 카페와 여급 분포에 대한 자세한 현황은 김연희, 『일제하 경성지역 카페의 도시문화적 성격』,서울시립대 석사논문, 2002, 13-23면; 장규식, 「일제하 종로의 문화 공간」, 『종로: 시간, 장소, 사람』, 권오만 외, 서울학연구소, 2002, 173면; 목수현, 「남촌 문화: 식민지 문화의 흔적」, 『서울 남촌: 시간, 장소, 사람』, 김기호 외, 서울학연구소, 2003, 160~161, 258~261면 참조.

70. 東京居士, 1932, 77면.

71. 이서구, 「실사 일 년 간 대경성 암흑가 종군기 - 카페, 마작, 연극, 밤에 피

는 꽃」, 『별건곤』, 1932. 1, 34면.
72. 綠眼鏡, 「카페여급언파레이드」, 『별건곤』, 1932. 11, 37면.
73. 「三雅四俗: 五十錢君과 富豪娘, 사귄 카페女給이 실은 富者의 딸/五十錢 君과 富豪娘」, 『동아일보』, 1929. 11. 19.
74. 박태원, 「寂滅」, 『한국근대단편소설대계』, 이주형 외 편, 태학사, 1988a, 14면.
75. "한번 남성에게 진저리 난 사람이 대개 이곳으로 모이게 되죠! 어째서 그러냐구요? 일정한 전문적 기술이 없죠! 그런데 실연을 당하거나 또 가정에 파탄이 생기면 첫째 닥쳐오는 것이 생활과 가슴 아픈 상처죠! 그러니 한편은 자포적 심정으로 하나는 경제적 곤란으로 자연 이길밖에 없게 되죠! 기실 누가 이 소란한 째즈곡에 맞춰 술 취해 덤비는 사내들에게 마음에 없는 웃음을 웃어가며 써-비스하고 싶겠어요. 그렇지만 돈 없고 저버린 인생이고 보니 어찌할 수 있겠어요!"(「街頭의 職業人과 一問一答記 : 女給生活의 運命論」, 『조광』 1935. 10, 126-127면).
76. 村島歸之, 「歡樂の王宮, カフェー」(昭和 四年[1929]), 『近代庶民生活誌 10- 享樂·性』, 南博 編, 東京: 三一書房, 1988, pp. 324-335.
77. 朴露兒, 「女學生의 趣味檢討」, 『신여성』, 1931. 5; 尹芝薰, 「모던女性十誡命」, 『신여성』, 1931. 4, 70-72면.
78. 김남천, 「당대조선여성기질」, 『사해공론』, 1938. 8; 『김남천 전집-2』, 정호웅·손정수 편, 박이정, 2000, 104면.
79. 개인의 취향과 'hobby'를 포함하는 '취미'(taste)와 용모나 외적 조건, 개성을 포함하는 '스타일'이라는 용어는 식민지 조선에서 각 시기마다 문화를 구성하는 화두였다. 식민지 조선에서 1920년대 이후 통용된 '취미'는 계몽주의와 사회조의 추진 속에서 문명, 교양 또는 실용적 지식의 한 형식을 의미하거나, 대중문화의 확산과 더불어 연예 및 대중적 오락의 의미를 띠기도 하는 등 상이한 층위의 의미로 쓰인다. 특히, 식자층의 교양을 함축하는 고급한 '취미'와 대중문화의 향유와 관련되는 오락적 '취미'는 고급/저급 이라는 문화의 이분화의 맥락을 바탕으로 하는데, 이는 예술/본격/순수를 한편으로, 통속/저급/대중이라는 문화 내부의 위계를 드러내는 구별짓기를 가져온다(천정환, 이용남, 「근대적 대중문화의 발전과 취미」, 『민족문학사연구』30집, 민족문학사학회, 2006, 228면).
80. 노지승, 「식민지 시기, 여성관객의 영화체험과 영화적 전통의 형성」, 『현대문학의 연구』40집, 한국문학연구학회, 2010, 186면.
81. 1930년대 중반까지도 조선에서는 서양영화(90% 이상이 미국영화)가 60-70%의 점유율을 차지했다고 한다(유선영, 「황색 식민지의 서양영화 관람과 소비실천, 1934-1942: 제국에 대한 '문화적 부인'의 실천성과 정상화 과정」, 『언론과 사회』 Vol. 13, no. 2, 성곡언론문화재단, 2005, 9면).
82. 이동원, 「배운 여자는 一箇 奢侈品 - 現下 조선에서의 주부로는 女校출신이 나은가 舊女출신이 나은가」, 『별건곤』, 1928. 12, 96면.
84. Arjun Appadurai and Carol A. Breckenridge, "Public Modernity in India", *Consuming modernity: Public Culture in a South Asian World*, Carol A. Breckenridge

ed. Minneapolis, London: University of Minnesota Press, 1995, p. 5.
84. 총동원 체제 이후, 조선인이 발간하는 조선어 잡지는 그 종수가 격감한 반면, 조선의 일본잡지 수요는 점점 늘었는데, 1940년 당시 조선에서 일본 잡지는 『キング』, 『主婦之友』, 『講談俱樂部』, 『日の出』, 『富士』, 『週報』, 『少年俱樂部』, 『婦人公論』, 『少女俱樂部』, 『改造』, 『中央公論』 순으로 많이 읽혔다고 한다. 당시 조선에서 읽힌 일본잡지의 약 20-40%가 조선인 독자이며, 재조일본인과 조선인의 잡지 선호도가 거의 일치했다고 한다(천정환, 「일제말기의 독서문화와 근대적 대중독자의 재구성(1) - 일본어 책 읽기와 여성독자의 확장」, 『현대문학의 연구』40, 한국문학연구학회, 2010, 89면).
85. 장연화(張蓮花), 「문학기생(文學妓生)의 고백(告白)」, 『삼천리』, 1934. 5, 141-142면.
86. 노지승, 「여성지 독자와 서사읽기의 즐거움 - <女性>(1936-1940)을 중심으로」, 『현대소설연구』42집, 한국현대소설학회, 2009, 128-130면.
87. 『매일신보』, 1913. 10. 28/ 1914. 2. 1, 연구공간 수유+너머 근대매체연구팀, 『新女性』, 한겨레신문사, 2005, p. 154.
88. "<사랑에 속고 돈에 울고>라는 간판이 어느 틈에 나붙었다... 신파비극의 사십팔수(四十八手)가 담뿍 들어찼고 기생을 '좋게' 써 넣은 것이었다. 그래서 그때까지는 별반 고등신파에 흥미를 안 느꼈던 기생 아씨들이 몰려오는데, 심지어는 돈냥 간 쓸 작정으로 저녁때부터 명월관·식도원·송죽원 등 요리집에 들어간 얼간들이 술상을 놓아둔 채 기생의 꽁무니를 따라 동양극장으로 와 연극을 끝까지 보고 눈이 퉁퉁 부은 기생을 따라 다시 그 술상 앞으로 돌아가서 밤새도록 기생아씨네의 관극평과 각자의 하소연을 듣고 새벽녘에 또 그 기생을 모시고 15전짜리 설렁탕 집에서 해장을 하는 것이었다."(유민영, 『한국극장사』, 한길사, 1982, 56-65면, 81-84면).
89. "기생들의 입과 입으로 선전이 되어서 기생족의 沙汰(사태)가 났고, 외입장이 건달들은 기생에 묻어왔다. 일반 연극 '팬'은 물론 소문을 듣고 일반시민은 연극도 보고 기생 틈에 끼이고 싶어서 몰리고 몰려 들었다... 어느 요릿집이건 이들 배우들이 가기만 하면 각 방에서 기생들이 모여 들어서 제 방으로 갈 줄을 모르고 찬사, 축사를 늘어놓는 경쟁을 벌였다."(박진, 『歲歲年年-한국의 연극 비장의 화제』, 경화출판사, 1966, 154면).
90. 박진, 「동양극장시절」, 『남기고 싶은 이야기들』, 중앙일보·동양방송, 1977, 664-667면.
91. 「총각좌담회」, 『신여성』, 1933. 2; 김자혜, 「윤영애 자살에 대한 私見」, 『신여성』, 1933. 10, 연구공간 수유+너머 근대매체연구팀, 2005, 160-164면.

IV장

1. "학교를 졸업한 여성- 집으로 돌아가. 이곳에서 여성은 매매의 계약이 성립된다. 그리하여 그는 부모의 강권대로 할 수 없이 다른 남성에게 먹을 것을 얻기 위하여 자기를 그곳으로 팔지 아니하면 아니 된다. 어떤 엄정한 의미

에서 말하면 직업부인이 된다는 것도 역시 돈 있는 사람에게 공공연하게 팔리는 것이다. 그러나 여기서 그는 어떤 다른 의식을 갖게 된다. 다시 말하면 개인에게나 한평생을 온갖 것을 다 제공하고 노예와 같이 팔리는 것보다는 자기의 기술을 일시 파는 것이 나을 것이다. 또 그곳에서 직업에 대한 사회상 모든 것을 알게 된다. 따라서 미약하고 피상적이나마 경쟁으로 남성과 대립하게 된다. 이리하면 이곳에서 개성의 말살과 유린을 없어지게 되는 것이다. 이런 의미에서 우리는 소극적이나마 개개인이 될 수 있는 데까지 직업부인이 되어야할 것이다."(「직업부인 문제」, 1926, 22면).

2. 「직업부인문제」, 1926, 22면; 金玉順, 1931, 102면; 宋今璇, 1933, 46면.
3. 「여자직업안내」, 『별건곤』, 1927. 3, 100-105면; 조재호, 「모던남녀와 생활개선」, 『별건곤』, 1928. 12, 13-18면; 「街頭의 職業人과의 一問一答」, 『조광』, 1935. 11; 이성환, 「부인과 직업전선」, 『신여성』, 1932. 3, 13-18면; 「거리의 여학교를 찾아서」, 『삼천리』, 1935. 11.

   강이수는 당대 '직업부인'을 "광의로 보면 '여공'이나 '노동부인' 등 일하는 여성 전부를 포괄하는 개념이지만, 일상적으로는 이들을 배제하고 간호부나 교원 등의 전문직이나 기타 사무, 서비스직과 같은 신 직업에서 일하는 여성들을 지칭하는 개념"으로 보았다(강이수, 「근대 여성의 일과 직업관 : 일제하 신문기사를 중심으로」, 『사회와 역사』65, 한국사회사학회, 2004, 180면).

4. 김남천, 「여성의 직업문제」, 『여성』, 1940, 12, 26-27면.
5. 『신여성』 1933년 4월호 실린 「직업부인 좌담회」에 참가한 당시 직업부인들(간호부, 백화점원, 부인기자, 미용사, 여교원) 가운데에서 부인기자 최정희를 제외한 대부분은 '기생'과 '카페여급'을 '직업부인'으로 인정하지 않고 있으며, 여교원 임효정은 스스로를 '기생, 카페여급 박멸론자라 소개한다(42-54면).
6. 박태원, 「성탄제」, 『성탄제』, 을유문화사, 1988b, 117면.
7. "여성의 천직을 져버리든가 소홀히 하여가면서까지 여성이 직업전선에 나설 것은 없다는 것"(宋今璇, 1933, 47면). "현재 조선의 가족제도, 가정 제도는 너머나 불완전하기 때문에 한 여성으로 주부노릇과 직업인 노릇을 같이 하게 만들어 놓지 못한다. 자녀가 있는 이로 직업가지는 것은 자녀에게 대한 죄악이라고 본다."(김자혜, 「직업여성과 가정」, 『신여성』, 1933. 4, 35면).
8. 표는 「여자직업안내」(『별건곤』1927. 3); 이성환, 「부인과 직업전선」(『신여성』 1932. 3), 「서울 직업부인의 보수(報酬)」(『별건곤』1928. 12); 「모던-여자, 모던-직업, 신여자의 신직업」(『삼천리』1931. 12); 「인텔리기생, 여우, 여급 좌담회」, (『삼천리』1936, 4)등을 참조해서 재구성함.
9. 『조선총독부 통계연보』를 바탕으로 한 강이수의 연구에 따르면, 일제시기 조선인 여성의 노동 참여율은 대략적으로 30-40%인데, 1930년대 농업 91. 2%, 공업 1. 0%, 상업교통업 3. 9%, 공무자유업이 0. 8%으로 농업부문이 압도적이었지만, 도시를 중심으로 형성된 공업(공장의 여공집단) 및 상업교통업(접객업종사자 포함), 그리고 공무자유업(교사, 언론, 예술, 종교, 의료 종사자) 등의 비율이 점차적으로 증가하고 있었던 것으로 드러났다. 도시의 경우, 공업, 상업, 가사사용인, 접객업에 종사한 여성의 비율이 매우 높았는

데, 『조선국세조사보고』에 따르면, 1930년대 경성부의 경우, 농업은 0.6%에 그치는 반면, 여성유업자의 10.3%가 섬유공업, 9.2%가 상업, 21.9%가 접객업, 38.6%가 가사사용인으로 80% 이상을 차지하고 있는 것으로 밝혀졌다(강이수, 『한국 근현대 여성노동: 변화와 정체성』, 문화과학사, 2011, 131-132면).

10. 김수진은 조선의 모던걸을 일본과 달리, 신중간층 여성의 등장과 특별한 관련이 없었다고 보았는데, 일본의 모던걸의 경우, 1920년대 일본의 경제성장과 함께 급증한 화이트 칼라와 하급서비스직을 포함하는 신중간층 여성, 즉 직업부인층을 배경으로 하고 있었고, 이는 그들의 언행과 태도를 뒷받침하는 경제적 독립성의 토대이기도 했다고 보았다(김수진, 2005, 269면).

11. 申瑩澈,「現下에 當面한 朝鮮女性의 二大難」, 『신여성』, 1931. 10, 14면;「데파트껄의 悲哀」, 『조선일보』, 1931. 10. 11; 이성환,「부인과 직업전선」, 『신여성』, 1932. 3, 16면; 金蓮花,「에레베타껄의 自敍傳」, 『신여성』, 1933. 12, 56면.

12. 당대 직업여성들의 열악한 노동조건과 단기적이고 일시적이었던 직업 활동의 불안정성에 대해서는 김경일, 『여성의 근대, 근대의 여성』, 푸른역사, 2004, 355-359면 참조.

13. 無名草,「도나다모노리까에, 明朗한 종달새 버스껄-第一線上의 新女性」, 『신여성』, 1933. 12, 60-61면.

14. 白薔薇,「神經을 일은 機械 - 목소리 接待, 할로껄 - 第一線上의 新女性」, 『신여성』, 1933. 12, 58-59면.

15. 朴昊辰,「女職工訪問記」, 『근우』 1호, 1929. 5, 70면.

16. 金城馬,「貞操와 職業女性- 西都水鄕의 가지가지」, 『삼천리』, 1934. 9, 160면.

17. 오창규,「아내를 여점원으로 수입은 많으나 불안」, 『삼천리』, 1929. 11, 32면.

18. 안승현, 『한국노동소설 전집 3 - 일제강점기(1933-1938)』, 보고사, 1995a, 344-350면.

19. 『조선총독부통계연보』를 통해 1930년 당시 여성취업자 비율을 조사한 김경일의 연구(2004, 283면)와 『조선국세조사보고』를 바탕으로 1930년 도시지역의 여성유업자(상업, 교통업, 공무자유업, 가사사용인)의 분포를 검토한 강이수의 연구(「일제하 근대 여성 서비스직의 유형과 실태」, 『페미니즘 연구』 5, 한국여성연구소, 2005, 93-96면)를 참조하여, 1930년대 도시여성노동인구를 산정하였다.

20. '친밀한 것(the intimate)' 정의에 대해 Ann Laura Stoler는 The American Heritage Dictionary를 참조하여 '친숙한 것'(the familiar), '본질적인 것'(the essential), 그리고 '성에 기반 한 관계들'을 기술하는 표지로 요약한 바 있다 (Ann Laura Stoler, Carnal Knowledge and imperial power, University of California: Berkeley and Los Angeles, 2002, p. 9). 산업사회에서 친밀함의 경제적 거래에 주목한 젤라이저는 『옥스퍼드 영어사전』에 근거하여 1. a.개인적으로 친밀한 상태, 친밀한 우정 혹은 아는 사이, 친근한 교제, 친근한 관계, b.성적인 교제의 완곡한 어구, c.관찰, 지식 혹은 그와 같은 것에 대한 친근함. 2. 친밀한 혹은 가까운 관계 혹은 연대로 분류하였다(비비아나 A 젤라이저,

『친밀성의 거래』, 숙명여대 아시아여성연구소 역, 에코리브르, 2009, 32-33면). 이러한 정의들은 친밀성이라는 어휘의 폭넓은 의미층을 보여준다. 이 책에서 사용하는 '친밀성'은 우정, 연애, 성, 결혼, 육아, 가사노동 등 일반적으로 사적 영역(공간, 맥락)에서 이루어지는 관계, 연대, 노동 행위를 지칭한다.

21. 젤라이저는 친밀함과 경제활동을 분리시키고 상호간의 관계를 적대적인 것으로 인식하는 전통적 관점과 경제적 합리성에 기반하여 친밀성과 경제활동의 교차를 '별 것 아닌' 것으로 인식하는 경제적 실용주의, 친밀한 관계가 그들이 수반하는 경제적 관계가 무엇인가에 관계없이 뚜렷한 신념 혹은 이데올로기적 각본과 관련된 표현으로 보는 문화적 환원주의자 등의 관점을 넘어서, '연관된 삶'의 관점에서 친밀함과 경제행위를 바라볼 것을 제안한다. 즉 그는 시장 그 자체가 결속을 유지하는 인간관계를 약화시킨다는 광범위한 가정에 도전하며, 시장 거래와 인간적인 관계 간의 상호작용에 대한 전통적인 관점에 대안을 제공하고자 하는데, 연관된 삶에 대한 분석은 친밀한 관계의 폭넓은 영역에 걸쳐, 인격적인 돌봄의 규정에 있어 그리고 가정생활의 복잡성에 있어, 사람들이 사회적 유대, 그것의 경계, 그리고 상업적인 매개물과 생산, 소비, 분배의 거래와 그것들의 적절한 매칭 사이에서 광범위한 구별을 만들어내고, 집행하고, 재협상함으로써 경제적 활동과 친밀함을 혼합하고 있다는 것을 보여준다고 주장한다(비비아나 A 젤라이저, 2009, 41-64면).

22. 기업(妓業)은 관비(官婢)로서 국가의 녹을 받고 수행해야 할 신역(身役)의 일종이었다. 기생은 여악(女樂)이라는 이름으로 궁중과 지방 관아의 공식 연회에서 악가무(樂歌舞)를 연행하는 전문예인 집단이었지만, 천한 신분의 여성으로서 그들의 몸은 기예공연, 향응 및 성적 봉사, 관아의 허드렛일에 이르기까지 다양한 형태의 기능을 수행하도록 요구되었다.

23. 1904년 10월 10일 경성영사관령 제3호.「요리점취체규칙」, 손정목,『일제강점기 도시사회상연구』, 일지사, 1996, 447-448면 참조.

24. 이경재,『청계천은 살아있다』, 가람기획, 2002, 105면. 조선에 요리점이 처음 유입된 것은 1890년대 이후인데, 이는 일찍 개항한 부산이나, 원산을 포함하여 진남포, 목포, 마산 군산, 성진 등에서 새로운 일본인 거류지가 형성된 매춘업과 관련된다. 아직 공창제의 시행을 공식적으로 발포하기 이전이었으므로 일제는 유곽의 일본인 영업자를 대상으로 하는 매춘 단속법으로 이사청령 '요리점(요리옥)취체규칙', '음식점규칙', '작부취체규칙' 등을 1906년-1910년에 걸쳐 공포하고, 유곽의 기능을 했던 '대좌부(貸座敷)'를 요리점이라 명명하였다. 유곽을 음식을 파는 '일반 요리점'과 구별하여 '특별요리점'이라 지칭하고, '갑종'에 대한 '을종', '1종'에 대한 '2종' 요리점으로 분류하기도 하였다(손정목, 1996, 447-448면).

25. 梶山季之,「李朝殘影」,『韓國을 주제로 한 日本 中篇選』, 任英 譯, 문학사상사, 1977, 94-98면.

26. 권도희,「기생조직의 해체이후 여성국악인들의 활동」,『제7회 동양음악 국제학술회의 - 안팎에서 본 한국음악연구 방법론』, 서울대학교 동양음악연구

소, 2002; 장유정, 『일제시기 한국 대중가요 연구』, 서울대 국문과 박사논문, 2004.
27. 권명아, 「풍속 통제와 일상에 대한 국가 관리」, 『민족문학사연구』33, 민족문학사학회, 2007, 383면.
28. 일본의 경우, 1930년대 예기와 창기의 자치적 노동조합 결성 및 노동조합 운동이 있었음이 확인되는데, 이러한 운동 뒤에는 '무산부인동맹'과 같은 일본 사회주의 단체의 지지와 후원이 있었던 것으로 드러났다(후지메 유키, 2004, 273-292면).
29. 한청산, 「기생철폐론」, 『동광』, 1931. 12, 39-43면.
30. 함대훈, 「店員 로-멘스」, 『신동아』1933. 4, 109면.
31. 木其生, 「카페-의 縱橫과 學生群의 出沒」, 『동방평론』, 1932. 5, 47면.
32. 박로아, 「카페의 정조」, 『별건곤』, 1929. 10, 42면; 김을한, 1930, 87면.
33. 식민지 조선의 카페 문화는 일본 다이쇼 말기와 쇼와 초기 "에로·그로·넌센스" 시대의 산물이었던 카페 문화의 식민지적 이동이라 할 수 있는데, 이는 감각적 열락에만 생의 가치를 두는 니힐리즘적 사조 속에서 시대적 불안을 완전히 망각하고자 자극적 찰나를 구했던 욕망에 기인한다. 당시 일본에서 공창은 빵이라면, 유사연애적 기교를 동반한 사창(私娼)은 '버터바른 빵'에 비유되었다(大宅壯一, 1954, 65-69면; 村島歸之[南博 編], 『近代庶民生活誌 10-享樂·性』, 東京 : 三一書房, 1988, 320면). 安藤更生은 당시 거의 대부분 고객이 여급에게 요구했던 유희화된 애정은 진실한 연애에 위반되는, '연애의 가면을 쓴 허위'에 가까웠다고 기술하였다(安藤更生, 1931, p. 186).
34. 젤라이저는 미국의 사례를 통해 상업적 친밀성의 틀 안에서 남녀 간의 구애와 성노동이 교차하는 지점을 분석하고, 결혼, 구애, 성노동 등 표면적으로 이질적 행위 이면에 친밀함과 경제적 거래의 구조적 유사성, 성노동 내부의 다양한 구별과 층차들, 돈과 성을 교환하는 다양한 형태 속에서 '허용 가능한 행위'와 '가능하지 않은 행위' 사이의 경계를 설정하는 데 있어서의 법적 개입(법원, 변호사, 배심원)과 의미 협상과정 등을 분석하였다. 특히, 구애는 결혼과 매춘이라는 상이한 두 축이 교차하는 지점에 자리하는데, 친밀성과 경제행위를 바라보는 전통적 관점은 이러한 구조적 교차에 주목하기 보다는 매춘을 화폐로 인해 (성적) 친밀성이 훼손되는 전형으로 의미화하는 데 집중해 왔다(비비아나 A 젤라이저, 2009, 121-176면).
35. 서지영, 「식민지 시대 카페여급연구 - 여급잡지 <女聲>을 중심으로」, 『한국여성학』19권 3호, 2003, 21면. 이러한 여급의 노동 조건은 대체로 자유계약으로 하면서 팁을 주 수입으로 하였던 일본 카페와 여급의 고용관계를 그대로 따른 것이었다(高橋康雄, 1999, 135면).
36. 「街頭의 職業人과 一問一答記: 女給生活의 運命論」, 『조광』, 1935. 10, 126면.
37. 「환락경인 카페와 카페-출입의 학생문제」, 『실생활』, 1932. 7, 2면.
38. 1934년에 경무국에서 제정한 「카페營業取締內規標準」4조 1항 부칙에서 카페 여급은 "객석에서 시중을 들고 계속적 접대를 하는 부녀"로 정의되고 있다(김연희, 2002, 26-28면). 식민지 당대 기생과 카페여급은 법제적으로 매

춘을 업으로 삼는 창기(공창)와는 구분되는 화류계 직업여성이었지만, 실제로 이들은 창기와 마찬가지로 위생 검사, 성병과 전염병 방지라는 명목으로 국가의 관리 및 단속의 대상이 되고 있는 사창으로 취급되었다(「脂粉싸인 本町署女給酌婦調査」, 『동아일보』 1927. 12. 15).

39. 기생 집단들의 대사회적 목소리를 담은 기생잡지 『長恨』이 1927년에 창간된 바 있는데, 카페가 한창 번성했던 시기인 1930년대에 여급들 역시 잡지를 발행하여 자신들의 사회적 위상을 구축하려 했다. 당시 많은 여급들이 글을 게재한 『女聲』은 여급들의 집단적 활동을 통해 자신들의 대사회적 목소리를 결집하고 권익을 도모하려던 흔적들이 발견된다. 『女聲』에 대한 자세한 분석은 서지영, 「식민지 시대 카페여급 연구 - 여급잡지 『女聲』을 중심으로」 참조.

40. 식민지 시기 총독부 『국세조사』 자료의 직업분류에 총 10가지의 범주 가운데 '가사사용인'이 독립적 항목으로 제시되고 있다. 10가지 직업은 농업/ 수산업/ 광업/ 공업/ 상업(상업적 직업, 금융보험업 종사자, 접객업 종사자 3종)/ 교통업/ 공무자유업(관리, 공리, 고용원, 육해군 현역군인, 법무 종사자, 교육 종사자, 종교가, 의료 종사자, 서기적 직업, 기자, 저술가, 예술가, 유예가(遊藝家), 기타 자유업의 9종)/ 가사사용인/ 기타 유업자/ 무업 등이다. 1930년 말 당시 경성부 내의 주인세대에 사는 가사사용인은 1만 2,094명으로 전체 취업자의 8.6%, 단일직업으로는 가장 많은 수를 점했으며, 그 중 일본인은 1,144명에 불과한 반면 조선인은 1만 829명이며 그 중 조선 여성이 8,872명으로 전체의 82%를 차지하고 있다(전우용, 「일제하 경성 주민의 직업세계(1910-1930)」, 『한국근대사회와 문화 Ⅲ』, 서울대출판부, 2007, 108, 138면). 1930년 『朝鮮國勢調査報告』에 의하면, 공장 여성노동자 숫자는 3-4만 명에 불과한 데 비해, 가사사용인의 수는 거의 9만 명에 이르렀다고 한다(강이수, 2011, 208면).

41. "신가정의 이면(裏面)을 보면, 아무리 간난(艱難)하여도 밥 지어 먹는 어멈 두어야 합니다. 웬만하면 침모(針母)를 두어야 하고 어린애가 생기면 유모(乳母)와 어린애 업히는 기집애도 하나 있어야 하지만 최소한도로 밥 지어 먹는 어멈은 있어야 합니다."(朴O熙, 「無知의 苦痛과 설렁湯신세, 新舊家庭生活의 長點과 短點」, 『별건곤』, 1929. 12. 29면).

42. 식민지 시대 도시의 '가사사용인'은 대가족 제도와 노비제도 하에 가사노동이 운용되었던 전근대 시기에서 근대 핵가족 제도로 전이하기 이전의 과도기적 상황과 비효율적인 가옥구조 속에서 여전히 가사 보조자를 필요로 했던 중상류층 가정의 상황을 반영한다. 식민지 당대 도회의 식모난에 대해 글을 쓴 김동인은 "과거에는 주부가 당하여 나아가던 일을 지금은 식모 없이는 당키 힘들게 된 기형(畸型)의 세태"라고 보았다(김동인, 「一日一文-食母難」, 『매일신보』, 1935. 8. 2).

43. 박태원, 『천변풍경 - 한국문학대표작선집 30』, 문학사상사, 2009. "소위 노동시장에 여성의 진출은 연년이 상당한 활황(活況)을 정(呈)하여 가는 모양이다. 남자의 실업고에 비하야, 여자는 보통학교만 졸업하였으면, 거기에도 그만한 경쟁은 있겠지만, 좀 고급으로 백화점, 한층 떨어지면, '뻐스껄', 여공

등으로 남자보다는 비교적 취직에 용이한 모양이요, 설사 아주 뚝 떨어져서, 카페! 끽다점, 음식점 등으로 전전하더라도, 몸값 관계이겠지만, 여기에는 더구나 경쟁이 없다 할 것이다. 그런데, 이 여성 직업전선에 있어서, 한가지 기이한 것이 있는 것은, 식모, 안잠재기라는 종류의 존재이다. 어떠한 직업이든지, 속언(俗諺)에 개백정도 올개미가 있어서야 해먹는다는 세음으로, 기술 혹은 기교 엔장 밑천 등이 있어야 하는 것은 말할 것도 없다. 또 소위 '에로'를 목표로 하는 직업에는, 미모와 미의(美衣)가 큰 밑천이 된다. 그러나 안잠재기 또는 식모에 있어서는, 미모미의가 무용한 것은 물론이요 같은 근육(筋肉) 노동이건마는 하등의 기술, 기교, 내지 엔장 밑천이 없이 전연히 적수(赤手) 공거(空擧)으로 달려들면 그만이다. 그러면서도 당자끼리의 무경쟁임은 고사하고, 수요가(需要家) 즉 용인자(傭人者) 편에서 백열적 경쟁을 하는 것이, 근자의 안잠재기 즉 '오마니' 시장의 특이한 호경기일 것이다. 그러면 이것을 단순히 수급관계의 부조(不調)- 공급의 부조에 기인한 것일까"(염상섭, 「一日一文 食母」, 『매일신보』, 1935. 7. 13).

44. 「이런 것을 이용(利用)하세요 주부비망록(主婦備忘錄) 직업을 구하는 이와 사람을 구하는 이와 중간에서 알선 작년에는 삼백(三百)명을 소개 안잠자기가 제일 많았다(四) 인사상담(人事相談) 직업소개(職業紹介) 경성직업소개소(京城職業紹介所)」, 『매일신보』, 1938. 1. 5; 「南村엔 食母 「인풀레」 本町署 管內에만 二千四百名 北村엔 食母難의 頭痛」, 『동아일보』, 1937. 11. 28.

45. 鞠O任, 「젊은 안잠자기 手記」, 『별건곤』, 1930. 1, 97면.

46. 김동인, 「一日一文-食母難」, 『매일신보』, 1935. 8. 2.

47. "그들은 아침이면 이를 닦으며 저녁이면 담배를 피우며 가끔 우리 마당을 건너다보았다. 그들은 마주 보니까 무심코 건너다보는 것이되, 이쪽의 색시는 첫 번부터 그들에게 과민하였다. 아침저녁으로 분 세수를 하고 틈틈이 무색옷을 내어 입고 그들이 학교에서 돌아올 시간쯤 되면 으레 머리를 고쳐 빗고 그리고는 그들이 눈에 띄면 무슨 일이든지 하다말고 내던졌다. 하루는 일요일인데, 점심 때 좀 지나서 웬 말쑥한 두 여학생이 건넛집 마당에 나타났다. 그 두 남자 전문학교 학생과 하나씩 짝을 지어 희희낙락하게 놀았다. 이날 우리집 색시의 정신은 어디 가 있는지 알 수 없었다. 부엌에 들어가면 부엌에서 뎅그렁 하고 무엇이 깨어졌고, 장독대에 가면... 철그렁 하고 무엇이 금가는 소리... 흐하하 하고 건너마당에서 그 여학생들의 웃음 소리가 건너올 때마다 색시는 자기가 잘 웃던 것은 잊어버린 듯..."(이태준, 『이태준단편전집 Ⅰ』, 가람기획, 2005, 449-451면).

48. 「罪惡이 綻露된 食母의 自殺騷動-주인의 금비녀를 훔치고」, 『매일신보』, 1935. 9. 20; 「下女脫線」, 『매일신보』, 1936. 12. 13; 「性的異變의 下女 主家 物品窃盜」, 『매일신보』, 1937. 3. 18; 「월경으로 인한 일시적 발작 - 動機는 同情하나 法은 그렇지 않다. 主人돈 훔친 下女」, 『매일신보』, 1937. 3. 27; 「嫌疑받은 食母 죽음으로 對抗」, 『동아일보』, 1938. 7. 9; 「手荒症의 下女-일본인 집의 조선 하녀가 돈 30원과 양말 두 켤레를 훔쳐 도망」, 『매일신보』, 1938. 6. 14; 「脫線한 下女 - 25원을 훔쳐 도망」, 『매일신보』, 1938. 12. 2; 「主人白金指環 훔친 美人下女의 懺悔-훔쳐놓고서 양심에 가책 받아 女子二

十 虛榮時代」, 『매일신보』, 1935. 10. 8;「下女가 窃盜-주인의 돈을」, 『매일신보』, 1936. 1. 29;「侈裝한 美貌女 實相은 大賊-부호가정 하녀로 들어가서-西門署에서 取調」, 『매일신보』, 1935. 7. 6;「窃盜常習의 美貌의 "食母"-경관집에 드난가서 도적질하고 畢竟엔 警察署身勢」, 『매일신보』, 1936. 7. 23.

49. 「虛榮에 뜬 鄕村女子 豪奢하려 竊盜질, 허영에 뜬 향촌 여자가 서울에 와 남과 같이 호사하고 싶어 도적질, 繁華한 都市와 드난살이의 犯罪」, 『동아일보』, 1926. 10. 5.

50. 「바람난 下女」, 『동아일보』, 1937. 7. 24;「美貌의 下女出奔」, 『동아일보』, 1939. 12. 15;「심부름 나가 없어진 下女」, 『매일신보』, 1935. 11. 1;「下女가 失踪 誘拐의 憂慮」, 『매일신보』, 1936. 2. 5.

51. 「자유 없음을 비관코 자살한 고용녀」, 『조선중앙일보』, 1935. 4. 29;「妙齡女飮毒 ; 市內宮井洞 鄭箕洪씨 집 下女」, 『동아일보』, 1933. 6. 5;「下女飮毒, 元町 茂家氏 집에」, 『동아일보』, 1934. 3. 21;「妙齡 '오모니' 疑問의 飮毒 저녁밥 먹고서 얼마 안 있다 무엇때문에 죽었나」, 『매일신보』, 1936. 9. 6.

52. 「上海로 逃避行 上陸하자 被捉 ; 和昌洋行員 北村協과 西村要三氏집 하녀 사랑의 도피」, 『동아일보』, 1935. 4. 30;「失戀한 下女 飮毒코 淸算(鎭南浦)」, 『동아일보』, 1935. 12. 28;「獎忠壇에서 男女情死 富豪子弟와 食母戀慕」, 『동아일보』, 1938. 9. 15;「解雇된 旅舘雇人 下女데리고 逃走」, 『매일신보』, 1937. 9. 30.

53. 「食母를 打殺, 암장하고 발각」, 『동아일보』, 1928. 12. 29;「富豪주인에 능욕된 미인 하녀가 음독, 상세사실 緘口不言」, 『조선중앙일보』, 1936. 2. 26;「'식모'의 정조 뺏고 화류병까지 선물」, 『매일신보』, 1936. 12. 25;「下女와 關係, 姙娠하자 絞殺하야 投井 一년 이상 지나 발각되어」, 『매일신보』, 1938. 8. 6.

54. 채만식, 『채만식전집 6』, 창작과 비평사, 1989a, 508-516면.

55. 채만식, 『채만식전집 7』, 창작과 비평사, 1989b, 215-226면.

56. "시골거라 부려먹기에 힘이 덜 드느니 하고 둔 것이 단 열흘도 못 되어 까만 낯바다기에 분때기를 칠한다 머리에 기름을 바른다 치마를 외로 돌려입는다 하며 휘두르고 다니는 걸 보니 서울서 자라도 어지간히 닳아먹은 계집이었다. 그렇다 치더라도 일을 시켜보면 뒷간까지도 죽어가는 시늉으로 하고 하던 것이 행실을 버려논 다음부터는 제가 마땅히 해야 할 걸레질까지도 순순히 하려질 않는다. 그리고 고기 한 매를 사러 보내도 일부러 주인의 안을 채이기(속을 태우기) 위하여 열나절이나 있다 오는 이년이 아니었던가"(김유정, 『김유정전집 2』, 가람기획, 2003, 67면).

57. 秦雨村, 「食母」, 『매일신보』, 1938. 3. 11.

58. "나림이 술이 취해 들어와서, 암만해도 첩을 얻어야겠어. 자식 낳을 첩을 얻어야 해. 여보 마누라 응 내 말 들어. 저저 식모처럼만 듬숙하구 수수하구 멋거리 있어야지. 저 식모처럼 생긴 첩이면, 괜찮지 응... 보기에 면구스럽도록 아씨의 독기어린 눈..."(秦雨村, 1938. 3. 11).

59. 여기서 조선가정에서 식모를 둘 수밖에 없는 주된 이유 중의 하나로 생활

의 합리화, 과학화가 되지 않은 조선가옥의 비효율적인 구조가 제기된다. "조선의 주택제라는 게 본래 식모 두지 않고는 살 수 없게 된 것입니다. 부엌으로 나려가자면, 마루를 통해서 마당을 또 지나서 이렇게 빙빙 돌아야 됩니다"(「식모를 토론하는 좌담회」, 『여성』, 1940. 1, 37면). 전시 체제기에 식민정책자의 입장에서 이러한 식모의 과다한 고용이 야기하는 경제적 비효율성에 대해 부정적인 비판이 제기되기도 한다(「생각을 달리해볼 안짬재기 문제」, 『여성』, 1940. 12, 58-59면).

60. 김은희의 구술 연구에 의하면, 1905년 태생으로 부유한 양반가로 시집가 20년대와 30년대에 출산하고 아이들을 키웠던 이규숙 할머니는 자신의 구술 자서전에서 아주 잘 사는 집에서는 어머니 젖이 부족하지 않아도 유모를 두었다고 기억하고 있는데, 유모의 고용은 젖의 양뿐 아니라 질의 문제와도 관련된다. 그러나 분유가 나오기 시작하면서 점차 유모의 젖 대신 분유를 먹이기 시작한다(김은희, 「대가족 속의 아이들: 일제시대 중상류층의 아동기」, 『가족과 문화』 Vol.19, no.3, 한국가족학회, 2007, 15면).

61. 『創作世二人集』, 문장사, 1939, 108-109면.

62. "엉금엉금 기어오는 아이에게 젖을 물려준다. 유모는 볼기짝이라도 한번 훔쳐 갈기고 싶어 내내 구박이다. 아이는 오래 울던 끝이라, 가끔 학학 느끼면서 아직 눈물 어린 눈으로 물끄러미 젖어미를 올려다만 본다."(채만식, 1989b, 132면).

63. "유모는 먼지가 묻고 구기고 할까봐서 우선 치마와 단속곳을 벗어 한편으로 개켜놓고야 어린 것을 끌어안는다. 어쩌면 이것이 이 꼴이 됐수. 가시에다가 양초를 살폿 입혔다고나 할는지, 오목 가슴이 발딱거리지만 않으면 죽었는가 싶게 산 기운이 없어 보이는 어린 것의 입에다가 흐뭇진 젖퉁이의 젖꼭지를 물려주면서 애꿎게 남편을 청원하는 것이다. 그렇다고 어미다운 애정이 금시로 솟아나서 그러는 것은 아니다(채만식, 1989b, 139면).

64. 당시 토지조사사업의 결과, 광범한 농민층의 전 가구, 혹은 그중 일 가족원이 생계를 위하여 농촌을 떠났는데, 식산은행 조사부의 추계에 따르면, 1925-30년 사이에 해마다 약 4만 명, 1930-35년 사이에 6만 명, 1935-40년 사이에 22만 명이 이동하였으며, 1925년 조선총독부의 조사에서는 이농민 중 73.4%가 국내 도시지역으로, 나머지가 일본, 만주, 시베리아로 이주한 것으로 추산된다(정진성, 「식민지 자본주의화 과정에서의 여성노동의 변모」, 『한국여성학』 4집, 한국여성학회, 1986, 55면).

65. 유숙란, 「일제시대 농촌의 빈곤과 농촌여성의 출가」, 『아세아여성연구』 Vol.43, no.1, 숙명여대 아시아여성연구소, 2004, 65-70면.

66. 총독부의 『국세조사보고』와 『조사월보』를 대상으로 분석한 유숙란의 연구에 의하면, 1930년대 조선농가의 절반인 총 1,253,285호가 춘궁농가였으며, 특히 남부지방인 전라도와 경상도에서 가장 많은 춘궁농가가 존재하였는데, 1930년대 도시로의 전출을 지역별로 보면, 경남, 전남 등 남부지역의 전출이 전국적으로 높았으며, 경남 지역의 경우 여성의 전출인구가 여성의 전입인구를 앞지르게 된다. 1930년에서 1935년 사이의 여자의 사회적 이동은 경성을 포함한 경기도가 90,590명으로 최다 증가하였으며, 그 다음이 평남, 함

남, 평북, 함북, 충남, 황해의 순이었다고 한다. 남녀 모두 인구가 증가한 경기도와 함북을 제외하면 모두 여자의 증가가 남자의 증가를 능가하였다는 점이 주목된다(유숙란, 2004, 81-90면).
67. 일제시대 대공장에 취업한 노동자의 학력은 전체적으로 무학이거나 서당출신의 비율이 높으나, 보통학교의 보급과 함께 점차 높아지는 양상을 보이는데, 여공의 경우 일반적으로 전체 노동자 중 가장 낮은 학력의 소지자라 할 수 있다. 1933년의 한 통계에 의하면, 방직여공들의 무학비율은 60.6%이고 보통학교를 기준으로 그 이하의 학력 소지자가 96.1%에 달하는 것으로 논의된다(강이수, 2011, 100면).
68. 한인택, 「적은 여공」, 『비판』, 1932. 4, 안승현 편, 『한국노동소설 전집 2 - 일제강점기(1930-1932)』, 보고사, 1995a, 294면.
69. 함대훈, 「호반」, 『조광』, 1937. 1, 안승현 편, 『한국노동소설 전집 3 - 일제강점기(1933-1938)』, 보고사, 1995b, 453-454면.
70. 채만식, 「童話」, 1989b, 248면.
71. 「處女와 女工을 誘引 人肉鐵窓에 賣却, 전과자들과 여자 공모로, 大邱署에 誘引魔」, 『동아일보』, 1927. 1. 12.
72. 「日本의 婦女密密團 朝鮮女工 誘引, 조선여공을 유인해다가 팔아먹는 일이 발각되야」, 『동아일보』, 1927. 8. 30.
73. 李貞子, 『만주에 팔리여가는 여자』, 『新滿蒙』, 1932. 8(창간호), 『일제시기 잡지 - 여성관련기사』자료 2-11, 국사편찬위원회, 1998, 82-83면.
74. 윤정란, 「식민지시대 제사공장 여공들의 근대적인 자아의식 성장과 노동쟁의의 변화과정 - 1920-1930년대 전반기를 중심으로」, 『담론 201』9(2), 한국사회역사학회, 2006, 40면에서 재인용.
75. 1930년대는 한국이 일본 방적 자본을 위한 원료 공급지이자 식민지 초과이윤을 보장해 줄 수 있는 자본 수출 대상지로서의 역할로 부상하면서 1935년을 기점으로 일본의 독점 대자본이 진출하게 되는데, 1941년 당시, 방직공업 전체에서 노동자가 1천명 이상 되는 기업은 총 9개소였으며, 그 중 6개소가 면방대기업으로 조선방직 부산공장, 경성방직 주식회사, 동양방적 인천공장, 경성공장, 종연방적 전남공장, 경성공장 등이 있었다(강이수, 『1930년대 면방대기업 여성노동자의 상태에 대한 연구 - 노동과정과 노동통제를 중심으로』이화여대 박사논문, 1992, 7-44면).
76. 특히, 1930년대 면방대기업은 대량의 여성과 아동노동을 집중적으로 고용하는 추세였는데, '직업부인'으로서의 여공은 성년공의 경우, 오전 6시 반에서 오후 7시까지 하루 12-13시간의 노동을 하고, 평균 월수입이 경우 9-17원 정도로 열악한 노동조건 속에 있었다. 식민지 당대 민족적, 성별적, 이중의 억압과 착취의 대상이었던 여공의 입지에 대해서는 강이수, 1992, 3면 참조.
77. 유진오, 「여직공」, 『조선일보』, 1931. 3.1-24, 안승현 편, 1995b, 152-153면.
78. 이기영, 『고향 - 이기영선집 1』, 풀빛, 1991, 80면.

79. "하위주체는 말할 수 있는가?"[1988]에서, 가야트리 스피박은 재현의 이중적 의미 즉 지식인들이 하위주체를 '재현'(re-present)하는 과정에서 그들을 '대표'(speak for)하면서 자신들을 투명한(transparent) 존재로 나타내는" 과정을 문제 삼고, 소농계급에 대한 맑스의 관점을 재해석하는 과정에서 이념적 담론 속에서 존재하는 역사적 주체와 본질적 '계급'(주체) 사이의 괴리를 제기한 바 있다(Gayatri C. Spivak, "Can the Subaltern Speak?", *Marxism and the Interpretation of Culture*, eds. Cary Nelson and Lawrence, Macmillan, 1988, p.275).
80. "막내네 집 딸 복동이가 서울서 가끔 보내주는 십 원이니 오원이니 하는 돈은 온 마을이 부러워하고 있는 판이다."(채만식, 1989b, 99-100면).
81. 「女工卄五名募集에 八百餘名이 應募 정주군시제사공장의 두통 農村窮困의 一面相」, 『동아일보』, 1931. 3. 28; 「三十女工募集에 應募無慮 四百餘, 작업도 언제 할지 모르는 일터 女職業 戰線에 異狀(群山)」, 『동아일보』, 1932. 5. 5; 「十名募集에 志願二百餘 평양에서 이러난 취직전 女工求職의 戰線도 混亂」, 『동아일보』, 1933. 7. 30; 「六十名募集에 應募二百餘名, 片倉會社 養蠶女工 募集에(永興)」, 『동아일보』, 1934. 6. 5.
82. 강경애, 「인간문제」, 『강경애전집』, 이상경 편, 소명출판, 2002, 253면.
83. 「거리의 女學校를 차저서(其二), 담바구타령하는 煙草女學校」, 『삼천리』, 1935. 12. 1, 160면.
84. 「거리의 여학교를 찾아서, 섬섬옥수로 짜내는 방적여학교」, 『삼천리』, 1936. 2. 1, 140-144면. 강경애의「인간문제」에서 이러한 공장이 제공하는 각종 근대적 프로그램은 공장주의 교묘한 착취의 기제로 기술된다(강경애, 2002, 361면).
85. 「거리의 女學校를 차저서(其二), 담바구타령하는 煙草女學校」, 『삼천리』, 1935. 12, 1, 163면.
86. 사회주의에 기반 한 잡지『신계단』은『삼천리』에 대해서『별건곤』의 뒤를 이은 "저급취미경향"의 잡지로서 "事大思想", "과대망상"을 특징으로 하는 잡지라 비판한다(素虹生,「雜誌總評」, 『신계단』, 1932. 10, 33-34면).
87. 일본에서 여공에 대한 표상은 1890년 제사업의 발전 속에서 자본주의에 일방적으로 착취당하고 억압당한 불행한 여공 이미지라 할 수 있는데, 이러한 여공의 부정적 표상은 1925년 7월 일본 개조사(改造社)에서 발간된『여공애사』에 의해 형성되었다. 그런데, 『여공애사』의 표상의 틀을 넘어서, 근대 초기 일본의 여공의 또 다른 이미지를 추적한 연구가 시도되었는데, 이 논문에서는 제사공장에서 일한 경험이 있는 여공 32인을 대상으로 한 구술조사 및 증언기록 자료를 통해 메이지 후기에서 쇼와 초기까지 제사공장 여공의 체험을 재구성하고 있다. 여기서, 공장노동을 통해 경제적 자립을 이룬 점("백엔공녀"), 소비생활의 실천(당대 유행한 금이빨 해 넣기, 반지, 시계, 옷 등의 구입), 공장 음식(쌀밥)을 무제한 먹을 수 있었던 점, 매일 밤 욕조에 목욕할 수 있었던 점, 노동이 끝난 후의 자유 시간, 오락시간(가부키, 영화관람), 휴일날의 외출의 즐거움 등을 통해 '착취된 노동자' 이미지에 한정되지 않는 여공들의 체험을 복원한다. 또한, 『여공애사』의 비참한 상황

은 메이지 초기에 한정되며, 다이쇼 초기와 쇼와 초기로 가면서 점차 약화되어 갔다고 논의하고 있다(シャール・サントラ(Sandra Schaal), 「＜女工哀史＞言說を超えて-戰前日本における女性製糸業勞動者の生活世界」, 『ソシオロジ』 48-2, 2003, pp. 3-18). 이 연구는 구술사적 접근에서 기억행위가 지니는 자료적 한계, 조선과는 다른 일본의 사회 역사적 맥락 등으로 인해, 조선의 여공과 직접 연관시키기 어려운 지점이 있지만, 여공의 지배적(이데올로기적) '표상'을 넘어 말해지지 않은 목소리를 추적하였다는 점에서 주목할 만하다.

88. 「監督의 地位利用 女工의 貞操를 蹂躪 부산 서촌 양말공장 감독이 五十餘群衆發見惹鬧」, 『동아일보』, 1936. 7. 24; 송계월, 「공장소식」, 『신여성』, 1931. 12, 안승현 편, 1995a, 275면; 雪友學人, 「직업부인 언파레-트- 고무 工女의 생활이면」, 『실생활』, 1931. 9, 28-29면; 강경애, 2002, 360면.

89. 無名, 「짓밟힌 정미여직공의 속임 없는 자백과 호소」, 『별건곤』, 1931. 4, 안승현 편, 1995a, 204면.

90. 「大途上에서 연료제조공장의 女工을 戲弄한 者, 朴斗燮은 구류, 못된 풍습의 류행」, 『동아일보』, 1921. 10. 21; 「本報記事로 浮浪靑年消滅 그러나 栗山工女 憤慨」, 『동아일보』, 1926. 6. 4.

91. 이러한 공장 내 연애 풍경은 강경애의 소설 「인간문제」에서도 확인된다(강경애, 2002, 403-404면).

92. 「亂舞의 봄;봄의 苦惱! 女工들이 越墻, 夜間에 脫走, 寄宿舍에 숨여든 春風(咸興)」, 『동아일보』, 1935. 4. 5.

93. 「恩賜授産 京城機業場女工消暢」, 『동아일보』, 1920. 4. 23; 「朝鮮製絲株式會社社員女工 來仁川觀覽」, 『동아일보』, 1921. 4. 26.

94. 「製絲女工慰安會」, 『동아일보』, 1933. 9. 30; 「一萬女工慰安코저 本社永登浦支局서 오케 招請本報愛讀者도 優待」, 『동아일보』, 1940. 7. 14. 1920년대 초부터 1930년대 이후까지 직공들을 위로한다는 명목 하에 시행된 온정주의적 행사는 1920년대 중반기 이후로 계급의식의 각성 속에 결성된 노동조합 내부에서 주체적인 문화 활동으로 전이되는데, 노동조합의 정기대회나 창립기념식 등은 조합원 위안회, 음악회 등을 겸하여 다채롭게 채워졌으며, 조합원들 사이의 결속과 친목, 단결력을 다지기 위한 것으로, 위안회를 겸하여 원족회, 야유회, 운동회 등이 정기적으로 열리게 된다(김경일, 『일제하 노동운동사』, 창작과 비평사, 1992, 441-446면).

95. 식민지 시대 <경성방직>을 연구한 카터 에커트에 의하면, 여공들에게 휴일은 회사의 통제에서 벗어날 귀중한 자유의 기회였으며, 시골 초가집에서 자란 여공들에게 이러한 자유는 색다른 도시 청년과 데이트를 하거나 매력적인 대도시를 구경할 기회를 제공하였다고 한다. 또한, 여공들은 고궁, 공원, 포장도로, 자동차, 거대한 석조 빌딩, 다방, 영화관, 박흥식이 설립한 유명한 화신백화점을 비롯한 백화점, 조선호텔이나 다른 큰 호텔들을 드나드는 최신 도쿄식 패션 차림을 한 사람들의 모습을 즐길 수 있었는데, 회사의 관점에서 그러한 호기심과 개인적 자유는 잠재적으로 생산능률을 위협하는 요소임으로 경계하였다고 논의된다(카터 J. 에커트, 『제국의 후예 - 고창 김씨가와 한국 자본주의 식민지 기원 1876-1945』, 주익종 역, 푸른역사, 2008,

289-290면).

96. 1930년대 '경성 트로이카'라는 공산주의 비밀결사를 조직한 이재유는 "자본가와 지주층의 막다른 경제적 행동의 반영에 의해 비관적인 염세사상과 순간적인 향락생활이 전조선의 도시를 지배하고 있다. 모든 예술적 유형은 자멸적이고 타락적인 것이며, 공장 근처의 카페 등에서 유행하는 음악은 현재 세상을 저주하는 것들이고, 다른 것이 있다면 '죽을 때까지 싸워보자'는 정도의 전투적인 음악이다."라고 '공장근처 카페' 음악의 향락성을 비판하고 있다(이재유,「조선에 있어서 공산주의 운동의 특수성 및 그 발전의 능부」,『1930년대 민족해방운동론연구Ⅰ-국내공산주의 운동 자료편』, 신주백 편역, 새길출판사, 1989, 79면; 윤정란, 2006, 70면).
97. 「女工들의 奢侈, 各家庭에 一言함[上]」(仁川一記者)[地方論壇],『동아일보』, 1936. 6. 2.
98. "모든 것이 옳은 말이었다. 사실 비단실을 만드는 것은 자기네들이다. 또 그 비단실을 켜는 고치를 만든 것도 시골 여인네들이 농사 바라지 틈을 타서 봄부터 공을 들인 것이다. 그렇건만 자기네들은 그 비단실 값의 몇 십분지 일 밖에는 손에 쥐지 못하고 나머지는 회사에서 몽땅 먹어버리는 것이다."(유진오,「여직공」, 안승현 편, 1995a, 167면).
99. 공장 안의 친목계가 직공들의 소통과 더불어 파업과 같은 정치적 활동을 매개하는 과정을 그리고 있는 작품으로 김남천,「공우회」(『조선지광』, 1932. 1-2)가 있다(안승현 편, 1995a, 277-286면).
100. 『여공애사』는 일본에서 1925년 7월에 발행되었는데, 이는 총독부의 일제의 풍속 통제를 위한 출판 검열정책에서 '치안방해'와 '풍속 괴란' 두 항목 모두에 적용되어 발매가 금지된 책이다(권명아,「풍속 통제와 일상에 대한 국가 관리」, 2007, 391면). 하지만, 1931년에 발표된 송영의「오수향」에『여공애사』가 등장하고 있는데, 이를 근거로 1930년 전후에 일본으로부터『여공애사』가 유입되어 조선의 사회주의 지식인들과 공장 노동자들 사이에 공공연히 유통된 것으로 추정할 수 있다.
101. 「安州工女組合금지」,『동아일보』, 1926. 11. 9;「安州工女조합창립」,『동아일보』, 1926. 11. 19;「안주공녀조합발회식 대성황」,『동아일보』, 1926. 12. 1;「여성강연 주최 安州工女組에서」,『중외일보』, 1927. 5. 26.

『동아일보』에 1923년부터 1934년까지 전국에 걸쳐 약 28건의 여공파업관련 기사가 등장한다. 윤정란에 의하면, 1920년대 제사공업 노동자들의 투쟁건수와 참가인원은 1922년 4건(302명), 1923년 1건(1700명), 1924년 1건(250명), 1926년 8건(437명), 1927년 6건(1090명), 1928년 4건(241명), 1929년 11건(930명) 등으로 후반기에 거의 3배의 증가하고, 1930년대 제사여공의 파업건수는 1920년대에 비해 거의 2배 이상 증가하였으며 투쟁성이 더욱 강화되었다고 한다. 파업반발의 원인은 일본인 감독과 교사 태도개선 및 해고, 작업시간 단축, 대우개선, 체불임금반대, 강제저축폐지, 단오와 음력설에 휴업할 것 등 무리한 노동조건 개선이었으며, 파업 결과에서는 노동조건 개선과 관련된 파업이 높은 성공률을 이루었다(윤정란, 2006, 57-60면).
102. 남화숙,「1920년대 여성운동에서의 협동전선론과 근우회」,『한국사론』25,

서울대 인문대 국사학과, 1991, 247면; 케네스 웰즈, 「합법성의 대가: 여성과 근우회운동, 1927-1931」, 『한국의 식민지 근대성』, 신기욱·마이클 로빈슨 편, 도면회 역, 삼인, 2006, 302-318면.

103. 기생출신의 사회주의 여성운동가로서 근우회 지도부로 활동하면서 노동자 계급에 기반 한 운동을 추진했던 정칠성은 이러한 여공들의 계급적, 젠더적 자각을 뒷받침한다. 「앞날을 바라보는 부인노동자」(『동광』, 1932. 1)에서 그녀는 사회주의적 전망 아래, 연초, 제사, 방직 공장 여공들을 진정한 '신여성'으로 정의하고, 여공을 진정한 '프롤레타리아 혁명 부인', 젠더, 민족의 이념을 구현하는 진정한 대리자로 위치시킨다(정칠성, 「앞날을 바라보는 부인 노동자」, 『동광』, 1932. 1, 70면).

104. 스피박은 기존의 반식민 민족해방, 페미니즘, 맑스주의에서 사람들을 동원해온 정치적 주의의 견지에서 이상들을 실제로 대표할 '진짜 노동자', '진짜 여성', '진짜 프롤레타리아'의 '진짜'의 예가 존재하지 않으며, 노동자, 여성 등 지배단어들이 문자 그대로의 어떤 지시대상도 갖지 않는다고 암시한다는 점에서, 해체는 하나의 정치적 안전장치라 보았다(스티븐 모튼(Stephen Morton), 『스피박넘기 *Gayatri Chakravorty Spivak*』, 이운경 역, 앨피, 2005, 69-70면).

105. Denise Riley, *Am I That Name? - Feminism and the Category of 'Women' in History*, University of Minnesota Minneapolis, 1988, p. 2.

106. 「日本女工의 不姙症, 조선 여직공들은 과연 어떠한가」, 『동아일보』, 1924. 3. 19.

107. 송계월, 「공장소식」, 『신여성』, 1931. 12; 최옥순, 「十二時間勞動을 하고 - 병상에서 신음하는 폐병환자 여공의 하소연」, 『시대공론』, 1931. 9; 송영, 「솜틀거리에서 나온 소식」, 『삼천리』, 1936. 4.

108. 김철, 「프로레타리아 소설과 노스텔지어의 시공」, 『'고향'의 창조와 재발견』, 동국대학교 문화학술원 한국문학연구소 편, 역락, 2007, 177-179면.

109. 김택현, 「다시, 서발턴은 누구/무엇인가?」, 『역사학보』Vol. 200, 역사학회, 2008, 648면.

V 장

1. 서현주, 「1920년대 渡日朝鮮人勞動者階級의 形成」, 『한국학보』 63, Vol 17, no 2, 일지사, 1991, pp. 162-167.
2. 宋連玉, 「植民地主義가 創出한 「在日」 朝鮮人女性」, 『「韓国併合」100年と日本の歷史學』, 歷史学研究會, 東京: 青木書店, 2011, p. 362.
3. 식민 권력에 의해 전유되었던 기생에 관한 논의는 이경민, 『기생은 어떻게 만들어졌는가』, 사진아카이브연구소, 2005 참조.
4. 外村大, 『戰前期 日本における朝鮮料理業の展開』, (財)味の素食の文化センタ 研究造成金報告書, 2003, pp. 5 26.

5. 從軍慰安婦問題を考える 在日同胞女性の會,『私たちは忘れない 朝鮮人 從軍慰安婦』東京, 1991, 8-9면.
6. 從軍慰安婦問題を考える 在日同胞女性の會, 1991, 5-6면.
7. 宋連玉, 2011, p. 360.
8. 김사량,「빛 속에서」[1939],『김사량 작품집, 종군기』, 김재남 편, 살림터, 1992, 250면.
9. 「동경 명월관의 번창-三千里壁新聞」,『삼천리』, 1932. 2. 1, 24면.
10. 宮塚利雄,『日本燒肉物語』, 光文社, 2005, p. 64.
11. 外村大, 2003, 43-44면;『조선일보』, 2001. 3. 27.
12. 「朝鮮料理界의 覇者, 春香房」,『동아일보』, 1938. 8. 27.
13. 박태원,「향수」,『여성』, 1936. 11,『윤초시의 상경』, 깊은샘, 1991, 32-33면.
14. 「색다른 직업 로맨스」,『조선일보』, 1927. 1. 2.
15. 김동환, 이서구,「인테리 기생, 여우, 여급 좌담회」,『삼천리』, 1936. 4, 162-171면.
16. 李逸光,「동경 銀座에 進出한 朝鮮閣氏, 직업부인이 되어 씩씩하게 활동합니다」,『삼천리』, 1932. 5, 94-95면.
17. 『写眞集 失われた帝都 東京-大正·昭和の街と住い』, 藤森照信, 初田 亨, 藤岡洋保 編, 柏書房, 1991, p. 77.
18. Miriam Silverberg, "The Cafe Waitress Serving Modern Japan", *Mirror of Modernity : Invented Traditions of Modern Japan*, Stephen Vlastosed., University of California Press, 1998, p. 215.
19. Miriam Silverberg는 1920년대 이후 아시아 대륙 속으로 진출한 모던한 일본 스타일의 바(bar)나, 식당들로 동원된 중국 여성과 한국여성들은 역사적으로, 일본 군사들에 의해 성적 노예로 강제되는 위안부(ianfu)의 전임자들이라 하여 카페걸과 위안부의 상관성을 언급하였는데, 이는 일본의 정치적 합병 과정에서의 식민지 여성의 손쉬운 전유 가능성에 기인한다고 보았다 (Miriam Silverberg, "Remembering Pearl Harbor, Forgetting Charlie Chaplin, and the case of Disappearing Western Woman: A Picture Story", *Positions*, Spring, 1993, p. 32).
20. 宋連玉, 2011, p. 359.
21. 「海外工女募集과 定州普校生動搖, 학업을 중지하고 여공으로 해외에」,『동아일보』, 1924. 5. 19.
22. 당시 총독부도 조선인 여성의 일본으로의 이동을 장려하였는데, 여공모집을 자유경쟁 체제로 모집원에게 위탁하자 많은 부정과 문제가 생기게 된다. 이에 1918년 이후 총독부는「조선노동자모집취체규칙」을 제도화하여, 각사의 노동자 모집에 대해 일정한 통제를 가한다(박정의,「일본 식민지 시대의 재일한국인 여공-방적, 제사여공」,『논문집 17-1』, 원광대학교, 1983, 122-128면 참조).

23. 「女工募集이라고 良家 女子 九名을 일본으로 데리고 가다가 잡혀, 안심할 수 업는 소위 여공모집」, 『동아일보』, 1925. 9. 20; 「女工에 넣어준다고 十餘處女 誘引, 감언이설로 처녀를 꼬여내, 犯人 二名은 警察에 被捉」, 『동아일보』, 1927. 5. 8; 「十四歲未滿 朝鮮女工募去, 일본으로 가려는 것을 억류, 釜山에서 畢竟抑留」, 『동아일보』, 1929. 11. 26.

24. 오사카 이쿠노구(生野區) 지역은 일본 속의 '작은 제주'라 할 만큼, 일본 사회 안에서 제주출신자들이 긴밀한 네크워크를 형성하는 집단적 거주지로 자리잡게 된다(강재언, 「제주도와 大阪 – 大阪에서의 東亞通航組合과 勞動運動」, 『濟州道硏究』13집, 제주도연구회, 1966; 전은자, 「제주인의 일본도항 연구」, 『탐라문화』32집, 제주도탐라문화연구소, 2008). 또한, 1928년 당시 오사카 시내에서 거주하는 조선인의 28.5%가 히가시나리(東成)구에 거주하였는데, 당시 히가시나리 지역은 도시화 및 공업화로 향한 기반 정비가 진행되어 화학, 금속, 기계기구, 고무공업을 중심으로 중소영세공장이 잇달아 건설되었던 지역이며, 많은 조선인들이 일했던 곳이다(김리나, 『1920-30년대 제주도출신 재일조선인의 오사카 정착』, 연세대 한국학 협동과정 석사논문, 2008, 31면).

25. 제주인의 도항 상황은 1922년부터 1933년까지 12년간 통계에 따르면, 1922년에는 3천5백 명이었던 것이 급격히 증가하여, 1933년에는 2만9천2백8명으로 8배 정도가 된다. 오사카의 경우, 제주인을 포함한 조선인 도항자가 1915년에 400명, 1922년에는 1만 명(제주인이 35%), 1935년에는 20만 명, 1941년에 40만 명을 넘어서고, 도항자 가운데 여성의 비율은 1926년에 20%, 35년에는 40%를 넘게 된다(杉原達, 『越境する民-近代大阪の 朝鮮人硏究』, 東京: 新幹社, 1998, 53면).

26. 杉原達, 1998, 79-83면: 김리나, 2008, 9면.

27. 酒井利男, 「朝鮮人勞働者問題-上」, 『社會事業硏究』 第十四卷 第五号, 1931, p.98, 杉原達, 1998, 65면에서 재인용.

28. 金贊汀, 『朝鮮人女工のうた-1930年 岸和田紡績爭議』, 東京: 岩波新書, 1982, 23-24면.

29. '내지'로의 출가의 발단은 오사카나 기타큐슈의 공업지대로부터의 직공모집원의 내도에 기인하지만, 실제로는 계 및 친족의 원조, 그 자극에 말미암은 바가 컸다고 한다. 친족 및 계원 중의 출가귀환자로부터 받은 자극과 출가희망자에 대하여 그 도항여비의 융통, 취직, 숙박소 소개 등의 알선을 해주는 일은 출가를 두드러지게 조장하는 결과를 낳았다. 또 무일푼의 사나이라도 출가희망자에게는 인보 상부상조의 계 정신에서 융통이 되었으며, 한 사람의 출가귀환자는 재차 도항 때는 반드시 이웃 또는 지인을 유인하거나 몇 사람에서 출가도항을 했다고 한다. 영농관계상 아무리 잉여 노동력이 있어도 특히 언어를 달리하는 지역으로의 출가는 단순한 우인, 지인의 원조만으로는 쉽게 이루어질 수 없었는데, 제주도 출가자는 반드시 제주도 공제조합원이어야 했던 만큼 조합의 힘이 컸다. 당시 조합은 본부를 제주도 성내에, 그 지부는 오사카 히가시나리구 나가미치(大阪府東成區 中道)에 두고, 내지출가자의 취업소개, 숙박소와 주거편의의 알선, 근검저축의 장려, 위생

사상의 보급, 풍속도덕 향상 등의 훈련을 실시하였는데, 이는 노동자의 능률, 소질을 높이고, 또한 그것이 고용자를 격증시키는 요인이 되었다고 한다(桝田一二, 「濟州島人의 內地出稼」[1935], 『일제강점기의 제주도 Ⅰ』, 洪性穆 譯, 제주문화, 2010, 418-419면). 당시 섬으로부터의 출가자는 민적등본, 출가허가증, 제주도공제조합원증, 준비금 등이 필요하였다고 한다(桝田一二, 「濟州道의 地域性 素描」[1934], 2010, 332면).

30. 梁石日, 『雷鳴』, 東京: 德間書店, 1998, p.84.
31. 일본에 가기 위해서는 관부연락선 운임비, 일본에서의 기차비와 숙비 등 20엔 정도의 돈이 필요했는데, 하루 종일 음식을 입에도 대지 못했던 농민에게 20엔은 큰돈이었다고 한다. 고리대에 담보해서 나온 것으로 여비를 충면한 사람도 있지만, 그러한 사람은 많은 것은 아니었다. 빈곤한 고향으로부터 밖으로 나오는 것도 나오려 해도 나올 수 없는 사람들에게 방적회사의 여공모집은 어둠 속에서 광명을 비춘 것이었다고 생각할 수 있다(金贊汀, 1982, 22-23면). 『雷鳴』에서 춘옥은 20엔 50전이라는 적지 않은 여비를 충당하기 위해 시집올 때 어머니가 주신 50엔을 들고 나온다.
32. 杉原達에 의하면, 1925년 당시 제주도 출신 여성은 재일조선인 여성 가운데 29%에 이르렀는데, 1922년에는 남녀 합친 도항자 수의 겨우 9%에 지나지 않았고, 여자도항자의 수는 20년대 후반에는 20%, 1930년에는 33%, 32년에 45%로 급상승하며, 남녀비율은 거의 1대 1로까지 변화하게 된다. 여자 재류자도 1920년대 후반은 전 재류자 수의 20%였지만 31년께부터 상승을 나타내어, 32년에 31%, 33년에 40%에 달하고 있다. 1934년 당시 일본에 재류하는 제주 출신 여성 2만 688명의 연령구성을 살펴보면, 15세 이하 3천 586명(17.3%), 16-24세 3천 481명(16.8%), 21-25세 3천 515명(17%), 26-30세 3천 822명(18.5%), 31-35세 2천 670명(12. 9%), 36-40세 1천 828명(8.8%), 41-50세 1천 139명(5.5%), 51세 이상 647명(3.1%)으로 방적공을 중심으로 하는 젊은 여자노동자가 재일여성의 일정한 비중을 차지하고 있음과 더불어, 자녀를 데리고 있을 기혼여성의 재류비율도 적지 않다는 것, 가족까지 모두 정착화하는 경향이 증대하고 있었다는 것을 추정할 수 있다(杉原達, 1998, 83-85면).
33. 桝田一二, 「濟州道의 地域性 素描」(1934), 『일제강점기의 제주도 Ⅰ』, 洪性穆 譯, 제주문화, 2010, 329면.
34. 전전 오사카부가 매년 작성한 공장, 노동자수, 임금 등의 통계서인 『大阪府統計書』의 「키시와다방적회사각공장별, 남녀별 일일 평균임금조사」와 조선총독부 자료 『阪神 京浜地方 朝鮮人勞動者』의 키시와다방적공장 조선인 직공 임금표 1924년 자료를 보면, 일급으로 남자의 경우, 조선인 최고 1.20엔, 조선인최저 0.60엔, 조선인평균 0.90엔, 일본인평균 1.39엔, 여자의 경우, 조선인 최고 1.30엔, 조선인최저 0.60엔, 조선인평균 0.95엔, 일본인평균 1.03엔이었다고 한다(金贊汀, 1982, 81면).
35. 당시 오사카 거주 조선인 노동자들 중 40-50%가 일본어 소통능력을 갖추지 못한 채 일본 노동시장에 투입되었으며, 계약서를 쓸 때나 제반 노동조건에서 불이익을 겪게 되는데, 특히 여자노동자의 경우 문맹률은 더욱 높아서, 1923년 조사대상 여자노동자 2,696명 가운데 무학문맹자는 88%, 1930년의

경우에도 문맹률은 84%였다고 한다(정혜경, 『일제시대 재일조선인 민족운동 연구』, 국학자료원, 2001, 110면; 金贊汀, 1982, 112-133면).

36. 당시 파업의 요구서에는, 임금 인하를 철회, 10단계로 세분화해서 구분되는 등급제도를 개선하는 것 외에, "주간 식사, 야간 식사 시간에, 운전을 마치고 30분을 휴게하는 것", "침구는 여름겨울 2번 교체", "겨울에는 火鉢(화로)를 설치하는 것", "외출, 서신, 면회를 절대 자유로 하는 것" 등과 같은, 인간으로서의 최저의 처우를 구하는 항목들이 있었다(杉原達, 1998, 66-67면). 야학의 장에서의 활동을 통해 여공들이 계급적으로 자각하면서 노동운동과의 접점을 만들게 되는데, 일본 각지의 방적공장에 조선인여공이 대량으로 오게 되었던 1918년 이후, 효고(兵庫)현의 후쿠시마(福島)방적, 대일본방적 아카시(明石)공장, 하지(日出)방적 키지(姬路)공장, 오사카부 키시와다(岸和田)방적 하루끼(春木)공장, 다이후쿠(大福)방적오사카공장 등에서, 조선인 여공의 스트라이크와 쟁의가 일어났다. 이것은 조선인 여공의 대우개선의 투쟁이었는데, 회사, 경찰이 일체가 되는 탄압책에 의해 대부분의 여공들이 전면 패배하였다. 조선인 여공들의 힘이 자본가 측에 비교해서 결정적으로 약했던 조건 하에서 투쟁하고 있었던 것이다(金贊汀, 1982, 130면).

37. 大阪市社會部, 「朝鮮人勞動者の近況」, 『集成』5; 大阪市社會部, 「朝鮮人勞動者問題」1924, 大阪市社會部, 「朝鮮人勞動者問題」1924, 『集成』I, 378면, 정혜경, 2001, 104면에서 재인용.

38. 『제주여성, 어떻게 살았을까 - 제주여성사 자료총서 1/사진자료집』, 제주도여성특별위원회, 2001, 121면. 자신의 과거를 회상하는 제주여성들의 구술사 자료에서 기억의 방식과 발화 내용은 사실의 차원을 넘어서 스스로를 미화하는 경향도 포함할 수 있다. 역사적 상황을 재구성하는 실증적 자료로서 문제가 제기될 수 있으나, 본고는 당대 제주여성들의 기억의 파편들 속에서 스스로를 어떻게 인식하고 자신의 삶을 서사화하는지에 탐색하기 위해서, 공식 문헌 자료에서 포착되지 않는 여공들의 목소리에 주목한다.

39. 『제주여성, 어떻게 살았을까 - 제주여성사 자료총서 1/사진자료집』, 2001, 122면.

40. 『구술로 만나는 제주여성의 삶 그리고 역사 - 제주여성사 자료총서 V/제주여성 근현대사 구술자료(1)』, 제주도 여성특별위원회, 2004, 135-136면.

41. 『제주여성의 생애: 살암시난 살앗주 - 제주여성사 자료총서 VII - 제주여성 근현대사 구술자료(2)』, 제주도여성특별위원회, 2006, 346면[인용문 - 현대어 번역 표기].

42. 당시 일본에서 일했던 조선인 여성들은 일본어에 능숙하지 못한 경우가 많았고 유괴와 인신매매의 가능성이 높았다고 말할 수 있지만, 그 실태는 행정 측에서도 거의 파악할 수 없었으며, 형사사건으로서 발견되었던 경우에만 신문기자에서 단편적으로 알 수 있을 뿐이라 추정된다(宋連玉, 2011, p. 363).

43. 레이 초우, 『디아스포라의 지식인: 현대문화연구에 있어서 개입의 전술』, 장수현·김우영 역, 이산, 2005, 22면.

사진 및 그림 자료

1. 조선 내 일본인 가옥
2. 조선 내 일본인 관공서
3. 경성 혼마치와 미쓰코시 백화점
4. 나혜석
5. 나혜석 자화상
6. 1920년대 명치정 풍경
7. 영화 「미몽」(1936) 스틸 컷
8. 「여성 선전 시대가 오면」(안석영, 『조선일보』 1932. 1. 20)
9. 일본 긴자 거리의 모보·모가 「변화하는 긴자(Ginza)」, 시모카와 헤코텐 (Shimokawa Hekoten) 作, 1929. 『Modern boy and Modern girl: Modernity in Japanese art 1910-1935』, Art Gellery NSW, Sydeny, 1998.
10. 「파자마 패션을 한 해변의 모가(Moga)들」, 카게야마 코요 (Kageyama Kōyō) 作, 1928. 『Modern boy and Modern girl: Modernity in Japanese art 1910-1935』, Art Gellery NSW, Sydeny, 1998.
11. 「모던껄의 행렬」(『조선일보』1932. 1. 20)
12. 잡지 『新女性』 표지(1924. 10)
13. 잡지 『新女性』 표지(1926. 4)
14. 성북동 지역의 요리점 <음벽정> 기사와 사진(『조선일보』 1935. 9. 23.)
15. 1930년대 데파트껄 사진(『조선일보』 1931. 10. 11)
16. 백화점과 숍껄(『조선일보』 1934. 5. 14)
17. 1904년 협률사 무대 위의 관기
18. 영화 「낙양의 길」(1927) 스틸컷
19. 기생의 나들이(1903)
20. 경성의 요리점, 식당, 카페, 유곽 지도(<京城情緖-上>, 京城觀光協會, 1936)
21. 경성의 정서를 대표하는 기생 이미지(<京城情緖-下>, 京城觀光協會, 1936)
22. 朝鮮美術展覽會, 原竹男, 「官妓照映」(1935), 『朝鮮美術展覽會圖錄』14
23. 朝鮮美術展覽會, 西岡照枝, 「粧後」(1936), 『朝鮮美術展覽會圖錄』14
24. 모던걸 이미지의 신식 복장을 한 기생(이능화, 『조선해어화사』 1927)
25. 카페와 전당국, 「경성 앞뒤 골 풍경」(웅초, 『혜성』 1931. 11)
26. 모던걸 이미지의 카페여급 (『조광』 1930. 11)

27. 카페 <파고다 홀>의 여급 正子(『女聲』, 1934. 1)
28. 해롤드 로이드(1893-1971)의 안경과 맥고모자
29. 로이드 안경을 쓴 박태원
30. 할리우드 여배우들, 클라라 보우와 콜린 무어(미국의 플래퍼 이미지)
31. 일본 시네마 여성 관객석(Kageyama Kōyō 作, 1931)
32. 1920-30년대 단성사와 동양극장
33. 루돌프 발렌티노(Rudolf Valentino,1895-1926)
34. '버스껄'(『조선일보』 1931. 10. 15)
35. '할로껄'(『조선일보』 1931. 10. 13)
36. 1930년대 <명월관> 특설무대 공연 사진
37. 기생 잡지 『長恨』(1927. 2) 표지
38. 1930년대 카페 <백마> 광고 기사(『女聲』 1934)
39. 여급잡지 『여성(女聲)』(1934)
40. 도전적인 전사 이미지로서의 여급(백장미생, 「조선의 여성들아! 주저말고 직업 전선으로」, 『女聲』 1934. 1.)
41. 방적공장에서 일하고 있는 여성노동자들(『아시아경제』 2012. 7. 4)
42. 고베 조선 요리점의 조선인 작부(『오사카매일신문(大阪毎日新聞)』 1923. 4. 27)
43. 동경 <명월관> 본점과 조선미인들(『조선일보』 1929. 3. 3)
44. 『조선독본(朝鮮讀本)』 표지(동경 <명월관> 발행)
45. 일본인 카페의 여급 (『조선일보』 1927. 1. 2)
46. 1930년대 동경 긴자 카페, <タイガ-(타이가)>와 <パレス(파레스)> (『写眞集 失われた帝都 東京-大正·昭和の街と住い』, 1991)
47. 岸和田紡績 조선인 여공들(大正末期) 金贊汀, 『朝鮮人女工のうた-1930年 岸和田紡績爭議』, 岩波新書, 1982)
48. 옷 공장의 휴일(현병생, 개인소장, 1940년대 초반, 『제주여성, 어떻게 살았을까 - 제주여성사 자료총서 1/사진자료집』, 제주도 여성특별위원회, 2001)
49. 岸和田紡績會社 春季運動會 砂川遊覽紀念寫眞(강인선, 개인소장, 1933년, 『제주여성, 어떻게 살았을까 - 제주여성사 자료총서 1/사진자료집』, 제주도 여성특별위원회, 2001)

참고문헌

1. 1차 자료

『開闢』, 『근우』, 『대한매일신보』, 『東光』, 『동방평론』, 『동아일보』, 『매일신보』, 『文藝春秋』, 『문장』, 『별건곤』, 『비판』, 『삼천리』, 『曙光』, 『新家庭』, 『신계단』, 『신동아』, 『신민』, 『신여성』, 『新女子』, 『실생활』, 『女性』, 『女聲』, 『여자계』, 『歷史評論』, 『인문평론』, 『長恨』, 『조광』, 『朝鮮과滿洲』, 『朝鮮之光』, 『조선일보』, 『조선중앙일보』, 『중앙』, 『학생』, 『호남평론』, 『혜성』(이상, 잡지 및 신문)

『大阪每日新聞』, 『大阪朝日新聞』, 『中央公論 Chūō Kōron』, 『婦人公論 Fujin Kōron』, 『女性 Josei』 (일본 신문 및 잡지 자료)

總督府 警務第二課(1908), 『妓生及娼妓 ニ關 スル 書類綴』, 『서울학 사료총서 7-총무처정부기록보존소 편Ⅰ』, 서울시립대학교 서울학연구소, 1995.

淸澤洌(1926), 『モダンガール』, 東京: 金星堂.

白寬洙(1929), 『京城便覽』, 京城: 弘文社.

安藤更生(1931), 『銀座細見』, 東京: 春陽堂.

申翔雨(1931), 『女學生風紀問題槪觀』, 大成書林.

大林宗嗣(1932), 『女給生活の新硏究』, 『近代婦人問題名選集』 3, 東京, 日本圖書センター, 1983.

善生永助(1933), 『調査資料 第39輯 生活狀態調査 6, 朝鮮의 聚落-前篇』, 朝鮮總督府.

吉川萍水(1933), 「妓生物語」, 『古蹟と風俗/朝鮮風俗資料』, 韓國地理風俗誌叢書 178, 景仁文化社, 1999.

Maruyama, Tsurukichi(1934), 『五十年ところどころ』, 東京: 大日本雄辯會講談社.

田辺尙雄(1936), 『中國·朝鮮音樂調査紀行』, 東京: 音樂之友社, 1970.

矢野干城(1937), 『京仁通覽/ 新版大京城案內-韓國地理風俗誌叢書 35』, 景仁文化社, 1999.

姜義永(1937), 『現代 新社會의 戀愛觀』, 京城: 永昌書館.

『創作世二人集』(1939), 文章社.

『朝鮮美術展覽會圖錄』 14, 15집(1982), 景仁文化史.

藤森照信, 初田 亨, 藤岡洋保 編(1991), 『写眞集 失われた帝都 東京-大正·昭和の街と住い』, 柏書房.

강경애(2002), 『강경애전집』, 이상경 편, 소명출판.
김기림(1988a), 『김기림전집-5』, 심설당.
김기림(1988b), 『김기림전집-6』, 심설당.
김남천(2000), 『김남천 전집-2』, 정호웅, 손정수 편, 박이정.
김동인(1958), 『한국단편문학전집』, 백수사.
김동인(1993), 『김동인단편선-감자 외』, 김윤식 외 편, 문학사상사.
김사량(1992), 『김사량 작품집, 종군기』 김재남 편, 살림터.
김유정(2003), 『김유정전집 2』, 가람기획.
나혜석(2002), 『나혜석 전집』, 이상경 편, 태학사.
박태원(1987), 『소설가 구보씨의 일일』, 슬기.
박태원(1988a), 『한국근대단편소설대계』 이주형 외 편, 태학사.
박태원(1988b), 『성탄제』, 을유문화사.
박태원(1991), 『윤초시의 상경』, 깊은샘.
박태원(2009), 『천변풍경 - 한국문학대표작선집 30』, 문학사상사.
안승현 편(1995a), 『한국노동소설 전집 3 - 일제강점기(1933-1938)』, 보고사.
안승현 편(1995b), 『한국노동소설 전집 3 - 일제강점기(1933-1938)』, 보고사.
염상섭(1987a), 『염상섭전집-1』, 민음사.
염상섭(1987b), 『염상섭전집-9』, 민음사.
이기영(1991), 『고향 - 이기영선집 1』, 풀빛.
李箱(1993), 『李箱』, 김윤직 편, 벽호.
李箱(2002), 『이상전집 2』, 가람기획.
이선희 외(1988), 『한국근대단편소설대계-23』, 태학사.
이선희 외(1989), 『월북작가대표문학-5』, 瑞音出版社.
이태준(1994), 『무서록』[이태준문학전집-15], 깊은샘.
이태준(2005), 『이태준단편전집 Ⅰ』, 가람기획.
이효석(1983), 『이효석전집 2』, 창미사.
채만식(1987), 『채만식전집 2』, 창작과비평사.
채만식(1989a), 『채만식전집 6』, 창작과비평사.
채만식(1989b), 『채만식전집 7』, 창작과비평사.
채만식(1989c), 『채만식전집 9』, 창작과비평사.
梶山季之(1977), 「李朝殘影」, 『韓國을 주제로 한 日本 中篇選』 任英 譯, 문학사상사.
梁石日(1998), 『雷鳴』, 東京: 德間書店.

『Modern boy and Modern girl: Modernity in Japanese art 1910-1935』, Art Gellery NSW, Sydeny, 1998.
『일제시기 잡지 - 여성관련기사 자료 2-11』(1998), 국사편찬위원회.
『제주여성, 어떻게 살았을까 - 제주여성사 자료총서 1/사진자료집』(2001), 제주도 여성특별위원회.
『구술로 만나는 제주여성의 삶 그리고 역사 - 제주여성사 자료총서 Ⅴ/제주여성 근현대사 구술자료(1)』(2004), 제주도 여성특별위원회.
『제주여성의 생애: 살암시난 살앗주 - 제주여성사 자료총서 Ⅶ- 제주여성 근현대사 구술자료(2)』(2006), 제주도여성특별위원회.

2. 2차 자료

단행본

강이수(1992), 『1930년대 면방대기업 여성노동자의 상태에 대한 연구 - 노동과정과 노동통제를 중심으로』, 이화여대 박사논문.
강이수(2011), 『한국 근현대 여성노동: 변화와 정체성』, 문화과학사.
권오만 외(2002), 『종로: 시간, 장소, 사람』, 서울학연구소.
김경일(1992), 『일제하 노동운동사』, 창작과 비평사.
김경일(2004), 『여성의 근대, 근대의 여성』, 푸른역사.
김기호 외(2003), 『서울 남촌: 시간, 장소, 사람』, 서울학연구소.
김리나(2008), 『1920-30년대 제주도출신 재일조선인의 오사카 정착』, 연세대 한국학 협동과정 석사논문.
김백영(2009), 『지배와 개발 - 식민지 도시 경성과 제국 일본』, 문학과 지성사.
김부자(2009), 『학교 밖의 조선여성들』, 조경희, 김우자 역, 일조각.
김수진(2005), 『1920-30년대 신여성담론과 상징의 구성』, 서울대학교 박사논문.
김연희(2002), 『일제하경성지역 카페의 도시문화적 성격』, 서울시립대 석사논문.
김종원, 정중헌(2001), 『우리영화 100년』, 현암사.
김진송(1999), 『서울에 딴스홀을 許하라 - 현대성의 형성』, 현실문화연구.
김천흥(1995), 『심소 김천흥 무악칠십년』, 민속원.
박용옥(2003), 『한국여성 근대화의 역사적 맥락』, 지식산업사.
박진(1966), 『歲歲年年 - 한국의 연극 비장의 화제』, 경화출판사.
山下英愛(1991), 『한국근대 공창제도 실시에 관한 연구』 이화여대 여성학과 석사논문.
손정목(1996), 『일제강점기 도시 사회상 연구』, 일지사.
신명직(2003), 『모던보이, 경성을 거닐다』, 현실문화연구.

연구공간 수유+너머 근대매체연구팀(2005), 『新女性』, 한겨레신문사.
유민영(1982), 『한국극장사』, 한길사.
이경민(2005), 『기생은 어떻게 만들어졌는가』, 사진아카이브연구소.
이경재(2002), 『청계천은 살아있다』, 가람기획.
장규식(2004), 『서울, 공간으로 본 역사』, 혜안.
장유정(2004), 『일제시기 한국 대중가요 연구』, 서울대 국문과 박사논문.
정재정 외(1997), 『서울 근현대사 기행』, 서울시립대부설 서울학연구소.
정종화(1997), 『자료로 본 한국영화사 1』(1905-1954), 열화당.
정혜경(2001), 『일제시대 재일조선인 민족운동 연구』, 국학자료원.
조용만(1978), 『30년대의 문화예술인들』, 범양사출판부.
조풍연(1989), 『서울잡학사전 - 개화기 서울 풍속도』, 정동출판사.

거다 러너(2006), 『왜 여성사인가』, 강정인 역, 푸른역사.
게오르그 짐멜(1983), 『돈의 철학』, 안준섭·장영배, 조희연 역, 한길사.
그램 질로크(2007), 『발터벤야민과 메트로폴리스』, 노명우 역, 효형출판.
기 드보르(1996), 『스펙타클의 사회』, 이경숙 역, 현실문화연구.
돈 슬레이터(2000), 『소비문화와 현대성』, 정숙경 역, 문예.
레이 초우(2005), 『디아스포라의 지식인: 현대문화연구에 있어서 개입의 전술』, 장수현, 김우영 역, 이산.
리타 펠스키(1998), 『근대성과 페미니즘』, 김영찬·심진경 역, 거름.
마이크 새비지, 알렌 와드(1996), 『자본주의의 도시와 근대성』, 김왕배·박세훈 역, 한울.
미셸 푸코(2003), 『감시와 처벌: 감옥의 역사』, 오생근 역, 나남.
발터 벤야민(2005), 『아케이드 프로젝트』, 조형준 역, 새물결.
비비아나 젤라이저(2009), 『친밀성의 거래』, 숙명여대아시아여성연구소 역, 에코리브르.
수잔나 D 월터스(2001), 『이미지와 현실 사이의 여성들』, 김현미 외 역, 또하나의문화.
스티븐 모튼(2005), 『스피박넘기』, 이운경 역, 앨피.
장 보드리야르(1993), 『소비의 사회 - 그 신화와 구조』, 이상률 역, 문예출판사.
조나단 크래리(2001), 『관찰자의 기술 - 19세기의 시각과 근대성』, 임동근·오성훈 외 역, 문화과학사.
조안 스콧(2006), 『페미니즘의 역설』, 공임순·이화진·최영석 역, 앨피.
카터 J. 에키트(2008), 『제국의 후예 - 고창 김씨가와 한국 자본주의 식민지 기원 1876-1945』, 주익종 역, 푸른역사.

핼 포스터(2004), 『시각과 시각성』, 최연희 역, 경성대출판부.

Bernstein, Gail Lee(1991), *Recreating Japanese Women, 1600-1945*, Berkeley: University of California Press.

Bowlby, Rachel(1985), *Just Looking:Consumer Culture in Dreiser, Gissing and Zola*, Methuen.

Friedberg, Anne(1994), *Window Shopping: Cinema and the Post-modern*, University of California Press.

Parsons, Debora(2000), *Streetwalking the Metropolis: Women, the City, and Modernity*, Oxford University Press.

Riley, Denise(1988), *Am I That Name? - Feminism and the Category of 'Women' in History*, University of Minnesota Minneapolis.

Sato, Barbara(2003), *The New Japanese Woman- Modernity, Media, and Women in Interwar Japan*, Durham and London: DukeUniversity Press.

Shin Gi-wook(1999), *Colonial Modernity in Korea*, Boston: Harvard University Press.

Scott, Joan(1988), *Gender and the politics of history*, New York: Columbia Univ. Press.

The Modern Girl Around the World Research Group(2008), *The modern girl around the world: consumption, modernity, and globalization*, Duke Univ. Press.

Walkowitz, Judith R.(1992), *City of Dreadful Delight- Narratives of Sexual danger in Late-Victorian London*, Chicago Press.

Wilson, Elizabeth(1991), *The Sphinx in the City: urban life, the control of disorder, and women*, University of California, Berkeley and Los Angeles.

Raymond Williams(1973), *The Country and the City*, London: Chatto & Windus Ltd.

金贊汀(1982), 『朝鮮人女工のうた-1930年 岸和田紡績爭議』, 東京: 岩波新書.
南博、林喜代博、小野常德編(1988), 『享楽・性』, 東京：三一書房.
清原康正・鈴木貞美 編(1991), 『闊歩する モボ・モガ』
從軍慰安婦問題を考える在日同胞女性の會(1991), 『私たちは忘れない朝鮮人從軍慰安婦』, 東京.
杉原達(1998), 『越境する民-近代大阪の 朝鮮人硏究』, 東京: 新幹社.
高橋康雄(1999), 『斷髮する 女たち-モダンガ-ルの風景』, 東京: 敎育出版.
川村湊(2000), 『ソウル 都市物語』, 東京:平凡社新書.
外村大(2003), 『戰前期 日本に おける朝鮮料理業の展開-(財)味の素食の文化センタ 硏究造成金報告書』
후지메 유키(2004), 『성의 역사학』, 김경자・윤경원 역, 삼인.
하야시 히로시(2005), 『일본제국주의, 식민지 도시를 건설하다』, 김제정 역, 모티브

宮塚利雄(2005), 『日本燒肉物語』, 光文社.
高野昭雄(2009), 『近代都市の形成と在日朝鮮人』, 京都: 佛敎大学.
桝田一二(2010), 『일제강점기의 제주도 Ⅰ』, 洪性穆 譯, 제주문화.

논문 및 에세이

강이수(2004), 「근대 여성의 일과 직업관 : 일제하 신문기사를 중심으로」, 『사회와 역사』 65집, 한국사회사학회.
_____(2005), 「일제하 근대 여성서비스직의 유형과 실태」, 『페미니즘연구』 5집, 한국여성연구소.
권도희(2002), 「기생조직의 해체이후 여성국악인들의 활동」, 『제7회 동양음악 국제학술회의 - 안팎에서 본 한국음악연구 방법론』, 서울대학교 동양음악연구소.
권명아(2007), 「풍속 통제와 일상에 대한 국가 관리」, 『민족문학사연구』 33집, 민족문학사학회.
김백영(2006), 「식민지 도시성에 대한 이론적 탐색: 공간사회학적 문제설정」, 『사회와 역사』 72집, 한국사회사학회.
김수남(2005), 「조선영화 최초 여배우에 대한 논의」, 『영화연구』 27호, 한국영화학회.
김양선(2000), 「식민주의 담론과 여성주체의 구성 - <여성>지를 중심으로」, 『여성문학연구』 3호, 한국여성문학회.
김은실(2008), 「조선의 식민지 지식인 나혜석의 근대성을 질문한다」, 『한국여성학』 제24권 2호, 한국여성학회.
김은희(2007), 「대가족 속의 아이들: 일제시대 중상류층의 아동기」, 『가족과 문화』 Vol.19, no.3, 한국가족학회.
김철(2007), 「프로레타리아 소설과 노스탤지어의 시공」, 『'고향'의 창조와 재발견』, 동국대학교 문화학술원 한국문학연구소 편, 역락.
김택현(2008), 「다시, 서발턴은 누구/무엇인가?」, 『역사학보』 Vol.200, 역사학회.
남화숙(1991), 「1920년대 여성운동에서의 협동전선론과 근우회」, 『한국사론』 25집, 서울대 인문대 국사학과, 1991.
노지승(2009), 「여성지 독자와 서사읽기의 즐거움 - <女性> (1936-1940)을 중심으로」, 『현대소설연구』 42집, 한국현대소설학회.
_____(2010), 「식민지 시기, 여성관객의 영화체험과 영화적 전통의 형성」, 『현대문학의 연구』 40집, 한국문학연구학회.
류보선(1995), 「이상과 어머니, 근대와 전근대 - 박태원 소설의 두 좌표」, 『박태원소설 연구』, 강진호 외, 깊은샘.
박정의(1983), 「일본 식민지 시대의 재일한국인 여공- 방적, 제사여공」, 『논문집』 Vol. 17, No. 1, 원광대학교.

박진(1977), 「동양극장시절」, 『남기고 싶은 이야기들』, 중앙일보·동양방송.
서지영(2003), 「식민지시대 카페여급 연구 - 여급잡지 <女聲>을 중심으로」, 『한국여성학』 19권 3호, 한국여성학회.
_____(2004), 「식민지근대 유흥풍속과 여성섹슈얼리티-기생·카페여급을 중심으로」, 『사회와 역사』 65집, 한국사회사학회.
_____(2005a), 「식민지시대 기생연구(Ⅰ) - 기생집단의 근대적 재편양상을 중심으로」, 『정신문화연구』 99호, 한국학중앙연구원.
_____(2005b), 「식민지시대 기생연구(Ⅱ) - 기생조합의 성격을 중심으로」, 『한국고전여성문학연구』 11집, 한국고전여성문학회.
_____(2005c), 「카페, 근대유흥공간과 문학」, 『여성문학연구』 14집, 한국여성문학학회.
_____(2006a), 「식민지시대 기생연구(Ⅲ) - 기생잡지 『長恨』을 중심으로」, 『대동문화연구』 52집, 동아시아연구원.
_____(2006b), 「식민지 조선의 모던걸 - 1920-30년대 경성 거리의 여성 산책자」, 『한국여성학』 22권 3호, 한국여성학회.
_____(2009a), 「상실과 부재의 시공간: 1930년대 요리점과 기생」, 『정신문화연구』 Vol..32, no.3, 한국학중앙연구원.
_____(2009b), 「여공의 눈으로 본 식민지 도시풍경」, 『역사문제연구』 22집, 역사문제연구소.
_____(2009c), 「표상, 젠더, 식민주의: 제국남성이 본 조선 기생」, 『아시아여성연구』, Vol. 48, no. 2, 숙명여자대학교 아시아여성연구소.
_____(2010a), 「소비하는 여성들: 1920-30년대 경성과 욕망의 경제학」, 『한국여성학』, Vol. 25, no. 1, 한국여성학회.
_____(2010b), 「산책, 응시, 젠더: 1920-30년대 여성 산책자의 존재방식」, 『한국근대문학연구』 21집, 한국근대문학회.
_____(2010c), 「식민지 시기 일본공장으로 간 제주여성」, 『비교한국학』 Vol 18, no.3, 국제비교한국학회.
_____(2011), 「식민지 도시공간과 친밀성의 상품화」, 『페미니즘 연구』 11권 1호, 한국여성연구소.
서현주(1991), 「1920년대 渡日朝鮮人勞動者階級의 形成」, 『한국학보』 63집, Vol 17, no2, 일지사.
손유경(2008), 「나혜석의 구미만유기에 나타난 여성 산책자의 시선과 지리적 상상력」, 『민족문학사연구』 36, 민족문학사학회.
송연옥(1998), 「대한제국기의 <기생단속령> <창기단속령> - 일제 식민화와 공창제 도입의 준비과정」, 『한국사론』 40호, 서울대 국사학과.
宋連玉(2011), 「植民地主義が 創出した 「在日」 朝鮮人女性」, 『「韓国併合」100年と日本の歷史學』, 歷史學研究會, 東京: 靑木書店.
안미영(2000), 「1930년대 소설에 나타난 여급 고찰 - 이성의 여성관을 중심으로」,『여성문학연구』 3호, 한국여성문학회.

_____(2003), 「1920년대 불량 여학생의 출현 배경고찰 - 염상섭의 <너희들은 무엇을 얻었느냐>를 중심으로」,『한국문학이론과 비평』 18집, 7권 1호, 한국문학이론과 비평학회.

유선영(2000), 「육체의 근대화: 할리우드 모더니티의 각인」,『문화과학』 24호, 문화과학사.

_____(2005), 「황색 식민지의 서양영화 관람과 소비실천, 1934-1942」;「제국에 대한 '문화적 부인'의 실천성과 정상화 과정」,『언론과 사회』 Vol.13, no.2, 성곡언론문화재단.

유숙란(2004), 「일제시대 농촌의 빈곤과 농촌여성의 출가」,『아세아여성연구』 Vol.43, no.1, 65-103, 숙명여대 아시아여성연구소.

윤정란(2006), 「식민지시대 제사공장 여공들의 근대적인 자아의식 성장과 노동쟁의의 변화 과정 - 1920~1930년대 전반기를 중심으로」,『담론 201』 9(2), 한국사회역사학회, 2006.

이난향(1977), 「명월관」,『남기고싶은 이야기들』, 중앙일보·동양방송.

이재경(2011), 「사랑과 경제의 관계를 통해 본 이주결혼」,『글로벌 아시아의 이주와 젠더』, 허라금 편, 한울 아카데미.

이재유(1989), 「조선에 있어서 공산주의 운동의 특수성 및 그 발전의 능부」,『1930년대 민족해방운동론연구 I - 국내공산주의 운동 자료편』, 신주백 편역, 새길출판사.

전우용(2007), 「일제하 경성 주민의 직업세계(1910-1930)」,『한국근대사회와 문화 III』, 서울대출판부.

정진성(1986), 「식민지 자본주의화 과정에서의 여성노동의 변모」,『한국여성학』 4집, 한국여성학회.

천정환(2010), 「일제말기의 독서문화와 근대적 대중독자의 재구성(1) - 일본어 책 읽기와 여성독자의 확장」,『현대문학의 연구』 40집, 한국문학연구학회.

천정환, 이용남(2006), 「근대적 대중문화의 발전과 취미」,『민족문학사연구』 30집, 민족문학사학회.

발터 벤야민(1983), 「보들레르의 몇가지 모티브에 관하여」,『발터 벤야민의 문예이론』, 반성완 편역, 민음사.

케네스 웰즈(2006), 「합법성의 대가: 여성과 근우회운동, 1927-1931」,『한국의 식민지 근대성』, 신기욱·마이클 로빈슨 편, 도면회 역, 삼인.

Appadurai, Arjun and Breckenridge, Carol A.(1995), "Public Modernity in India", *Consuming modernity: Public Culture in a South Asian World*, Carol A. Breckenridge ed. Minneapolis, London: University of Minnesota Press.

Pollock, Sheldon, Bhabha, Homi K., Breckenridge, Carol A. and Chakrabarty, Dipesh(2000), "Cosmopolitanism", *Public Culture*, Vol. 12, Issue 3.

Silverberg, Miriam(1991), "The Modern Girl as Militant" Bernstein, Gail Lee(1991), *Recreating Japanese Women, 1600-1945*, Berkeley.

_____(1993), "Remembering Pearl Harbor, Forgetting Charlie Chaplin, and the case of Disappearing Western Woman: A Picture Story" *Positions*, Spring.

_____(1995), "日本の女給は ブルースを歌 た" 『ジェンダーの 日本史 下-主体と表現 任事と生活』 庄山則子 譯, 脇田 晴子, Miriam, Silverberg 編, 東京: 東京大學出版會.

_____(1998), "The Cafe Waitress Serving Modern Japan", *Mirror of Modernity: Invented Traditions of Modern Japan*, Stephen Vlastos ed., Berkely and Los Angels: University of California.

Spivak, Gayatri C.(1988), "Can the Subaltern Speak?" *Marxism and the Interpretation of Culture*, eds. Cary Nelson and Lawrence, Macmillan.

Stevens, Sarah E., "Figuring Modernity: The New Woman and the Modern Girl in Republican China", *NWSA Journal* Vol.15, No.3. Fall 2003.

清沢洌(1927), 「モダーン・ガールの」, 『女性』 12月.

大宅壯一(1954), 「エロ・グロ・ナンセンス 時代」, 『文藝春秋』 7月, 65-69.

森田芳夫(1960), 「外務省アジア局北東アジア課, 「數字からみた在日朝鮮人」, 『外務省調査月報』Vol..1, no.9, 12月.

バーバラ・ハミル・佐藤(1991), 「モダンガルの登場と知識人」, 『歴史評論』 3月.

池田忍・金惠信(2002), 「植民地'朝鮮'と帝國'日本'の女性表象」, 吉見俊哉 外, 『擴大するモダニテイ』 東京:岩波書店.

シャール・サントラ[Sandra Schaal](2003), 「<女工哀史>言説を超えて-戰前日本における女性製糸業勞動者の生活世界」, 『ソシオロジ』 48-2.

吉見俊哉(2007), 「帝都とモダンガ-ル-兩大戰間期における <近代>と <性>の空間政治」, 『日常生活の誕生-戰間期日本の文化變容』, バーバラ・佐藤 編, Seikei University Center for Asian and Pacific Studies.